中国公共管理要籍选读

王冰　徐晓林　编著

人民出版社

责任编辑：洪　琼

图书在版编目(CIP)数据

中国公共管理要籍选读/王冰,徐晓林 编著. —北京:人民出版社,2021.7
ISBN 978－7－01－022753－5

Ⅰ.①中…　Ⅱ.①王…　②徐…　Ⅲ.①公共管理-古籍-介绍-中国
Ⅳ.①D63

中国版本图书馆 CIP 数据核字(2020)第 246532 号

中国公共管理要籍选读
ZHONGGUO GONGGONG GUANLI YAOJI XUANDU

王　冰　徐晓林　编著

人民出版社 出版发行
(100706　北京市东城区隆福寺街 99 号)

北京汇林印务有限公司印刷　新华书店经销

2021 年 7 月第 1 版　2021 年 7 月北京第 1 次印刷
开本:710 毫米×1000 毫米 1/16　印张:24
字数:380 千字

ISBN 978－7－01－022753－5　定价:79.00 元

邮购地址 100706　北京市东城区隆福寺街 99 号
人民东方图书销售中心　电话 (010)65250042　65289539

目　录

前　言

　　科学与技术的进步已经给全人类带来了前所未有的福祉,当然,同时也带来了新的也许是更大更多的挑战和问题。相对于科学和技术的进步而言,政治的进步似乎显得并不那么引人注目。但是事实上,政治对每一个人的实际生活影响更大。自从几百万年前人类创生直至近代工业革命和科技爆炸以来,人类社会并没有现代的科学和技术,但同样渡过了漫漫的历史长河,积累了丰富的处理和调节人与人关系的制度、经验和智慧,国家、政府、家庭、官僚制等各种制度设计都是这些经验和智慧的具体体现,当然也犯下了无数的错误,如战争和杀戮。政治和科技,都是人类解决现实问题的智慧的积累和结晶。我们在历史上和现实中已经解决的问题,反映了人类智慧的成就;所面临的各种问题,则反映了人类智慧的不足。

　　随着学术研究的深化和学术知识的积累,更多的学科、领域、术语、概念不断产生和出现。在政治、行政和公共管理领域,政治和行政已经实现了两分,分别研究和处理不同的问题:政治关注宏大的制度框架设计,行政关注具体的操作执行。但实际上,我们研究的对象其实就是同一个大象,出于研究的方便,我们人为地将它分割成不同的部分,但在这种分割的同时,有可能忘记它们其实是同一个事物的不同方面,而且,这些不同部分之间,并没有明确的界限。因此,不同学科之间,既要分化独立,更要交叉和融合。所谓政治,按中文的字面意思,就是(政)政务的(治)治理。政务,就是事关所有人的公共事务;治理,就是良好地、恰当地处理这些公共事务。从这一角度理解,那些错综复杂、不可告人、导致流血杀戮的利益冲突和血腥战争,似乎可以得到更加清晰

1

的解释,也可以得到更加合理的解决。国家领导人的产生和延续、政府的职能和机构设置、官员的选拔和罢黜、政策的制定和执行、战争的发起和平息、民众的怨愤和抗争等,都是政治活动的不同方面。从这一角度而言,政治和行政就没有必要两分,或者在两分之后,也需要重新结合。政治、行政、公共管理都是同一种人类活动的不同方面的不同表述,其核心就是如何处理好人类社会中的公共问题和公共事务。

自 19 世纪西学东渐以来,学习西方就成为中国知识精英以及普通民众的下意识行为,在自由和民主的冲击下,中国传统社会被冠以集权专制、腐朽黑暗的恶名,中国传统政治和治理思想被鄙视和抛弃。其实,无需复杂地推理,只要简单地逻辑,就可以知道,古人并不比今人愚笨,未来的人也并不比今人聪慧。那些在历史上的一项项社会制度或改革努力,例如世袭制、军功爵制、察举孝廉制、科举制、商鞅变法、王安石变法、张居正变法等等,都凝结了当时最优秀治理人才最杰出的智慧,是在当时社会背景下的一种最优或至少是次优的设计和选择,只不过由于那些我们暂时无法观察、体悟和理解的原因,其中部分尝试遭到失败或者挫折。学术研究,就是将这些原因真正地揭示出来,而并非简单地批评和鄙视。换个角度,就我们今天而言,我们有信心和能力去解决我们现在面临的最复杂、最困难的公共问题吗?从这一点上看,我们需要理解古人,也需要理解今人,理解他人,理解改变历史进程的一个个英雄豪杰,更需要去理解被历史裹挟的名不见经传的小人物。这种理解,其实是一种在社会科学研究中非常必要、但也非常欠缺的“同理心”(empathy)。它不同于“同情心”(sympathy)。同情心仍然是以自我为中心,从自我的角度去体会别人的疾苦和困境。而同理心,则是以他人为中心,尽自己最大的可能,将自己置于他人的立场和环境,去体会他人的疾苦和困境。甚至,以动物、岩石等非人类、非生命的视角,去体会它们的感受。这种同理心,其实正是科学的态度在社会科学中的要求和反映。

我们今天总是说要去重新发现中华传统文化中的精华,摒弃其糟粕。但究竟何为精华,何为糟粕,需要我们从文本中去发现和体悟,而不能人云亦云、道听途说。认真地阅读和体悟典籍的文本,就仿佛穿透了历史的长河,与古人对话,可惜我们只能看到他们的部分思想,而他们却无法看到当下的现实,当然,真实地理解和掌握古人的思想,并将之运用于当下,这是当代学者的责任。从这些经典著作中,我们强烈地感受到中华传统治国理政思想在以下几个方面的成就。

第一,公共性。中华传统文化的主体是儒家思想,儒家思想最重要的特征就是公共性,这一点在《大学》中得到了最为鲜明的体现。格物致知诚意正心修身齐家治国平天下,治理最终的目的,就是要平天下。这个天下,在先秦时是指中原诸国,在当代则可以扩展到全球。格物致知诚意正心修身,正是处理和解决公共问题的最终手段。北宋大儒张载的"为天地立心,为生民立命,为往圣继绝学,为万世开太平",充分体现了儒家天下为公的胸怀和使命。

第二,实用性。法家思想是儒家思想的重要补充,法家思想通常被批评为为封建专制服务,这其实极大地误解了法家。儒家和法家的目的都是追求天下大治,但二者关注的重点不同。儒家强调人性本善,注重教育教化。法家强调人性本恶,注重严刑峻法。有学者说我国传统社会是儒表法里,儒是外表,法是实质,表面仁义,内里暴虐,这种表述带有明显的贬义色彩,也并不准确。儒和法并非表里的关系,而是并行的关系。性善与性恶原本就是人性中同时并存的两个方面,正如《中庸》中所言的人心惟危,道心惟微,德治与法治也是治理的两种手段,你中有我,我中有你。秉持公心善心,法家就是降魔除妖的利器;秉持私心恶心,法家就成了助纣为虐的工具。

第三,规律性。中国传统治理思想承认治道的存在,并努力去寻找治理中的"道"。道也就是理,正如朱熹在《中庸章句》所言:"其书始言一理,中散为万事,末复合为一理,放之则弥六合,卷之则退藏于密"。万事万物皆有其理,如果能够找到这个理,那么任何困难都可以迎刃而解。自然科学研究要去发现自然界中的理,社会科学则要去发现人类社会中的理。事实上,每一个人,都应该将追求"道理"作为人生追求的最终目标。

不可否认,我国传统思想中也存在一些不足。首先,最为明显的是对自然科学的忽视。中国传统思想家注重对心性、伦理、道德、政治、历史的探讨,但对自然和宇宙却似乎缺乏足够的兴趣,因此也较少出现类似于西方社会中的哥白尼（1473—1543）、伽利略（1564—1642）、培根（1561—1626）、牛顿（1643—1727）、达尔文（1809—1882）这样的自然科学家。尽管我国历史上也有像墨子（约公元前476—约前390）、张衡（78—139）、祖冲之（429—500）、宋应星（1587—1666）这样的科学家，但他们毕竟没有占据思想的主流。我们认为，格物致知诚意正心，是科学精神在伦理道德领域的要求，但在我国这种科学精神并没有充分地转移到自然领域，治国平天下似乎仍然是比探索自然世界更加重要的事情。

其次，对社会稳定的关注超过对社会创新的关注。例如，《礼记·王制》篇写道："析言破律，乱名改作，执左道以乱政，杀。作淫声、异服、奇技、奇器以疑众，杀。行伪而坚，言伪而辩，学非而博，顺非而泽，以疑众，杀。假于鬼神、时日、卜筮以疑众，杀。"尽管儒家以仁政著称，但真正遇到它无法接受的析言破律、乱名改作、淫声异服、奇技奇器，还是要杀无赦。当然，当代学者认为，其实在中世纪的西方社会，自由和创新也并不被国王以及君主制所接纳，而是在国王的世俗权力和教会的宗教权力之间的夹缝中萌发。正是因为对社会稳定的重视，所以中华文化延绵千年；也正是由于对创新和自然科学的忽视，中华文化逐渐封闭并落后于西方文化。从这一意义上说，我国现在大力提倡的改革、开放和创新正是社会发展的动力之源。

中华传统经典著作文字优美，言简意赅，含义隽永，读后满口余香，值得我们熟读背诵。但同时，由于其高度凝炼和省略，也使得后代学者和普通民众对它们产生了诸多的误解和偏见。例如，"存天理，灭人欲"、"唯女子与小人难养也"、"刑不上大夫，礼不下庶人"。因此，本书抄录典籍的原文，希望读者能够了解典籍的原貌，也尽量防止自己断章取义。我们感到，对于这些传统典籍，在没有深入阅读和呈现原文的前提下进行解读，还是有些隔靴搔痒。最好的方法，似乎还是要像古代作家那样进行注释，但这样似乎又过于琐细。出于简化，我们在原文后直接进行解读，没有提供逐字逐句的注释。希望读者在需要的时候，能够和原文进行比对，形成自己的独立判断。同时，在解读时，我们一方面考虑到作者所处的历史年代和社会背景，尽量秉持同理心去理解和体谅作者；另一方面，本书毕竟不是历史考据，目的还是在于古为今用，发掘传统典籍中的思想对于现代社会的意义，所以有时也会从现代的视角去评价古人。这两者之间可能存在一定转换和矛盾，希望读者能够谅解。

最后，其他学者对于中国古代治国理政思想也进行了深入的研究，例如葛荃教授 2016 年出版的《中国古代行政管理思想史》，该书从历史的角度，对中国古代治国理政思想进行了全面地评析。读者在阅读本书时，可以参考借鉴。由于中国经典著作浩如烟海，思想博大精深，我们对典籍的选择难免有限，解读也必然存在个人主观的偏狭甚至谬误，敬请各位方家批评指正。我们真心认为，中国传统治理思想是人类的宝贵财富，能够为现代社会的治理难题提供东方智慧，我们有责任将它们呈现出来，并传承下去。

2020 年 10 月 25 日于喻园

第一篇　尚　书①

　　《尚书》又称《书》《书经》,是一部多体裁文献汇编,长期被认为是中国现存最早的史书,记载了中国上古时期的历史,其中很多篇章保留了原始的政治公文面貌,内容主要是君王任命官员或赏赐诸侯时发布的政令,可称信史。该书分为记录尧舜治国思想的《虞书》、夏朝的开创者大禹及其后代治国思想的《夏书》,商朝的开创者商汤及其后代治国思想的《商书》,周朝的开创者周文王、周武王及其后代治国思想的《周书》。战国时期称为《书》,汉代改称《尚书》,东汉王充《论衡·正说篇》说:“尚书者,上古帝王之书,或以为上所为,下所书,故谓之《尚书》。”即“上古之书”,孔子曾经对《尚书》进行编删,并在《论语》中经常加以引用。《尚书》是儒家五经之一,又称《书经》。

　　《尚书》渊源悠久,传习过程历经劫难,其版本、文字、简编、次序等不同程度上都发生过变化和错乱,成为唐以后学者素称难读的一部经典。现代观点一般认为其中的《商书》《周书》为商周两代史官所记,在流传过程中有所增润;《虞书》《夏书》是后人根据古史传说写成,并非虞、夏两代的作品,其中的主要篇目大约迟至战国时才出现。战国时,《书》在社会广泛流行,约有百篇左右,经过秦朝焚书,大量散佚。至汉初,仅存28篇,由故秦博士伏生传授。因用当时通行的隶书抄录,故称《今文尚书》。后来又陆续发现一些用先秦文字抄录的《尚书》篇章,称为《古文尚书》。其中最重要的是西汉前期鲁恭王毁孔子故宅时于壁中发现的一部,比《今文尚书》多出16篇,曾由孔安国献上朝

---

　　① 李民、王健:《尚书译注》,上海古籍出版社 2014 年版。

廷。此书西晋末年即已亡佚。东晋元帝(317—322)时,豫章内史梅赜所献《孔传古文尚书》,共58篇,后世学者朱熹、赵孟頫等怀疑并考证此书为伪书,2008年7月收藏的"清华简"也认为梅赜的《尚书》为伪书。但这里的伪,只意味着晚出,并非意味着全部为假,其中也蕴含着丰富的前秦儒家的治国理政思想。

本书选择的《大禹谟》(虞书)、《泰誓》(周书)两篇,均出自《梅氏伪古文尚书》。其中的"人心惟危,道心惟微,惟精惟一,允执厥中""天视自我民视,天听自我民听",成为我国传统社会政府治理的核心理念,时至今日也具有重要的现实意义。

大禹谟

人心惟危,道心惟微,惟精惟一,允执厥中

【原文】

皋陶矢厥谟,禹成厥功,帝舜申之。作《大禹》、《皋陶谟》、《益稷》。

曰若稽古大禹,曰文命敷于四海,祗承于帝。曰:"后克艰厥后,臣克艰厥臣,政乃乂,黎民敏德。"

帝曰:"俞!允若兹,嘉言罔攸伏,野无遗贤,万邦咸宁。稽于众,舍己从人,不虐无告,不废困穷,惟帝时克。"

益曰:"都,帝德广运,乃圣乃神,乃武乃文。皇天眷命,奄有四海为天下君。"

禹曰:"惠迪吉,从逆凶,惟影响。"

益曰:"吁!戒哉!儆戒无虞,罔失法度。罔游于逸,罔淫于乐。任贤勿贰,去邪勿疑。疑谋勿成,百志惟熙。罔违道以干百姓之誉,罔咈百姓以从己之欲。无怠无荒,四夷来王。"

禹曰:"于!帝念哉!德惟善政,政在养民。水、火、金、木、土、谷,惟修;正德、利用、厚生、惟和。九功惟叙,九叙惟歌。戒之用休,董之用威,劝之以九

歌俾勿坏。"

帝曰："俞！地平天成，六府三事允治，万世永赖，时乃功。"

帝曰："格，汝禹！朕宅帝位三十有三载，耄期倦于勤。汝惟不怠，总朕师。"

禹曰："朕德罔克，民不依。皋陶迈种德，德乃降，黎民怀之。帝念哉！念兹在兹，释兹在兹，名言兹在兹，允出兹在兹，惟帝念功。"

帝曰："皋陶，惟兹臣庶，罔或干予正。汝作士，明于五刑，以弼五教。期于予治，刑期于无刑，民协于中，时乃功，懋哉。"

皋陶曰："帝德罔愆，临下以简，御众以宽；罚弗及嗣，赏延于世。宥过无大，刑故无小；罪疑惟轻，功疑惟重；与其杀不辜，宁失不经；好生之德，洽于民心，兹用不犯于有司。"

帝曰："俾予从欲以治，四方风动，惟乃之休。"

帝曰："来，禹！降水儆予，成允成功，惟汝贤。克勤于邦，克俭于家，不自满假，惟汝贤。汝惟不矜，天下莫与汝争能。汝惟不伐，天下莫与汝争功。予懋乃德，嘉乃丕绩，天之历数在汝躬，汝终陟元后。人心惟危，道心惟微，惟精惟一，允执厥中。无稽之言勿听，弗询之谋勿庸。可爱非君？可畏非民？众非元后，何戴？后非众，罔与守邦？钦哉！慎乃有位，敬修其可愿，四海困穷，天禄永终。惟口出好兴戎，朕言不再。"

禹曰："枚卜功臣，惟吉之从。"

帝曰："禹！官占惟先蔽志，昆命于元龟。朕志先定，询谋金同，鬼神其依，龟筮协从，卜不习吉。"禹拜稽首，固辞。

帝曰："毋！惟汝谐。"

正月朔旦，受命于神宗，率百官若帝之初。

帝曰："咨，禹！惟时有苗弗率，汝徂征。"

禹乃会群后，誓于师曰："济济有众，咸听朕命。蠢兹有苗，昏迷不恭，侮慢自贤，反道败德，君子在野，小人在位，民弃不保，天降之咎，肆予以尔众士，奉辞伐罪。尔尚一乃心力，其克有勋。"

三旬，苗民逆命。益赞于禹曰："惟德动天，无远弗届。满招损，谦受益，

3

时乃天道。帝初于历山，往于田，日号泣于旻天，于父母，负罪引愿。祗载见瞽叟，夔夔斋栗，瞽亦允若。至诚感神，矧兹有苗。"

禹拜昌言曰："俞！"班师振旅。帝乃诞敷文德，舞干羽于两阶，七旬有苗格。

【解读】

《大禹谟》，谟，通谋，谋划。本篇的主要内容是舜帝、大禹、皋陶、伯益的谈话，他们在一起讨论政事，反映了他们对如何治理天下的理解。皋陶是中国历史上有记载的最早的负责刑狱的官员，他帮助舜帝制定刑法，对民众进行教育。刑罚和教育，本就是治国的一体两面。刑罚最讲求公正，皋陶本人也以正直闻名。在传说中，皋陶断案的工具是能辨是非曲直的神兽獬豸（xiè zhì）。这些传说记载，反映了中国2000多年前就将法制作为管理国家的工具，重视法制、教育和公正。伯益协助大禹治水，帝舜禅位于禹后，伯益被任命为执政官，总理朝政。

君臣治理天下，要顺道而为，这样就会顺利吉祥，做坏事，就会凶险遭殃，就如同影随形、响应声一样（惠迪吉，从逆凶，惟影响）。从政要小心谨慎，目的并不是为了自身的享乐，而是为了人民的福祉（戒哉！儆戒无虞，罔失法度。罔游于逸，罔淫于乐）。治理天下的具体方法，就是要端正人民的品德、丰富人民的财用、改善人民的生活（德惟善政，政在养民）。这样，就会实现社会和谐，天下大治。

君主在治理国家时，切忌不顾实际情况，简单按照自己的意愿，来要求百姓（罔违道以干百姓之誉，罔咈百姓以从己之欲）。百姓的行为和想法往往未必符合君主的意图。在君主看来，即使百姓的行为和想法未必正确，但也不能以简单粗暴的方式，改变甚至惩罚百姓的行为和想法。在此存在两种可能：第一种可能是，君主（或者管理者）自身的想法本身是错误的，百姓是正确的，这时对百姓的干预就会招致极大的反抗。第二种可能是，君主（或者管理者）是正确的，百姓以及整个社会确实需要改变，例如，秦孝公的商鞅变法，这时也需要采用灵活的、务实的方法，来推动社会变革，否则也有可能导致社会的动荡甚至政策的失败。

如果君主能够做到勤政和善治,那么四方的国家就会自动来朝拜(无怠无荒,四夷来王)。在现代看来,这种"四夷来王"并不应被理解为不平等的国际秩序,而应当被理解为,一个强大的国家,应该是内部治理良善的国家,能够得到其他国家的敬佩和学习,"无怠无荒"是国家竞争力的来源。

《大禹谟》中有一些流传至今的至理名言,例如,"汝惟不矜,天下莫与汝争能。汝惟不伐,天下莫与汝争功"。依靠品德,而不是依靠武力,来获取民心,治理天下。武力,也必须建立在品德之上,穷兵黩武,最终必将失败。这反映了我国自先秦以来的和平思想和善治理念。"人心惟危,道心惟微,惟精惟一,允执厥中"。这一句话成为儒家思想的经典,南宋大儒朱熹在他的《四书集注》中对这一句话进行了精辟的解读。人心,也就是私心,如果没有自省,失去约束,就会越来越膨胀,越来越危险;道心,也就是公心,如果没有做正确事情的心,则越来越微弱。只有那些能够控制自己的私心,发扬自己的公心,做到精一的人,才能执掌天下。乾隆皇帝御笔手书的"允执厥中"四个字也被镌刻在故宫中和殿的匾额上,成为督促皇帝善治天下的要求。

泰誓(中)

天视自我民视,天听自我民听

【原文】

惟戊午,王次于河朔,群后以师毕会。王乃徇师而誓曰:"呜呼!西土有众,咸听朕言。我闻吉人为善,惟日不足。凶人为不善,亦惟日不足。今商王受,力行无度,播弃犁老,昵比罪人。淫酗肆虐,臣下化之,朋家作仇,胁权相灭。无辜吁天,秽德彰闻。惟天惠民,惟辟奉天。有夏桀弗克若天,流毒下国。天乃佑命成汤,降黜夏命。惟受罪浮于桀。剥丧元良,贼虐谏辅。谓己有天命,谓敬不足行,谓祭无益,谓暴无伤。厥监惟不远,在彼夏王。天其以予义民,朕梦协朕卜,袭于休祥,戎商必克。受有亿兆夷人,离心离德。予有乱臣十人,同心同德。虽有周亲,不如仁人。<u>天视自我民视,天听自我民听。百姓有</u><u>过,在予一人,今朕必往。</u>我武维扬,侵于之疆,取彼凶残。我伐用张,于汤有光。勖哉夫子!罔或无畏,宁执非敌。百姓懔懔,若崩厥角。呜呼!乃一德一心,立定厥功,惟克永世。"

【解读】

　　泰,通太,意思是大,太誓,严肃的誓言。公元前 1048 年武王伐纣,在盟津(今河南省孟津县)大会诸侯,传说这次到会的诸侯和部落首领有八百人之多,所以史称"八百诸侯会盟津"。武王向广大诸侯誓师,所以叫做《泰誓》,就是周武王向广大诸侯许下的大誓言。《泰誓》共三篇,也被认为出自《梅氏伪古文尚书》,在此选择中篇进行解读。

　　出征打仗是一件大事,一定要师出有名。周武王在《泰誓》中,阐述了商纣王的残暴并由此而导致商朝统治合法性的丧失(今商王受,力行无度,播弃犁老,昵比罪人。淫酗肆虐,臣下化之,朋家作仇,胁权相灭。无辜吁天,秽德彰闻),以及以周代商的天命所归(天乃佑命成汤,降黜夏命)。先秦儒家将周朝的礼乐教化视为理想社会的典型,将文王武王视为历史上最为优秀的统治者之一。《泰誓》中的有些话语,也被儒家屡屡引用,如"天视自我民视,天听自我民听"。上天所看到的,就是民众看到的,上天听到的,就是民众听到的。儒家认为,我国传统社会的君主及其政府的合法性来自于上天,主权在天,而不是主权在君。孟子在《万章篇》中引用此语,论述"天子不能以天下与人","天与之","天不言,以行与事示之而已矣"。也就是说,天子本人并不能把天下给予某个人,只有上天才能把天下给予某个人,但上天不说话,用它的行为和事迹来显示。而"天视自我民视,天听自我民听",上天就等于民众,上天将天下给予某个人,也就是民众将天下给予某个人,主权从上天那里又回到了人民身上,权力由此形成了一个闭合的回路。因此,从这一意义上来说,儒家思想中的理想社会,并非主权在君的君主专制社会,而是主权在民的民主社会,或者民本社会。民主与民本在概念上的区别,可以再做讨论。就儒家思想的文本原意而言,它并不专制。只不过在实际运行中,君主集权力于一身,如何通过制度设计来制约君权,就成为整个中华历史的大问题。汉朝的董仲舒,试图通过天人感应、祥瑞或灾异以及道德上的修养等,来对君权加以限制,这也是一种制度上的尝试。这些尝试的效果,并不能简单地大而化之地全盘否定。而且,《尚书》中的这些思想观点表明,我国2000多年前的先秦思想家,就已经开始深入思考国家治理的问题。

第二篇 礼 记①

  今人所见《礼记》,亦称《小戴礼记》或《小戴记》,儒家经典之一,乃秦汉以前各种礼仪论著之选集,据说为西汉戴圣所编纂,共二十卷四十九篇,经东汉经学家郑玄做注后,地位日升,至唐时尊为"经",宋以后,位居"三礼"之首,"五经"之一,"十三经"之一。② 戴圣,字次君,礼学博士,生平不详,曾任九江太守。除了《小戴礼记》外,还有《大戴礼记》,亦名《大戴礼》,具体成书时间,学术界还存在争议,一说其书成于西汉末礼学家戴德(史称大戴,戴圣的叔父)之手。现代学者经过深入研究,推翻传统之说,论定成书时间应在东汉中期。通常所谓的《礼记》是指《小戴礼记》。

  《礼记》有《曲礼》《檀弓》《月令》《礼运》《学记》《大学》《中庸》《经解》等四十九篇,大多为孔子弟子及其再传、三传弟子所记,内容庞杂,上至王室之制,下至民间之俗,无不涉及,是研究我国古代社会文化的重要参考资料。其中也含有大量有关国家治理的内容,《礼运》篇提出了"小康世"和"大同世"的理想,对后世乃至现代影响深远;《大学》《中庸》两篇在南宋时更与《论语》《孟子》合编为"四书",同"五经"并列,成为蒙学必读的教科书。

---

  ① 胡平生、陈美兰译注:《礼记·孝经》,中华书局 2016 年版。
  ② 三礼为《周礼》《仪礼》《礼记》。相传《周礼》为周公旦所做,但也有其他多种观点,其真伪和成书年代被历代学者争论,至今未形成共识。《仪礼》的作者不详,是中国春秋战国时代的礼制汇编,有人认为是孔子编订。五经为《诗经》《尚书》、《礼记》、《周易》、《春秋》。十三经为《周易》《尚书》《诗经》《周礼》《仪礼》《礼记》《春秋左传》《春秋公羊传》《春秋穀梁传》《论语》《孝经》《尔雅》《孟子》。

礼　运

天下为公,选贤与能,讲信修睦

【原文】

昔者仲尼与于蜡宾,事毕,出游于观之上,喟然而叹。仲尼之叹,盖叹鲁也。言偃在侧,曰:"君子何叹?"孔子曰:"大道之行也,与三代之英,丘未之逮也,而有志焉。大道之行也,天下为公,选贤与能,讲信修睦。故人不独亲其亲,不独子其子,使老有所终,壮有所用,幼有所长,矜寡孤独废疾者皆有所养,男有分,女有归。货恶其弃于地也,不必藏于己;力恶其不出于身也,不必为己。是故奸谋闭而不兴,盗窃乱贼而不作,故外户而不闭。是谓大同。今大道既隐,天下为家,各亲其亲,各子其子,货力为己,大人世及以为礼,城郭沟池以为固,礼义以为纪,以正君臣,以笃父子,以睦兄弟,以和夫妇,以设制度,以立田里,以贤勇知,以功为己。故谋用是作,而兵由此起。禹、汤、文、武、成王、周公由此其选也。此六君子者,未有不谨于礼者也。以着其义,以考其信,着有过,刑仁讲让,示民有常,如有不由此者,在位者去,众以为殃。是谓小康。"

言偃复问曰:"如此乎礼之急也。"孔子曰:"夫礼,先王以承天之道,以治人之情。故失之者死,得之者生。《诗》曰:'相鼠有体,人而无礼,人而无礼,胡不遄死!'是故夫礼,必本于天,殽于地,列于鬼神,达于丧祭射御冠昏朝聘。故圣人以礼示之,故天下国家可得而正也。"

(略)。

【解读】

《礼记·礼运》阐述了孔子和儒家学者对理想社会的描述与向往,以及达致这种理想社会的途径——礼。在该文中,理想社会被分为两个层次:大同社会和小康社会。大同社会是更高级的社会形态,人们的道德精神状态非常高尚,完全依靠自觉自愿,甚至连礼仪这样的外在约束都不需要。小康社会要低于大同社会,必须要依靠"礼"来约束和规范人们的行为。这种大同和小康的社会形态,类似于马克思的共产主义社会,有时也被称为原始共产主义。这种社会理想,并不应该被简单贬斥为无法实现的、脱离实际的乌托邦。笔者认为,大同世界或共产主义是一个动态的过程,而不是历史的终点,只要我们通过道德提升和科技进步,不断解决人类社会面临的各种社会问题,就是向着大同世界或共产主义前进。当然也会同时出现新的社会问题,因此理想社会的建设永远在路上,改革永远在路上。

理想社会是在远古的三皇五帝时期,自己无法遇上,只能心向往之(大道之行也,与三代之英,丘未之逮也,而有志焉)。那时,天下为公,天下是属于所有人的天下,官员的选拔是根据他们的贤(品德)与能(能力)来进行,人与人之间要相互信任,相处和睦(大道之行也,天下为公,选贤与能,讲信修睦)。人们并不仅仅对他自己的亲人和孩子好,而是对所有人都一视同仁(故人不独亲其亲,不独子其子),老年人能够被人照顾,得到善终,壮年人能够人尽其用,小孩子能够得到很好的教育和成长,遭遇各种不幸(丧偶、残障、疾病)的人都能够得到照管看护(使老有所终,壮有所用,幼有所长,矜寡孤独废疾者皆有所养),男人有男人的责任,女人有女人的归属(男有分,女有归)。好东西不用都藏在自己家里,也不用担心自己没有力气或者智慧(货恶其弃于地也,不必藏于己),因为这些好的东西都不仅仅属于自己,而是属于每一个人(力恶其不出于身也,不必为己)。因此,社会上根本不会有奸计阴谋,也不会有盗窃乱贼,而是夜不闭户、路不拾遗,这样的社会,我们可以称之为"大同社会"(是故奸谋闭而不兴,盗窃乱贼而不作,故外户而不闭。是谓大同)。

当代著名哲学家、哈佛大学哲学系教授约翰·罗尔斯(John Rawls,1921—2002)在他的《正义论》中,也对正义的社会,也就是他眼中的理想社会进行了描述。① 他提出了正义的两个原则:(1)平等原则,也被称为第一正义原则,即人人平等,意味着每个人都拥有与他人同样的权利,包括公民的各种政治和经济权利。(2)差别原则,也被称为第二正义原则,即如果社会中必须

_____

① 罗尔斯:《正义论》,何怀宏等译,中国社会科学出版社 2001 年版。

存在一定的不平等,那么这种不平等应对每个人有利,而且向每个人开放,进一步的推论就是,这种不平等应该对最弱者有所倾斜和保护。在现实社会中,为了创造一个公正的社会,可以发现大量的类似制度设计,例如,社会保障政策、少数民族子女高考加分政策等。之所以要对弱者有所倾斜和保护,原因在于,人与人在基因、出身、家庭、机遇、努力程度等各个方面都存在巨大的差异。有关正义或理想社会的问题就是,如何在存在巨大差异的前提下,实现正义或者和谐? 西方自由主义所谓的人人平等,只是一种过程的平等、权利的平等,但是,起点可能存在不平等,基因可能存在不平等,在这种前提下,以罗尔斯为代表的西方自由主义可以实现程序的正义,但很难实现实质的正义。例如,如果两个人基因不同,智力不同,努力程度相同,他们的结果还是存在不同。在自由主义看来,这种结果的不同也是一种正义,当然同时可以对失败者进行适当的倾斜和保护。

然而,《礼运》篇提供了另外一种实现社会正义的思路。在现实中,财产和基因可以被界定产权和权利,但在更高的道德层面,财产和基因就没有必要界定权利,财产和优秀的基因从法律上属于个人,但从道德层面而言属于整个社会。一个人的基因、智力和财产,是个人成功的源泉,但并不应被天经地义地视为私人禀赋并谋取私人利益(货恶其弃于地也,不必藏于己;力恶其不出于身也,不必为己)。每一个人,都是社会整体的一个组成部分。拥有优质基因的个人,应该为社会做出更大的贡献,同时可以得到更大的回报。如果以西方个人主义和自由主义的视角来看待社会和个人,那么人与人之间的那些根本性的差异,就是产生矛盾和分歧的根源。然而,如果以儒家公共的或者整体的视角来看待社会和个人,人与人之间的差异,就不会产生矛盾和分歧,他们都各安其位,构成一个和谐的社会。当然,这种理想的大同社会,是建立在人们的充分认知、道德成熟和自觉自愿的基础上,而不能建立在强制的基础上。

《礼运》中提出的"大同"思想、"天下为公"的思想,是儒家社会的最高政治理想,也是现代公共管理、社会治理所追求的理想,超越了西方自由主义和个人主义建立在私人和个体基础上的社会理想。这种大同理想并不能被贬斥为无法实现的乌托邦,它的实现其实非常简单,只需要人们能够通过连续不断的道德学习和道德提升,意识到并承认公共性的存在,不独亲其亲,不独子其子,但是,由于私心的存在,人心惟危,道心惟微,每个人都试图独亲其亲,独子其子,要实现这种理想就变得非常困难。就只能退而求其次,寻求次优的,也是更加务实的社会理想。

现在已经不是这样了,大道已经丢失了,天下变成了一家一姓的天下,每一个人仅仅对自己的家人和孩子好(今大道既隐,天下为家,各亲其亲,各子其子),好东西、力量、智慧都是属于私人的,都是为私人谋利的(货力为己),上至天子诸侯,下至平民百姓,都要依靠"礼"才能将他们的官爵职位和财产传给后代,为了保护自己的私人财产和利益,他们要加固自己的城郭沟池,要将礼仪制定成纪律,依靠这些礼仪纪律来摆正君臣的位置,让父子相互尊重与爱护,让兄弟和睦,夫妇和谐,并订立各种各样的制度,划分田产,区分和奖励那些贤人和能人,确定个人的功绩(大人世及以为礼,城郭沟池以为固,礼义以为纪,以正君臣,以笃父子,以睦兄弟,以和夫妇,以设制度,以立田里,以贤勇知,以功为己)。这样做的话,各种计谋就出现了,战争也就在所难免(故谋用是作,而兵由此起)。禹、汤、文、武、成王、周公就是在这种背景下管理整个社会、成就他们的功业。这六个人,都非常重视并遵守礼(禹、汤、文、武、成王、周公由此其选也。此六君子者,未有不谨于礼者也)。他们非常了解礼的作用,并运用礼来考核衡量官员和民众的功过,对他们进行奖惩,并将这些礼公之于众,让每一个民众都能理解并遵守。如果他们或者其他在上位者或统治者不这样做的话,他们就会丢失他们的统治地位,民众也会视他们为天下的祸害。这就是小康社会(以着其义,以考其信,着有过,刑仁讲让,示民有常,如有不由此者,在位者去,众以为殃。是谓小康)。

孔子认为,相对于大同社会而言,退一步讲,即使承认人们的私心,承认人们可以各亲其亲,各子其子,但只要能够用礼来规范人们的行为,那么,也可以实现社会的治理,但这是一种较低层次的小康状态。礼是实现小康社会治理的途径,中国传统社会也被称为"礼治"或"礼乐教化",它贯穿在社会的各个方面(以正君臣,以笃父子,以睦兄弟,以和夫妇,以设制度,以立田里,以贤勇知,以功为己),但是,一旦用礼来治理天下,就存在阴谋、战争的潜在可能(故谋用是作,而兵由此起)。事实上,这种小康的状态,就是承认私人和私心的状态。它同西方资本主义私有制存在极大的相似性。私有制建立在法治的基础上,礼治是法治的不同表现形态。私有制及其法治也远非完美,也存在类似的阴谋、战争、冲突的潜在可能。

随后,孔子继续论述了礼的重要性和来源。礼是来自于上天的,是天道的体现,贯穿于人类社会的一切方面,达于丧祭射御冠昏朝聘(是故夫礼,必本于天,殽于地,列于鬼神,达于丧祭射御冠昏朝聘)。如果圣贤之人用礼来治理天下,那么天下国家就可以得到匡正(故圣人以礼示之,故天下国家可得而正也)。在此,笔者认为,既然小康社会中的礼劣于大同社会中的公,为何孔子不论述如何实现大同的途径,而是浓墨重笔地论述礼的重要性? 原因在于,与马克思的共产主义社会相似,大同社会的前提条件并非物质产品的极大丰富,而是建立在道德学习与道德提升基础上的人性的改进,以及人类社会对治理规律的充分认知。

在《礼运》的后文中,作者又用大量篇幅描述了礼是如何产生的。例如:

夫礼之初,始诸饮食,其燔黍捭豚,污尊而抔饮,蒉桴而土鼓,犹若可以致其敬于鬼神。及其死也,升屋而号,告曰:"皋! 某复"。然后饭腥而苴孰。故天望而地藏也,体魄则降,知气在上,故死者北首,生者南乡,皆从其初。昔者先王未有宫室,冬则居营窟,夏则居橧巢。未有火化,食草木之实,鸟兽之肉,饮其血,茹其毛。未有麻丝,衣其羽皮。后圣有作,然后修火之利,范金合土,以为台榭宫室牖户,以炮以燔,以亨以炙,以为醴酪,治其麻丝,以为布帛,以养生送死,以事鬼神上帝,皆从其朔。故玄酒在室,醴盏在户,粢醍在堂,澄酒在下。陈其牺牲,备其鼎俎,列其琴瑟管磬钟鼓,修其祝嘏,以降上神与其先祖,以正君臣,以笃父子,以睦兄弟,以齐上下,夫妇有所。是谓承天之祐。

从现代社会学的角度看,礼的本质,其实是一种人类社会生活的规范,不仅在孔子所说的三代时期存在这些社会规范,在任何时期、任何社会、任何领域,都会存在各种不同类型的社会规范。儒家将这些社会规范统称为"礼",并认为它们是自然的、合理的、正当的,对每个人都有好处的。这些社会规范的作用是维持这个社会的正常运行。在现代的制度经济学中,这些社会规范也被称为"制度"（institution）。然而，儒家试图将这些礼用强制、教化的方式固定下来，君君臣臣父父子子，每一个人，在每一种场合，面对每一种情境，都有自己应当遵循的礼或行为规范。这些礼，或者社会规范，在历史上和现实中发挥了巨大的作用，它们维护了等级制（等级制也是一种礼或者制度，并且在历史上是不可避免的），也导致了各种繁文缛节，朝堂之上有各种复杂的仪式，每家每户的婚丧嫁娶都要花钱请儒生做礼仪，儒家子弟也依靠这些礼仪赚钱谋生。礼越来越烦琐，不必要的礼越来越多，礼演化为虚礼，成为虚伪的代名词。因此，墨子在《非儒》一文中也严厉地批评儒家：

　　且夫繁饰礼乐以淫人，久丧伪哀以谩亲，立命缓贫而高浩居，倍本弃事而安怠傲，贪于饮食，惰于作务，陷于饥寒，危于冻馁，无以违之。是若人气，鼸鼠藏，而羝羊视，贲彘起。君子笑之，怒曰："散人焉知良儒！"夫夏乞麦禾，五谷既收，大丧是随，子姓皆从，得厌饮食。毕治数丧，足以至矣。因人之家翠以为，恃人之野以为尊，富人有丧，乃大说喜，曰："此衣食之端也！"

　　当然，孔子本人对待礼的态度是非常灵活的，在《论语·为政》篇中，子曰："吾十有五而志于学，三十而立，四十而不惑，五十而知天命，六十而耳顺，七十而从心所欲，不逾矩。"到了七十岁的时候，就能够从心所欲，但也不违反规矩，不违反礼。如果一个人能够从心所欲，为所欲为，但也没有做错事和坏事，那么这确实是一种非常令人向往的状态。"酒肉穿肠过，佛在心头坐"。一方面喝酒吃肉，表面上明显违背礼，但心中有佛，心中有礼。这其实也就是道家的老子和庄子追求的自由的、洒脱的状态。从这一点上看，儒家和道家并不矛盾。

　　一个重要的问题是，随着社会的演化，礼是否会发生变化？孔子和儒家将春秋战国时期视为礼崩乐坏的时代，在他们眼中，最好的时代、最好的礼是存在于三皇五帝以及西周时期。但是，三皇五帝时期尚属原始社会，那时的生产力极为贫乏，以公有制为基础的原始共产主义也许是一种无奈的必然选择，如果贫乏的产品不进行平均分配，某些社会成员可能无法维生。但随着社会生产力的发展，剩余产品的出现，私有制作为一种新的制度形态出现，适应其要

求的新的制度和新的礼仪就不可避免地出现,礼的内容和形式也必然随之变化。这就是韩非子在《五蠹》中写到的:

然则今有美尧、舜、汤、武、禹之道于当今之世者,必为新圣笑矣。是以圣人不期修古,不法常可,论世之事,因为之备。

儒家向古代寻找他们的理想社会,这一点是儒家的不足。在不同时代,应该有不同时代的礼和制度。

曲礼(上)

敖不可长,欲不可从,志不可满,乐不可极

【原文】

《曲礼》曰:毋不敬,俨若思,安定辞。安民哉。

敖不可长,欲不可从,志不可满,乐不可极。

贤者狎而敬之,畏而爱之。爱而知其恶,憎而知其善。积而能散,安安而能迁。临财毋苟得,临难毋苟免。很毋求胜,分毋求多。疑事毋质,直而勿有。

若夫,坐如尸,立如齐。礼从宜,使从俗。夫礼者,所以定亲疏,决嫌疑,别同异,明是非也。礼,不妄说人,不辞费。礼,不逾节,不侵侮,不好狎。修身践言,谓之善行。行修言道,礼之质也。礼闻取于人,不闻取人。礼闻来学,不闻往教。

道德仁义,非礼不成,教训正俗,非礼不备。分争辨讼,非礼不决。君臣上下父子兄弟,非礼不定。宦学事师,非礼不亲。班朝治军,莅官行法,非礼威严不行。祷祠祭祀,供给鬼神,非礼不诚不庄。是以君子恭敬撙节退让以明礼。鹦鹉能言,不离飞鸟;猩猩能言,不离禽兽。今人而无礼,虽能言,不亦禽兽之心乎?夫唯禽兽无礼,故父子聚麀。是故圣人作,为礼以教人。使人以有礼,知自别于禽兽。

太上贵德,其次务施报。礼尚往来。往而不来,非礼也;来而不往,亦非礼也。人有礼则安,无礼则危。故曰:礼者不可不学也。夫礼者,自卑而尊人。

虽负贩者,必有尊也,而况富贵乎? 富贵而知好礼,则不骄不淫;贫贱而知好礼,则志不慑。

(略)

孝子不服暗,不登危,惧辱亲也。父母存,不许友以死。不有私财。

为人子者:父母存,冠衣不纯素。孤子当室,冠衣不纯采。

(略)

男女不杂坐,不同椸枷,不同巾栉,不亲授。嫂叔不通问,诸母不漱裳。外言不入于阃,内言不出于阃。

女子许嫁,缨;非有大故,不入其门。姑姊妹女子子,已嫁而反,兄弟弗与同席而坐,弗与同器而食。父子不同席。

男女非有行媒,不相知名;非受币,不交不亲。故日月以告君,齐戒以告鬼神,为酒食以召乡党僚友,以厚其别也。

取妻不取同姓;故买妾不知其姓则卜之。寡妇之子,非有见焉,弗与为友。

(略)

故君子戒慎,不失色于人。国君抚式,大夫下之。大夫抚式,士下之。<u>礼不下庶人,刑不上大夫。刑人不在君侧</u>。

【解读】

曲礼,是指礼的各种详细仪节。东汉儒学大师郑玄的《礼记目录》认为,本篇内容包括吉、凶、军、宾、嘉五种礼仪,故名"曲礼",曲有周遍的意思。纵观《曲礼》全篇,的确包括郑玄所说的五礼的各个方面,细枝末节十分周全,又有平日举手投足、进退应对、饮食出行等生活礼仪,内容十分驳杂。

在当代,后现代社会的解构一切、自我中心和反抗权威的背景下,礼仪、礼貌以及它们的同义词"繁文缛节"也许限制了人们的自由,让人心生厌烦。然而,礼不仅是古今中国的特有现象,也是一个普遍的全球文化现象。至少可以追溯至 1066 年诺曼底王朝的英国王室,历经近 1000 年的漫长时光,也形成了丰富、烦琐,同时也饶有趣味的英国皇家礼仪。在美国,总统就职、国会开会、学生毕业、各种节日庆典等活动中,也贯穿着丰富多彩的礼仪。各种正式活动中的西装领带也是一种礼仪。相反,曾经礼乐教化的中国,由于各种复杂的原因,礼仪一度被视为封建社会的遗毒而被批判和抛弃,代之以严格的组织纪律(组织纪律也是一种广义的礼仪)。在现代市场经济的背景下,政府和民众越来越认识到礼仪的作用和价值,但要重建某种礼仪,也需要耗费漫长的时间。

儒家认为,处理公共问题是处理个人问题的延伸,个人问题处理不好,也很难处理好公共问题,所以,一个人的私人品德也决定了他日后如果成为政治领袖或公共人物的行为。因此,待人接物应该恭敬,神态庄重,举止镇定,这样就可以安定民心(毋不敬,俨若思,安定辞。安民哉)。当然也不必完全拘泥于文本,并非在所有场合,对待所有人、所有事都要毕恭毕敬、严肃认真。在某些非正式场合甚至正式场合,面对平辈或晚辈,甚至也包括长辈,幽默、风趣、适度的玩笑也不失为一种恰当的态度。儒家的"毋不敬,俨若思,安定辞"应当被视为一种在一般情况下的原则,尤其对于那些需要安定民心的政府官员而言非常重要。但是,如果时时刻刻端着一副严肃的面孔,失去了人的本真一面,也是官员被民众诟病的原因之一。

傲不可长,欲不可从,志不可满,乐不可极,临财毋苟得,临难毋苟免等等,都是一种可贵的品德,对于个人的成功非常重要。同时,待人待物应该一分为二,辩证地对待。在对待他人时,既亲近他,同时也尊敬他;既敬畏他,同时也关爱他(贤者狎而敬之,畏而爱之。狎,亲近,在此并无贬义)。关爱他的时候,也知道他的不足;憎恶他的时候,也知道他的优点(爱而知其恶,憎而知其善)。

儒家治理天下的方式通常被称为"礼治",曲礼(上)中讲到了大量的礼,例如:

道德仁义,非礼不成,教训正俗,非礼不备。分争辨讼,非礼不决。君臣上下,父子兄弟,非礼不定。宦学事师,非礼不亲。班朝治军,莅官行法,非礼威严不行。祷祠祭祀,供给鬼神,非礼不诚不庄。

道德仁义,需要用礼来规范。教训别人,需要礼。打官司,需要礼。君臣之间,父子之间,需要礼。上学对待老师,需要礼。上朝议事,或者出征打仗,需要礼。处理惩治官员,需要礼。祭祀鬼神,需要礼。在任何领域,做任何事情,都需要礼。这些"礼"的作用,实际上是对人类社会生活各个领域的一种规范和约束,宦学事师、班朝治军、莅官行法、祷祠祭祀等,都需要有一定的规则和制度。即使在现代社会,同样需要各种规则和制度,只不过在现代社会中,礼仪可能以其他方式,尤其是以法律的方式表现出来。礼治和法治,就作为社会规范约束人们的行为而言,并没有本质的区别。它们之间的区别在于,礼治通过长期的教化内化入人的内心,成为一种道德习惯,使人们自觉遵守;法治通过外在的强制和惩罚对人们的行为加以约束。真正的良善的法治也是建立在礼治的基础上,而恶法之治就只能依靠强制和惩罚。礼治的交易成本低,法治的交易成本高。

如果没有这些规则约束,那么人就和动物没有什么区别(人而无礼,虽能言,不亦禽兽之心乎)。没有礼的社会,就是儒家所谓的落后的社会、夷狄的社会。在此,如果将礼仪视为制度,是文化和文明的重要内容,那么,就存在着文明、文化、制度、礼仪之间能否进行优劣比较的问题。事实上,在任何社会,包括古代社会和现代社会,都存在各种各样的规则和约束,社会学家将之称为"社会规范"(social norm),例如,古代社会的某些习俗或者禁忌,现代社会的法律,都是不同形式的社会规范,它们和礼仪有着相似的社会功能。如果从更大的全人类的文明视角来看,孔子和儒家,还是站在"我族中心主义"的立场,认为自己的规则和制度优于其他民族或文化。① 这种观点也值得商榷。如果可以进行这种比较,那么是否意味着西方的规则和制度优于中国? 一方面,我们可以依据某些标准,讨论制度的优劣;另一方面,我们也应该秉持价值中立的原则,客观地探讨礼仪和制度的形式、内容和作用,而不应以自我为中心,简单地预设它们的优劣。

---

① 长期以来,由于经济政治的优势,西方社会也习惯于从自身的角度,评判其他文明或文化的优劣,即"西方中心论"。当代伟大的历史学家汤因比坚决反对历史学界盛行的根据国别研究历史的做法。他认为,历史研究的基本单位应该是比国家更大的文明。应该把历史现象放到更大的范围内加以比较和考察,不应以某个国家或某种文明为中心,来评判其他国家或文明。汤因比:《历史研究》,郭小凌等译,上海人民出版社 2014 年版。

在礼记中所规定的各种礼,绝大多数都能够适应当时的社会需要。不过以现代人的眼光,可能对当时的某些礼仪不太了解和认可,不理解某些礼仪的作用,因此认为孔子和儒家在某些方面迂腐或落后。例如,尽量不要与同姓的女子通婚,购买小妾的时候,如果不知道她的姓,则要进行占卜(取妻不取同姓;故买妾不知其姓则卜之)。原因可能在于,从现代优生学的角度看,同姓也许存在着更为密切的血缘关系而不利于优生。而在当时,分辨亲属关系的方法,可能更多地依赖于姓氏。寡妇的孩子,除非有特异的才能,否则尽量不要与其交朋友(寡妇之子,非有见焉,弗与为友)。这种规则,在现代人看来,可能显得具有很大的歧视性。但在当时的社会中,家庭是最重要的社会单元,因此必须尽量用各种方法,尤其是礼治的方法,保证家庭的完整和稳定。歧视寡妇以及她的子女,也许是为了施加社会压力,防止寡妇改嫁,以维持家庭的完整性和牢固性。因此,应该以历史的眼光,回到当时的历史环境,来看待儒家和传统社会,乃至其他社会文化体系中存在的各种礼仪制度,而不是以现代的眼光,对历史和其他社会文化妄加批评。

儒家思想的贡献在于,他们认识到了礼仪对于社会的作用和意义,并因此维护和捍卫各种礼仪,这正是中国社会能够维持两千多年的稳定与延续的文化根源。但儒家的不足则在于,第一,儒家的礼,太烦琐了,过于注重形式,例如,孝子不服暗、男女不杂坐、嫂叔不通问,等等。一个人也可以做到孝子服暗、男女杂坐、嫂叔通问,但心中无愧。并且儒家试图将这些礼全方位地固定下来,违反者将会在伦理道德上受到严厉的惩罚,这就是墨家、道家批评儒家的地方,也是鲁迅在《狂人日记》中批判"礼教吃人"的原因。从这一点上说,儒家显得不够宽容和自由,这也是中国社会缺乏创新和向外拓展的文化根源。第二,礼,也就是社会规范,不是一成不变的,不同时代有不同时代的礼。但儒家认为最好的礼就是上古三皇五帝西周时代的礼,并且试图重新恢复当时的礼,这也是法家批评儒家缘木求鱼、刻舟求剑的原因,从这一点上说,儒家过于保守。我们需要思考,就每一个具体的时代而言,什么是适当的礼? 什么是我们当今市场经济、科技时代背景下适当的、最好的礼?

上文中的"礼不下庶人,刑不上大夫,刑人不在君侧"也需要重新进行解读,许多现代人认为这是儒家违背人人平等的原则、维护封建专制等级统治的观点,这实际上是对儒家的严重误解。儒家最讲平等。事实上,人人平等并不意味着每一个人一模一样。实现平等的困难,是在人与人存在差异的前提下,如何实现平等。在任何社会或任何组织中,人的性别、层次、地位、待遇、职业、兴趣、追求都存在差异,但这种差异并不一定就是不平等。在儒家所处的传统社会中,教育是一种稀缺资源,绝大多数庶人都没有受过教育,不会读书认字,也不知书达理(礼),所以,和他们讲礼,在很大程度上是对牛弹琴。但即便如此,儒家也希望让他们知礼懂礼,所以,对庶人而言,礼是达不到他们那里的(礼不下庶人),如果他们违反了礼,只能用刑罚。而士大夫是受过教育、知书达礼的人,所以,对大夫而言,他们长期读诵圣贤之书,自己应该知道善恶美丑,平常也不断讲授圣贤话语,如果犯错,就是明知故犯。如果士大夫犯罪和庶人犯罪一样,公开处罚,昭告天下,就是斯文扫地,是对教育和礼仪的一种亵渎和侮辱。但是,刑不上大夫并非放松对大夫或官员的要求,而是对他们提出了更高的要求。他们一旦犯错到一定程度,就应该引咎辞职,如果更加严重,甚至应该自裁以谢天下。如果畏惧或拒绝自裁,那同样必须按照法律惩处,只不过这更加意味着教育的失败。犯错,对于受过教育的人而言,要求犯错者勇于承担自己的过错,为自己的过错负责。如果能够做到为自己的过错负责,那么也是对过错的一种弥补,这样的教育也算是挽回了一点颜面。

国君管理国家,主要靠的不是刑罚,而是礼乐教化。因此,国君的身边,不应站着掌握刑罚的人(刑人不在君侧),而应该站着掌管礼乐教化的礼官。刑罚固然是国家治理或统治的一种手段,但只是最后的非常手段。国家治理要求政府制定一套高效、良善的制度体系,以此维系社会的正常运转。教化和刑罚是治理的两翼,但教化为主,刑罚为辅。如果一个国家主要依靠刑罚来治理,那么就意味着国家治理的失败,如同秦始皇统一六国之后的情形那样,离国家的覆亡也就不遥远了。

曲礼(下)

公事不私议

【原文】

公事不私议。

(略)

大夫私行出疆,必请。反,必有献。士私行出疆,必请;反,必告。君劳之,则拜;问其行,拜而后对。国君去其国,止之曰:"奈何去社稷也!"大夫曰:"奈何去宗庙也!"士曰:"奈何去坟墓也!"国君死社稷,大夫死众,士死制。

(略)

天子死曰崩,诸侯曰薨,大夫曰卒,士曰不禄,庶人曰死。在床曰尸,在棺曰柩。羽鸟曰降,四足曰渍。死寇曰兵。

祭王父曰皇祖考,王母曰皇祖妣。父曰皇考,母曰皇妣。夫曰皇辟。生曰父、曰母、曰妻,死曰考、曰妣、曰嫔。

寿考曰卒,短折曰不禄。

【解读】

公事不私议。公事,也就是公共事务,不应该几个人私下讨论。而应该在朝堂之上公公正正、正大光明地讨论。治理国家,不能用阴谋,只能用阳谋。在现代社会,公共事务更加应该通过公共讨论的空间、平台以及制度来进行公开地讨论和处理。现代的人民代表大会制度、报刊媒体、学术刊物,都是各种讨论和处理公共事务的制度或者场所。从这一点上说,儒家特别强调"公",反对"私"。公共,是政治、公共管理、公共政策、公共事务的核心要义。政治中的政,其实就是公共事务,治,就是治理。因此,政治的本质,就是公共事务的治理。一个国家,如果能够以公开的、透明的、公正的、法治的方式,来处理公共事务,那么这就是政治的清明与进步,也就是公共管理中所谓的善治。从古至今,所有国家都在向着这个方面努力,但迄今也未臻完美。两千多年前的儒家思想就已经认识到了这一点,意味着我国古代政治思想的先进与发达,当然,这并不意味着在实践中,我国的历朝历代政府真正做到了这一点。

国君和大臣,是国家和国民的精神支柱和杰出代表。各级官员(大夫、士)如果私自离开他们的国家,应该报告(大夫私行出疆,必请)。国君和官员都应该不惜为保卫国家和国民而牺牲生命(国君死社稷,大夫死众,士死制)。两千多年前的这段话对于当今时代也具有特别的意义。在现代社会,众多裸官的出现,促使我们思考官员乃至公民与国家的关系。普通公民对国家也有责任和义务,即遵守国家的法律、依法纳税、服兵役等,宪法中规定了公民的基本权利和义务。当然,公民也有放弃本国公民权而加入他国的权利。相对于普通公民而言,各级官员对国家具有更大的责任和义务,级别越高的官员,对国家和国民的责任和义务也就越大,这种责任和义务是担任公职的公民同其他公民达成的一种契约。从权利和宽容的角度,官员作为人民的公务员,他们的妻子和子女应该也可以出国定居(是否一定级别以上的官员的妻子和子女不应出国定居,可以进行公共讨论),但这些行为应该向上级组织部门乃至全体国民报告。无论如何,裸官是一种严重的败德和失信行为,是这些官员对其所担任的公职和他为之服务的人民的欺骗,严重动摇了人民对政府和官员的信心。对此,两千多年前的儒家就认识到了这一点。

儒家的礼仪涵盖社会生活的方方面面,例如,不同身份的人的死亡,也有不同的称谓。天子死称为崩,诸侯死称为薨,大夫死称为卒,士死称为不禄,普通庶民死才称为死(天子死曰崩,诸侯曰薨,大夫曰卒,士曰不禄,庶人曰死)。这种称谓上的差别,从更价值中立的角度看,是一种礼乐教化和国家治理的需要,也是社会进步的一种反映,而不能被称之为不公平。

死者尚在床上,称为尸;死者已经入棺,称为柩。飞鸟的死称为降,四足之兽的死称为渍。为保卫国家而牺牲者,称为烈士(在床曰尸,在棺曰柩。羽鸟曰降,四足曰渍。死寇曰兵)。这种对于近似但仍然存在细微差异的社会情境的各种不同称谓和概念,以及不同的处理方式,反映了社会的进步程度,即描述各种复杂社会情形的概念的丰富。一个发达的社会,一定会有更多的描述各种社会情形的概念。相反,一个未开化的社会则倾向于用一个笼统的概念来表达相似的社会情境。这也是为什么儒家将当时的少数民族文化视为落后,将自身视为先进的原因之一。

王 制

析言破律,乱名改作,执左道以乱政,杀

【原文】

王者之制禄爵,公侯伯子男,凡五等。诸侯之上大夫卿,下大夫,上士中士下士,凡五等。

天子之田方千里,公侯田方百里,伯七十里,子男五十里。不能五十里者,不合于天子,附于诸侯曰附庸。天子之三公之田视公侯,天子之卿视伯,天子之大夫视子男,天子之元士视附庸。

(略)

天子、诸侯无事则岁三田:一为干豆,二为宾客,三为充君之庖。无事而不田,曰不敬;田不以礼,曰暴天物。天子不合围,诸侯不掩群。天子杀则下大绥,诸侯杀则下小绥,大夫杀则止佐车。佐车止,则百姓田猎。獭祭鱼,然后虞人入泽梁。豺祭兽,然后田猎。鸠化为鹰,然后设罻罗。草木零落,然后入山林。昆虫未蛰,不以火田,不麛,不卵,不杀胎,不殀夭,不覆巢。

冢宰制国用,必于岁之杪,五谷皆入然后制国用。用地小大,视年之丰耗。以三十年之通制国用,量入以为出,祭用数之仂。丧,三年不祭,唯祭天地社稷为越绋而行事。丧用三年之仂。丧祭,用不足曰暴,有余曰浩。祭,丰年不奢,凶年不俭。国无九年之蓄曰不足,无六年之蓄曰急,无三年之蓄曰国非其国也。三年耕,必有一年之食;九年耕,必有三年之食。以三十年之通,虽有凶旱水溢,民无菜色,然后天子食,日举以乐。

(略)

司寇正刑明辟以听狱讼,必三刺。有旨无简不听。附从轻,赦从重。凡制

五刑,必即天论,邮罚丽于事。凡听五刑之讼,必原父子之亲、立君臣之义以权之。意论轻重之序、慎测浅深之量以别之。悉其聪明、致其忠爱以尽之。疑狱,泛与众共之;众疑,赦之。必察小大之比以成之。成狱辞,史以狱成告于正,正听之。正以狱成告于大司寇,大司寇听之棘木之下。大司寇以狱之成告于王,王命三公参听之。三公以狱之成告于王,王三又,然后制刑。凡作刑罚,轻无赦。刑者侀也,侀者成也,一成而不可变,故君子尽心焉。

析言破律,乱名改作,执左道以乱政,杀。作淫声、异服、奇技、奇器以疑众,杀。行伪而坚,言伪而辩,学非而博,顺非而泽,以疑众,杀。假于鬼神、时日、卜筮以疑众,杀。此四诛者,不以听。凡执禁以齐众,不赦过。

有圭璧金璋,不粥于市;命服命车,不粥于市;宗庙之器,不粥于市;牺牲不粥于市;戎器不粥于市。用器不中度,不粥于市。兵车不中度,不粥于市。布帛精粗不中数、幅广狭不中量,不粥于市。奸色乱正色,不粥于市。锦文珠玉成器,不粥于市。衣服饮食,不粥于市。五谷不时,果实未熟,不粥于市。木不中伐,不粥于市。禽兽鱼鳖不中杀,不粥于市。关执禁以讥,禁异服,识异言。

(略)

六礼:冠、昏、丧、祭、乡、相见。七教:父子、兄弟、夫妇、君臣、长幼、朋友、宾客。八政:饮食、衣服、事为、异别、度、量、数、制。

【解读】

《王制》,顾名思义,就是君王治理国家的规章制度,内容涉及封国、职官、爵禄、祭祀、葬丧、刑罚、行政区划、官吏选拔以及学校教育等方面的制度。《礼记·王制》篇详细描述了春秋战国时期天子和诸侯如何通过礼仪和刑罚来治理国家的诸多细节。事实上,儒家的礼治并非只讲礼乐教化,广义的礼治也包括刑罚,礼治与法治,是治理国家的两种基本手段。《礼记·王制》篇中有大量阐述法制和刑罚的内容。

天子为臣下制定了利禄和爵位。爵位包括公爵、侯爵、伯爵、子爵、男爵,一共五等(王者之制禄爵,公侯伯子男,凡五等)。诸侯为臣下制定的爵位,包括上大夫卿、下大夫、上士、中士、下士,也是五等(诸侯之上大夫卿,下大夫,上士中士下士,凡五等)。天子的土地是一千里,侯是百里,伯是七十里,子和男是五十里。田地不足五十里见方的小诸侯,不能朝会于天子,隶属于诸侯的人,叫做附庸。天子的三公的禄田数量比照公侯,天子的卿的禄田比照伯,天子的大夫的禄田比照子男,天子的士的禄田比照附庸。

显然,天子对其臣下的管理是按照一定的等级秩序进行的。当今的观点往往将历史上的这种等级秩序批评为不平等。然而,即便在今天,不论是政府还是公司,它们的管理体制都是马克斯·韦伯(Max Weber)所谓的金字塔式的科层制或官僚制,需要按照一定的等级秩序和规章制度来进行管理,不同级别的政府官员和不同层级的管理者,他们的收入和待遇都存在明显的差异。这种等级秩序,从价值中立的角度看,是一种组织和管理的需要,只要它们适应当时社会的具体情境,能够被社会大众所广泛认同和接受,就是合理的。严格地按照这种等级秩序来管理国家,并且这种等级秩序能够得到社会大众的认同和接受,就可以被理解为法治,也是科学管理的一种体现。

在具体的财政、税收、经济活动等方面,天子和诸侯是怎样处理的呢?

天子、诸侯在没有战争和凶丧的情况下,每年田猎三次(无事则岁三田),目的有三:一是为了准备祭祀的供品,二是为了招待宾客,三是为了丰富膳食品种。在没有战争和凶丧的情况下不进行田猎,就叫做不敬(无事而不田,曰不敬)。田猎时不守规矩,随意捕杀,就叫做暴殄天物(田不以礼,曰暴天物)。天子打猎不应四面合围,诸侯打猎不应把成群的野兽全部杀光(天子不合围,诸侯不掩群)。射杀野兽之后,天子要放下指挥的大旗,诸侯要放下指挥的小旗。大夫射杀野兽后,就应命令协助驱赶野兽的副车停止驱赶。大夫的副车停止驱赶之后,百姓开始田猎。正月以后,虞人(掌管山川田猎的官员)才可以进入川泽捕鱼。秋冬之交,才可以开始田猎。八月以后,才可以设网捕鸟。到了十月,才可以进入山林砍伐。昆虫尚未蛰居地下之前,不可以纵火焚草肥田。不捕捉小兽,不取鸟卵,不杀怀胎的母兽,不杀刚出生的小兽,不捣毁鸟巢(昆虫未蛰,不以火田,不麛,不卵,不杀胎,不殀夭,不覆巢)。

由此可见,春秋时期,官府和民众在从大自然获取食物时,也要求不能涸泽而渔、焚林而猎,而要让大自然休养生息,并且将这些约束通过礼仪的方式规定下来,要求国君、官员和百姓都要遵守。这实际上也反映了两千多年前,我国古人的一种人与自然的和谐生态观。

冢宰是当时国家的财政官员,他们负责编制下一年度国家经费的预算,预算要在年终进行(冢宰制国用,必于岁之杪。miǎo,树梢、末端的意思),因为要等五谷入库之后才能编制预算。编制预算,要考虑国土的大小,年成的丰歉,用三十年收入的平均数作依据来编制预算,根据收入的多少来决定如何开支(以三十年之通制国用,量入以为出)。祭祀的费用,占每年收入的十分之一。遇到父母之丧,虽然在服丧的三年内不祭宗庙,但天地社稷之神却照祭不误,因为天地社稷之神比父母还要尊贵。丧事的开支,用三年收入的平均数的十分之一(丧用三年之仂。lè,余数的意思)。丧事和祭祀的开支,超过了预算叫做"暴",决算有余叫做"浩"(丧祭,用不足曰暴,有余曰浩)。祭祀的开销,丰年不可铺张浪费,荒年不可节俭从简(祭,丰年不奢,凶年不俭)。一个国家如果没有九年的储备叫做储备不足,没有六年的储备叫做储备危急,没有三年的储备就可以说是国家不成其为国家了(国无九年之蓄曰不足,无六年之蓄曰急,无三年之蓄曰国非其国也)。耕种三年,一定要有一年的余粮;耕种九年,一定要有三年的余粮。以三十年收入的平均数来编制预算,即使遇到水旱凶荒的年头,老百姓也不至于饿肚子,然后,天子的膳食才会顿顿有肉,而且吃饭时可以奏乐(三年耕,必有一年之食;九年耕,必有三年之食。以三十年之通,虽有凶旱水溢,民无菜色,然后天子食,日举以乐)。

国家在编制预算时,应当遵循"量入以为出"的原则,丰收时不要太奢侈,歉收时也就不用太节俭,应当保持充足的储备。这样,即使遇到水旱灾害,民众也有饭吃,天子也才有饭吃,有好日子过。如果人民没有饭吃,天子却穷奢极欲,这样的国家离覆亡也就不遥远了。量入为出既是持家的原则,也是治国的原则。尽管现代经济学中的凯恩斯主义认为,在经济萧条的时候更应该增加政府开支以刺激经济,但这其实只是一种短期的刺激措施,在经济恢复正常后同样要弥补以前的财政赤字,从长期来看,收入和开支仍然应当实现总体平衡,这才是一种健康的经济。

司寇负责审定刑罚,要谨慎地听取案情,再三调查侦讯(司寇正刑明辟以听狱讼,必三刺)。有犯罪意图,但无犯罪事实的人,不予起诉(有旨无简不听)。刑罚可轻可重的,从轻处罚,刑罚可以赦免的,按照可以赦免的重罪予以赦免。凡是要判处五刑的(墨刑,在脸上刺字;劓(yì)刑,割鼻;刖(fēi)刑,也称刖(yuè)刑,砍去左脚、右脚或双脚;宫刑,割除或破坏生殖器;大辟,死刑),要更加慎重,要考虑父子亲情以及君臣之义,进行综合权衡(凡听五刑之讼,必原父子之亲、立君臣之义以权之)。要认真考虑犯罪情节和罪行深浅,加以区别对待。充分发挥聪明才智,秉持忠恕仁爱的精神,使犯罪之人得以尽情陈述(悉其聪明、致其忠爱以尽之)。有疑问的案件,要广泛地听取意见,如果大家都有疑问,就应赦免当事人(疑狱,泛与众共之;众疑,赦之)。审判官员要考察罪行的大小,比照以前发生过的类似案例,完成审理,记录在案,形成报告。审理官员将审判结果汇报给上级官员,上级官员要仔细听取案情,再向上级大司寇报告。大司寇要在天子外朝的棘木下进行审理,以示严肃和庄重。最后,大司寇还要将审理结果向天子汇报,天子也要命三公共同来听取案情,三公听取后,再向天子提出意见。天子考虑再三,再做出最后的裁定(三公以狱之成告于王,王三又,然后制刑)。一旦裁定,就不再赦免。刑就是刑,刑意味着成形,成形就无法改变了。因此君子在审理案件时,一定要尽心尽力,慎重从事(刑者刑也,刑者成也,一成而不可变,故君子尽心焉)。

在此,儒家充分表达了在使用刑罚时的仁义、公正和谨慎的精神,完全符合现代的司法原理。在侦查案情、获取证据时要再三了解案情;只有犯罪动机而无犯罪事实的,无罪;判罪时要施以仁爱,充分考虑家庭亲情;允许当事人充分地表达意见;疑罪从无;考虑既往案例;制定谨慎的司法程序,上下级反复审理;最终由天子裁定,等等。所有这一切,都是为了实现公正,避免冤假错案。当然,这些原则需要大量的更加细节的制度加以支撑和完善,在我国历朝历代,乃至当代,可能都没有完全做到。但是,这种思想本身的先进性是一目了然的。

诡辩巧言,玩弄辞藻,曲解法律,混乱名分,胡作非为,用旁门左道来扰乱朝政,这样的人要杀(析言破律,乱名改作,执左道以乱政,杀)。制作淫邪的音乐、奇装异服、怪异的技术、器物来迷惑民众,杀(作淫声、异服、奇技、奇器

27

以疑众,杀)。行为虚伪,但貌似坚贞,言辞虚伪,但貌似善辩,学问非正道但貌似博学,道理荒谬,貌似有理,以此来迷惑民众,杀(行伪而坚,言伪而辩,学非而博,顺非而泽,以疑众,杀)。假借鬼神、时日凶吉、占卜等迷惑民众,杀(假于鬼神、时日、卜筮以疑众,杀)。这四种情况属于必杀之列,不再听讼审理。凡是颁布禁令,要求所有人都必须遵守的,有人违反,不予赦免(凡执禁以齐众,不赦过)。

这一段话充分说明了儒家在面对涉及国家根本和政权安全时的严厉和坚决。这四种必杀的情况,大都涉及思想层面。从历史上维护国家安危和社会整体安全的角度出发,也无可厚非。然而,可能存在的问题在于,在现实中,究竟如何准确界定这四种情况,例如淫声、异服、奇技、奇器。如何处理那些远远超出目前民众的接受能力、因而被主流观点视为异端的思想、物品或行为,一直是中国历史上的一个大问题,例如历史上和现实中曾经出现的牛仔裤、摇滚乐、同性恋、性用品等等。现在的观点认为,宽容是创新的基础,一个良好的社会,应该能够接纳各种异端思想、物品或行为,这些异端,也有可能是未来的方向。一个开明的君主或领导,应该具有远大的眼光和宽容的胸襟,能够容忍、接受甚至欣赏那些自己不了解的事物。退一步而言,即使要加以禁止,也应该以公正、透明、法治的方式加以禁止,而不能由君主个人或少数当权者的意志武断地加以决定。

儒家认为,在经济领域,很多物品不能在市场上进行自由交易。包括贵重器物如圭、璧、琮、璋;国君赏赐的服装、车辆;宗庙礼器;祭祀用的牺牲品;军队用的兵器等等(有圭璧金璋,不粥于市;命服命车,不粥于市;宗庙之器,不粥于市;牺牲不粥于市;戎器不粥于市)。如果产品的质量和品质不符合规范,也不能在市场交易(用器不中度,不粥于市)。市场关卡按照禁令稽查来往人员,禁止奇装异服,辨识讲不同语言的人(关执禁以讥,禁异服,识异言)。

这些规定,实际上是政府对市场和经济领域的管理,即现代经济学中的规制(regulation)。《王制》篇中的这些规定尽管和现代市场经济的要求不完全一致,但也具有相似的原理。在现代市场经济中,同样有许多物品不能通过市场交易,例如军用、警用物品、危险品等国家管制物品,不符合质量要求的假冒伪劣也应该受到打击和禁止。当然,存在的问题在于,如何操作这些制度的细节,如何保证市场管理人员在稽查往来人员时,在禁止奇装异服时,公正地进行执法,而不是随心所欲地解释和执行法律,以此中饱私囊。当然,这些要求,即使在现代社会都未能完全解决,两千年前的儒家学者,能有这种认识,已经殊为不易。

　　礼,表现在社会生活的方方面面。六礼,即六种礼仪,是指冠礼、昏礼、丧礼、祭礼、乡礼、相见礼。七教,即七个方面的教育,父子、兄弟、夫妇、君臣、长幼、朋友、宾客。八政,即八个方面的规章制度,饮食、衣服、百工技艺(事为)、各类用器(异别)、长度单位(度)、重量单位(量)、计数单位(数)、布帛规格(制)等。这些具体规定尽管和现代社会有所不同,但其原理是一样的,一个发达成熟的社会,在各个方面,都存在制度、规范和礼仪,这样的社会才能够稳定有序地运行。

第三篇 大 学①

　　《大学》原本是《礼记》中的一篇。关于《大学》作者,《礼记》中并无说明,朱熹(1130—1200)认为,首章"经"是"孔子之言,而曾子述之","其传十章,则曾子之意,而门人记之"。因此,朱熹认为《大学》大体为曾子的思想,但可能是曾子的后学所写。曾子,名参(shēn,公元前505—前435),字子舆,春秋末年鲁国南武城人(今山东嘉祥县)。是中国先秦时期著名的思想家,孔子的晚期弟子之一,与其父曾点同师孔子,是儒家学派的重要代表人物。被后世尊奉为"宗圣",是配享孔庙的四配之一。②

　　《大学》在唐朝以前并未引起太大的关注。至唐代,韩愈等始引《大学》,开始为人所注。到宋代,理学创始人程颢、程颐非常重视《大学》,称其为"孔氏之遗书,而初学入德之门也。"南宋理学大师朱熹更加重视《大学》,把它和《礼记》中的另一篇文章《中庸》单独抽出,与《论语》《孟子》合在一起,将这四篇文章加上自己的注解,编撰成《四书章句集注》,成为随后官方钦定的科举考试教科书。按朱熹和程颐的看法,《大学》是孔子及其门徒留下来的遗书,是儒学的入门读物。所以,朱熹把它列为"四书"之首。

---

　　① 王国轩译注:《大学·中庸》,中华书局2016年版。
　　② 四配是指孔子的四大弟子:复圣公—颜渊、述圣公—子思、宗圣公—曾参、亚圣公—孟轲。

大 学

大学之道，在明明德，在亲民，在止于至善

【原文】

大学章句序

大学之书，古之大学所以教人之法也。盖自天降生民，则既莫不与之以仁义礼智之性矣。然其气质之禀或不能齐，是以不能皆有以知其性之所有而全之也。一有聪明睿智能尽其性者出于其间，则天必命之以为亿兆之君师，使之治而教之，以复其性。此伏羲、神农、黄帝、尧、舜，所以继天立极，而司徒之职、典乐之官所由设也。

三代之隆，其法浸备，然后王宫、国都以及闾巷，莫不有学。人生八岁，则自王公以下，至于庶人之子弟，皆入小学，而教之以洒扫、应对、进退之节，礼乐、射御、书数之文；及其十有五年，则自天子之元子、众子，以至公、卿、大夫、元士之适子，与凡民之俊秀，皆入大学，而教之以穷理、正心、修己、治人之道。此又学校之教、大小之节所以分也。

夫以学校之设，其广如此，教之之术，其次第节目之详又如此，而其所以为教，则又皆本之人君躬行心得之余，不待求之民生日用彝伦之外，是以当世之人无不学。其学焉者，无不有以知其性分之所固有，职分之所当为，而各俛焉以尽其力。此古昔盛时所以治隆于上，俗美于下，而非后世之所能及也！

及周之衰，贤圣之君不作，学校之政不修，教化陵夷，风俗颓败，时则有若孔子之圣，而不得君师之位以行其政教，于是独取先王之法，诵而传之以诏后世。若曲礼、少仪、内则、弟子职诸篇，固小学之支流余裔，而此篇者，则因小学之成功，以着大学之明法，外有以极其规模之大，而内有以尽其节目之详者也。三千之徒，盖莫不闻其说，而曾氏之传独得其宗，于是作为传义，以发其意。及孟子没而其传泯焉，则其书虽存，而知者鲜矣！

自是以来，俗儒记诵词章之习，其功倍于小学而无用；异端虚无寂灭之教，

<u>其高过于大学而无实。</u>其他权谋术数,一切以就功名之说,与夫百家众技之流,所以惑世诬民、充塞仁义者,又纷然杂出乎其闲。使其君子不幸而不得闻大道之要,其小人不幸而不得蒙至治之泽,晦盲否塞,反覆沈痼,以及五季之衰,而坏乱极矣!

天运循环,无往不复。宋德隆盛,治教休明。于是河南程氏两夫子出,而有以接乎孟氏之传。实始尊信此篇而表章之,既又为之次其简编,发其归趣,然后古者大学教人之法、圣经贤传之指,粲然复明于世。虽以熹之不敏,亦幸私淑而与有闻焉。顾其为书犹颇放失,是以忘其固陋,采而辑之,闲亦窃附己意,补其阙略,以俟后之君子。极知僭逾,无所逃罪,然于国家化民成俗之意、学者修己治人之方,则未必无小补云。

淳熙己酉二月甲子,新安朱熹序

【解读】

儒家经典中的《大学》,尽管和现代通常所谓的哈佛大学、北京大学中的"大学",意思略有不同,但其实也有相通之处。现代意义上的大学,是一个学术组织,它的社会职能或社会功能,也就是它的意义和价值,通常有三:教学、科研和社会服务。科研职能就是要发现知识和真理,包括自然界和人类社会中的各种知识;教学职能就是要把人类现存的各种知识和真理,传授给学生和下一代;社会服务职能就是要运用大学所掌握的知识和真理,直接向社会提供服务,包括推动经济发展,帮助其他社会组织解决各种现实问题,等等。这三种职能,在短期或具体问题上,可能存在冲突,例如,大学教师的时间和精力以及大学的经费,如何在教学、科研和社会服务上进行分配。但从长期和终极目的来看,大学的这三项职能并无矛盾,其实就是发现知识和真理,传播知识和真理,运用知识和真理。而中学和小学,大体上只能传授已有的知识,基本不具有发现知识的功能。

儒家经典中的《大学》,其实也是指"大的学问",只不过,儒家思想认为人类社会中的伦理和道德知识,是最大的学问,对于自然界的知识,即自然科学知识,还是比较轻视和忽略。这是儒家思想的不足。自然知识和道德知识,对于人类社会而言,都非常重要。正如康德所言:"有两种东西,我们愈时常、愈反复加以思维,它们就给人心灌注了时时在翻新、有加无已的赞叹和敬畏:头上的星空和内心的道德法则。"①西方文明,更加注重向外在的自然领域探索,更加注重科学知识。中国文明,更加注重向内在的道德领域探索,更注重道德知识。《大学》这篇文章,包含着宏大的公共精神和丰富的公共治理思想,可以作为公共治理以及公共哲学的基石。

《大学章句序》是朱熹在对《大学》进行注释时所写的序言,阐述了他对《大学》这篇文章的总体看法,非常精彩,有必要认真细读体会。

《大学》这本书,是古代大学教育的方法。一个人一出生,上天就给了他仁义礼智的本性(盖自天降生民,则既莫不与之以仁义礼智之性矣)。但是,每个人先天的气质和禀赋并不一样,所以并非每个人都能够知道这种仁义礼智的本性,并完全掌握它们(然其气质之禀或不能齐,是以不能皆有以知其性之所有而全之也)。一旦有这样一个聪明睿智的人,能够完全掌握并运用这种仁义礼智的本性,那么上天就必然把他任命为所有民众的君主和师长,让他来治理民众,教化民众,恢复他们的本性(一有聪明睿智能尽其性者出于其间,则天必命之以为亿兆之君师,使之治而教之,以复其性)。这就是上古的伏羲、神农、黄帝、尧、舜等承受天命,统领天下,以及司徒、典乐等官职设立的原因(此伏羲、神农、黄帝、尧、舜,所以继天立极,而司徒之职、典乐之官所由设也)。

朱熹认为,人之初,性本善。每个人的本性都是善良的,但在现实中,由于各种原因,这种善良的本性会被遮蔽甚至丧失。而极少数聪明睿智完全掌握仁义礼智这种善良本性的人,上天就会任命他们为君主和师长,让他们来治理天下,教化民众。治理天下,必须是公平正义的统治者,依靠公平正义的制度,来治理天下。这是治理的规律。统治者本人如果不公平正义,或者他治理天下的制度不公平正义,那么他自己或者他的子孙后代,就会受到治理规律的惩罚。那么在现实中,中国历史上的秦皇汉武,唐宗宋祖,他们是聪明睿智之人

---

① 康德:《实践理性批判》,关文运译,商务印书馆 1960 年版,第 164 页。

吗？他们在很多方面确实是聪明睿智的,但同样也具有很大的缺陷和不足。正是因为这种缺陷和不足,所以尽管他们自己在位时能够做到一定程度的善治(当然远非完美),但由于没有建立一套可持续的公平正义的制度,所以他们的子孙后代不能实现长治久安,最终受到亡命丧国的屈辱,想想历代王朝末代皇帝的悲惨。正如黄宗羲在《原君》中所述,"远者数世,近者及身,其血肉之崩溃在其子孙矣"。①

后来,儒家治国理政的思想逐渐被丢弃了。那些普通的儒家学者只知道背诵字句,花了很大工夫,但没有用处;各种异端邪说虚无寂灭的教派,其理论看似高于大学但华而不实(俗儒记诵词章之习,其功倍于小学而无用;异端虚无寂灭之教,其高过于大学而无实)。其他那些权谋术数,以功名为目的,以及那些百家众技的流派,迷惑民众,扰乱民众的思想,堵塞仁义的大道。这就使得在上位的君子无法听闻真正的大道,在下位的普通民众也无法得到政治修明的恩泽(使其君子不幸而不得闻大道之要,其小人不幸而不得蒙至治之泽)。如此恶性反复,到了五代十国时期,衰败到极点(晦盲否塞,反覆沈痼,以及五季之衰,而坏乱极矣)。

朱熹认为儒家思想是治国的大道,但是,这并不意味着政府可以凭借其政治权力,禁绝其他一切学说和思想,如果这样做,最终受害的也是政府和执政者自身。思想是创新的源泉,异端虚无寂灭之教、权谋术数、百家众技等,都应该有存在的可能和空间。这样的社会,才是一个富有创新精神、生动活泼的社会。

【原文】

大学之道,在明明德,在亲民,在止于至善。

知止而后有定,定而后能静,静而后能安,安而后能虑,虑而后能得。

物有本末,事有终始,知所先后,则近道矣。

---

① 黄宗羲著,赵铁峰注释,李振宏编:《明夷待访录》,河南大学出版社2016年版。见本书后文的解读。

古之欲明明德于天下者,先治其国;欲治其国者,先齐其家;欲齐其家者,先修其身;欲修其身者,先正其心;欲正其心者,先诚其意;欲诚其意者,先致其知,致知在格物。

物格而后知至,知至而后意诚,意诚而后心正,心正而后身修,身修而后家齐,家齐而后国治,国治而后天下平。

自天子以至于庶人,壹是皆以修身为本。

其本乱而末治者否矣,其所厚者薄,而其所薄者厚,未之有也!

此谓知本,此谓知之至也。

【解读】

文章开篇明义,大学之道,也就是最大的学问的门道、宗旨、纲领,就是明了道德,亲近人民,最终达到一种最好的状态(大学之道,在明明德,在亲民,在止于至善)。明明德、亲民、止于至善也就被称为儒家思想的"三纲领",实现这三纲领的具体方法,也就是后文中所谓的八条目,格物、致知、诚意、正心、修身、齐家、治国、平天下。

人的欲望是无限的,西方思想强调张扬人的个性和欲望,甚至认为欲望是人类文明的动力。其实,欲望应该加以区分,可以分为好的欲望、恰当的欲望和坏的欲望、过度的欲望。对于科学、真理、创新、未知世界、美好事物可以无限制地追求,但是坏的欲望,例如对于金钱、权力、美色的欲望,如果不受到限制和约束,那么只会使人走向毁灭。对于权力的欲望,也需要深化个人对于权力的认知,权力究竟是用于为国家和人民服务,还是用于个人的私欲和控制欲。

儒家思想认为,欲望应该有边界,即知止,知道停止,知道欲望的边界,只有约束自己欲望的边界,心境才能安定下来,才能够平静,才能够有所思考,才能够有所得(知止而后有定,定而后能静,静而后能安,安而后能虑,虑而后能得)。现在的贪腐官员,欲壑难填,最终害人害己。一个内心充满各种不当欲望的官员,能够为国家和人民做出真正的贡献吗? 除了官员以外,任何一个人,如果想达到事业的巅峰,都必须止、定、静、安、虑。例如,运动员在进行体育比赛时,竞争越是紧张,越是激烈,他就越需要有平常心,越应该放松、平静,不要有过多的想法,只有这样才能达到最好的运动状态,取得比赛的胜利。围棋棋手在下棋时,看似平静如水,但他们的头脑中,却正在刮起巨大的风暴。只有那些具有平常心的棋手,才能够取得最后的胜利。顶尖的科学家和企业家同样如此。据说,1974 年,苹果公司的创始人乔布斯在他 19 岁时去印度灵修,最终获得了一种内心的平静,帮助他日后做出巨大的创新。真正的创新,真正伟大的人物,需要不断去追问自己的内心。

《大学》和儒家思想对个人修养提出了很高的要求。他们认为,相对于制度的外在约束而言,自我内心的修养和修炼更加重要,个人修养更是进行国家治理的前提和基础,个人修养同国家治理紧密地联系在一起。个人修养从格物致知开始,所谓格物致知,就是弄明白事物的道理。这些事物,在儒家思想和《大学》中,主要是指社会和人心。但是,格物也可以包括自然现象。在我国清末引入西方学科分类后,科学课、物理课又被翻译为格致,即格物致知。物理,就是事物的道理;心理,就是人心的道理,伦理,就是人与人相处的人伦的道理。究其本质而言,其实并无区别,都是各种事物的道理。如果能将这些事物的道理全部弄清,那么做任何事情,不就一帆风顺了吗?相对于自然科学而言,中国传统儒家思想更重视社会和伦理,这既是儒家思想的长处,也是它的短处。然而,就《大学》篇的文本而言,并没有歧视自然科学的直接表述。格物致知,其实可以针对一切自然现象和社会现象。只有弄明白事物的道理,才可以让我们更加正确地行动,对自然如此,对社会同样如此。

【原文】

所谓诚其意者,毋自欺也,如恶恶臭,如好好色,此之谓自谦,故君子必慎其独也! 小人闲居为不善,无所不至,见君子而后厌然,掩其不善,而着其善。人之视己,如见其肺肝然,则何益矣! 此谓诚于中,形于外,故君子必慎其独也。曾子曰:"十目所视,十手所指,其严乎!"富润屋,德润身,心广体胖,故君子必诚其意。

《诗》云:"瞻彼淇澳,菉竹猗猗。有斐君子,如切如磋,如琢如磨。瑟兮僩兮,赫兮喧兮。有斐君子,终不可諠兮!"如切如磋者,道学也;如琢如磨者,自修也;瑟兮諠兮者,恂栗也;赫兮喧兮者,威仪也;有斐君子,终不可諠兮者,道盛德至善,民之不能忘也。《诗》云:"于戏前王不忘!"君子贤其贤而亲其亲,小人乐其乐而利其利,此以没世不忘也。《康诰》曰:克明德。《太甲》曰:顾諟天之明命。《帝典》曰:克明峻德。皆自明也。汤之盘铭曰:苟日新,日日新,又日新。《康诰》曰:作新民。《诗》曰:周虽旧邦,其命惟新。是故君子无所不用其极。

【解读】

在格物致知之后,个人就要进一步诚意、正心。所谓诚其意者,毋自欺也,如恶恶臭,如好好色。就是不要自欺欺人,臭味,我们就讨厌,漂亮的声色,我们就喜欢,这就是自谦,自我谦逊,自我认知,自知之明,也就是不要自欺欺人。正人君子必须要慎独(故君子必慎其独也)。一个人独处的时候,没有人监督自己,似乎可以为所欲为,胡思乱想,但更要小心谨慎,严格约束自己,要求自己。你如果做了什么不好的事情,见到别人后又心里慌乱,试图掩饰,但其实,做了就是做了,没做就是没做,掩饰又有什么用呢? 高明的人一眼就可以把你看透,就好像看见了你的五脏六腑。这就是诚于中,行于外,内心的真诚与否,一定会通过外在的表现和行为显示出来(小人闲居为不善,无所不至,见君子而后厌然,掩其不善,而着其善。人之视己,如见其肺肝然,则何益矣! 此谓诚于中,形于外,故君子必慎其独也)。天下人的眼睛是雪亮的,所有人的眼睛都看着你,手指都指着你,这是非常严肃的啊(十目所视,十手所指,其严乎)。富裕,可以滋润房屋,品德,可以滋润身体。心广体胖,心地善良,自然也身体健康。因此,君子应该诚意(富润屋,德润身,心广体胖,故君子必诚其意)。

这种对于自我的约束和要求,在西方思想中,是较为少见的(在基督教中也许存在,如摩西十诫)。西方思想首先假设人性本恶,主要依靠外在的监督和制衡,使人无法做坏事,这种制度设计,确实能够在一定程度上发挥作用。但是,如果一个人尤其是大奸大恶之人真正想做坏事,他一定会用非常巧妙的方法加以掩饰和伪装,外在的监控和制衡是手段之一,但并不能完全发挥作用。我国现在反贪腐的战略,是要从不敢贪、不能贪,过渡到最后的不想贪。要实现不想贪,就只能依赖于自身的道德修养。这种道德修养,需要从小做起,从全社会做起,是一个长期的、艰巨的系统性工程。

2010 年发生的所谓"中国第一经理人""打工皇帝"唐骏学位造假事件后,网络上有一句名言,"你可以暂时欺骗所有人,也可以永远欺骗部分人,但你无法永远欺骗所有人"。科学研究,包括社会科学研究,就是要发现万事万物的真相和真理。一般而言,发现自然界的真理不会对某些人的利益产生负面影响,但是,发现社会中的某些真理或者真相就会对统治者、利益集团或某些个人产生重大的影响,因此,社会科学研究可能遭遇更大的阻力。科学研究同样离不开诚意正心。

在此,笔者试图提出一个较为新颖的观点,理学也是科学,也需要科学精神,理学是伦理道德领域的科学。① 所谓理学,又称为义理之学,或道学,源于先秦儒学。两宋时期,理学被二程、张载、周敦颐、邵雍、朱熹等继承和发展。理学的中心观念是"理","理"是世界万事万物的本源,万事万物皆有其理。理和道是近义词,二者放在一起,就成了"道理",凡事,都要讲道理。物理探讨的是自然事物中的道理。理学,则关注的是人的内心、道德层面的道理。同自然科学中的规律一样,理学认为人类社会中的道理、道德层面的道理也是永恒的、万世不移的、绝对正确的。当然这一观点有些绝对,道德是随着社会的变迁而不断发展演化的,什么样的社会,就有什么样的道德。然而,我们的表述对于道德的理解和定义仍然可能有些粗糙,道德规范的表现形式是随着社会的演化而演化的,是多种多样、丰富多彩的,但是,道德的本质则是绝对的、

---

① 理学和科学的关系,在学术界具有极大的争议,这里只是作者个人的观点。有观点认为,李约瑟在《中国科学史》中用大量篇幅讨论朱熹的科学思想参见《李约瑟评朱熹的科学思想及其现代意义》(http://news.ifeng.com/history/special/kongzi3/201001/0118_9295_1515561.shtml, 2018 年 6 月 27 日访问)。张岂之、董英哲也讨论了宋明理学与自然科学的关系。他们指出,当理学成为统治思想后,独断主义、守旧倾向与封建礼教相结合,就已经丧失了科学性。同时,轻视对自然现象的研究,也是理学非科学的表现(参见张岂之、董英哲:《宋明理学与自然科学》,《人文杂志》1989 年第 4 期)。事实上,科学的本质,不是实验,而是平等地批判、质疑和讨论。在鹅湖之会上,朱熹和陆九渊平等地讨论哲学问题,就是科学精神的体现。

不变的、有规律性的。

二程、朱熹的理学被称为程朱理学,他们认为理是独立于人的主观意识而客观存在的,因此也被学术界称为"客观唯心主义"。所谓客观,与主观相对,意指理的独立于人的主观意识的客观实在性。所谓唯心,与唯物相对,意指理学中的理,作为一种意识,可以独立于物质。与程朱理学相互辩难的以陆九渊、王阳明为代表的"陆王心学",被学术界称为"主观唯心主义"。二者的区别在于:心学同样承认理的存在,但是,心学认为,这些理无法脱离人的主观意识而独立存在,必须被人的心(即主观的认知)去认知和发现。脱离了人的主观认知,理也就没有了意义。阳明格竹的典故,说的是王阳明年轻时,试图发现竹子中的理,但他盯着竹子看了七天七夜,也没有发现其中的理。他年长后,经过世事的磨砺,终于在龙场悟道,发现理无处不在,就在身边,就在自己的心中。因此,从关注道理、真理、规律的角度而言(不论这些道理或规律是针对自然界还是针对人类道德),从朱熹和陆九渊平等地辩论问题而言,理学也具有科学的成分。

在实践中,就学习(知)与实践(行)的关系而言,程朱理学强调先知后行,先通过学习,从书本或前人那里学习客观的知识,掌握道理或真理,再进行实践。而陆王心学则认为,知识都是主观的,书本上的知识都是死的知识,只有人脑中的知识才是活的知识。只有知行合一,在实践中学习,在学习中实践,才能真正掌握道理或者真理。这两者其实都有其合理的成分。客观知识和主观知识、理和心,二者不能截然分开。

事实上,究竟什么是科学,以及物质和意识的关系,自然科学领域也存在巨大争议。科学的本质,并非是自然科学和物理学中的实验,天文学就很难进行实验,理论物理也需要进行大量的思辨和思想实验。科学的本质,是理性地观测、思考、批判、质疑、讨论。至于研究的对象究竟是自然还是人本身,并非区分科学与否的关键。自然科学,关注的对象是自然界;社会科学,关注的对象是人类社会和人本身。科学的方法,则是一样的,即理性的思辨和讨论,给出证据,这种证据,既可以来自科学实验,也可以来自主观思辨。20世纪20年代,当代最伟大的物理学家爱因斯坦在和以尼尔斯·波尔为代表的哥本哈根学派辩论相对论和量子力学时,就经常使用思想实验的方法。事实上,在现代物理学最前沿的量子力学领域,就有大量的思辨性的哲学思考,以现在的技术手段,同样也无法进行实验检验,以至于物理学家抱怨量子力学已经成为一门玄学。① 意识和物质的关系,是量子力学中最为重要的研究问题之一,也是唯物主义和唯心主义争辩的焦点。王阳明在《传习录》中对这一问题也给出了自己的思考:先生游南镇。一友指岩中花树问曰:"天下无心外之物,如此花树,在深山中自开自落,于我心亦何相关?"先生曰:"你未看此花时,此花与汝心同归于寂;你来看此花时,则此花颜色一时明白起来,便知此花不在你的心外。"这一表述,同量子力学中经典的"薛定谔的猫"具有异曲同工之妙。

【原文】

　　《诗》云:"邦畿千里,惟民所止。"《诗》云:"缗蛮黄鸟,止于丘隅。"子曰:"于止,知其所止,可以人而不如鸟乎?"《诗》云:"穆穆文王,于缉熙敬止!"为人君,止于仁;为人臣,止于敬;为人子,止于孝;为人父,止于慈;与国人交,止于信。

【解读】

　　《诗经·商颂·玄鸟》中写道:"邦畿千里,惟民所止。"京城及其周围,都是老百姓居住和向往的地方。《诗经·小雅·绵蛮》中写道:"缗蛮黄鸟,止于丘隅。"一种叫缗蛮的黄鸟,栖息在山岗上。孔子感叹道:"小鸟都知道在哪里停止,人难道还不如一只鸟吗?"《诗经·大雅·文王》中写道:"穆穆文王,于缉熙敬止!"品德高尚的文王啊,为人光明磊落,做事始终庄重谨慎。做国君的,要做到仁爱;做臣子的,要做到恭敬;做子女的,要做到孝顺;做父亲的,要做到慈爱;与他人交往,要做到讲信用(为人君,止于仁;为人臣,止于敬;为人子,止于孝;为人父,止于慈;与国人交,止于信)。

――――――――――

　　① 有关量子力学的科普著作,参见曹天元:《上帝抛骰子吗:量子力学史话》,辽宁教育出版社 2006 年版。

"邦畿千里,惟民所止"中的"止"和"缗蛮黄鸟,止于丘隅"中的"止",以及"知止而后有定"中的"止",意思存在一定的区别。"止",意味着停止。对于光明和真理的向往,永远都不需要停止。但是,个人的那些明显不当的欲望,就应该知道停止,否则只能是自我毁灭。对于自然界中的动植物(缗蛮黄鸟、捕食动物)而言,自然和物理条件的限制,使得它们无法无限伸张自己的欲望,因此它们不得不止,正是这种止,保持了自然界的平衡。对于人类而言,尤其是那些掌握金钱或者权势的人,能够在一定程度上伸张自己的欲望。如果他们不知道节制,最终只能是害了别人,也害了自己。理性是社会科学中的一个重要概念,理性意味着做对自己有利的事情,但是,什么是真正的、长远的有利?抽烟、酗酒、无节制的赌博、吸毒、贪腐,乃至专制统治,在短期内都对自己有利,也被许多学者理解为理性的行为。但是,从长远来看,这些行为都很难称之为理性,最多只是一种有限理性。数学上有一个非常有名的"赌徒输光定理",如果无限次赌博,某一次可能会赢,但最终一定输光。如果无限次做坏事,最终一定失败。如果无限次贪腐,最终一定败露。这都是不知止的结果。进而言之,追求真理,建立一个好的可持续的政治制度,才是最大的理性。

【原文】

子曰:"听讼,吾犹人也,必也使无讼乎!"无情者不得尽其辞,大畏民志。此谓知本。

【解读】

现代社会建立在法治的基础上。法治社会、依法治国也是我国现阶段改革的方向和目标。然而,在《大学》看来,一个仅仅依靠法律来进行治理的社会,并不是一个理想的社会。孔子说:"听讼,吾犹人也,必也使无讼乎!"儒家的目的是消除官司、消除纷争、没有官司可打(必也使无讼乎)!没有道理的人根本就不可能花言巧语(无情者不得尽其辞),他们要畏惧民众的意志。人们会认为,这种社会过于理想,不具有现实可能性,是一种乌托邦,根本不可能实现。但事实上,只要人们认识到了诚信的作用、相互合作的作用、投机取巧的成本和代价,只要人们真正理解孔子和儒家所说的道理,那么做到这些又有什么难处呢?

《大学》和儒家所理解的这种理想社会,和马克思所构想的共产主义社会,具有极大的相似性。我们现在所熟知的建立在私人产权、制衡、监督等基础上的资本主义社会,并不是人类社会发展的终极和完美形态。人类社会中更高级和更完美的形态,应该是一种建立在公共基础上的、人与人相互合作配合、没有矛盾纷争、类似于人体的和谐一体的社会。这种社会,建立在人类更加全面、理性的认知的基础上,建立在人类的道德进步的基础上。

【原文】

所谓修身在正其心者:身有所忿懥,则不得其正;有所恐惧,则不得其正;有所好乐,则不得其正;有所忧患,则不得其正。心不在焉,视而不见,听而不闻,食而不知其味。此谓修身在正其心。

【解读】

要做到修身,首先要做到正心。人们的心会受到很多干扰,各种情绪如愤怒、恐惧、喜好、忧患等都会影响到心的公正(身有所忿懥,则不得其正;有所恐惧,则不得其正;有所好乐,则不得其正;有所忧患,则不得其正)(程颐认为,这里的"身",应当做"心")。不能过于执着,看见了好像没有看见一样,听见了好像没有听见一样,品尝东西但又没有被它的味道所迷惑(心不在焉,视而不见,听而不闻,食而不知其味)。这就是正心。

《大学》这里所讲的正心似乎和我们通常理解的不太一样,我们通常认为,做事就应该执着、认真、用心,但《大学》却说,心不在焉,视而不见,听而不闻,食而不知其味。事实上,执着、认真、用心肯定没有错,但当我们过于执着用心于某一事物时,也不应忽略其他事物。要准确地看待和评价事物,就要做到心态平和,愤怒、恐惧、喜恶、忧患都会影响个人对事物的准确判断。尤其是喜爱和厌恶,一旦一个人喜爱或者厌恶某一个事物,就很难看到它的反面和整体。所以下文马上写道:故好而知其恶,恶而知其美者,天下鲜矣!

42

【原文】

所谓齐其家在修其身者:人之其所亲爱而辟焉,之其所贱恶而辟焉,之其所畏敬而辟焉,之其所哀矜而辟焉,之其所敖惰而辟焉。<u>故好而知其恶,恶而知其美者,天下鲜矣!</u> 故谚有之曰:"人莫知其子之恶,莫知其苗之硕。"此谓身不修不可以齐其家。

【解读】

格物致知诚意正心,都是讲的个人行为(修身),齐家治国平天下,则是如何治理由小到大的各类组织。最小的组织就是家,修身和齐家具有密切的关系,如果人们喜爱某些事物、讨厌某些事物、敬畏某些事物、同情哀伤某些事物、傲慢怠惰某些事物,都会对这些事物产生偏狭的看法和行为(人之其所亲爱而辟焉,之其所贱恶而辟焉,之其所畏敬而辟焉,之其所哀矜而辟焉,之其所敖惰而辟焉)。喜欢一个事物,但同时知道它的缺点,讨厌一个事物,但同时知道它的优点,这样的人太少了。谚语说:"人莫知其子之恶,莫知其苗之硕。"做不到修身,就无法做到齐家。在《贞观政要·论君道》中,魏征向唐太宗李世民讲了一个小故事,战国时期楚王延聘詹何,向他咨询治国之道,詹何以修身之术应对。楚王不满意,继续询问,詹何说:"未闻身治而国乱者"。修身与治国,道理和方法相同。没有做到修身,伤害的就是自己的身体或者名誉,没有良善地治国,国家就会败亡。①

正确地、中正地看待事物,是正确行动的前提,对于任何人尤其是政治家非常重要。人们因为太喜爱、太熟悉、太崇拜某些事物,因而就难以正确地看待这些事物。例如,别人家的孩子总是比自己家的孩子听话懂事。别人家的老婆,也比自己的老婆漂亮温柔。当然,反过来也有可能,也许人家的孩子总不如自己家的孩子,别人家的老婆,也比不上自己的老婆。同样,人们因为太崇拜某些事物,也无法正确地看待这些事物,外国的月亮圆,爱因斯坦在一切

---

① 见后文《贞观政要》的解读。

方面都很伟大,这些都是一种光环效应,妨碍我们正确地看待事物。

【原文】

　　所谓治国必先齐其家者,其家不可教而能教人者,无之。故君子不出家而成教于国。孝者,所以事君也;弟者,所以事长也;慈者,所以使众也。《康诰》曰:"如保赤子"。心诚求之,虽不中不远矣。未有学养子而后嫁者也! <u>一家仁,一国兴仁;一家让,一国兴让;一人贪戾,一国作乱</u>。其机如此。此谓一言偾事,一人定国。尧、舜率天下以仁,而民从之;桀、纣率天下以暴,而民从之。其所令反其所好,而民不从。是故<u>君子有诸己而后求诸人,无诸己而后非诸人</u>。所藏乎身不恕,而能喻诸人者,未之有也。故治国在齐其家。《诗》云:"桃之夭夭,其叶蓁蓁;之子于归,宜其家人。"宜其家人,而后可以教国人。《诗》云:"宜兄宜弟。"宜兄宜弟,而后可以教国人。《诗》云:"其仪不忒,正是四国。"其为父子兄弟足法,而后民法之也。此谓治国在齐其家。

【解读】

　　要治理好国家,就必须先管理好家庭。自己的家庭都没有管好,就要去管理国家,不可能有这样的事。因此,正人君子不用离开自己的家庭,就可以治理国家(故君子不出家而成教于国)。原因在于,孝道,可以用来对待君主;悌道,可以用来对待长辈;仁慈,可以用来对待普通民众(孝者,所以事君也;弟者,所以事长也;慈者,所以使众也)。只要心是诚的,即使不能百分之百地做对,但也差不太远。对于一个作风正派的女孩子而言,不可能她已经生育了孩子再出嫁。对于治理国家的人而言,如果他的家庭是仁义的,整个国家就是仁义的,他的家庭如果是谦让的,整个国家就是谦让的,他如果是贪婪暴戾的,整个国家就是混乱不堪的(一家仁,一国兴仁;一家让,一国兴让;一人贪戾,一国作乱)。治理者的一句话就可以成事或败事,治理者一个人就可以安定或扰乱国家(此谓一言偾事,一人定国)。尧舜用仁来以身作则,天下人也就跟着仁,桀纣用暴来以身作则,天下人也就跟着暴(尧、舜率天下以仁,而民从之;桀、纣率天下以暴,而民从之)。治理者自身的行为和他的号令相反,让老百姓怎么做呢？因此，君子自己先做到某个优点，再要求别人做到，自己没有某个缺点，再要求别人也要克服这个缺点（是故君子有诸己而后求诸人，无诸己而后非诸人）。自己都做不到，还要求别人做到，怎么可能有这样的事呢？

这是多么浅显而又深刻的道理！公共治理中最大的问题，不就是很多官员自身没有做到，反而要求民众做到吗？台上一套，台下一套；人前一套，人后一套。要求老百姓遵纪守法，自己却带头违法乱纪。统治者自己主导制定的法律规则，自己却带头违反。他们标榜的仁义道德，都是针对别人生效。要想以这样的方式实现国家善治，不可能。

【原文】

所谓平天下在治其国者：上老老而民兴孝，上长长而民兴弟，上恤孤而民不倍，是以君子有絜矩之道也。

所恶于上，毋以使下；所恶于下，毋以事上；所恶于前，毋以先后；所恶于后，毋以从前；所恶于右，毋以交于左；所恶于左，毋以交于右。此之谓絜矩之道。

《诗》云："乐只君子，民之父母。"民之所好好之，民之所恶恶之，此之谓民之父母。《诗》云："节彼南山，维石岩岩。赫赫师尹，民具尔瞻。"有国者不可以不慎，辟则为天下戮矣。《诗》云："殷之未丧师，克配上帝。仪监于殷，峻命不易。"道得众则得国，失众则失国。

是故君子先慎乎德。有德此有人，有人此有土，有土此有财，有财此有用。德者本也，财者末也，外本内末，争民施夺。是故财聚则民散，财散则民聚。是故言悖而出者，亦悖而入；货悖而入者，亦悖而出。

【解读】

要平定天下，首先要治理好自己的国家。春秋战国时期的国，指的是一个个的诸侯国，春秋战国时期的天下，指的是整个周王朝治理的所有诸侯国。现代的国，指的是一个个的主权国家，现代的天下，则是指全球。《大学》所提出的治理原则对于当今世界同样具有指导意义。如果想要引领世界，成为全球发展的典范,就必须首先治理好自己的国家。我们的国家领导人、政治家、思想家,应该有这种勇气和抱负。

上位者孝敬老人,民众就会孝敬老人,上位者尊重长辈,民众就会尊重长辈,上位者抚恤鳏寡孤独,民众也会同样这样做(上老老而民兴孝,上长长而民兴弟,上恤孤而民不倍),这就是君子的道德规范(是以君子有絜矩之道也)。

这个道德规范就是:如果上级的行为让他厌恶,他就不应该以同样的方式对待下级,如果下级的行为让他厌恶,他就不应该用同样的方式对待上级(所恶于上,毋以使下;所恶于下,毋以事上;所恶于前,毋以先后;所恶于后,毋以从前;所恶于右,毋以交于左;所恶于左,毋以交于右),也就是通常所谓的"己所不欲,勿施于人"。民众喜欢的事物,治理者也应该喜欢(至少是尊重),民众讨厌的事物,治理者也应该避免,这样才是民众的父母(民之所好好之,民之所恶恶之,此之谓民之父母)。治理者必须要慎重,治理者如果偏狭,那么就可能被天下人抛弃甚至丢掉性命(有国者不可以不慎,辟则为天下僇矣)。得到了民心,才得到了国家,失去民心则失去国家(道得众则得国,失众则失国)。

君子,也就是治理天下的上位者,最重要的是他的品德。有了品德才能招揽人才,招揽人才才能占有土地,占有土地才能获得财富,获得财富才能发挥作用做出一番事业(是故君子先慎乎德。有德此有人,有人此有土,有土此有财,有财此有用)。品德是根本,财富是末梢,是外在之物。如果颠倒了这两者的关系,民众就会纷抢财富。(德者本也,财者末也,外本内末,争民施夺)。散尽财富就可以得到民心,聚敛财富就会失去民心。如果不注意说出悖逆的话,这样的话也会反加到自己头上,如果用不正当的方式聚敛的财富,也会以不正当的方式失去(是故言悖而出者,亦悖而入;货悖而入者,亦悖而出)。

【原文】

《康诰》曰:"惟命不于常!"道善则得之,不善则失之矣。

楚书曰:"楚国无以为宝,惟善以为宝。"舅犯曰:"亡人无以为宝,仁亲以为宝。"

《秦誓》曰:"若有一介臣,断断兮无他技,其心休休焉,其如有容焉。人之有技,若已有之;人之彦圣,其心好之,不啻若自其口出。实能容之,以能保我子孙黎民,尚亦有利哉!人之有技,媢嫉以恶之;人之彦圣,而违之俾不通。实不能容,以不能保我子孙黎民,亦曰殆哉!"唯仁人放流之,迸诸四夷,不与同中国,此谓唯仁人为能爱人,能恶人。见贤而不能举,举而不能先,命也;见不善而不能退,退而不能远,过也。好人之所恶,恶人之所好,是谓拂人之性,灾必逮夫身。是故君子有大道,必忠信以得之,骄泰以失之。

生财有大道。生之者众,食之者寡,为之者疾,用之者舒,则财恒足矣。仁者以财发身,不仁者以身发财。未有上好仁而下不好义者也,未有好义其事不终者也,未有府库财非其财者也。孟献子曰:"畜马乘,不察于鸡豚;伐冰之家,不畜牛羊;百乘之家,不畜聚敛之臣。与其有聚敛之臣,宁有盗臣。"此谓国不以利为利,以义为利也。长国家而务财用者,必自小人矣。彼为善之,小人之使为国家,灾害并至。虽有善者,亦无如之何矣!此谓国不以利为利,以义为利也。

【解读】

市场经济如果缺乏公正的规则的约束和保护,品德和财富的关系就会本末倒置,创造了财富,但失去了民心,繁荣了经济,但破坏了正义。《大学》中对财富与仁义的关系,也有精彩的论述。

《康诰》中说,惟命不于常!一个君主的统治权、一个政党的治理权,都不是永恒不变的。做得好,就可以继续做下去,做得不好,就会丧失掉(道善则得之,不善则失之)。《楚书》中说,楚国除了善以外,没有其他的财宝。晋文公重耳的舅舅狐偃说,流亡的人除了仁亲以外,没有其他的财宝(楚书曰:"楚国无以为宝,惟善以为宝。"舅犯曰:"亡人无以为宝,仁亲以为宝")。

怎样创造财富有它的道理。创造财富的人多,消耗财富的人少,创造财富的速度快,使用财富的速度慢,这样财富永远都是充足的(生财有大道。生之者众,食之者寡,为之者疾,用之者舒,则财恒足矣)。仁义的人用财富来充实他的身体和生活,不仁义的人用财富来破坏他的身体和生活(仁者以财发身,不仁者以身发财）。上位者喜好仁义，下位者也必然喜好仁义，上位者喜好仁义，下位者就必然尽心尽力地做事（未有上好仁而下不好义者也，未有好义其事不终者也）。上位者府库里面堆积的财富都不是他的财富，下位者府库里面的财富也就同样不是他的财富（未有府库财非其财者也）。这就是通常所谓的上行下效。因此，国家最大的利益不是物质利益，而是道义（此谓国不以利为利，以义为利也）。小人治理国家就会过于重视钱财而忽视道义，各种灾害就会到来。

《大学》明确阐明了治理国家的伦理道义与物质利益的关系，这也成为我国两千多年来政治思想史上的重大辩题和政治史的实践课题。历代变法都围绕这一主题展开，如战国时期的商鞅变法、西汉时期的盐铁论、北宋王安石变法、明朝张居正变法等，重视道义的儒家学者和重视实用的政治能臣展开了激烈的辩论。笔者认为，道义和财富并不矛盾，应该用正当的方式、符合道义的方式获取财富，当然，究竟什么是正当、什么是道义还需要进行更加深入的讨论。在上位者以什么方式获取财富，在下位者就会以同样的方式获取财富。空谈道义固然不对，但是单纯强调功用和物质利益同样褊狭。即使在特殊情况下，必须要以不正当不符合道义的方式获取财富，这种方式也必须"知止"，只能是特殊情况下的权宜之计，一旦将其常规化制度化，那么离国家的覆亡也不远了。

第四篇　中　庸①

　　和大学一样,《中庸》也是《礼记》中的一篇,《礼记》也并未注明它的作者,相传是孔子的孙子孔伋(约公元前483—前402)所作。孔伋,字子思,孔鲤的儿子,春秋时期著名的思想家,受教于孔子的弟子曾参。孔子的思想学说由曾参传子思,子思的门人再传孟子,后人把子思、孟子并称为思孟学派。因此子思上承曾参,下启孟子,在孔孟"道统"的传承中有重要地位,并由此对宋代理学产生了重要而积极的影响。北宋徽宗年间(1082—1135),子思被追封为"沂水侯";元文宗至顺元年(1330),又被追封为"述圣公",后人由此而尊他为"述圣",配祀孔庙。

　　《中庸》是重要的儒家经典,也成为现代汉语中的一个日常用语。中庸之道通常被理解为没有原则、墙头草、见风倒、和稀泥,具有很强的贬义色彩,但这一理解严重背离了儒家典籍中中庸的原意。在儒家看来,中是认识真理、坚持真理的态度和方法,由于社会问题的复杂,过犹不及,过分和不足都不恰当,都与真理有一定的距离。因此要达到理想的状态,要达致真理,要做到大学中所谓的止于至善,就必须秉持中庸的原则和方法。当代围棋大师吴清源对他的围棋理念进行总结,书名即为《中的精神》。② 围棋作为人类发明的最为复杂的棋类游戏,其变化的复杂程度比宇宙中原子的个数还要多。在对弈时,过分的一手,或不足的一手,都不是最佳的着法。中庸的精神,在围棋中,在其他

---

　　①　王国轩译注:《大学·中庸》,中华书局2016年版。
　　②　吴清源:《中的精神:吴清源自传》,王亦青译,中信出版社2016年版。

体育运动中,在一切人类活动中,都可以得到体现。

南宋理学大师朱熹(1130—1200)为四书作注,他编撰的《四书集注》,成为宋元明清官方科举考试的标准教材,他为中庸所写的《中庸章句序》反映了他对中庸的深刻理解,具有很深的见地。本书结合《四书集注》,对《中庸》进行解读。

中庸章句序

必使道心常为一身之主,而人心每听命焉

【原文】

中庸何为而作也? 子思子忧道学之失其传而作也。盖自上古圣神继天立极,而道统之传有自来矣。其见于经,则"允执厥中"者,尧之所以授舜也;"人心惟危,道心惟微,惟精惟一,允执厥中"者,舜之所以授禹也。尧之一言,至矣,尽矣! 而舜复益之以三言者,则所以明夫尧之一言,必如是而后可庶几也。

盖尝论之:心之虚灵知觉,一而已矣,而以为有人心、道心之异者,则以其或生于形气之私,或原于性命之正,而所以为知觉者不同,是以或危殆而不安,或微妙而难见耳。然人莫不有是形,故虽上智不能无人心,亦莫不有是性,故虽下愚不能无道心。二者杂于方寸之间,而不知所以治之,则危者愈危,微者愈微,而天理之公卒无以胜夫人欲之私矣。精则察夫二者之间而不杂也,一则守其本心之正而不离也。从事于斯,无少闲断,必使道心常为一身之主,而人心每听命焉,则危者安、微者着,而动静云为自无过不及之差矣。

(略)。

淳熙己酉春三月戊申,新安朱熹序

【解读】

子思为什么要写作《中庸》一书呢,他是担心道学失去了它的传承。上古圣王尧、舜、禹等人,他们在实践中发现了很多治理国家的道理,遗留下来成为

经传。尧传授给舜的道理是"允执厥中"，舜传授给禹的道理是"人心惟危，道心惟微，惟精惟一，允执厥中"，这十六个字出自《尚书·虞书·大禹谟》。尧只说了一句话四个字，舜将这四个字扩展为四句话十六个字。那么这十六个字究竟是什么意思呢？

　　朱熹解释说，人心具有灵魂，灵魂本身是虚空的，是一个整体（心之虚灵知觉，一而已矣），为什么又区分为人心、道心呢？所谓人心，其实就是人的贪欲之心，就是明知道自己做得不对，还要去做的心；所谓道心，就是公心、正确的心，就是不断和自己的私心做斗争、引领自己朝向光明正确的心。人心之所以分成朝向黑暗的人心（贪心）和朝向光明的道心（公心），是因为前者来源于人体血肉形成时的私气，后者来源于性命形成时的正气（而以为有人心、道心之异者，则以其或生于形气之私，或原于性命之正）。之所以不同的人对这两种心有不同的感知，是因为道心很微弱、很微妙、很危险，而难以被感知（而所以为知觉者不同，是以或危殆而不安，或微妙而难见耳）。但是，只要是人，就有这两种心，即便是绝顶聪明的人，也有人心（贪心），即便是最愚笨凶恶的人，也有道心（公心）（然人莫不有是形，故虽上智不能无人心，亦莫不有是性，故虽下愚不能无道心）。这两种心纠缠在一起，人们不知道怎样处理应对它们，因此危险的人心就越来越危险，微弱的道心就越来越微弱。在短期内，天理的公很难战胜人欲的私（二者杂于方寸之间，而不知所以治之，则危者愈危，微者愈微，而天理之公卒无以胜夫人欲之私矣）。如果能够做到精，就可以明确区分二者而不会有混杂，如果能够做到一，就可以坚守道心的正而不会丢失，这就是所谓的惟精惟一（精则察夫二者之间而不杂也，一则守其本心之正而不离也）。我们只要坚持不断地这样做，就可以让道心占据主导地位，人心服从并听命于道心，那么危险的道心就不再危险，微妙的道心就变得显著，一举一动就不会过分，也不会不及，这样就能够正确地做任何事情了（必使道心常为一身之主，而人心每听命焉，则危者安、微者著，而动静云为自无过不及之差矣）。

　　道学，也就是理学，道、理两个字合在一起，就是万事万物的道理，也可以被理解为宇宙中的真理。认识道理和真理的方法，一是现代人熟悉的科学实验,二是古代人熟悉的理性思考。当然,道理和真理都必须通过实践的检验,也必须接受不同观点的挑战和质疑,任何人都不能垄断真理,不能宣称自己的主张是毫无疑问的真理。理性思考所得来的道理,也必须经过实验的检验和别人的质疑,这也就是儒家所说的诚意正心。因此,儒家以及哲学、宗教认识世界的方式,并不是通过现代的科学实验,而是理性的思考。儒家所讲的道理,不是有关自然界的物理(事物的道理),而是有关个人修养、道德、治理国家的道理,即"道学"。

朱熹对《中庸》中人心与道心的理解,就是我们现代人所谓的"追问你的内心"。对于绝大多数社会问题而言,我们的内心其实都能告诉我们什么是对的,什么是错的,公正自在人心(然人莫不有是形,故虽上智不能无人心,亦莫不有是性,故虽下愚不能无道心),这就是美国陪审团制度的基本原理,陪审团成员由与案情完全无关的普通人构成,他们本着自己的良心,对案件作出自己的判断。然而,之所以很多时候我们会丧失原则,明知故犯,就在于我们在贪欲或利益面前没有遵从自己的道心。西方社会的法治传统强调用法律、监督、制衡去限制和监控人心(贪心),这确实可以解决部分社会问题,但是,这样的社会必然是一个交易成本极高的法网密布的社会。外在的法律和监督制衡无法监控每一个人的所有行为,尤其是那些高位者、大奸大恶者的精心设局、为害社会的行为。因此,任何一个社会,既需要法律的外在监控,也需要道德(道心)的内在自律。而且,道德自律更加基础和根本。道心指引的行为,从长远来看是正确的、有利的、对个人有长远好处的行为。人的境界,就体现在他对道心的体悟,以及用道心对人心的自主控制程度上。

那么,究竟什么是中庸呢?《中庸》文本中没有直接对中庸进行界定,朱熹在《中庸章句》中注释道:

中者,不偏不倚、无过不及之名。庸,平常也。子程子曰:"不偏之谓中,不易之谓庸。中者,天下之正道,庸者,天下之定理。"此篇乃孔门传授心法,子思恐其久而差也,故笔之于书,以授孟子。其书始言一理,中散为万事,末复合为一理,"放之则弥六合,卷之则退藏于密",其味无穷,皆实学也。善读者玩索而有得焉,则终身用之,有不能尽者矣。

中，就是不偏不倚，不过分，也无不及。庸，就是平常。那么，这里所说的过、不及，是相对于什么而说的过和不及呢？笔者认为，就是相对于真理、正确而言的过和不及。自然科学探讨的是自然界的真理，而儒家探讨的则是人类社会、道德伦理中的真理。自然界中的真理是放之四海而皆准的，因为物质世界在任何地方都是相同的；人类社会中的真理也应放之四海而皆准，但由于不同人类社会的社会情境存在极大差异，正如物质世界的表现千差万别一样，人类社会中的真理（道）的表现形式也会千差万别，但其核心实质又是不变的，是可以被人类认识和把握的。所以在认识和把握这种真理时，就要秉持"中"的原则。

不偏离就是中，不变异（不易）就是庸，中是天下的正道，庸是天下的定理（不偏之谓中，不易之谓庸。中者，天下之正道，庸者，天下之定理）。这是儒家最核心的心法，子思担心时间长了，它会被人遗忘差错，因此写成《中庸》一书，传授给孟子。《中庸》一书开始讲的是这个道理，中间又将这个道理用于万事万物，最后又复归为这个道理。这个道理可大可小，大可以放之四海，小可以把书合上藏起来。这是实实在在的学问，善于读书的人如果能够仔细地思考就会思有所得，终身受益。

笔者认为，儒家所讲的这些道理有其合理之处，理性反思是人类认识真理的重要方法之一。不过，这些道理，例如格物致知诚意正心，还是过于原则和抽象，针对具体的自然科学问题或者社会问题，例如癌症的发病机理、DNA、原子结构、政治制度等，如果没有细致周密的科学实验和实地观测，再怎样理性的思考也无法发现其中的真正奥秘，苦思冥想如何能够想出 DNA 的双螺旋结构？这也是王阳明格竹失败的原因。先知后行、先行后知、还是知行合一？实验观测（行）、理性思考（知）、讨论交流（知）这三个方面应该是相辅相成、缺一不可的。在认识事物的不同阶段，这三者的地位和作用也各不相同。第一步，在没有开始着手研究事物之前，要进行理性思考、理论准备，了解事物的前因后果，这是一个学习的过程，也是知的过程。第二步，在直接面对事物时，对自然科学家而言，就需要实验或者观测，对社会科学家和政治实践家而言，就需要行动、参与、制定政策、执行政策、评价政策，这是一个行的过程。第三步，在实践一段时间之后,还需要和其他学者、实践者、反对者进行讨论交流,并进行反思和修正,在此基础上进行下一轮的学习和实践。这三个步骤首尾连接在一起,无法清晰地分开。如果仅仅坐而论道,拒绝批评,这并不是科学的态度,也不是儒家的态度。后世的绝大多数儒家学者,无视社会的巨大变化,顽固守旧,拒绝批评,抱残守缺,盲目照搬先辈的文字,背离了儒家自身的真正理念,这就是儒家导致中国社会日益僵化落后的原因之一。

【原文】

天命之谓性,率性之谓道,修道之谓教。道也者,不可须臾离也,可离非道也。是故君子戒慎乎其所不睹,恐惧乎其所不闻。莫见乎隐,莫显乎微。故君子慎其独也。

【解读】

人作为宇宙自然界的一个存在物,一出生就被赋予天命,也就是本性(天命之谓性)。这种天命、本性是否存在,到底从何而来,这也是自然科学探讨的终极命题之一。那么,到底什么是本性呢?人要吃饭、穿衣、繁衍,这就可以被认为是本性。但是,如果要穷奢极侈、妻妾成群,就可以被认为是超过了本性。

遵循本性就是道(率性之谓道),一旦背离了本性,就需要不断纠正使其回到本性上来,这就是教(修道之谓教)。在集注中,朱熹注释说,礼、乐、刑、政都属于教(圣人因人物之所当行者而品节之,以为法于天下,则谓之教,若礼、乐、刑政是属也)。道很重要,在任何时候都不能离开道,能够离开,就不是道(道也者,不可须臾离也,可离非道也)。所以,君子(上位者)如果看不见道,听不见道,就要特别小心(是故君子戒慎乎其所不睹,恐惧乎其所不闻)。正因为道无时无处不在(莫见乎隐,莫显乎微),所以君子就应该在别人看不到他、听不到他的所作所为的时候保持谨慎的态度,这就是所谓的慎独(故君子慎其独也)。

道无时无刻就在我们身边,任何一件事情当中都有道。道就是规律,就是方法,就是理。吃饭有道,如果吃饭不讲求方法规律,那么长期如此,就有可能吃出疾病。睡觉有道,应该合理安排睡眠的时间和长度,包括睡眠的工具和器具,例如枕头、被褥。开车有道,在道路上开车,除了理解和遵守《道路交通安全法》以外,还有其他大量的诀窍和方法,例如"防御性驾驶",不仅仅不主动伤害别人,也尽量防止被别人伤害。① 治理天下和国家,就更有其中的治道。问题在于,什么样的道,才是真正的道?

【原文】

喜怒哀乐之未发,谓之中;发而皆中节,谓之和;中也者,天下之大本也;和也者,天下之达道也。致中和,天地位焉,万物育焉。

仲尼曰:"君子中庸,小人反中庸。君子之中庸也,君子而时中;小人之中庸也,小人而无忌惮也。"子曰:"中庸其至矣乎! 民鲜能久矣!"子曰:"道之不行也,我知之矣:知者过之,愚者不及也。道之不明也,我知之矣:贤者过之,不肖者不及也。人莫不饮食也,鲜能知味也。"子曰:"道其不行矣夫。"子曰:"舜其大知也与! 舜好问而好察迩言,隐恶而扬善,执其两端,用其中于民,其斯以为舜乎!"子曰:"人皆曰'予知',驱而纳诸罟擭陷阱之中,而莫之知辟也。人皆曰'予知',择乎中庸,而不能期月守也。"子曰:"回之为人也,择乎中庸,得一善,则拳拳服膺而弗失之矣。"子曰:"天下国家可均也,爵禄可辞也,白刃可蹈也,中庸不可能也。"

【解读】

当一个人的喜怒哀乐还没有被触发的时候,也就是他的人心、欲望还没有发动的时候,这种状态可以被称之为中(喜怒哀乐之未发,谓之中)。发动之后,如果都很合理、符合道的要求,就可以被称之为和(发而皆中节,谓之和)。中,是天下的根本;和,意味着天下都符合道的要求(中也者,天下之大本也;和也者,天下之达道也)。如果达到了中和的状态,那么天地就摆正了位置,

---

① 牛清宁、周志强:《防御性驾驶理论与实践》,人民交通出版社 2017 年版。

万物都会生长繁殖(致中和,天地位焉,万物育焉)。

如果真正掌握了道,掌握了规律,那么做一切事情就会一帆风顺。这就是中和的状况,理想的状态。学术研究的目的,人类发展的目的,不就是追求这种状态吗? 不就是追求道和规律的过程吗?

孔子说,君子可以做到中庸,小人则无视甚至反对中庸(君子中庸,小人反中庸)。君子无时无刻不按照中庸的原则来做事,小人则肆无忌惮,胡乱作为(君子之中庸也,君子而时中;小人之中庸也,小人而无忌惮也)。君子,其实就是掌握了规律的人;小人,则是无视规律的愚笨之人。从这一点上来说,掌握了某个领域规律的人,就可以被视为君子,例如体育运动员、杰出的艺术家、政治家等。当然,不同的领域存在不同的规律,一个领域的成功未必意味着在另一个领域也能够成功。然而,不同领域的规律在更深的层面也存在共通之处,即所谓的殊途同归。

孔子说,中庸这么好,但人们却不能长久地坚持中庸(中庸其至矣乎! 民鲜能久矣)。孔子对这种现象痛心疾首:道没有得到践行,我已经知道了(道之不行也,我知之矣)。太聪明的人,太贤明的人,往往自以为是,太过分了;太愚笨的人,太不肖的人,往往离道又太远了(知者过之,愚者不及也;贤者过之,不肖者不及也)。人们都会吃饭,但很少有人知道其中的真正滋味啊(人莫不饮食也,鲜能知味也)! 孔子说,人们都自以为自己知道"道",但往往自己把自己置于陷阱险地,却不知道怎样避免危险,选择了中庸,却连一个月也不能坚持(人皆曰"予知",驱而纳诸罟擭陷阱之中,而莫之知辟也。人皆曰"予知",择乎中庸,而不能期月守也)。做到中庸,是非常不容易的。一个人可以把国家治理得很好,可以看淡舍弃荣华富贵,可以赴汤蹈火牺牲生命,但他却未必能够做到中庸(天下国家可均也,爵禄可辞也,白刃可蹈也,中庸不可能也)。

人生的意义,就在于追求和实践真理。真理是正确的东西,为什么不向着正确的方向前进呢? 真理也是有巨大好处的东西,它可以让我们身体健康、家庭幸福、事业进步、国家富强。但是,为什么向着正确的方向前进,又是如此的困难呢? 就在于"人心惟危,道心惟微",在于人对规律的认知不足、信心不足、勇气不足,不能战胜自己的私心杂念,正如王阳明所言,"知而不行,只是未知"。

【原文】

子路问强。子曰:"南方之强与? 北方之强与? 抑而强与? 宽柔以教,不报无道,南方之强也,君子居之。衽金革,死而不厌,北方之强也,而强者居之。故君子和而不流,强哉矫! 中立而不倚,强哉矫! 国有道,不变塞焉,强哉矫! 国无道,至死不变,强哉矫!"

(略)。

【解读】

子路问孔子,什么是强。孔子说,你说的强,是南方人的强? 还是北方人的强? 这两种强,哪一种更强呢? 用宽厚柔顺、逆来顺受的方式对待无道的行为,是南方人的强,也是君子的做法(宽柔以教,不报无道,南方之强也,君子居之)。赴汤蹈火、马革裹尸、无惧牺牲,这是北方人的强,也是强者的做法(衽金革,死而不厌,北方之强也,而强者居之)。君子能够做到平和,但不随波逐流,中立而不偏袒,国家有道的时候,君子不去做违反规则的事情,国家无道的时候,君子至死也不改变他的原则,这些都意味着强大(故君子和而不流,强哉矫! 中立而不倚,强哉矫! 国有道,不变塞焉,强哉矫! 国无道,至死不变,强哉矫)。

什么是真正的强? 通常人们认为,有力气,就是强;有权势,就是强;有钱,就是强。但是,在孔子看来,这些都不是真正的强。力气,应该用来做工作,而不是用来欺辱他人;公共权力,是人民赋予的,应该为人民服务;钱,应该用来做有意义的事情,进行消费、投资、扩大再生产,而不应该用来炫耀或者浪费。真正的强,是战胜自己的人心、贪心或者欲望,顺道而行,顺应规律,做正确的事情。

第五篇　论　语①

　　《论语》是儒家学派最重要的经典著作之一,也是中国传统文化最重要的来源之一。它由孔子(公元前551—前479)的弟子及其再传弟子编撰而成,以语录体和对话体为主,记录了孔子及其弟子的言行,集中体现了孔子的政治主张、伦理思想、道德观念及教育原则。《大学》《中庸》《论语》《孟子》并称"四书",《诗经》《尚书》《礼记》《易经》《春秋》并称"五经",四书五经成为我国古代知识分子的必读书目。

　　《论语》中包含了大量治国理政的思想,集中反映了我国儒家学者对于国家治理与良政美治的观点。在实际政治运行中,也在很大程度上(并非完全)得到了绝大多数统治者的认同与奉行,为中国2000多年的社会、经济、政治的延续提供了强大的思想基础和理论来源。近代以来,西学东渐,尽管也有许多学者批评孔子及其儒家思想,认为儒家思想是中国近代封闭落后的思想根源。② 但是,我们应当将2000多年前孔子以及其他儒家学者的政治理念与后世统治者的政治实践区分开来,从《论语》文本中发掘孔子及其儒家思想的原貌,区分儒家思想的精华和糟粕,寻找善治与恶政的真正根源。

　　通行本《论语》共20篇,492章,16000余字(含篇章标题,不含标点符号和篇章数字序号),本书择其重点与精华章节加以解读和评述。

---

① 朱熹:《四书章句集注》,中华书局2011年版。
② 例如,萧功秦:《儒家文化的困境》,广西师范大学出版社2006年版。

学 而 第 一

学而时习之,不亦说乎

【原文】

子曰:"学而时习之,不亦说乎? 有朋自远方来,不亦乐乎? 人不知而不愠,不亦君子乎?"

有子曰:"其为人也孝弟,而好犯上者,鲜矣;不好犯上而好作乱者,未之有也。君子务本,本立而道生。孝弟也者,其为仁之本与!"

子曰:"巧言令色,鲜矣仁!"

【解读】

公共管理和私人管理是一脉相承的,个人的问题处理不好,又如何能处理好公共问题呢? 一屋不扫,何以扫天下? 所以,在孔子看来,个人处理私人问题的伦理道德和处理公共问题的政治行为密不可分。《论语》的开篇从处理私人问题的学习开始,学习对于一个人和一个国家,都具有重要的意义。学习,意味着变化和更新,不学习,意味着停滞和死亡。"问渠那得清如许,为有源头活水来"。只有通过学习,才能让思想保持清新。

学习新知识,并且经常温习复习,不是很快乐的一件事吗? 有朋友从远方来,不是很快乐的一件事吗? 人们不理解自己而不生气,不是君子的行为吗? (学而时习之,不亦说乎? 有朋自远方来,不亦乐乎? 人不知而不愠,不亦君子乎?)学习,是每一个人应当具备的基本品质,但能够真正做到、永远做到却并不容易。人到了一定的年龄,往往放弃学习,到了一定的地位,往往迷失自我。所以,那些退休的老人,如果坚持学习,就可以为他们的晚年生活带来快乐。身居高位的统治者,只有坚持学习,才可以看清大势,把握方向。

个人在私人生活上的孝悌直接决定了他在公共生活上对待国家和君主(领导和上级)的尊重与忠诚。所以,一个人如果很孝悌,那么他就很难犯上作乱(其为人也孝弟,而好犯上者,鲜矣;不好犯上而好作乱者,未之有也)。君子务本,本立而道生,君子的本,就是孝悌,有了孝悌作为基础,其他的一切优秀的品行都不难做到(孝弟也者,其为仁之本与)。

在此,有必要讨论一下"犯上作乱"。在2000多年儒家思想的教导下,中国人养成了"温良恭谦让"的性格特点,这种性格特点在很大程度上就是顺从、谦让、服从上级、不愿意提激烈的反对意见。同时,君主、上级或领导也有可能将臣子或下级的批评或意见视为对自身权威的挑战,即犯上作乱。这在一定程度上阻碍了中国社会的创新。然而,我们应该将孝悌和无原则的服从、将批评和犯上作乱区分开来。在家庭生活、无关痛痒的非原则问题上,我们应该孝悌。但是在重大的涉及原则立场的问题上,儒家还是教导我们应该以"道",即正确性,作为自身追求的目标。例如,孟子在《梁惠王下》中写道:齐宣王问曰:"汤放桀,武王伐纣,有诸?"孟子对曰:"于传有之。"曰:"臣弑其君,可乎?"曰:"贼仁者谓之贼,贼义者谓之残,残贼之人谓之一夫。闻诛一夫纣矣,未闻弑君也。"因此,如果君主过于残暴,他就失去了合法性,推翻他,只是推翻了一个独夫,并非犯上作乱,更非弑君。历朝历代的儒家官员中都不乏冒死直谏的忠义之士,他们的冒死直谏,绝非犯上作乱,更非不忠不孝,而是大忠大孝。

【原文】

曾子曰:"吾日三省吾身:为人谋而不忠乎? 与朋友交而不信乎? 传不习乎?"

子曰:"道千乘之国,敬事而信,节用而爱人,使民以时。"

子曰:"弟子入则孝,出则弟,谨而信,泛爱众,而亲仁,行有余力,则以学文。"

子夏曰:"贤贤易色;事父母,能竭其力;事君,能致其身;与朋友交,言而有信。虽曰未学,吾必谓之学矣。"

(略)。

【解读】

反省是一种美德,也具有巨大的实际作用,反省能够发现自身的不足,能够帮助自己更加接近道。曾子说,我每天都要反省三次(多次),帮别人办事是不是没有做好,与朋友交往是不是做得还不够诚信,老师教的功课是不是没有温习(吾日三省吾身:为人谋而不忠乎?与朋友交而不信乎?传不习乎?)。儒家对个人的修养提出了很高的要求,敦促自己不断更新改正,也就是《大学》中写到的:苟日新、日日新、又日新。

孔子说,对于一个有着一千辆车的大国治理而言,君主要讲诚信,以严谨的态度来对待国事,节约财物,爱惜百姓,按照时令来使用民役(道千乘之国,敬事而信,节用而爱人,使民以时)。

子夏说,如果一个人尊重贤人,不看重女色,侍奉父母,能够竭尽全力,侍奉君主,能够献出自己的生命,与朋友交往有诚信,那么,这个人即使自己认为自己没有学习,但我也认为他已经学习过了(贤贤易色;事父母,能竭其力;事君,能致其身;与朋友交,言而有信。虽曰未学,吾必谓之学矣)。

这些行为,其实是对一个普通人的基本要求,当这个人是国君时,也是对国君的基本要求。但是,儒家的问题和不足可能在于,当人们或者君主达不到这些基本要求时,应该怎么办?仅仅停留于伦理要求和道德自律似乎是不够的。儒家的做法可能就是不停地劝谏,不停地教育,等待浪子回头的那一天。真正如孟子所谓的"闻诛一夫纣尔,未闻弑君也",在每一个朝代,都是难以做到的。当然,如果经历改朝换代,后一个王朝初创时期的贤明君主在治理国家和对待百姓方面明显优于前一个末代王朝的昏庸君主,那么儒家学者在经历了短暂的对前一个王朝的忠孝之后,也能够转而效忠于新的王朝。儒家的这种忠孝,也可以理解为并非针对某一个君主或者某一个王朝的忠孝,而是针对天下百姓的忠孝。在我国传统社会中,天下、君主、国家、百姓是统一的。君主失道,也就不再是君主。"闻诛一夫纣尔,未闻弑君也"。儒家对待君主的忠孝和对待百姓的忠孝是一致的。

为政第二

为政以德

【原文】

子曰:"为政以德,譬如北辰,居其所而众星共之。"

子曰:"《诗》三百,一言以蔽之,曰:'思无邪'。"

【解读】

为政篇,顾名思义,就是如何处理政务。孔子认为,德治优于法治。君主(及其官员)要以德为基础来从事政务活动,就好像北极星处于中枢,其他的星辰都围绕拱卫着它(为政以德,譬如北辰,居其所而众星共之)。现代人往往认为法治优于德治,德治虚伪,法治实用。其实,德治和法治的关系非常复杂,它们并非非此即彼、取其一而舍其一、孰先孰后,或者两厢替代的关系。法治应该建立在德治的基础上,德治是法治的基础,法治是德治的延伸。没有德治,不可能实现法治,孟子说:"徒善不足以为政,徒法不足以自行"(《孟子·离娄上》),西方社会的法治也是建立在基督教基础上的法治。法治的本质也是一种德治,法治需要立法者以及普通民众对法律的信仰和坚守。尤其对于君主或者现代社会的最高治理者而言,他们是法律的主导者和制定者,法律很难真正约束他们,他们就更加需要道德的自律,他们信仰什么、认同什么就会对法律以及整个社会产生重大的影响。孔子所讲的为政以德,更多地是针对高位者而言的。如果将组织进行层层分解,那么每一个组织的每一个层次的管理者相对于下级而言都是高位者,他们都应该为政以德,身先士卒,而他们的下级则可以用法治来约束和管理。

【原文】

子曰:"道之以政,齐之以刑,民免而无耻。道之以德,齐之以礼,有耻且格。"

【解读】

如果用政令和刑罚来约束民众,他们也可以做到守法,但并非真心遵守法律,对于违法行为并没有道德上的羞耻感(道之以政,齐之以刑,民免而无耻)。如果用道德和礼仪来约束民众,他们就会有羞耻感,更加会自觉遵守法律(道之以德,齐之以礼,有耻且格)。真正的法治,要求法律的制定者也要真心拥护和遵守法律,要求民众对法律有着真正地理解和认同。从这一意义上说,法治和德治并不矛盾,法治就是书面化、显示出来的道德。如果立法者只是将法律制定出来,要求民众和下级遵守,自己却脱离法律之外,不受法律约束,高高在上,这就不是法治,而是法制,即以法来统治下属和民众。许多学者认为,中国传统社会,仅有法制而无法治。但是,如同《礼记·王制》篇中所论述的那样,礼乐教化,当统治者真心信仰并自觉遵从时,既可以被视为德治,也可以被视为法治。所以,法制和法治,在中国传统社会中均可以找到痕迹。

【原文】

子曰:"吾十有五而志于学,三十而立,四十而不惑,五十而知天命,六十而耳顺,七十而从心所欲,不逾矩。"

【解读】

学习是达致自由的途径。真正的自由,并不是为所欲为,甚至也不是哈耶克和西方自由主义所谓的法律之下的自由,①而是遵循自然规律,顺道而为。正如爱因斯坦所言:"我完全不相信人类会有那种在哲学意义上的自由。每一个人的行为,不仅受着外界的强迫,而且还要适应内心的必然"。② 自然界的事物,都必须受到物理规律的支配,因此,可以认为它们是不自由的,例如,人不会飞,石头不会上天。但是,顺应物理规律,也可以被理解为是自由的,例

---

① 如果将法律视为一种良善的、正义的规则或者规律,那么法律之下的自由,就同遵循自然规律的自由实现了统一。

② 爱因斯坦:《爱因斯坦文集》第三卷,许良英等编译,商务印书馆1979年版,第42页。

如物理中的"自由落体运动"。当物体受到重力的作用下落时,它被描述为"自由落体"。人类社会也是同样。当一个人遵循他的义务而行动时,就是在以符合社会规律的方式在行动,他既可以被理解为不自由的,也可以被理解为自由的。例如,作为一名士兵,他有责任和义务去上场杀敌,当他无法理解和认同他的这种责任和义务时,他会感到自己受到约束,因此是不自由的;但当他能够理解并认同他的这种责任和义务时,他就会觉得自己是自由的。概念和定义上的差异,导致了观点的分歧。

孔子也有类似的表述。孔子说,他十五岁时立志学习,三十岁能够自立,四十岁不被外界事物迷惑,五十岁洞察了天命,六十岁能够正确地对待各种意见,七十岁能够做到随心所欲,但又不逾越规矩(七十而从心所欲,不逾矩)。

自由和规矩具有密切的关系。自由并非意味着为所欲为,自由其实意味着在法律、规律和规矩之内自由地行动。自然界中存在规律,万事万物都不能违背规律,人类社会中存在规矩,也就是儒家所谓的礼仪,人类的行为不能违背规矩,即孔子所谓的逾矩。如果能够正确地认知规矩,就可以做到孔子所谓的"从心所欲,不逾矩"。当然,人类社会中的规矩或者礼仪,也存在着好和坏、良与恶、适应与过时的区分,需要我们仔细加以分辨和讨论。

【原文】

孟懿子问孝,子曰:"无违。"樊迟御,子告之曰:"孟孙问孝于我,我对曰'无违'。"樊迟曰:"何谓也?"子曰:"生,事之以礼;死,葬之以礼,祭之以礼。"

孟武伯问孝。子曰:"父母唯其疾之忧。"

子游问孝。子曰:"今之孝者,是谓能养。至于犬马皆能有养;不敬,何以别乎?"

子夏问孝。子曰:"色难。有事,弟子服其劳;有酒食,先生馔,曾是以为孝乎?"

【解读】

在《为政》篇中,孔子也讲到孝。对父母的孝对应于对君主的忠。孝道作为家庭中的伦理,与政治中的治理具有密切的关系。汉代以孝治天下,自汉高祖刘邦后的每一个皇帝的谥号中都有一个孝字,如汉孝文帝、汉孝景帝、汉孝武帝等。汉孝武帝罢黜百家,独尊儒术,儒学成为汉朝治国的基本思想,西汉(公元前202—公元8)享国210年,东汉(公元25—220)享国195年,合计405年。如果不考虑短命的秦朝(前221—前207),汉朝既是中国历史上最早的王朝,也是国祚最长的王朝。这同它的以孝治天下、以儒家思想作为国家治理的主导思想不无关系。

那么什么是孝?孔子并没有直接回答或给出定义,而是描述了在各种情形下的行为方式。无违,也就是不要违背父母的意愿,也就是在父母生前,以礼侍奉他们,父母去世时,以礼安葬他们,以礼来祭祀他们。在此,孔子特别强调以礼对待父母。对此也应一分为二地加以理解。我们对待父母确实应该以礼相待,但更重要的,是要以心相待、以诚相待。礼也有可能异化为与心和诚背离的虚礼,有礼无心,有礼无诚,这也就背离了孝的本质。孔子立即指出了这一点,他说,今天所谓的孝,就是指能够赡养父母,但是,狗或马,作为牲畜,也能够养育它们的父母,如果没有对待父母的尊敬,人和动物又有什么区别呢(今之孝者,是谓能养。至于犬马皆能有养;不敬,何以别乎)?这里讲的敬,其实就是对待父母的真心诚意。因此,礼仪作为一种形式尽管重要,但礼仪也应该和其背后的诚心和实质结合起来。相比而言,墨子和庄子就非常强调真心诚意的重要性,而完全无视形式或者虚礼。

【原文】

哀公问曰:"何为则民服?"孔子对曰:"举直错诸枉,则民服;举枉错诸直,则民不服。"

季康子问:"使民敬、忠以劝,如之何?"子曰:"临之以庄,则敬;孝慈,则忠;举善而教不能,则劝。"

【解读】

鲁哀公问:如何治理百姓,如何管教民众?孔子说,将正直的人提拔起来,让他们去矫正不正直的人,百姓就会服从(举直错诸枉,则民服)。相反,如果将不正直的人提拔起来,让他们去矫正正直的人,百姓就不服(举枉错诸直,则民不服)。这话当然没有错,但现实的问题是,如何区分谁是正直的人,谁是不正直的人? 这是一个很难解决的现实问题,需要国君和领导在长期的观察和实践中去发现真正正直的人。

【原文】

或谓孔子曰:"子奚不为政?"子曰:"《书》云:'孝乎惟孝,友于兄弟,施于有政。'是亦为政,奚其为为政?"

【解读】

有人问孔子,你为什么不从事实际的政治活动呢? 孔子回答说:"《尚书》上说,孝就是孝敬父母,友爱兄弟,把这样的孝悌的道理运用于政务,就是从事政治了,又要怎样才能算是从事政治呢?"难道只有当官才是从事政治吗?

其实,政治的本质就是公共事务的处理,家庭、单位、公司、社区都有很多公共事务,处理这些公共事务就是进行政治活动。格物、致知、诚意、正心、齐家、治国、平天下,其背后的原理和方法是一致的。

八佾第三

是可忍也,孰不可忍也

【原文】

孔子谓季氏:"八佾舞于庭,是可忍也,孰不可忍也?"

三家者以《雍》彻,子曰:"'相维辟公,天子穆穆',奚取于三家之堂?"

子曰:"人而不仁,如礼何? 人而不仁,如乐何?"

【解读】

在《八佾》篇中,孔子继续阐述礼的重要性。不同的层级,应当有不同的礼来规范他们的行为。作为大夫的季氏,按照礼仪只能采用四佾,一佾为八人一列的舞蹈,但他们在自己家里演奏只有天子才能采用的八佾,这是明显违反礼仪规定的行为。是可忍也,孰不可忍也?

我们今天可能觉得孔子似乎有些小题大做,凭什么下级官员就不能采用和上级官员一样的礼仪? 甚至,凭什么平民百姓就不能采用和官员一样的礼仪? 这是否违背了人人平等的原则。对于这一疑问,我们还是应该回到孔子所处的时代来思考这一问题,或者,我们也可以思考一下当代的情况。八佾还是四佾,只是一种形式和礼仪。不同时代都有其形式或礼仪。在任何时代,如果一个人明显做出了违背他的身份和地位的行为,都会被视为不当。任何时代,都有其社会规范,即孔子所谓的礼仪。这种社会规范或者礼仪处在不断的变化之中,我们需要去分析、修正和构建最为适宜的规范和礼仪,并不是简单机械地照搬或维护古代的礼仪。

【原文】

林放问礼之本。子曰:"大哉问! 礼,与其奢也,宁俭;丧,与其易也,宁戚。"

【解读】

孔子在此回答了作为形式的礼和作为实质的心之间的关系。林放问孔子,礼的本质是什么? 孔子说,这是一个很重要的问题(大哉问)。就礼仪而言,与其奢侈,不如节俭,就丧事而言,与其仪式上周密,不如内心真正哀伤(礼,与其奢也,宁俭;丧,与其易也,宁戚)。显然,孔子认为,礼的本质是心中的情感。这种情感应该通过礼的形式正确地阐发出来。当然,何为正确,何为恰当,不同的人有不同的认识,这可能就需要《中庸》中的不过不及。太过不好,不足也不好。

【原文】

子曰:"夷狄之有君,不如诸夏之亡也。"

【解读】

现代有人批评孔子具有种族主义偏见,例如"夷狄之有君,不如诸夏之亡也。"笔者认为,这也是以现代的概念来批评古人,我们的后人也可以以他们时代的观念来批评我们当代人的很多看似天经地义的想法。人人生而平等,是近代启蒙运动之后才出现的思想,即便在现代,大多数人也没有能够做到以平等的态度对待其他人和其他文化。在孔子所处的时代,中原的文化优于蛮夷是一种理所当然的想法。更重要的是,孔子认为,少数民族即使有君主,但如果没有礼仪,也不如中原的国家,因为中原国家即使没有君主,但是有礼仪。在孔子看来,礼仪是评判一个文明优劣的标准。礼仪在社会学中也被称为"社会规范",一个越发达越成熟的社会,就会存在越多越复杂的社会规范。相对于评判文明的优劣而言,我们更应该去理解文明的内容,夷狄也有社会规范,也有礼仪,我们需要去研究和理解他们的规范和礼仪。

里仁第四

富与贵,是人之所欲也;不以其道得之,不处也

【原文】

子曰:"富与贵,是人之所欲也;不以其道得之,不处也。贫与贱,是人之所恶也;不以其道得之,不去也。君子去仁,恶乎成名?君子无终食之间违仁,造次必于是,颠沛必于是。"

【解读】

富贵与贫贱的关系,是每一个人在生活中都会遇到的问题。富与贵,人人

都想要,但如果以不正当的方式谋取它们,也不应该(富与贵,是人之所欲也;不以其道得之,不处也)。贫与贱,人人都不想要,但如果以不正当的方式摆脱它们,也不应该(贫与贱,是人之所恶也;不以其道得之,不去也)。君子如果离开了仁,怎么能叫君子呢(君子去仁,恶乎成名)?君子没有一顿饭的时间离开仁,在任何时候都要符合仁,在颠沛流离的时候也要符合仁(君子无终食之间违仁,造次必于是,颠沛必于是)。

仁,其实是对人的基本要求,没有仁,人就不成为人,无异于禽兽。以不正当不仁义的方式获取财富,这种行为根本不值一驳。这实际上反映了不同价值之间的取舍,财富是一种价值,仁义是一种更高的价值,不论多少财富,都不能牺牲仁义。当然,在现实中,不同的人会做出不同的价值选择,特别是当人们面临特别紧迫的需求时,如处于极端贫困的境况中,是否可以为了物质上的财富而牺牲仁义或者人格,就值得人们深思。这也呼应了《中庸》中的"人心惟危,道心惟微"。人心和道心,私心和公心,在仁义和富贵之间交战。教育的作用,就在于培养人们正确的价值观,也就是不同价值之间的选择或者排序。

【原文】

子曰:"朝闻道,夕死可矣。"

【解读】

道,就是宇宙和人类社会中的真理和规律,是真善美的统一,是人类最宝贵的财富。早晨能够知道这些规律,晚上即使死去也毫不可惜。孔子将真理置于生命之上,真理是比生命更重要的价值。当代中国著名科幻作家刘慈欣以《朝闻道》为题创作的短篇科幻小说,描写了多位科学家为了真理而放弃生命的故事。在旁人甚至他们的亲人看来,这些科学家的选择似乎难以理解,但在科学家自己看来,他们却是世界上最为幸福的人,因为他们就是为了他们所思考的科学问题而活着。能够解决他们心中的疑惑,虽死无憾。这样的科学家,才是真正的科学家。当然,在现实中的大多数情况下,道和生命并不存在如此严重的冲突。但在一些特殊情况下,人们却会面临这种选择。革命烈士之所以冒着生命危险参加革命,正是为了他们心中对理想社会(道)的追求,"杀了夏明翰,还有后来人",也是"朝闻道,夕死可矣"的表现。

对于普通人而言,生命的意义或者人生的追求是什么? 也是每个人应该思考的问题。普通人也应该有所追求,人生不应该是无目的、无意义、浑浑噩噩地活着,而是为了"闻道",知道世界的道理,有自己的理想和目标,明白自己为什么而存在。闻道并没有高下、大小、贵贱之分,成为科学家可以闻道,成为一名小学教师或者厨师也可以闻道,将一件小事做好也可以闻道,任何一种正当的职业或活动都存在无限发展的空间。这就是所谓的"闻道有先后,术业有专攻"。任何一种职业,只是分工不同,尽管工资待遇存在差异,但从道德上一律平等。其实,认认真真地做好本职工作,承担和履行自己的职责和义务,明了和掌握其中的道,就是一种有意义的生活。

第六篇　孟　子[①]

　　孟子,原名孟轲(约公元前372—约前289),比孔子晚约179年出生,是战国时期伟大的哲学家、思想家、教育家,儒家学派的代表人物,被尊为亚圣,与孔子并称"孔孟",代表作如《鱼我所欲也》《得道多助,失道寡助》《生于忧患,死于安乐》《王顾左右而言他》《寡人之于国也》等已编入初高中语文教科书。他继承发扬了孔子的儒家学说,坚持人性本善的性善论,进一步提出"民贵君轻"的民本思想,以及"浩然正气"的道德追求。他游历于齐、宋、滕、魏、鲁等诸国,效法孔子推行自己的政治主张,前后历时二十余年。但在战国争霸的年代,孟子的仁政学说被绝大多数诸侯国认为是"迂远而阔于事情",无法得到采纳和实行。最后他退居讲学,和学生一起,"序《诗》《书》,述仲尼之意,作《孟子》七篇"。后世追封孟子为"亚圣公",配祀孔庙。

　　《孟子》一书是孟子的言论汇编,由孟子及其弟子万章共同编写而成,共七篇十四卷传世,《梁惠王》《公孙丑》《滕文公》《离娄》《万章》《告子》《尽心》,均分上下两卷,共三万五千言,是四书中篇幅最大的一部。本书择其重点与精要加以解读与评述。

---

① 　朱熹:《四书章句集注》,中华书局2011年版。

梁惠王章句上

上下交征利而国危矣

【原文】

孟子见梁惠王。王曰："叟不远千里而来,亦将有以利吾国乎?"

孟子对曰:"王何必曰利? 亦有仁义而已矣。王曰'何以利吾国'? 大夫曰'何以利吾家'? 士庶人曰'何以利吾身'? 上下交征利而国危矣。万乘之国弑其君者,必千乘之家;千乘之国弑其君者,必百乘之家。万取千焉,千取百焉,不为不多矣。苟为后义而先利,不夺不餍。未有仁而遗其亲者也,未有义而后其君者也。王亦曰仁义而已矣,何必曰利?"

【解读】

学者的政治主张和治国理念,只有得到统治者的认同,才能够得到实施和执行。所以,学者必须通过自己的文章、著作和语言,来说服和打动统治者。理论和思想的力量,就在于它的说服力。

孟子去见梁惠王,王对他说:老先生不远千里而来,一定是有一些对我国有利的高见吧? 孟子说,王何必要说利呢? 仁义更重要。国君说怎样对我的国家有利? 大夫也会说怎样对我的家有利? 士人和普通人也会说怎样对我个人有利? 大家都这样互相争夺利益(上下交征利),国家就危险了。有一万辆兵车的大国,杀害它的君主的人,一定是拥有一千辆兵车的大夫;杀害大夫的人,一定是拥有一百辆兵车的士人。一万远远强于一千,一千远远强于一百,为什么要这样相互残杀呢? 如果把利益放在仁义之前,那么下位者不夺得上位者的利益,他们就永不会满足(苟为后义而先利,不夺不餍)。如果一个人讲仁义,但却遗忘他的亲人,背弃他的君主,这是不可能的。所以,大王您应该讲仁义,何必要讲利益呢?

孟子认为,仁义比利益更加重要,更加优先。利益并非有害,如果能够以符合仁义的方式来增加和创造利益,那么利益并没有错,例如正常的商业经营就是如此。但是,如果以牺牲仁义的方式来追求利益,那么每个人都会受害,这就是现代博弈论中的囚徒困境描述的情形。即便是短期单次博弈中的受益者,如弑君者,在长期多次博弈中,他也会受害,因为弑君者自己或者他的子孙后代也可能被后来的弑君者杀害。所以,孟子和儒家的眼界是非常长远的,以仁义为原则的社会是一个可以在长期中运行良好并可持续的社会。现代社会也是如此,如果不以仁义为原则而单纯追求利益,例如假冒伪劣和贪污腐败,那么,假冒伪劣的制造者也会受到其他领域假冒伪劣制造者的伤害,贪污腐败者也无法禁绝其他贪污腐败者。这样的社会就成为一个人人相互加害的互害型社会。如果每个人都能够认识到这一点,并自觉加以自律和遵守,那么治理天下也就没有什么难度了。

当然,在春秋战国时期,列强林立,稍有不慎国家就可能被灭亡,自身就可能被篡位甚至被杀害。在这种背景下,短期的利益,即自身安全、富国强兵就成为最重要的利益。孔、孟的仁政思想确实可能在长期给国家带来安定和富强,但在短期,如何富国强兵、如何控制下属、如何打败别国,仁义可能无法收到立竿见影的效果,法家的实用主义可能更加有用。这就是为什么孔子和孟子的思想都无法得到当时大多数统治者青睐的原因。但是,德治和法制,也不是简单地非此即彼的关系,在施行法制的同时,也需要施行德治。同样,在施行德治的同时,也不能完全忽视法制。即使国家运用严刑峻法实现了短期的目的,也必须及时地转型调整。仅仅依靠建立在法家思想基础上的监控、压制、强制无法实现国家的长治久安,秦国的迅速败亡就是一例。自汉代以来的儒学兴盛维系了我国两千多年传统社会的延续,其中的兴衰治乱、王朝更替的原因之一,是在王朝的晚期,儒家的仁政思想没有得到后代君主的贯彻执行。

【原文】

孟子见梁惠王,王立于沼上,顾鸿雁麋鹿,曰:"贤者亦乐此乎?"

孟子对曰:"贤者而后乐此,不贤者虽有此,不乐也。诗云:'经始灵台,经之营之，庶民攻之，不日成之。经始勿亟，庶民子来。王在灵囿，麀鹿攸伏，麀鹿濯濯，白鸟鹤鹤。王在灵沼，于牣鱼跃。'文王以民力为台为沼。而民欢乐之，谓其台曰灵台，谓其沼曰灵沼，乐其有麋鹿鱼鳖。古之人与民偕乐，故能乐也。汤誓曰：'时日害丧？予及女偕亡。'民欲与之偕亡，虽有台池鸟兽，岂能独乐哉？"

【解读】

孟子继续劝说梁惠王。王站在他的灵沼之上，看着里面珍贵的飞禽走兽，得意地对孟子说：像您这样的贤人也喜欢这些东西吧？孟子说：贤人将这些东西放在后面。《诗经》上说，周文王也有一个灵沼和灵台，老百姓也是花了很大的代价为文王修建的，但是，那时的百姓非常高兴和文王一起享用这个灵沼和灵台，文王和百姓共享快乐。相反，《汤誓》上说：你这太阳啊，什么时候毁灭啊？我要和你一起灭亡啊（时日害丧？予及女偕亡）。即使你有高大的宫殿和珍禽异兽，难道能够独自享受快乐吗？

在专制的、等级的社会中，只有统治者及其阶层能够享受这个社会中的各种财富和福利，广大民众处于受剥削、受压迫的境地，这种状况难以持久。如果不能建立一个让所有成员共享发展成果的社会，这个社会终究难以为继，最终会土崩瓦解。这其实是一个非常简单的道理，也是国家治理的规律。孔、孟等儒家学者在 2000 年前就提出了这样的思想和主张，但由于统治者的短视，人性中贪欲的诱惑，直到现在，许多国家还在为建立这样的一个民治、民有、民享的社会而努力。

【原文】

梁惠王曰："寡人愿安承教。"

孟子对曰："杀人以梃与刃，有以异乎？"曰："无以异也。""以刃与政，有以异乎？"曰："无以异也。"

曰："庖有肥肉，厩有肥马，民有饥色，野有饿莩，此率兽而食人也。兽相食，且人恶之。为民父母，行政不免于率兽而食人。恶在其为民父母也？仲尼曰:'始作俑者,其无后乎!'为其象人而用之也。如之何其使斯民饥而死也?"

【解读】

孟子问梁惠王:用长矛杀人和用刀杀人,有差异吗? 王说,没有差异。用刀杀人和用政治杀人,有差异吗? 没有差异("杀人以梃与刃,有以异乎?"曰:"无以异也。""以刃与政,有以异乎?"曰:"无以异也")。孟子说,大王的厨房里有肥肉,马圈里有肥马,但是,您的人民有饥色,野外有饿死的尸体,您就是在率领野兽吃人啊(庖有肥肉,厩有肥马,民有饥色,野有饿莩,此率兽而食人也)。野兽之间相互残杀,人们都会厌恶,更何况作为人民的父母,您的政策又率领野兽吃人,这样怎么能作为民之父母呢? 孔子说过,最开始用土俑陪葬的人,应该是会断子绝孙吧(始作俑者,其无后乎)! 这也不过是土俑像人而已。当政者让自己的人民饿死,那又要怎样啊?

孟子的话是非常尖锐的。用矛杀人,用刀杀人,用枪杀人,用政治杀人,都是杀人。当然,因为政策失误而导致人民受苦甚至死亡,可以被认为是过失或者无意。从这一点上来讲,当政者、制定政策的人,确实应该慎之又慎,有国者不可以不慎。(其实,退一步讲,每一个职业,每一个工作,都应该慎重,都应该有自己的职业道德,否则就会对社会也会对自己造成伤害。)公共政策会对社会上的很多人产生重大影响,一旦失误,与杀人或害人无异。孟子是一个平等主义者。人,都是平等的,统治者是人,民众也是人。如果认为统治者的命比民众的命珍贵,那么即便是率兽食人也无妨。这种平等的思想,应当真正地深入到每一个当政者乃至每一个人的心中,应当是每一项政策的基础。

【原文】

梁惠王曰:"晋国,天下莫强焉,叟之所知也。及寡人之身,东败于齐,长子死焉;西丧地于秦七百里;南辱于楚。寡人耻之,愿比死者一洒之,如之何则可?"

孟子对曰:"地方百里而可以王。王如施仁政于民,省刑罚,薄税敛,深耕易耨。壮者以暇日修其孝悌忠信,入以事其父兄,出以事其长上,可使制梃以挞秦楚之坚甲利兵矣。彼夺其民时,使不得耕耨以养其父母,父母冻饿,兄弟妻子离散。彼陷溺其民,王往而征之,夫谁与王敌? 故曰:'仁者无敌。'王请勿疑!"

【解读】

梁惠王说,我国曾经是天下的强国。但在我当政的时候,我们在东边败于齐国,我的长子死了,西边被秦国夺走了 700 里土地,南边又被楚国羞辱,我感到非常耻辱,愿意为那些战死的人报仇雪恨,您有什么办法啊? 孟子回答说,有一百里土地就可以为王了,大王您应该施行仁政,减少刑罚,降低税收,深耕细作,让年轻人、身强力壮的人有时间修养孝悌忠信,在家侍奉父兄,在外服务尊长,可以让他们制造兵械抵挡秦楚的军队。相反,如果秦楚的统治者不给民众时间耕作,让他们没有办法赡养父母,妻离子散,当他们的百姓陷入水火之中时,您去征伐他们,谁又能抵抗您呢? 因此,仁者无敌,大王不用疑虑。

如果一个国家施行仁政,另一个国家施行暴政,那么孰强孰弱就一目了然了。孟子的观点也可以放到当今世界,我国面临美欧日的激烈竞争,如何增强自身的实力是一个紧迫的现实问题。公正、合理、仁义地对待自己的国民,充分发挥每一个国民的力量,树立自身负责任大国的形象,无疑是现今最为合理的政策。国家的长久的力量,来自于它的国民和制度。

【原文】

曰:"王之所大欲可得闻与?"王笑而不言。曰:"为肥甘不足于口与? 轻暖不足于体与? 抑为采色不足视于目与? 声音不足听于耳与? 便嬖不足使令于前与? 王之诸臣皆足以供之,而王岂为是哉?"曰:"否。吾不为是也。"曰:"然则王之所大欲可知已。欲辟土地,朝秦楚,莅中国而抚四夷也。以若所为求若所欲,犹缘木而求鱼也。"曰:"若是其甚与?"曰:"殆有甚焉。缘木求鱼,虽不得鱼,无后灾。以若所为,求若所欲,尽心力而为之,后必有灾。"曰:"可得闻与?"曰:"邹人与楚人战,则王以为孰胜?"曰:"楚人胜。"曰:"然则小固不可以敌大,寡固不可以敌众,弱固不可以敌强。海内之地方千里者九,齐集有其一。以一服八,何以异于邹敌楚哉? 盖亦反其本矣。<u>今王发政施仁,使天</u><u>下仕者皆欲立于王之朝,耕者皆欲耕于王之野,商贾皆欲藏于王之市,行旅皆</u><u>欲出于王之涂,天下之欲疾其君者皆欲赴愬于王。其若是,孰能御之?</u>"

【解读】

孟子问魏王,您的最大的理想可以让我知道吗? 魏王笑而不答。孟子说,"是为了肥美的食物不够吃吗? 是为了轻暖的衣服不够穿吗? 还是为了艳丽的色彩不够看呢? 是为了美妙的音乐不够听吗? 还是为了身边伺候的人不够使唤呢? 这些,您手下的大臣都能够尽量给您提供,难道您还真是为了这些吗?"魏王回答说,不是这些。孟子说,那我就知道您最大的愿望了,您是想要扩张国土,使秦、楚这些大国都来朝贡您,自己君临中国,安抚四方落后的民族。不过,以您现在的做法来实现您现在的愿望,就好像爬到树上去捉鱼一样。甚至比缘木求鱼还要糟糕。因为缘木求鱼不会有灾祸,而您现在的做法,还会导致灾祸。原因在于,小国不可以与大国为敌,人口少的国家不可以与人口众多的国家为敌,弱国不可以与强国为敌(然则小固不可以敌大,寡固不可以敌众,弱固不可以敌强)。中国的土地,方圆千里的共有九块,想用其中一块去征服其他八块,这跟邹国和楚国打仗有什么区别呢(以一服八,何以异于邹敌楚哉)? 大王为什么不反过来好好想一想,从根本上着手呢? 如果大王您能施行仁政,使天下做官的人都想到您的朝廷上来做官,天下的农民都想到您的国家来耕种,天下做生意的人都想到您的国家来做生意,天下旅行的人都想到您的国家来旅行,天下痛恨本国国君的人都想到您这儿来控诉。果真做到了这些,还有谁能够与您为敌呢(今王发政施仁,使天下仕者皆欲立于王之朝,耕者皆欲耕于王之野,商贾皆欲藏于王之市,行旅皆欲出于王之涂,天下之欲疾其君者皆欲赴愬于王。其若是,孰能御之)?

君主(包括官员)最大的理想不应该是口腹之欲或者其他物质利益,这一点即便是2000多年前的魏王也能够认识到。他最大的理想是使魏国强盛。有理想、有作为的君主确实能够在很大程度上推行变法,励精图治,实现国家的富强。但在世袭君主制下,明君的晚年或者他的后代都有可能堕落,国家的强盛也就成为昙花一现。如何从制度上保证国家的长治久安,是一个重大的问题。对此,必须做到四点:第一,按照儒家学说,施行仁政,加强君主的道德自律和个人修养。第二,按照法家学说,施行法制,加强制度建设,将君主和官员的道德修养通过制度加以固定。第三,社会在不断地改变,国家政策也必须不断地调整和适应。第四,加强对治理规律的认知,正义、法治、德治、开放等都是治理的规律。

【原文】

王曰:"吾惛,不能进于是矣。愿夫子辅吾志,明以教我。我虽不敏,请尝试之。"曰:"无恒产而有恒心者,惟士为能。若民,则无恒产,因无恒心。苟无恒心,放辟,邪侈,无不为己。及陷于罪,然后从而刑之,是罔民也。焉有仁人在位,罔民而可为也?是故明君制民之产,必使仰足以事父母,俯足以畜妻子,乐岁终身饱,凶年免于死亡。然后驱而之善,故民之从之也轻。今也制民之产,仰不足以事父母,俯不足以畜妻子,乐岁终身苦,凶年不免于死亡。此惟救死而恐不赡,奚暇治礼义哉?王欲行之,则盍反其本矣。五亩之宅,树之以桑,五十者可以衣帛矣;鸡豚狗彘之畜,无失其时,七十者可以食肉矣;百亩之田,勿夺其时,八口之家可以无饥矣;谨庠序之教,申之以孝悌之义,颁白者不负戴于道路矣。老者衣帛食肉,黎民不饥不寒,然而不王者,未之有也。"

【解读】

孟子对于民众的缺点有深刻的认知。他提出了一个著名的观点:无恒产,无恒心;有恒产,有恒心。无恒产,但有恒心,只有士人才能做到(无恒产而有恒心者,惟士为能)。普通民众则无恒产,也无恒心。因为他们没有恒产,也没有恒心,就会放纵自己,为人奸邪,做事都是为了自己,一旦犯罪,就不得不用刑法惩处他们,君王和官府这样做,就是害民(罔民)。哪里有仁义之人当政,还会这样为害民众的呢(焉有仁人在位,罔民而可为也)?所以,圣明的君主会让民众有足够的财产,上足以奉养父母,下足以养育妻子孩子,丰年就可以吃饱,灾年也不会饿死,然后再让他们服役,他们的负担也不重。现在恰恰相反,上不足以奉养父母,下不足以养育妻子孩子,丰年也过得很苦,灾年就不免饿死。救死都来不及,哪里有时间教给他们礼仪呢？有五亩地的家庭,要让他们种桑树,慢慢就可以穿帛衣了;有鸡豚狗彘等牲畜的家庭,要按时喂养,慢慢就可以吃肉了;有百亩地的家庭,不要剥夺他们的农时,慢慢就可以吃饱了;再建立学校,教给他们孝悌的道理,老年人可以穿帛吃肉,黎民可以吃饱穿暖,这样如果还不能称王,那是不可能的。

　　孟子看到了民众的家庭富裕、安居乐业和国家富强之间的关系。有了足够的财产,才能够安居乐业,有恒产,才能有恒心,再施行教育,就能够富国强兵。儒家以人性本善为基础,尽管民众有可能放辟邪侈,但根本原因还是因为贫困和压迫,是君主和官府把百姓推上了放辟邪侈的道路。民众肯定能够教育好,但可能要耗费很长的时间。而法家则以人性本恶为基础,迫切地希望立竿见影,所以在短期的当下,不得不用严刑峻法来惩处民众,不得不把百姓的家产拿来富国强兵。但如果政策在长期不进行调整,这样的政策也最终失败。法家在短期实用,儒家在长期有效。从严刑峻法到礼乐教化,中间应当有一个及时的转型。礼仪和法律没有本质的区别,它们在各自的领域发挥作用,必须相互结合。

梁惠王章句下

文王一怒而安天下之民

【原文】

　　(略)。

　　王曰:"大哉言矣! 寡人有疾,寡人好勇。"

　　对曰:"王请无好小勇。夫抚剑疾视曰,'彼恶敢当我哉'! 此匹夫之勇,敌一人者也。王请大之! 诗云:'王赫斯怒,爰整其旅,以遏徂莒,以笃周祜,以对于天下。'此文王之勇也。文王一怒而安天下之民。书曰:'天降下民,作之君,作之师。惟曰其助上帝,宠之四方。有罪无罪,惟我在,天下曷敢有越厥志？'一人衡行于天下，武王耻之。此武王之勇也。而武王亦一怒而安天下之民。今王亦一怒而安天下之民，民惟恐王之不好勇也。"

【解读】

齐宣王对孟子说，我有一个毛病，我好勇。孟子说，王不要好小勇。拿着剑，怒目而视，说：你怎敢挡着我的去路？这是匹夫之勇，只能抵挡住一个人。所谓大勇，《诗经》上说，王一旦发怒，整军待发，遏制敌军，安定周朝的天下。这是文王的大勇。文王一怒，可以安定天下的民众（文王一怒而安天下之民）。《尚书》说，民众都是上天的子民，君主是他们的君主，管理他们的军队。只有帮助上天，安定天下四方，君主代替上天来决定有罪无罪，怎敢有人僭越上天的意志？有一个人横行天下，武王对他感到耻辱，这是武王的勇，也是一怒而安天下之民（一人衡行于天下，武王耻之。此武王之勇也。而武王亦一怒而安天下之民）。现在大王您也想一怒而安天下之民，如果这样，民众唯恐大王不好勇啊。

肌肉的力量，好勇斗狠，只是小勇，匹夫之勇。古代的侠客，如果为了平民百姓而伸张正义，也是一种勇的行为，不过，这种勇只是拯救了少数几个人，可以说是一种小勇。政治和政策，如果能够给大多数人以正义，就是大智大勇。在今天，武力的强大，也仅仅是小勇。所谓大勇，是国家之勇，道义之勇，仁义之勇。这种勇，不是为了个人的血性，而是为了国家和民众的利益。尽管许多人认为当今国际社会没有正义，只是力量的角逐，但如果按照儒家的观点，全球仍然存在正义，伸张这种正义，则是大勇。不能认为以美国为首的西方世界不讲正义，只讲利益，中国也只能如此。实力固然重要，但实力也要以道义为基础，反过来，道义也要以实力为基础。春秋战国时代孔孟等思想家，超越了他们的那个时代，超越了各个诸侯国。我们当今时代的思想家和政治家，也应当超越当今这个时代，超越各个民族国家。

【原文】

齐宣王问曰："人皆谓我毁明堂。毁诸？已乎？"

孟子对曰:"夫明堂者,王者之堂也。王欲行王政,则勿毁之矣。"王曰:"王政可得闻与?"

对曰:"昔者文王之治岐也,耕者九一,仕者世禄,关市讥而不征,泽梁无禁,罪人不孥。老而无妻曰鳏。老而无夫曰寡。老而无子曰独。幼而无父曰孤。此四者,天下之穷民而无告者。文王发政施仁,必先斯四者。诗云:'哿矣富人,哀此茕独。'"王曰:"善哉言乎!"

【解读】

齐宣王问孟子,很多人建议我拆毁明堂,可以这样做吗?所谓明堂,是古代帝王所建的最隆重的建筑物,用作朝会诸侯、发布政令、秋季大享祭天,并配祀祖宗的场所。孟子说,明堂是王者之堂,如果大王想要施行王政,最好不要拆毁它(夫明堂者,王者之堂也。王欲行王政,则勿毁之矣)。所谓王政,以前周文王就是用它来治理西岐的。耕种的人,税率是九分之一。做官的人,世代都有俸禄。在关卡和市场上,只是稽查,但不征税。湖泊和山梁不禁止捕猎。对犯罪的人,不连坐家人亲属。鳏寡孤独这四类人,是天下最穷苦的,文王的政策优先照顾这四类人。

明堂,是国家和政府的象征,是王政和仁政的象征。王政就是仁政,税率尽量低,官员有足够的俸禄,市场和关卡不能随意乱收费,湖泊山梁不能垄断,不能随意禁止民众捕猎,不能随意连坐,照顾鳏寡孤独。用今天的话语来解释,就是要做到有限政府、法治政府。但是,由于短期利益的诱惑,政府及其各级官员总是倾向于增税收费、竭泽而渔,扩大自己的短期收益。这就需要运用法家的主张,用法律和法治对政府加以限制。限制自己,约束自己,才是强大,这其实是很简单的道理。

【原文】

曰:"王如善之,则何为不行?"王曰:"寡人有疾,寡人好货。"

对曰:"昔者公刘好货;诗云:'乃积乃仓,乃裹糇粮,于橐于囊。思戢用光。弓矢斯张,干戈戚扬,爰方启行。'故居者有积仓,行者有裹粮也,然后可以爰方启行。王如好货,与百姓同之,于王何有?"

王曰:"寡人有疾,寡人好色。"

对曰:"昔者大王好色,爱厥妃。诗云:'古公亶父,来朝走马,率西水浒,至于岐下。爰及姜女,聿来胥宇。'当是时也,内无怨女,外无旷夫。王如好色,与百姓同之,于王何有?"

【解读】

王政这么好,大王为什么做不到呢? 齐宣王说,"寡人有一个毛病,喜欢珍奇的好东西"(寡人有疾,寡人好货)。孟子说:"从前公刘也喜爱钱财。大王如果喜爱钱财,能够想到老百姓也喜爱钱财,这对施行王政有什么影响呢?"齐宣王说:"我还有个毛病,我喜爱女色。"孟子回答说:"从前周太王也喜爱女色,非常爱他的妃子。大王如果喜爱女色,能想到老百姓也喜爱女色,这对施行王政有什么影响呢?"

孟子采用将心比心的方法,劝说齐王老吾老以及人之老,幼吾幼以及人之幼。君主和百姓一样,每个人都会喜好钱财,喜好美色,这是人之常情,无可厚非。但只要能够尊重他人的喜好,他人同样也会尊重自己的喜好,这对施行王政没有影响,只会更加有利于王政的推行。这其实是对君主或者当政者的一个很低的要求,只需要他们能够体谅百姓,尊重百姓,人人平等。当然这里的人人平等,并不是说当政者和民众的收入和待遇一模一样。在现代社会,可以实行高薪养廉,官员和当政者的收入可以非常优厚,当然这是一种透明的法治化的待遇。然而在现实中,不仅仅君主难以做到人人平等,甚至普通人也往往难以做到这一点。例如,开车时遵守交通规则,不乱扔垃圾,不随地吐痰,等等。一个人可以违反规则,那么每个人就都可以违反规则,整个社会就会陷入混乱。己所不欲,勿施于人,你可以做,也就不能禁止别人做,你活,也要让别人活。这些都是人人平等的一种要求,是儒家的一条非常简单,也非常有效的伦理原则。

【原文】

孟子谓齐宣王曰:"王之臣有托其妻子于其友而之楚游者。比其反也,则冻馁其妻子,则如之何?"王曰:"弃之。"

　　曰:"士师不能治士,则如之何?"王曰:"已之。"

　　曰:"四境之内不治,则如之何?"王顾左右而言他。

【解读】

　　孟子对齐宣王说:"如果大王您有一个臣子把妻子儿女托付给他的朋友照顾,自己出游楚国去了。等他回来的时候,他的妻子儿女却在挨饿受冻。对待这样的朋友,应该怎么办呢?"齐宣王说:"和他绝交!"孟子说:"如果您的司法官不能管理他的下属,那应该怎么办呢?"齐宣王说:"撤他的职!"孟子又说:"如果一个国家治理得很糟糕,那又该怎么办呢?"齐宣王左右张望,把话题扯到一边去了。

　　如果国家治理的很糟糕,那么就应该撤君主的职。孟子在此谈到责任的问题。一个人应当履行他对其他人所应承担的责任,即契约精神,也就是法治精神,也就是责任精神。朋友之间、上下级之间、消费者和厂商之间、政府和国民之间,都存在这种相互的责任。这种责任应该得到明确的界定。然而,小处的契约和责任比较容易界定和衡量,政府和国民之间的契约和责任则难以界定和衡量。传统社会中,政府和国民之间的履约失败和责任追究不得不通过激烈的改朝换代来实现,现代社会更需要建立一套科学准确的绩效考核机制和责任追究机制。

【原文】

　　孟子见齐宣王曰:"所谓故国者,非谓有乔木之谓也,有世臣之谓也。王无亲臣矣,昔者所进,今日不知其亡也。"

　　王曰:"吾何以识其不才而舍之?"

　　曰:"国君进贤,如不得已,将使卑逾尊,疏逾戚,可不慎与?左右皆曰贤,未可也;诸大夫皆曰贤,未可也;国人皆曰贤,然后察之;见贤焉,然后用之。左右皆曰不可,勿听;诸大夫皆曰不可,勿听;国人皆曰不可,然后察之;见不可焉,然后去之。左右皆曰可杀,勿听;诸大夫皆曰可杀,勿听;国人皆曰可杀,然后察之；见可杀焉，然后杀之。故曰，国人杀之也。如此，然后可以为民父母。"

【解读】

孟子对齐宣王说，所谓历史悠久的国家，并不是指那个国家有高大的树木，而是指有建立功勋的大臣（所谓故国者，非谓有乔木之谓也，有世臣之谓也）。可大王您现在却没有亲信的大臣，过去任用的一些人，现在也不知到哪里去了。齐宣王说：我应该怎样去识别那些没有才能的人而罢黜他呢？孟子回答说：国君选拔贤才，在必要的时候，甚至会把原本地位低的人提拔到地位高的人之上，把原本关系疏远的人提拔到关系亲近的人之上，这难道不应该谨慎吗？因此，左右亲信都说某人好，不可轻信；众位大夫都说某人好，还是不可轻信；全国的人都说某人好，然后去考察他，发现他是真正的贤才，再任用他（左右皆曰贤，未可也；诸大夫皆曰贤，未可也；国人皆曰贤，然后察之；见贤焉，然后用之）。左右亲信都说某人不好，不可轻信；众位大夫都说某人不好，还是不可轻信；全国的人都说某人不好，然后去考查他，发现他真的不好，再罢免他。左右亲信都说某人该杀，不可轻信；众位大夫都说某人该杀，还是不可轻信；全国的人都说某人该杀，然后去考查他，发现他真该杀，再杀掉他。所以说，是全国人杀他。这样做，才可以做老百姓的父母官。

对于管理者而言，识人用人，可能是最为困难，也是最为重要的一件事。每个人都会自觉或不自觉地伪装自己，大奸大恶之人更善于伪装，所以，君主和上级都要善于观察和甄别臣子和下属。不能偏听偏信，不能只看短期的表现，而要全面地长期地观察和考验。孟子在此说的仍然较为简单，国人皆曰贤，然后察之，但在现实中如何操作？一部分国人说贤，另一部分国人说不贤，孰对孰错？当然，广泛地考察和听取意见，还是能够发现很多问题。在实践中，识人用人，是非常困难的一件事情，考验着领导人的眼光和能力，也决定着组织的成败。

【原文】

齐宣王问曰:"汤放桀,武王伐纣,有诸?"孟子对曰:"于传有之。"

曰:"臣弑其君,可乎?"

曰:"贼仁者谓之贼,贼义者谓之残,残贼之人谓之一夫。闻诛一夫纣矣,未闻弑君也。"

(略)。

【解读】

齐宣王问道:"商汤流放夏桀,武王讨伐商纣,有这些事吗?"孟子回答道:"文献上有这样的记载。"宣王问:"臣子杀他的君主,可以吗?"孟子说:"败坏仁的人叫贼,败坏义的人叫残;残、贼这样的人叫独夫。我只听说杀了独夫纣罢了,没听说臣杀君啊。"

任何人都有欲望或缺点,君主和上位者也不例外。齐宣王可能也担心自己在历史上留下骂名,因此问孟子作为臣子是否可以批评甚至讨伐君主? 孟子毫不客气地指出,当君主失道时,他就已经不是君主,而是人人得而诛之的独夫。孟子的这番话解释了历代君主及其王朝的合法性基础,彻底宣告了专制制度的非法,也招致某些试图实行王权专制的君主的不满。据说,朱元璋曾经下令全国停止通祀孔子,删削孟子。但是,这种行为同掩耳盗铃、皇帝的新衣有何差异呢? 不按照治理的规律来治理天下,最后的结果就是治理者玩火自焚。朱元璋的第十七世孙崇祯皇帝朱由检在亡国时砍死自己的王后,砍伤公主,黄宗羲对此在《原君》中写道:

"远者数世,近者及身,其血肉之崩溃在其子孙矣。昔人愿世世无生帝王家,而毅宗之语公主,亦曰:'若何为生我家'。痛哉斯言! 回思创业时,其欲得天下之心,有不废然摧沮者乎。"

君主和上位者的视野,应该更加长远,不能只考虑自身的欲望与享乐,也不能只考虑自己在世时的统治,更要考虑千秋万代,建立一种可持续的政治制度和治理体制。

公孙丑章句上

夫志,气之帅也;气,体之充也

【原文】

(略)。

公孙丑问曰:"夫子加齐之卿相,得行道焉,虽由此霸王不异矣。如此,则动心否乎?"

孟子曰:"否。我四十不动心。"

曰:"若是,则夫子过孟贲远矣。"

曰:"是不难,告子先我不动心。"

曰:"不动心有道乎?"

曰:"有。北宫黝之养勇也,不肤挠,不目逃,思以一豪挫于人,若挞之于市朝。不受于褐宽博,亦不受于万乘之君。视刺万乘之君,若刺褐夫。无严诸侯。恶声至,必反之。孟施舍之所养勇也,曰:'视不胜犹胜也。量敌而后进,虑胜而后会,是畏三军者也。舍岂能为必胜哉? 能无惧而已矣。'孟施舍似曾子,北宫黝似子夏。夫二子之勇,未知其孰贤,然而孟施舍守约也。昔者曾子谓子襄曰:'子好勇乎? 吾尝闻大勇于夫子矣:自反而不缩,虽褐宽博,吾不惴焉;自反而缩,虽千万人,吾往矣。'孟施舍之守气,又不如曾子之守约也。"

曰:"敢问夫子之不动心,与告子之不动心,可得闻与?"

"告子曰:'不得于言,勿求于心;不得于心,勿求于气。'不得于心,勿求于气,可;不得于言,勿求于心,不可。夫志,气之帅也;气,体之充也。夫志至焉,气次焉。故曰:'持其志,无暴其气。'"

"既曰'志至焉,气次焉',又曰'持其志无暴其气'者,何也?"

曰:"志壹则动气,气壹则动志也。今夫蹶者趋者,是气也,而反动其心。"

"敢问夫子恶乎长?"

曰:"我知言,我善养吾浩然之气。"

"敢问何谓浩然之气?"

曰:"难言也。<u>其为气也,至大至刚,以直养而无害,则塞于天地之间。其</u><u>为气也,配义与道;无是,馁也。</u>是集义所生者,非义袭而取之也。行有不慊于心,则馁矣。我故曰,告子未尝知义,以其外之也。必有事焉而勿正,心勿忘,勿助长也。无若宋人然:宋人有闵其苗之不长而揠之者,芒芒然归。谓其人曰:'今日病矣,予助苗长矣。'其子趋而往视之,苗则槁矣。天下之不助苗长者寡矣。以为无益而舍之者,不耘苗者也;助之长者,揠苗者也。非徒无益,而又害之。"

"何谓知言?"

曰:"诐辞知其所蔽,淫辞知其所陷,邪辞知其所离,遁辞知其所穷。生于其心,害于其政;发于其政,害于其事。圣人复起,必从吾言矣。"

【解读】

公孙丑是孟子的学生,他问孟子:"先生您要是担任齐国的卿相大官,能得到推行您的大道的机会,由此而成就霸业和王道,不异于古之君王。像这样,您会动心吗?"孟子说:"不,我四十岁后就不动心了。"公孙丑说:"若是这样,先生比孟贲要强多了。"孟子说:"做到这个并不难,告子做到不动心比我还要早。"公孙丑问:"做到不动心有什么诀窍吗?"孟子说:"有诀窍。北宫黝(传说中的刺客)培养勇气的方法是,肌肤被刺破而不屈服,看见可怕的事情也不逃避,即使有一根毫毛被别人伤害,就仿佛是在大庭广众下被鞭打一样。他不受制于贫贱的人,也不受制于大国的君主,刺杀大国君主,和刺杀普通平民一样。他不尊敬诸侯,受到辱骂,必然反骂。孟施舍(传说中的勇士)培养勇气的方法又不同,他说:'在失败的情况下还要看到胜利,如果估量敌方的强弱而后前进,思虑胜败后才交锋,就是害怕敌方的三军。我怎么能因为必胜才战斗? 我只要无所畏惧就行了。'孟施舍像曾子,北宫黝像子夏。这两个人的勇气,不知道谁更好些,然而孟施舍却能遵守约定。从前曾子告诉子襄说:'你崇尚勇敢吗? 我曾经听孔子说过的大勇:自我反省发现正义不在我这边,那么即使对方是卑贱之人,我也不会去恐吓他(自反而不缩,虽褐宽博,吾不惴焉);自我反省后发现正义在我这边,那么即使面对千军万马,我也勇往直前(自反而缩,虽千万人,吾往矣)。'孟施舍的勇敢,是一种年轻气盛的勇敢,又不如曾子的勇敢,那是一种坚守约定的勇敢(孟施舍之守气,又不如曾子之守约也)。"

施行仁政、王政的人,绝不是为了物质利益,也不是为了功名利禄,而是个人的一种追求,也是一种顺道的行为,服从规律的行为。能够保持这种追求,抵御物质利益和功名利禄的诱惑,需要极大的勇气。勇气有不同的类型,培养勇气也有不同的方法。北宫黝的勇气,是在任何情况下保持自我的勇气,孟施舍的勇气,是不惧怕失败的勇气。但都不是孟子所说的大勇,孟子说的大勇,是勇敢反省、改正自身缺点的勇气。在现实中,我们往往认为有武力、能打架、无法无天就是勇气,其实这都是小勇。真正的大勇,是能够抵抗各种诱惑,正视并克服自身的缺点,在失败的时候还能够保持乐观,坚守自己的诺言,这些都是更大的勇气。能够施行王政的人,就需要这样的大勇。

公孙丑又问,"您的不动心,和告子的不动心,有什么区别呢?"孟子回答说,告子不动心的理由是:言语上没有坚守,就无法做到心里的坚守;心里无法坚守,气节上就更无法坚守(不得于言,勿求于心;不得于心,勿求于气)。但我认为,心里无法坚守,气节上就更无法坚守,这是可以的(不得于心,勿求于气,可)。但是,言语上没有坚守,就无法做到心里的坚守,这是不可以的(不得于言,勿求于心,不可)。志向,是气节的统帅,气节,充盈于整个身体。有了志向,就会有气节,因此可以这样说:我们应该坚守自己的志向,但不要意气用事(夫志,气之帅也;气,体之充也。夫志至焉,气次焉。故曰:'持其志,无暴其气)。

这里,孟子是在论述言、志、气、心这几个概念之间的关系。言语上不一定要逞强,志向最为根本,气是志的表现和结果,有了志和气(志气),面对诱惑就不会动心。由于这几个概念的模糊,公孙丑还是不太清楚,又继续发问:"你说志至焉,气次焉,又说持其志无暴其气,似乎有矛盾,这是为什么?"孟子说:"志向会牵动气节,气节也会牵动志向,今天的人有各种各样的行动,都是受到气的驱动,进而又驱动他们的心(志壹则动气,气壹则动志也。今夫蹶者趋者,是气也,而反动其心)"。

其实,用今天的语言和概念来讲,人的行为是受到价值观驱动的。信仰就是某种价值观,也就是志或者气,在信仰的驱动下,有些人会迸发出常人难以理解的力量,做出常人难以理解的行为,甚至牺牲自己的生命。没有信仰的人,生活和事业没有目标,只能庸庸碌碌地活着。然而,这种价值观或者信仰是否正确,需要不断地反省和追问,就是孟子在前面说的自反(自反而不缩,虽褐宽博,吾不惴焉;自反而缩,虽千万人,吾往矣)。如果一个人最终发现,他长期坚守的信仰和价值观并不正确,那么对他而言就是一种巨大的打击,就是价值观的崩溃。当然,如果能正视这种崩溃和错误,并加以改正,就是一种更大的勇。

公孙丑又问:"先生您擅长什么呢?"孟子回答说:"我善于分辨别人的语言,我善于培养我的浩然之气(我知言,我善养吾浩然之气)。""什么是浩然之气呢?""这很难说。这种气至大至刚,用正直去培养它,不损害它,它充塞于天地之间(其为气也,至大至刚,以直养而无害,则塞于天地之间)。这种气和道、义要相互配合,如果没有道与义,它就会萎缩。它是和义一起而生的,不能和义背离。(其为气也,配义与道;无是,馁也。是集义所生者,非义袭而取之也)。行动如果不是发自内心,它就会萎缩(行有不慊于心,则馁矣)。"

浩然正气,是孟子的精神。相对于孔子而言,孟子更加具有不屈不挠的战斗精神。这种战斗精神,源于他的浩然正气,进而源于他对真理和规律的掌握和坚定的信心。革命烈士"杀了夏明翰,还有后来人",其实也是源于这种对真理的信心。当然,我们也要不断地反省反躬,我们所坚守的真理,是否是真正的真理。如果拒绝听取别人的意见,盲目地坚持自己的观点,那么孟子的这种气,也会变成一种偏执和盲信。例如,在小说《大秦帝国》中,在魏惠王的朝堂之上,纵横家张仪和孟子辩论,将孟子责骂得哑口无言,口吐鲜血。当然,这未必是历史事实,但也可以充分说明,一方面,浩然正气要建立在对真理和规律的信心的基础上;另一方面也说明,要通过反省和研究,寻找和发现真正的真理和规律,避免浩然正气退化为刚愎自用。

"那么,怎么辨别别人的语言呢(何谓知言)?""听到欺骗的语言,我就知道他想蒙蔽什么。听到放荡的语言,我就知道他沉迷于什么。听到邪恶的语言,我就知道他想离间什么。听到搪塞的语言,我就知道他想搪塞什么(诐辞知其所蔽,淫辞知其所陷,邪辞知其所离,遁辞知其所穷)。他的心中出现了恶的念头,就会危害到政务;危害到政务,就会危害到其他的事情(生于其心,害于其政;发于其政,害于其事)。"

在孟子和儒家学者看来,任何奸恶之人,不论隐藏的多么深,在浩然之气的催逼之下,必然无所遁形,必然通过他们的语言或行动表现出来。正如《大学》中所言:"小人闲居为不善,无所不至,见君子而后厌然,掩其不善,而着其善。人之视己,如见其肺肝然,则何益矣"。所以孟子说他善于分辨别人的言辞,不会被各种歪理邪说所蒙蔽。其实,更进一步,浩然正气一定要建立在科学规律的基础上。科学规律意味着正确,而奸恶之人,秉持的是错误的观念,实践的是错误的行为。科学研究就是要揭示错误,彰显正确。在社会领域,也同样如此。

公孙丑章句下

天时不如地利,地利不如人和

【原文】

孟子曰:"天时不如地利,地利不如人和。三里之城,七里之郭,环而攻之而不胜。夫环而攻之,必有得天时者矣;然而不胜者,是天时不如地利也。城非不高也,池非不深也,兵革非不坚利也,米粟非不多也;委而去之,是地利不如人和也。

故曰:域民不以封疆之界,固国不以山溪之险,威天下不以兵革之利。得道者多助,失道者寡助。寡助之至,亲戚畔之;多助之至,天下顺之。以天下之所顺,攻亲戚之所畔;故君子有不战,战必胜矣。"

(略)。

【解读】

天时不如地利,地利不如人和。得道多助,失道寡助。孟子所说的这些话已经成为脍炙人口的成语。时至今日,科技的发展深刻改变了现代社会,包括竞争和战争。唯技术论者认为,尽管在解放战争和抗美援朝战争中解放军和志愿军主要依靠人和战胜了用先进武器和技术武装起来的国民党反动派和美帝国主义,但在当代社会,这种情况可能难以再次发生。是不是技术比天时、地利、人和都更加重要呢? 决定战争胜负和国家治理成败的因素很多,天时、地利、人和、技术都是其中的重要因素。在具体的一两场战役中,可能技术的因素更加重要,但从长远来看,人和、民心以及创造人和和民心的制度、体制乃至观念才是最重要的因素。即使运用先进的技术推翻了某个政权,例如美国在伊拉克、阿富汗所做的那样,但如何建立一个能够得到当地民众认同并支持的政府,仍然是一个难题。而且,先进的技术,本身也是先进的制度所创造的结果。

滕文公章句下

富贵不能淫,贫贱不能移,威武不能屈。此之谓大丈夫

【原文】

景春曰:"公孙衍、张仪岂不诚大丈夫哉? 一怒而诸侯惧,安居而天下熄。"

孟子曰:"是焉得为大丈夫乎? 子未学礼乎? 丈夫之冠也,父命之;女子之嫁也,母命之,往送之门,戒之曰:'往之女家,必敬必戒,无违夫子!'以顺为正者,妾妇之道也。居天下之广居,立天下之正位,行天下之大道。得志与民由之,不得志独行其道。富贵不能淫,贫贱不能移,威武不能屈。此之谓大丈夫。"

【解读】

公孙衍和张仪都是战国时期的纵横家,景春是孟子的学生,其他信息不

详。景春崇拜公孙衍和张仪,认为他们"一怒而诸侯惧,安居而天下熄",是男子汉大丈夫之所为。威风凛凛、威震八方、叱咤风云,确实让人羡慕。这种人生价值取向一直到现在还普遍存在,但这是否就是真正的男子汉大丈夫之所为呢?孟子进行了反驳。他认为,公孙衍和张仪只是顺从秦国君主的意愿而成就了秦国的一番霸业,他们也就像秦王的妻妾一样,只是顺从丈夫做出一点事情,也就是趋炎附势、狐假虎威而已。以顺从来从政,只是妾妇的行为(以顺为正者,妾妇之道也)。怎么样才能算是真正的男子汉大丈夫呢?孟子认为,要以天下为考虑,树立正确的原则,推行天下的大道(居天下之广居,立天下之正位,行天下之大道)。这种道路,就是人民的道路,就是正确的道路,就是符合治理要求的道路,就是让人民安居乐业的道路。如果推行不了,那么也不应同流合污,苟且顺承,而应该走自己的道路(得志与民由之,不得志独行其道)。推行这种道路的人,富贵不能腐蚀他,贫贱不能改变他,威武不能屈服他,这样的人才是大丈夫(富贵不能淫,贫贱不能移,威武不能屈。此之谓大丈夫)。这才是真正的大勇,心中有浩然正气之人,才能做到这一点。当然,根据孟子的观点,如果秦王嬴政坚信自己统一六国是"居天下之广居,立天下之正位,行天下之大道",如果张仪坚信自己帮助秦王统一六国是为天下苍生考虑,那么他们同样具有孟子所谓的浩然正气。更重要的是,这种浩然正气,并不是盲信和独断,而是在掌握科学规律基础上的正确的道路,这就需要保持开放和谨慎,时刻检讨自己的道路是否是正确的道路。

离娄章句上

【原文】

(略)。

孟子曰:"人有恒言,皆曰'天下国家'。天下之本在国,国之本在家,家之本在身。"

(略)。

【解读】

　　天下、国家、家庭,都是不同类型的公共组织,要在这些组织中实现善治,其本质要求都是一样的,就是要提高个人的修养。如果个人修养不好,就无法胜任管理别人、管理组织的重任。《大学》中也有类似的表述:"身修而后家齐,家齐而后国治,国治而后天下平。"现代人往往认为,个人品德是个人的私事,和个人的管理行为以及其他行为可以区分开来,也就是说,个人修养或品德好不好,并不妨碍他成为一名优秀的管理者。这对于少数个人而言可能成立,对于通常情况而言也可能成立,但就大多数人而言,当个人处于极端紧迫而重要的情境时,他的品德就会对他的决策和行为乃至整个组织产生重大影响。在现实中,在短期内品德作为一种内在的状态难以观察和衡量,但在长期中可以发现一个人品德的高低,所谓"路遥知马力,日久见人心"。我们确实不应简单地评判一个人内在品德的高低,而应该尽量运用制度来监督约束他的外在行为。但是,我们也不应否定品德的重要性。一个人的品德,最终决定了他能够前行的高度。

【原文】

　　孟子曰:"为政不难,不得罪于巨室。巨室之所慕,一国慕之;一国之所慕,天下慕之;故沛然德教,溢乎四海。"

　　(略)。

【解读】

　　孟子说,从政并不难,只要不得罪卿大夫等豪门大户就可以。卿大夫等豪门大户喜欢的,国人就会喜欢;国人喜欢的,天下人就会喜欢(巨室之所慕,一国慕之;一国之所慕,天下慕之),这样,德教和仁政就能传播到天下了。

　　孟子时代的巨室,就是公卿大夫等豪门大户,君主是最大的巨室。在当今时代,巨室就是达官显贵、利益集团。在经济上和政治上执掌权柄的人及其家族都可以被称之为巨室。

孟子所谓的不得罪巨室,并不是畏惧巨室,谄媚巨室。相反,他认为巨室对于国家的治理具有重要的作用。他们是国家的风向标,他们的喜乐好恶主导着国民的喜乐好恶。所以,如果能够让他们养成良好的道德品质,那么为政就不难了。这种巨室,在西方社会,也可以被称之为贵族,贵族并不仅仅意味着在衣食住行上的豪华奢侈,而是他们具有高贵的品质,为国家、为人民献身的精神。

相反,从政难,也恰恰难在巨室。达官显贵、社会名流,如果不能认识到他们对这个社会所应承担的责任,仅仅是奢侈放纵、为所欲为,他们也就为社会树立了坏的榜样。甚至,最高当政者及其亲属本身也是巨室,他们可能和其他巨室沆瀣一气,狼狈为奸,那么,这样的社会就会分裂为等级制的社会,一边是当政者和豪门巨室,另一边是劳苦大众。即使极少数劳苦大众能够通过自己的努力进入巨室的行列,他们也会迅速腐化堕落为巨室的一员,无助于整个社会的改进。即使极少数当政者能够和人民大众站在同一个行列,他的为政仍然艰难,因为他要对抗整个巨室集团(利益集团)。为政难,难就难在这里。然而,即使巨室集团能够暂时战胜和人民站在一边的当政者,推举出他们自己的利益代言人,这时的社会仍然是一种等级社会,这种等级社会从长期来看仍然无法持续,等级之间的对抗和冲突最终会伤害巨室集团自身。当政者和巨室集团精英眼界长远的程度,决定了他们所构建和统治的社会的可持续程度。因此,从这一意义上来说,如果包括巨室集团在内的社会中的所有成员都能够认识到为政的道理,都承认人人平等的原则,认识到正义的意义和价值,那么建立一个良性的可持续的社会又有什么困难呢?

【原文】

孟子曰:"不仁者可与言哉? 安其危而利其菑,乐其所以亡者。不仁而可与言,则何亡国败家之有? 有孺子歌曰:'沧浪之水清兮,可以濯我缨;沧浪之水浊兮,可以濯我足。'孔子曰:'小子听之! 清斯濯缨,浊斯濯足矣,自取之也。'夫人必自侮,然后人侮之;家必自毁,而后人毁之;国必自伐,而后人伐之。太甲曰:'天作孽,犹可违;自作孽,不可活。'此之谓也。"

【解读】

孟子在此继续对当政者及其巨室集团进行规劝。孟子说："对那些不仁的人，难道可以和他们讨论问题吗（不仁者可与言哉）？他们把危险的局面当成安全，把灾难的发生当成捞取利益的机会（安其危而利其菑），把导致国家败亡的事当成乐趣（乐其所以亡者）；这些不仁的人要是可以用言语劝说，那怎么还会有亡国败家的事发生呢（不仁而可与言，则何亡国败家之有）？曾经有儿歌唱到：'清澈的沧浪水啊，能用来洗我的帽缨；浑浊的沧浪水啊，能用来洗我的双脚（沧浪之水清兮，可以濯我缨；沧浪之水浊兮，可以濯我足）。'孔子在一旁听了说：'弟子们听着，清澈的水可以用来洗帽缨，浑浊的水可以用来洗双脚，这是自己决定的事。'所以一个人一定是自己先侮辱自己，然后别人才侮辱他（夫人必自侮，然后人侮之）。一个家庭必然是自己先毁坏，别人才来毁坏它（家必自毁，而后人毁之）。一个国家必然是自己内部先互相征伐，别人才来讨伐它（国必自伐，而后人伐之）。《太甲》上说：'天降灾祸，还可以躲避；自己做坏事，就逃脱不了灭亡（天作孽，犹可违；自作孽，不可活）。'说的就是这个意思。"

在此，我们感到孟子深深的叹息：这些不仁之人啊，为什么这么愚蠢？治理国家有规律，他们不按照正确的方法治理国家，身处危局而不自知。天作孽，犹可违；自作孽，不可活。用今天的话说，就是不作不死（No Zuo No Die）。治理国家、治理家庭、治理自身，都是有规律的，不按照这些规律去做，国家就会败亡，家庭就会破裂，自身就会生病甚至死亡。孔子、孟子，以及历代大儒，都在苦口婆心地劝说统治者要按照规律去治理国家。但是，问题在于，一方面，统治者是否会听信他们的劝说；另一方面，孔孟和儒家提出的治理方法，是否是真正正确的治理规律，如何证明它们是正确的治理规律。

【原文】

孟子曰："自暴者，不可与有言也；自弃者，不可与有为也。言非礼义，谓之自暴也；吾身不能居仁由义，谓之自弃也。仁，人之安宅也；义，人之正路也。

旷安宅而弗居,舍正路而不由,哀哉"

【解读】

自己损害自己的人,不可以和他谈什么(自暴者,不可与有言也);自己抛弃自己的人,不可以和他有什么交往(自弃者,不可与有为也)。所谓自暴,就是指一个人的言谈中追求的不是礼义(言非礼义,谓之自暴也);所谓自弃,就是指一个人做不到仁义(吾身不能居仁由义,谓之自弃也)。仁,是人们安身立命最安全的地方(仁,人之安宅也);义,是人们做事行动的正确道路(义,人之正路也)。舍弃安全的地方而不去,舍弃正路而不走,真是可悲(舍正路而不由,哀哉)。

在孟子和儒家看来,仁义是最好的道路和方法。然而,仁义毕竟是一个很宽泛的概念,在具体社会生活中,究竟什么是仁义,怎样做才符合仁义,往往难以把握。在每一个行为、每一项政策中,都会面临无数的争议,每一方都可能声称自己是仁义的。例如,对待同性恋的态度和政策、对待肉食和素食的态度和政策、父母对待孩子的态度,等等。对于这种争议,可以指出两点:第一,在内心中对仁义已经有了自己的判断,就应该听从内心的召唤。自己的内心深处已经认为是错误的事情,就不应该去做,即使暂时无法控制自己内心的欲望,也应该不断磨砺自我,战胜自我。正如王阳明所言,破山中贼易,破心中贼难。破心中贼,才是真正的大勇。第二,如何保证自己认定的仁义是真正的仁义。这就需要保持开放的心态,不断学习,允许不同观点的挑战和质疑,寻找更多的证据来支持自己的观点和行为。

【原文】

淳于髡曰:"男女授受不亲,礼与?"

孟子曰:"礼也。"

曰:"嫂溺则援之以手乎?"

曰:"嫂溺不援,是豺狼也。男女授受不亲,礼也;嫂溺援之以手者,权也。"

曰："今天下溺矣,夫子之不援,何也?"

曰："天下溺,援之以道;嫂溺,援之以手。子欲手援天下乎?"

【解读】

淳于髡(kūn)(约公元前386—前310),是战国时期齐国著名的政治家和思想家,善辩论,齐威王拜其为卿大夫。《史记》里称他"滑稽多群,数使诸侯,未尝屈辱"。他在此为难孟子,说:"你们儒家说的男女授受不亲,是礼吗?""是礼。""那么如果嫂子掉到水里,是不是要伸手去救她呢?"孟子说,"嫂子溺水,如果不去救,那与豺狼无异。男女授受不亲,是礼仪,嫂子溺水去救她,是权宜(男女授受不亲,礼也;嫂溺援之以手者,权也)。"二者并不矛盾。淳于髡继续发问:"现在天下都溺水了,夫子为什么不去救呢?"孟子回答说,"要拯救天下人,只有用大道,也就是仁政。嫂子溺水,用手去救。你想让我用手去拯救天下人吗(天下溺,援之以道;嫂溺,援之以手。子欲手援天下乎)"?

一个人的力量,毕竟是有限的,圣人的力量,也是有限的。孔子、孟子尽管给我们提供了施行良好政治的方法和道路,但是当政者和普罗大众是否能够真正领会和接受,就不是他们在短期内能够直接控制的。当政者和民众的认识水平和认识能力,决定了一个社会的治理水平。

"男女授受不亲"是儒家著名的一条涉及男女关系的社会规范,它对于传统社会维持家庭稳定和社会伦理具有重要的作用,在不同文化中均有类似社会规范的存在。即使在今天,伊斯兰教仍然规定女性必须穿戴黑纱,不能让父亲和丈夫以外的男性见到自己的容貌,这种规定比儒家的男女授受不亲更加严格和保守。[1] 社会规范的形成经历了漫长的历史,具有复杂的社会功能,也会随着社会的发展演化而逐渐改变甚至消亡,哈耶克将它们称为"自生自发秩序"(spontaneous order)。当政者应当以谨慎、尊重的态度对待各种社会规范,影响、干预、引导它们的演化,切忌简单粗暴地加以禁止。

---

[1]　约翰·L.埃斯波西托、达丽亚·莫格海德:《谁代表伊斯兰讲话:十几亿穆斯林的真实想法》,晏琼英等译,中国社会科学出版社2010年版。

在这一对话中,可以看出儒家和孟子对待此类社会规范的态度,孔子、孟子对于礼仪其实是保持了足够的灵活性的。如果如后儒小儒那样生搬硬套顽固不化,那么礼仪就真的成了繁文缛节甚至杀人的武器了。嫂溺不援,是豺狼也。

【原文】

公孙丑曰:"君子之不教子,何也?"

孟子曰:"势不行也。教者必以正;以正不行,继之以怒;继之以怒,则反夷矣。'夫子教我以正,夫子未出于正也。'则是父子相夷也。父子相夷,则恶矣。古者易子而教之。父子之间不责善。责善则离,离则不祥莫大焉。"

【解读】

教育既是重要的家庭活动,也是重要的政治活动。因此,孔孟和儒家都非常重视教育,相对而言,法家似乎不太重视教育,这也是秦国在统一六国后迅速败亡的原因之一。

君子为什么不亲自教育子女呢? 孟子认为,这在情势上是不行的,教育必须要用正确的方法;用正确的方法没有成效,执教者就会发怒。一旦发怒,反而伤害孩子(教者必以正;以正不行,继之以怒;继之以怒,则反夷矣)。孩子也有可能认为,父亲用严格的规范来要求我,可父亲自己也没有按正确的规范行事(夫子教我以正,夫子未出于正也)。这样父子之间就伤害了感情,关系就可能恶化。古时候的人们相互交换儿子来进行教育,父子之间不互相责备。互相责备就会产生隔阂,没有什么比隔阂更加糟糕的(古者易子而教之。父子之间不责善。责善则离,离则不祥莫大焉)。

父母对待自己的孩子,和对待别人的孩子,两相比较,确实存在巨大的差别。父母对自己孩子的关爱,往往使得他们不能严格地要求和约束孩子,或者过度地要求和约束自己的孩子。孩子在父母面前,相对于在陌生人面前,也更多了一份骄纵和任性。因此,孟子提出的"易子而教"确实是一条正确的教育原则。当然,如果一位异常严格的父母,如虎爸虎妈,能够掌控自己对孩子的爱,一视同仁甚至更加严格地对待自己的孩子,那么也可以教育好自己的孩子。这就需要父母具有更加高超的教育理念和技巧。

【原文】

孟子曰:"人不足与适也,政不足间也。惟大人为能格君心之非。君仁莫不仁,君义莫不义,君正莫不正。一正君而国定矣。"

【解读】

人与人是不一样的,不是每个人都能够相互交流谈心,政务也是千差万别的,不是每个人都能够理解(人不足与适也,政不足间也)。君主是政务的最高处理者,要理解政务,就要尽量去理解君主,但是,只有最有智慧的人、最有才干的人,即大人,才能够理解和探查君主的心事(惟大人为能格君心之非)。如果君主能做到仁义和正直,那么就没有不仁义和不正直了。君主正了,国家就定了(一正君而国定矣)。

君主或最高执政者对于国家的治理是决定性的,他们的理念、能力决定了国家治理的水平。君主和最高执政者要处理全国的政务,他们的心理和考虑问题的方式,常人很难揣度,只有最有智慧的人才能理解他们,纠正他们。不同人的理解能力也各不相同,所以,也很难要求每一个人都能够理解和支持政务,如果没有一种全局的视角,普通人对政务的批评往往是不全面的。但是,只要君主或最高执政者的心是仁义正直的,那么国家的治理就不难。《论语·为政》篇中也写道"政者正也,子率以正,孰敢不正"。当然,在现实中,执政是异常复杂的,即使君主和执政者能够保持仁义正直,他们仍然可能面临利益集团和反对力量的攻击和挑战,甚至普通民众的误解和非议,这时,就需要孟子在前文中提到的大勇和智慧。作为执政者,应该预见到执政的困难。

【原文】

孟子曰:"有不虞之誉,有求全之毁。"

【解读】

孟子说,有料想不到的赞誉,也有求全责备反而毁坏了的事情。孟子是非常有分寸的,走极端有可能会适得其反,这就是儒家所谓的中庸,过犹不及,太过和不及都不对。有的时候,自己认为自己做得并不够好,可能反而别人认为很好;有的时候,自己太想做好,也认为做得很好,但反而坏事。所以,在现实中,把握适当的度就非常重要。

走极端,不论是好的极端或者坏的极端,都有可能是一种灾难,即极端主义,或者基要主义,原教旨主义,即英文中的 fundamentalism。即便是一种好的理想、方法或者生活方式,如果极端地去奉行,甚至要求别人也要接受,不能够容忍和接受任何一点的改变,就成为一种原教旨主义,也会给社会带来深重的灾难。人是复杂多样的,社会是丰富多彩的,容忍一些缺点和错误也是正常的,过于求全责备有可能反而走向反面。所以,在社会交往和社会治理时,应当适度。从这一点上看,儒家不走极端,儒家并不粗暴,儒家非常宽容。这也是儒家思想和某些极端宗教的区别之一,也是中国人灵活变通的根源。

【原文】

孟子曰:"人之患在好为人师。"

【解读】

孟子说,"很多人的毛病,在于好为人师"。很多人动不动就喜欢教训别人,认为自己都是对的,别人都是错的。这其实还是以自我为中心,没有充分考虑到别人的感受。对于某些职业和职位,例如执政者、政府官员、教师等,他们在成功上位的过程中,积累了很多成功的经验,或者由于他们本身就是教师,也就更有可能好为人师。这就要求我们要警惕自己的言行,不能无条件地将自己的知识进行宣扬,要虚心听取接受别人的观点和意见。即便自己讲的是真理,但是过强的说服和教育,也会让人心生反感。真理,既有可能掌握在少数人手中,也有可能掌握在多数人手中,也有可能谁都没有掌握。即使你讲的是真正的真理,但让别人接受真理,也需要一个过程。

对和错,往往是非常复杂的,你认为对的观点和行为,别人未必认为对,你认为错的观点和行为,别人可能恰恰认为对。尽管笔者坚信,对,就是正确,就是规律,它们都是客观存在的,但是认识对、正确、规律,需要一个过程。可能有人一生都活在错误之中,都无法认识规律。所以,我们应该充分地去了解、体谅、尊重别人的观点和意见,尊重不同的生活方式和价值选择,甚至在我们看来是错误的生活方式和价值选择。只有通过充分的研究、沟通、协商、反省,才能发现对与错,而且,也仅仅是暂时的对与错。人类对自然和社会的认识,是不断发展演化的,很难说存在永恒不变的客观真理,即使存在,这种客观真理可能也是人类永远无法认识的。人类能够认识的,仅仅是暂时的、主观的真理。自然科学的发现与认知也是不断发展演化的,现在被普遍接受的真理或者理论,很有可能在下一个历史时期被推翻、替代或者补充。

【原文】

孟子曰:"不孝有三,无后为大。舜不告而娶,为无后也,君子以为犹告也。"

【解读】

孟子说,不孝有三种情况,没有后代是最大的不孝。舜没有禀告父母就娶妻,是因为他担心自己没有后代,所以,君子认为,他这样做也相当于是禀告父母了。

不孝有三,无后为大,这句话已成为汉语中的成语,被广为使用。不孝的行为有三种,是哪三种呢?东汉经学家赵岐《孟子注》认为,一味顺从,见父母有过错而不劝说,使他们陷入不义之中,这是第一种不孝。家境贫穷,父母年老,自己却不去工作赚钱来供养父母,这是第二种不孝。不娶妻生子,断绝后代,这是第三种不孝,也就是孟子所说的最大的不孝。在孟子所处的年代,繁衍生存应当是最为重要紧迫的事情,所以,没有人传宗接代,可能是最大的不孝。现代很多人秉持独身主义、丁克家庭,肯定会反对孟子的这句话,这也无可厚非,因为现代的孝和孟子时代的孝,作为一种社会规范,肯定会发生很多变化。我们不需要去机械地照搬孟子和儒家的原话,而应该去理解其话语中的精神和原则。

舜没有禀告父母就娶妻,是因为他担心自己无后。在此,涉及两种行为规范,一种是娶妻进而传宗接代,另一种是禀告父母,其实这两种规范并不矛盾,孟子可以禀告父母后,再娶妻生子。如果父母不同意他选择的妻子,这时就会出现价值冲突。在孟子所处的时代,父母之命、媒妁之言,应该是高于个人自由选择配偶的权利的。如果舜拒绝父母的指定而自行娶妻,这就是一种严重违反儒家伦理纲常的行为。对此,究竟孟子是出于什么原因,没有禀告父母就娶妻,还需要进行更加深入细致的考证工作,了解事件的全貌,才能够做出更加准确的评价。

离娄章句下

君子平其政,行辟人可也,焉得人人而济之

【原文】

子产听郑国之政,以其乘舆济人于溱洧。孟子曰:"惠而不知为政。岁十一月,徒杠成;十二月,舆梁成,民未病涉也。君子平其政,行辟人可也,焉得人人而济之? 故为政者,每人而悦之,日亦不足矣。"

【解读】

子产主持郑国的政务,用他的轿子帮助人们渡过溱水和洧水。孟子评论说:"子产只知道做些小恩小惠,根本不知道怎么当政(惠而不知为政)。用十一个月,可以修造一座独木桥,用十二个月,可以修造一座桥梁,老百姓就不会担心没法过河了。君子只要能够把政务处理好,外出时让民众回避也是可以的,怎么可能一个个地去帮助平民百姓(君子平其政,行辟人可也,焉得人人而济之)? 因此当政者,要讨每一个人的欢心,时间不够啊。"

政务,就是很多人的公共事务。当政者最重要的本职工作就是处理好政务,而不是给民众一些小恩小惠。只要把政务处理好了,当政者享有一些政治待遇也无可厚非(行辟人可也),例如官邸、公务用车、出行清道、薪酬待遇、医疗保障等,当然,用今天的观点来看,这些政治待遇应该公开透明,经过全体民众审议通过。

看待和评价政治家,应该看他为大多数民众做了哪些大事大节,而不仅仅是个人行为或品德上的一些细节(当然这些也很重要)。例如,现代史学界通常认为清朝道光皇帝非常节俭,衣裤打补丁,停止各地进贡,然而,他的节俭却被臣下蒙蔽,并没有真正影响改变他的臣子和子孙,也没有形成制度和政策,他的继承人咸丰皇帝纵情声色,儿媳慈禧更是动用北洋水军的军费重修颐和园,最终英法联军入侵北京。道光的"节俭"只是他一人之举,也许他并不适合做一个皇帝,更适合主管后勤,当然即便主管后勤,也需要创建和维护好的制度。清末史学家蔡东藩评价道光帝,"徒齐其末,未揣其本,省衣减膳之为,治家有余,治国不足"。作为一国之君的道光皇帝,节俭到斤斤计较甚至荒唐可笑的地步,不仅没有富国强兵,反而培养了一批虚伪逢迎的大臣。外国列强打开中国的大门,与道光帝的这一节俭癖好可能没有直接的关系,但清朝中后期的皇帝闭目塞听,导致中国逐渐落后,却是不争的事实。

从这一点来看,儒家的修身、齐家、治国、平天下这一逻辑思路也存在缺陷,修身修的好,未必能够齐家,齐家齐的好,未必能够治国,反之亦然,擅长治国理政,未必能够齐家修身。儒家的修齐治平顺序,从概率的角度来看,可能成立,但具体到每一个个人,也可能存在特例。道光皇帝,从节俭的角度看,也许修身(仁)不错,但他受到臣下的蒙蔽,在"智"上存在不足,在扭转世风、改革创新的"勇"上也存在不足。对于一个成功的执政者而言,智、仁、勇三者缺一不可。

【原文】

孟子告齐宣王曰:"君之视臣如手足;则臣视君如腹心;君之视臣如犬马,

则臣视君如国人；君之视臣如土芥，则臣视君如寇雠。"

王曰："礼，为旧君有服，何如斯可为服矣？"

曰："谏行言听，膏泽下于民；有故而去，则君使人导之出疆，又先于其所往；去三年不反，然后收其田里。此之谓三有礼焉。如此，则为之服矣。今也为臣。谏则不行，言则不听；膏泽不下于民；有故而去，则君搏执之，又极之于其所往；去之日，遂收其田里。此之谓寇雠。寇雠何服之有？"

【解读】

孟子对齐宣王说，"君主如果将臣子视为手足，那么臣子就会将君主视为腹心；君主如果将臣子视为犬马，那么臣子就会将君主视为常人；君主如果将臣子视为泥土草芥，那么臣子就会将君主视为仇人（君之视臣如手足，则臣视君如腹心；君之视臣如犬马，则臣视君如国人；君之视臣如土芥，则臣视君如寇雠）"。齐宣王问道："按照礼制，臣子应该为死去的君主服丧，君主应该怎样做才能让臣子为自己服丧呢？"孟子说，"君主对臣子的劝谏能够听取，君主的恩惠能够传播到百姓；臣子因故要离去，君主能派人引导他出国境，并派人事先前往他要去的地方进行妥善安排；臣子离去三年后不返回，才收回他的土地房产；这样做叫作三有礼（此之谓三有礼焉）。做到这些，臣子就会为他服丧。现在的君主，臣子的劝谏不被接受，建议不被听取，恩惠到不了百姓；臣子因故要离开国家，君主就派人拘捕他，到他要去的地方为难他，离开的当天就没收他的土地房产，这就叫做强盗仇敌（此之谓寇雠）。对于强盗仇敌，谁还会为他服丧呢？"

这段话已经成为孟子的名言之一。君主如何对待臣子，臣子就会如何对待君主；上级如何对待下级，下级就会如何对待上级；官员如何对待百姓，百姓就会如何对待官员；老板如何对待员工，员工就会如何对待老板。将心比心，投桃报李，公平待人，这些都是浅显的道理。但在现实中，有些人要么是自以为比别人聪明，要么是自以为高人一等，因此他们以欺骗、压迫的方式对待他人，即使能够获得暂时的好处，但终究会遭到恶报。聪明的人，应该能够从以往的历史教训中吸取营养，不会一错再错。

【原文】

孟子曰："无罪而杀士，则大夫可以去；无罪而戮民，则士可以徙。"

【解读】

士人，就是读书人，大夫，是比士人更高一个层级，拥有自己土地的领主或者官员。如果君主不能善待读书人，读书人就会离去；如果君主不能善待自己的子民，那么子民也会离去。在春秋战国时期乃至任何时期，大夫、士人、民众，都是重要的人力资源，不能吸引他们留在国土之内，反而驱使他们离去，即使由于成本、边界或者武力禁制等各种原因，他们无法真正离去，但他们同统治者离心离德，这样的国家怎么可能是一个良善的国家呢？这样的国家怎么能够得到治理呢？

【原文】

孟子曰："中也养不中，才也养不才，故人乐有贤父兄也。如中也弃不中，才也弃不才，则贤不肖之相去，其间不能以寸。"

【解读】

孟子说："懂得中庸的人应该教导不懂得中庸的人，有本事的人应该教导没本事的人；因此人们乐意自己有贤能的父兄长辈（中也养不中，才也养不才，故人乐有贤父兄也）。要是懂得中庸的人抛弃不懂得中庸的人，有本事的人抛弃没本事的人，那么贤能和不贤能的人之间的距离，就不能用分寸来计量了（如中也弃不中，才也弃不才，则贤不肖之相去，其间不能以寸）。"

人与人之间，肯定存在差别，有的人聪明、能干、受教育程度高，对于这些人而言，独善其身并不符合儒家的伦理要求，他们有责任有义务教导带领落后的人。如果将智商视为一种先天的禀赋，那么这种禀赋在社会中不同人之间的分配肯定是不均衡的，即使社会中的各项制度是公正的，这种先天的智商上的差异也会导致人与人之间在财富和社会地位上的不平等。对于这种不平等,一种伦理观是从道德上加以接受,也无需采取任何政策措施来纠正这种不平等。这种伦理观念是西方社会私有产权制度的道德基础。另一种伦理观则是从道德上反对这种不平等,聪明能干的人不应将他们的智商视为理所当然,因此有责任和义务来帮助和救济弱势者。当然,这种责任和义务存在程度上的差异,既可以是伦理道德上的要求,也可以逐渐增大到运用国家强制力重新对财富进行分配。儒家的伦理道德观对此持一种温和适度的要求,符合儒家的中庸原则。

【原文】

孟子曰:"人有不为也,而后可以有为。"

【解读】

大千世界,漫漫人生,每个人能够做的事情都是有限的。所以,有所为,有所不为,选定目标,有所放弃,才能有所作为。子夏说:"虽小道,必有可现者焉;致远恐泥,是以君子不为也"(《论语·子张》)。脚踏实地,从小道小事做起,不要好高骛远,有所为,有所不为,才能逐步走向成功。

【原文】

孟子曰:"大人者,言不必信,行不必果,惟义所在。"
孟子曰:"大人者,不失其赤子之心者也。"

【解读】

孟子说:"对于成年人或者上位者而言,说话不必守信,行为不必有结果;关键要看是不是符合道义(大人者,言不必信,行不必果,惟义所在)。"

大人,不仅仅是成年人,更应该被理解为上位者、执政者、君主。通常我们认为,越是大人,越应该"言必信,行必果",这正是负责诚信的表现和要求。然而,孟子和孔子恰恰都反对这种行为。孔子在《论语·子路》中也说过"言必信,行必果,任任然小人哉",顽固不化地坚持言必信,行必果,就是小人啊!

这充分反映了儒家思想的务实与圆通。对于一个成年人或者上位者而言,在通常情况或者普通问题上,应该做到"言必信,行必果",但是,人不是机器,现实情况也往往千差万别,原先承诺的话,如果条件和背景发生了巨大的变化,还需不需要遵守呢? 孔子和孟子的回答都是不需要,但应当符合仁义的原则(惟义所在)。这种灵活权变,绝对不是失信的借口,而是需要拷问自己的内心,用诚意正心来加以保证,检验自己看似失信的言行,是否符合仁义的要求。

成年人和上位者,都不应该失去天真无邪的童心(大人者,不失其赤子之心者也)。孔孟时期的早期哲学家,都喜欢用比喻的方式来阐述道理,这种比喻有很强的说服力,但同时也缺乏准确性并容易产生误解,因此也往往招致断章取义或被喜钻牛角之人批评。大人为什么要保持天真无邪的童心呢? 成熟不就意味着去掉童心,培养圆通事故的大人之心吗? 其实,在儒家和道家看来,经过世事历练的圆通世故的大人之心,既不符合仁义礼智信的儒家原则,也不符合清静无为的道家原则。圆通世故的大人的行为,往往是鼠目寸光,因小失大。儿童,由于没有经过现实肮脏世界的污染,他们的童心反而能够保持仁义的萌芽,这种仁义所追求的,不是蝇头小利,恰恰是长远根本的大利,只不过那些未经教化或者被利欲熏心的人认识不到而已。

【原文】

孟子曰:"君子深造之以道,欲其自得之也。自得之,则居之安;居之安,则资之深;资之深,则取之左右逢其原,故君子欲其自得之也。"

孟子曰:"博学而详说之,将以反说约也。"

【解读】

孟子在此论述的是学习的方法。他说:"君子在任何一件事情上想要获得很深的造诣,在这件事上一定要有自己的心得(君子深造之以道,欲其自得之也)。有了心得,在处理应对这件事时就非常安稳(自得之,则居之安)。处理得非常安稳,也就非常娴熟(居之安,则资之深)。处理得娴熟,就可以做到左右逢源,怎样做都不会出错。因此,君子对事情一定要有自己的心得(资之深,则取之左右逢其原,故君子欲其自得之也)。"

做任何事情都是有方法有规律的,掌握了做事的方法和规律,就会左右逢源,毫不费力。一般的技艺性工作如此,例如厨师、运动员、手工业者等,治理国家同样如此。在儒家看来,治理国家的技艺,就是仁义。当然,仁义应该是根本,还应辅之以权变。

当一个人充分掌握了某项技能及其学问,有了自己的心得之后,他是能够洋洋洒洒地阐明这项事情的道理的(博学而详说之),但是,如果有必要,简约地说明事情的道理也是很好的(将以反说约也)。

在现实中,大多数博学多才的人,或者身居高位的人,他们对事物有着深刻的理解,既可以洋洋洒洒地说上半天,也可以言简意赅地说明道理。而且,能够用简单的语言把道理讲清楚,更加体现一个人的水平。

【原文】

孟子曰:"以善服人者,未有能服人者也;以善养人,然后能服天下。天下不心服而王者,未之有也。"

【解读】

孟子说:"用善良是无法使人们服从的(以善服人者,未有能服人者也);应该用善良去培养教导人们,才能使天下的人都服从(以善养人,然后能服天下)。没有让天下的人心悦诚服,而能统一天下,这是不可能的事(天下不心服而王者,未之有也)。"

儒家讲仁义、讲善良,有时人们也会批评儒家的迂腐和无力。但是,这其实误解了儒家。孟子自己充分认识到善良的局限和作用。当善良的人面对一群虎狼之师时,想用善良去让他们心服,那是不可能的。只有用善良去培养人们,让越来越多的人认识到善良的力量而成为善良的人,善良才会成为强大的力量。当一群善良的人面对一群邪恶的人,在双方的人数、技术、武器装备等方面基本匹敌的前提下,善良的人必然能够团结一心,邪恶的人必然内部分裂,因此在其他条件基本相同的前提下,善良必然战胜邪恶。就这一群邪恶的人而言,如果他们内部没有善良和诚信,也难以实现长期稳定的合作。依靠武力和欺骗不可能长久可持续地治理任何一个组织,只有依靠善良、诚信和合作,才能实现组织的治理。

【原文】

孟子曰:"人之所以异于禽于兽者几希,庶民去之,君子存之。舜明于庶物,察于人伦,由仁义行,非行仁义也。"

【解读】

孟子说:"人与禽兽的不同,其实只有一点点(人之所以异于禽于兽者几希)。如果不知道这一点点差异的话,普通人就同禽兽没有区别了。君子知道这一点点的差别,所以他们才成为人。舜明白人情世故,洞察道义人伦。他的行为,是从仁义那里积极主动地生发出来的,而不是被动地虚伪地假装仁义(由仁义行,非行仁义也)。"

人也是动物,人在很多方面都与动物无异,例如,吃饭、睡觉、斗争、繁衍等,但人与动物最大的不同,或者略微一点点的不同,就在于人有人伦,也就是做事情的行为规范(最新的生物社会学发现,生物中也有行为规范,如蚁群、狮群,这些行为规范维系了动物社群的可持续)[1]。如果不遵守这些行为规范,那么人与动物也就没有区别了。那些由于缺乏教化而不知晓这些人伦的人,就和动物没有区别,那些明知故犯的人,就更是人中的禽兽。孟子特别强调了仁义和人的同一性和不可分离性。人的行为,是在仁义的驱使下自然而然的行为,而不能是因为各种其他因素而被迫产生的功利性行为,例如面子、压力或者宣传的需要,等等(由仁义行,非行仁义也)。如果是由外在的压力而不得不行仁义之事,那么一旦当这种压力减弱或消失,人又会变成禽兽。这就是儒家强调教育与慎独的重要性,要把仁义,内化到人的内心最深处,成为

---

① 爱德华·奥斯本·威尔森:《社会生物学:新的综合》,毛盛贤等译,北京理工大学出版社 2008 年版。

一种人的自然而然的行为。在任何时候,都不违背仁义。

【原文】

孟子曰:"可以取,可以无取,取,伤廉;可以与,可以无与,与,伤惠;可以死,可以无死,死,伤勇。"

【解读】

孟子说:"可以拿取,可以不拿取,选择拿取了就可能损伤廉洁;可以给予,可以不给予,选择给予就可能损伤恩惠;可以死,可以不死,选择死就可能损伤勇气。"

人的行为,当政者的行为,都会面临不同的选择。很多时候,只要追问自己的内心,就知道什么是正确的选择。但是,正确的选择看似简单,但人性的缺点和贪欲的诱惑往往使得在实际中人们难以做出正确的选择。孟子在此给出了几种选择:第一种是对于那些可以拿可以不拿的利益,拿了,会伤害自己的廉洁。第二种是可以给予别人,也可以不给别人的一些恩惠,给予别人,有可能会伤害真正的恩惠。因为儒家强调的是,君子之交淡如水,小恩小惠更多的是一种私利,而非公义。第三种是可以选择死,也可以选择不死,选择死,可能损伤勇气。通常我们认为,慷慨赴死是最难的选择,但有的时候,选择坚持下来继续奋斗可能比引刀成一快更加艰难,儒家强调的勇,不是一时的血气之勇,而是天下为公的大勇。

【原文】

孟子曰:"君子所以异于人者,以其存心也。君子以仁存心,以礼存心。仁者爱人,有礼者敬人。爱人者人恒爱之,敬人者人恒敬之。

有人于此,其待我以横逆,则君子必自反也:我必不仁也,必无礼也,此物奚宜至哉? 其自反而仁矣,自反而有礼矣,其横逆由是也,君子必自反也:我必不忠。自反而忠矣,其横逆由是也,君子曰:'此亦妄人也已矣。如此则与禽兽奚择哉? 于禽兽又何难焉?'

是故，君子有终身之忧，无一朝之患也。乃若所忧则有之：舜人也，我亦人也。舜为法于天下，可传于后世，我由未免为乡人也，是则可忧也。忧之如何？如舜而已矣。

若夫君子所患则亡矣。非仁无为也，非礼无行也。如有一朝之患，则君子不患矣。”

【解读】

孟子说，君子之所以不同于普通人，是因为他们的心思不一样。君子的心思追求的是仁义和礼仪（君子以仁存心，以礼存心）。仁义之人关爱他人，有礼之人尊敬他人，能爱别人的人，别人也永远爱他；能尊敬别人的人，别人也永远尊敬他（爱人者人恒爱之，敬人者人恒敬之）。如果有人对君子蛮横，那么君子就要自我反省：我对他是不是有爱心不够的地方，是不是有无礼的地方，否则他怎么会这样对待我呢（有人于此，其待我以横逆，则君子必自反也：我必不仁也，必无礼也，此物奚宜至哉）？反省之后，并且给予对方仁爱和礼仪之后，对方还是蛮横如故，那么君子还要继续自我反省：我对他是不是有不忠的地方（其自反而仁矣，自反而有礼矣，其横逆由是也，君子必自反也：我必不忠）。自我反省并且做到忠诚之后，那人依然蛮横而不顺从。君子这才下结论说：他是个狂妄无知之人，这样的人，跟禽兽有什么区别呢？对禽兽又有什么可责难的呢（此亦妄人也已矣。如此则与禽兽奚择哉？于禽兽又何难焉）？因此，君子有长期的忧虑，但却没有短时的后患（君子有终身之忧，无一朝之患也）。他的忧虑是：舜是人，我也是人。舜为天下作了榜样，名传后世，而我却还只是个普通的乡下人，这才值得忧虑。忧虑又怎么办呢？像舜一样做就是了（忧之如何？如舜而已矣）。之所以说君子无一朝之患，是因为君子不会去做不仁义的事，不做不符合礼仪的事（非仁无为也，非礼无行也）。如果这些都做到了，还是有后患发生，那么君子也不用担心。

人与人，既有差异，也有共性。差异之处在于每个人都可能有不同的遗传基因和兴趣爱好，共性之处则在于每个人都希望被尊重、被关心、被信任、被忠诚。因此，爱人者人恒爱之，敬人者人恒敬之。这是一种平等的原则，也是儒家所提倡的"己所不欲,勿施于人"。要求别人关爱自己,但自己又不关爱别人,只有在等级制的社会中才有可能存在。而且,君子要善于反省,勇于反省,别人为什么对自己不好,是不是因为自己先对别人不好。在再三确认自己确实没有任何问题之后,才能判断对方是不是无礼。无礼之人,就是没有受过教育的人,与禽兽无异,这样的人也不用去和他计较了。只要君子做到了仁义,他也就没有什么可以担忧的。这里的仁义,其实包括一切优良品质,例如勤奋、勇敢、忠诚。我们要学习的是舜身上的那些优良品质,倒未必一定要成为大官、大款、大人,每一个人、每一种职业,都可以做到极致,人人皆可以为圣贤。只要自己努力做更好的自己,也就没有什么可以担忧的。

【原文】

禹、稷当平世,三过其门而不入,孔子贤之。颜子当乱世,居于陋巷。一箪食,一瓢饮。人不堪其忧,颜子不改其乐,孔子贤之。

孟子曰:"禹、稷、颜回同道。禹思天下有溺者,由己溺之也;稷思天下有饥者,由己饥之也,是以如是其急也。禹、稷、颜子易地则皆然。今有同室之人斗者,救之,虽被发缨冠而救之,可也。乡邻有斗者,被发缨冠而往救之,则惑也,虽闭户可也。"

【解读】

大禹、后稷生活在太平之世,多次路过自己的家门却没有进去,孔子称赞他们贤德(禹、稷当平世,三过其门而不入,孔子贤之)。颜渊生活在乱世,居住在简陋巷子,一碗饭,一瓢水,人们都不堪忍受那种贫苦的生活,颜渊却不改变他乐观的心态,孔子也称赞他贤德。孟子说:"大禹、后稷、颜渊选择的是同样的人生道路(禹、稷、颜回同道)。大禹想到天下有遭受水患的人,就像自己也被水淹一样。后稷想到天下有挨饿的人,就像自己也挨饿一样。他们都是急人之所急。大禹、后稷、颜回换一下位置,他们都会做同样的事(禹、稷、颜子易地则皆然)。现在,如果有同室的人相互打斗,即使来不及穿衣戴帽,披头散发地去解救他们,也是可以的。但是,如果邻居相互打斗,我们不穿衣戴帽,披头散发地去解救他们,这样就不行了,关门不去管他们也是可以的。"

　　儒家的仁义和礼仪是指导人们行事的原则,在不同的时代背景下,仁义的具体行为可以有差异,但仁义的原则是相同的。因此,孟子认为,大禹、后稷和颜回,他们有的身处治世,有的身处乱世,但他们都是仁义之士,如果互换位置,他们的选择和行为也是相似的。因此,不论处于顺境逆境或者富裕贫困,人们都应该按照仁义的原则去行事。有人在顺境或者富裕的环境中能够有所成就,但有可能被突如其来的逆境或者贫困所击倒;也有人可能在逆境或者贫困中勇于奋斗,但在顺境或财富面前反而失败。儒家的修身,在任何时候任何情境都不应该停止。

　　孟子最后举的例子,倒有些让人费解。同室之人争斗,我们即使顾不上穿衣戴帽等礼仪,也要去解救,这是符合仁义的原则的。但同村相邻的人争斗,我们就不能不顾礼仪,不穿衣戴帽而去解救,关门不出也是可以的。他的意思也许是,做任何事情,都应该符合礼仪的要求,劝架也有劝架的方法和礼仪。自己衣冠不整而去劝架,如果在自己的房间,情况紧急,也是可以的,但如果在大庭广众之下,似乎也不能取得好的效果。

【原文】

　　曾子居武城,有越寇。或曰:"寇至,盍去诸?"

　　曰:"无寓人于我室,毁伤其薪木。"寇退,则曰:"修我墙屋,我将反。"寇退,曾子反。

　　左右曰:"待先生,如此其忠且敬也。寇至则先去以为民望,寇退则反,殆于不可。"

　　沈犹行曰:"是非汝所知也。昔沈犹有负刍之祸,从先生者七十人,未有与焉。"

　　子思居于卫,有齐寇。或曰:"寇至,盍去诸?"子思曰:"如伋去,君谁与守?"

　　孟子曰:"曾子、子思同道。曾子,师也,父兄也;子思,臣也,微也。曾子、子思易地则皆然。"

【解读】

曾子住在武城时,有越国人侵犯。有人说:"有强盗来了,为什么还不赶紧逃离呢?"

曾子说:"不要让人住我的房子,不要毁坏了树木。"强盗退走后,曾子说:"修理一下我的墙屋,我将回去了。"曾子的学生们说:"人们平素对待您是何等忠诚和恭敬啊,强盗来了,您却先行离开,还说这是人们所希望的;强盗退走,您就返回来,好像没事一样,这好像不大妥当吧?"

沈犹行说:"这不是你们所了解的。从前我曾遭遇过负刍之祸,跟随老师的七十个人全都躲避开了。"

子思居住在卫国,有齐国的强盗来进犯。有人说:"强盗来了,为什么不赶紧逃离呢?"子思说:"如果我孔伋走了,谁来保卫国君呢?"

孟子说:"曾子、子思的做法其实是一致的。曾子,当时是老师,相当于父兄;子思,当时是卫国国君的臣子,是小官。曾子、子思互换位置也会这样做(曾子、子思同道。曾子,师也,父兄也;子思,臣也,微也。曾子、子思易地则皆然)。"

孟子在此以两个看似矛盾的例子,来解释在不同情况下,坚持仁义原则的不同做法。都是强盗来袭,为什么曾子先行躲避,而子思却坚守不退呢?而且他们的这两种截然相反的做法却是一样的(曾子、子思同道)。原因在于,曾子是老师,相当于父兄,在面临危险时,是应当优先受到保护的,但是,这种优先保护是在通常情况下的优先,并不意味着他能够在危难时刻抛弃学生和子民,相反,在真正面临生死存亡的时刻,他应该挺身而出,保护学生和子民。曾子的案例,似乎还没有到生死存亡的危急时刻,因为强盗来了又退走,曾子和他的学生们还有充分的准备和防御的时间。当然,在对待危急、抛弃、挺身而出的定义和程度上,不同人还是会存在不同的理解和界定。这时就需要诚意正心,自己对自己的拷问和反省。在子思的案例中,子思是君主的臣子,他的责任和义务,是保卫国君和子民,因此,他必须坚守阵地,不能先行逃离。仁义的原则,需要根据具体的情境和时空背景,灵活加以应用。

在现代社会出现的具体案例,也同孟子的这两个案例有诸多相似以及不同之处。第一个案例是 1994 年 12 月 8 日的新疆克拉玛依市大火。当天,市教育局在友谊馆剧场举办欢迎上级领导的专场文艺演出。演出中舞台纱幕被烤燃引起火灾。在危急之中,克拉玛依市教育局的官员命令学生:"大家都坐下,不要动,让领导先走。"就这样坐在最前排的领导们撤到最后面唯一能逃生的安全门"先走",最终这场大火吞噬了 320 多个生命,其中 288 个是中小学生和他们的老师,"让领导先走"由此成为一个被社会广为唾弃的说法。

这个案例,看似和曾子的案例相似,但是,如果仔细考察,也会发现细微不同。首先,"领导先走"背后隐藏着的道德原则是领导获得某些优先的权利或者待遇。在儒家看来,领导、执政者、师长等作为上位者,他们确实可以拥有某些优先的权利或者待遇,原则上并没有错,但是,在具体的情境中,这些权利和待遇需要加以具体的讨论,而不能无限推广。火灾中,面临危险的是中小学生、教师、官员。在现代社会,中小学生作为未成年人,在面临危险时受到保护的优先程度,应该高于作为成年人的官员。其次,火灾中人们面临的危险更大。如果这次火灾没有造成严重的死伤,那么"让领导先走"这句话及其背后的道德原则可能也不会面临如此大的批评甚至厌恶。但从事后来看,这次火灾异常猛烈,在这种情况下,儒家的道德原则应当是领导挺身而出,保护自己的子民,让教师和学生先行撤退。最后,对于火灾这类突发事件,更合理的道德原则应当是迅速逃生原则,也就是谁距离逃生出口越近,谁优先逃出,而不是适用于其他社会情境的长幼尊卑原则。在仓促中喊出"让领导先走"这句话的教育局官员不假思索地将用于其他社会情境的道德原则运用于火场逃生,因此受到广泛的批评。

另一个例子是 2008 年 5 月 12 日汶川大地震的范跑跑事件。地震发生时,四川都江堰光亚学校的范美忠老师正在上语文课,他意识到地震发生后,没有组织学生逃生,而是第一个冲出教室。5 月 22 日,他在天涯论坛写下了《那一刻地动山摇——"5·12"汶川地震亲历记》。文章写道:

"我是一个追求自由和公正的人,却不是先人后己勇于牺牲自我的人!在这种生死抉择的瞬间,只有为了我的女儿我才可能考虑牺牲自我,其他的人,哪怕是我的母亲,在这种情况下我也不会管的。因为成年人我抱不动,间不容发之际逃出一个是一个,如果过于危险,我跟你们一起死亡没有意义;如果没有危险,我不管你们你们也没有危险,何况你们是十七八岁的人了!"①

他的行为和观点在网络上引起了广泛的争论,批评者铺天盖地,但也不乏同情者和支持者。其实,作为一名教师,是对自己的课堂和学生负有责任和义务的,这种责任和义务包括正常的教学,也应该包括在地震这类突发事件发生时组织和保护学生,但是否包括献出自己的生命以保护学生,不同的人可能会有不同的回答。根据儒家己所不欲勿施于人的原则,如果范美忠老师的女儿在另一位 A 老师的课堂上上课时,也恰巧发生同样的地震,范美忠老师如果能够认同 A 老师不顾学生跑路的行为,那么他就可以为自己的行为进行道德辩护。同样,我们每个人都可以做这样的假设,如果我认同范美忠的行为,那么就意味着我的孩子在另一个老师的课堂上上课而发生地震时,那位老师可以先行逃离。相反,如果我反对范美忠的行为,那就意味着,如果我是一名老师,在上课时发生地震,我不能不顾学生而先行逃离。这一情景置换可以解决个人在面临地震时的道德困境,但由于不同个人在此会有不同的道德选择,个人不能将自己的道德原则强加于别人,因此,在建立一个适用于全体社会成员的道德原则时,就还需要进行集体协商并达成共识。

【原文】

储子曰:"王使人瞷夫子,果有以异于人乎?"孟子曰:"何以异于人哉?尧舜与人同耳。"

【解读】

储子说:"齐王派人来观察夫子您,看您是否异于常人。"孟子说:"有什么异于常人的呢,尧舜和人都是一样的(尧舜与人同耳)。"

---

① 范美忠:《那一刻地动山摇》,http://blog.sina.com.cn/s/blog_52ee4aef01009gfg.html,2018年7月6日。

　　人与人的差异,不仅在于身高相貌,更在于人的心性。如果我们都能够养成尧舜的心性,那么我们也就能够成为尧舜了。这就是儒家所谓的,人人皆可为尧舜,人人皆可为圣贤,当然这是就一个人的潜质而言的,并非每个人现在就是尧舜。尽管我们通常说不能以貌取人,尧舜的相貌、圣贤的相貌、孔孟的相貌,可能与常人无异,但是,他们的气质或气场可能与常人大不相同,这种气质或气场,是一个人的学识、智慧、经验以及心性的外在反映。晚清著名政治家、理学家曾国藩善于识人用人,他写的《冰鉴》一书,从神骨、刚柔、容貌、情态、须眉、声音、气色等方面讲述了他识人用人的方法和理念。① 从气质或气场上而言,人与人、圣贤和普通人,确实是大不一样。但我们每个人,都可以通过学习和锻炼,培养自己的气质。

【原文】

　　齐人有一妻一妾而处室者,其良人出,则必餍酒肉而后反。其妻问所与饮食者,则尽富贵也。其妻告其妾曰:"良人出,则必餍酒肉而后反;问其与饮食者,尽富贵也,而未尝有显者来,吾将瞷良人之所之也。"蚤起,施从良人之所之,遍国中无与立谈者。卒之东郭墦闲,之祭者,乞其余;不足,又顾而之他,此其为餍足之道也。其妻归,告其妾曰:"良人者,所仰望而终身也。今若此。"与其妾讪其良人,而相泣于中庭。而良人未之知也,施施从外来,骄其妻妾。

　　由君子观之,则人之所以求富贵利达者,其妻妾不羞也,而不相泣者,几希矣。

【解读】

　　齐国有一个人,家中有一妻一妾,她们的丈夫出外,一定是酒足饭饱才回来(其良人出,则必餍酒肉而后反)。他妻子问他跟谁在一起吃喝,他说全是富贵人物。他的妻子告诉妾说:"丈夫每次外出,都是酒足饭饱才回家,问他

---

　　① 曾国藩:《冰鉴·挺经》,中华书局2014年版。也有学者认为《冰鉴》并非曾国藩所做。笔者以为,尽管《冰鉴》提出的识人用人的原则可行,但还是类似于相术,并非严谨的科学著作。

跟谁吃喝,他说全是富贵人物,但家里从来没有显赫的人来过,我要去偷看丈夫所去的地方。"次日清早起床,她偷偷地跟着丈夫到他所到的地方,遍城的人没有一个站立着跟她的丈夫交谈。后来到了东郊的坟场里,丈夫便走到祭扫坟墓者那里乞讨剩下的酒肉;吃不饱,又四处张望转向别家乞讨。这就是他酒足饭饱的办法。妻子回来后,告诉妾,说:"所谓的丈夫,是我们仰望为终身的依靠,如今竟然是这样"(良人者,所仰望而终身也,今若此)。妻子与妾一起讥讪丈夫,并在庭院中相对哭泣,而她们的丈夫还不知道,得意扬扬地从外面回来,在妻妾面前夸耀。

在君子看来,那些追求富贵腾达的人,他们的妻妾不感到羞耻也不在庭院中相对哭泣的,真是太少了(由君子观之,则人之所以求富贵利达者,其妻妾不羞也,而不相泣者,几希矣)。

孟子在此讲述了一则辛辣讽刺、同时也发人深省的寓言。孟子为我们勾画了一个内心卑鄙下贱、外表却趾高气扬、不可一世的形象。他为了在妻妾面前摆阔气,抖威风,自吹每天都有达官贵人请他吃喝,实际上却每天根本无人与他说话,只能在坟地里吃别人祭祀后剩下的食物。妻妾发现了他的秘密后痛苦不堪,而他却并不知道事情已经败露,还在妻妾面前得意扬扬。炫耀的心态,常人或多或少都会有,炫耀意味着表里不一,意味着说谎,如果不太严重,倒也无可厚非。但如果是过度的炫耀,不以为耻,反以为荣,就实在有些悲哀。

孟子其实还描述了另外一种更可怕的情况,那些为富不仁之人,他们的财富其实源于欺骗和罪恶,他们不是炫耀,而是真心实意地认为自己的财富来的理所当然、光明正大,他自己和他的家人,甚至整个社会,都认为如此,都不为此感到羞愧,这一类人,反倒成为社会的楷模。这样的社会,就非常可怕了。

【原文】

万章问曰:"象日以杀舜为事,立为天子,则放之,何也?"孟子曰:"封之也,或曰放焉。"

万章曰:"舜流共工于幽州,放驩兜于崇山,杀三苗于三危,殛鲧于羽山,四罪而天下咸服,诛不仁也。象至不仁,封之有庳。有庳之人奚罪焉?仁人固如是乎？在他人则诛之,在弟则封之。"

曰:"仁人之于弟也,不藏怒焉,不宿怨焉,亲爱之而已矣。亲之欲其贵也,爱之欲其富也。封之有庳,富贵之也。身为天子,弟为匹夫,可谓亲爱之乎?"

"敢问或曰放者,何谓也?"

曰:"象不得有为于其国,天子使吏治其国,而纳其贡税焉,故谓之放,岂得暴彼民哉? 虽然,欲常常而见之,故源源而来。'不及贡,以政接于有庳',此之谓也。"

【解读】

万章问:"象每天都想着要杀害舜,舜被拥立为天子后只是将他流放,这是为什么呢?"孟子说:"这是封他为诸侯,有人说是流放。"

万章说:"舜流放共工到幽州,发配驩兜到崇山,驱赶三苗到三危,诛杀鲧于羽山。惩处这四个罪犯而天下归服,这是惩办不仁者。象是个很不仁的人,然而却封到有庳。有庳的人民难道有罪吗? 仁人难道应该这样做:对外人严加惩处,对弟弟则封赏国土?"

孟子说:"仁人对于弟弟,不隐藏心中的愤怒,也不留下怨恨,只是亲他爱他而已(仁人之于弟也,不藏怒焉,不宿怨焉,亲爱之而已矣)。亲近他,是想要他尊贵;爱护他,是想要他富裕。封他到有庳国,正是要使他尊贵和富裕。本身是天子,弟弟却是平民,能够称之为亲近和爱护吗?"

万章说:"那又冒昧地请问,有人说这是流放,这是什么意思呢?"

孟子说:"虽然把象封在有庳,但象不能够直接管理国家,舜派官员管理国家而把收的税给象使用,所以称之为流放。怎么能让他残暴地对待老百姓呢? 虽然如此,如果想经常见面,还可以经常往来。所谓'不一定要等到朝贡,就因政务需要而加强与有庳国的联系(不及贡,以政接于有庳)。'说的就是这件事。"

万章在此问的,是当政者如何处理自己的亲属,甚至是犯罪亲属的问题。这是一个尖锐的问题,也是一个现代社会也要面对和处理的问题。舜的弟弟象,心性残暴,几次欲谋害舜,但毕竟没有造成杀人事实,因而没有给他定罪。舜在当时采取的行为,是让他到偏僻的有庳国当一个名誉上的诸侯,没有实际权力。这一点,在现在看来,还是过于优厚,但在当时,可能已经属于比较严厉的惩罚了。孟子的观点,在此也值得商榷,"身为天子,弟为匹夫,可谓亲爱之乎"? 在孟子看来,哥哥是天子,弟弟是平民,这似乎不够亲爱。但以现代的观点来看,这实属正常,公私应该分明。当然,我们还是应该回到孟子所处的时代,设身处地地思考他的情境。

【原文】

万章曰:"尧以天下与舜,有诸?"孟子曰:"否。天子不能以天下与人。"

"然则舜有天下也,孰与之?"曰:"天与之。"

"天与之者,谆谆然命之乎?"曰:"否。天不言,以行与事示之而已矣。"

曰:"以行与事示之者如之何?"曰:"天子能荐人于天,不能使天与之天下;诸侯能荐人于天子,不能使天子与之诸侯;大夫能荐人于诸侯,不能使诸侯与之大夫。昔者尧荐舜于天而天受之,暴之于民而民受之,故曰:天不言,以行与事示之而已矣。"

曰:"敢问荐之于天而天受之,暴之于民而民受之,如何?"

曰:"使之主祭而百神享之,是天受之;使之主事而事治,百姓安之,是民受之也。天与之,人与之,故曰:天子不能以天下与人。舜相尧二十有八载,非人之所能为也,天也。尧崩,三年之丧毕,舜避尧之子于南河之南。天下诸侯朝觐者,不之尧之子而之舜;讼狱者,不之尧之子而之舜;讴歌者,不讴歌尧之子而讴歌舜,故曰天也。夫然后之中国,践天子位焉。而居尧之宫,逼尧之子,是篡也,非天与也。太誓曰:'天视自我民视,天听自我民听',此之谓也。"

【解读】

万章问:"尧把天下交给舜,有这回事吗?"(尧以天下与舜,有诸)

孟子说:"不,天子不能把天下交给他人。"(否。天子不能以天下与人)

万章说:"那么舜得到天下,是谁给他的呢?"(然则舜有天下也,孰与之)

孟子说:"是上天给他的。"（天与之）

万章说:"上天把天下交给他,是谆谆教导命令他的吗?"（天与之者,谆谆然命之乎）

孟子说:"不,上天不说话,是用行为和事实来示意而已（天不言,以行与事示之而已矣）。"

万章说:"用行为和事实来示意,是什么意思呢?"

孟子说:"天子能向上天推荐某人,却不能叫天把天下交给某人;诸侯能向天子推荐某人,却不能叫天子让他做诸侯;大夫能向诸侯推荐某人,却不能叫诸侯让他做大夫。从前,尧将舜推荐给天,天接受了;又将他公开向老百姓介绍,老百姓接受了;所以说,上天不说话,只是用行为和事实来示意而已。"

万章说:"冒昧地请问,向上天推荐,而上天接受了;向老百姓介绍,老百姓也接受了,这是什么意思?"

孟子说:"尧派舜主持祭祀仪式,一切神灵都来享用,这是上天接受了;派舜主持政事,而政事治理得井井有条,老百姓都安居乐业,这就是民众接受了。是上天把天下交给舜,是人民把天下交给舜,所以说,天子不能把天下交给他人。舜辅佐尧二十八年,这不是单凭人力就能做到的,这有上天的力量。尧去世后,三年服丧结束后,舜避开尧的儿子直到南河之南,天下诸侯朝拜天子,不去见尧的儿子而去拜见舜;打官司的人,不去见尧的儿子而去拜见舜;歌颂的人,不歌颂尧的儿子而歌颂舜,所以说,这是天意。这之后舜才回到中原,继承天子之位。如果居住尧的宫殿,逼迫尧的儿子,就是篡夺,而不是上天给的了。《尚书·泰誓》上说:'上天所看见的来自于人民所看见的,上天所听见的来自于人民所听见的（天视自我民视,天听自我民听）。'说的就是这个意思。"

在此,万章和孟子在讨论一个本源性的政治或公共治理问题,天下究竟是谁的天下? 天下的产权究竟属于谁? 政治权力的来源和归属在哪里? 我们往往将传统封建社会的天下,看成是某姓皇帝的私人的家天下。但在这里,孟子明确反对这种观点。尧舜禹等天子在传位时,不是他们把天下给予继任者的,而是上天给予继任者的（天子不能以天下与人）。同样,诸侯、大夫都不能把某一块土地、某一方人民,作为私人礼物,送于某人,他们只能向上天推荐,由上天选定继任人选。然而,上天不说话,上天选择的人,要用他的行为和事实来显示他的天命或合法性所在。这种行为和事实就是得到人民的认可和拥护,即"天下诸侯朝觐者,不之尧之子而之舜;讼狱者,不之尧之子而之舜;讴歌者,不讴歌尧之子而讴歌舜"。天授和民授,主权在天和主权在民,得到了完美的统一,这也就是《尚书·太誓》中说的"天视自我民视,天听自我民听",天和民,是一致的。孟子的观点和18世纪启蒙运动以来主权在民的思想一致。只不过西方社会选择了选举的方式来体现民意,中国则通过民众的认同这种更加含蓄的方式来体现民意。如果当政者不能认识到这一点,不按照这一要求来组织政府,行使政权,那么就违背了政治和治理的规律,就会受到规律的惩罚。

【原文】

万章问曰:"人有言:'至于禹而德衰,不传于贤而传于子。'有诸?"

孟子曰:"否,不然也。天与贤,则与贤;天与子,则与子。昔者舜荐禹于天,十有七年,舜崩。三年之丧毕,禹避舜之子于阳城。天下之民从之,若尧崩之后,不从尧之子而从舜也。禹荐益于天,七年,禹崩。三年之丧毕,益避禹之子于箕山之阴。朝觐讼狱者不之益而之启,曰:'吾君之子也。'讴歌者不讴歌益而讴歌启,曰:'吾君之子也。'丹朱之不肖,舜之子亦不肖。舜之相尧,禹之相舜也,历年多,施泽于民久。启贤,能敬承继禹之道。益之相禹也,历年少,施泽于民未久。舜、禹、益相去久远,其子之贤不肖,皆天也,非人之所能为也。莫之为而为者,天也;莫之致而至者,命也。匹夫而有天下者,德必若舜禹,而又有天子荐之者,故仲尼不有天下。继世以有天下,天之所废,必若桀纣者也,故益、伊尹、周公不有天下。伊尹相汤以王于天下。汤崩,太丁未立,外丙二年,仲壬四年。太甲颠覆汤之典刑,伊尹放之于桐。三年,太甲悔过,自怨自艾,于桐处仁迁义;三年,以听伊尹之训己也,复归于亳。周公之不有天下,犹益之于夏,伊尹之于殷也。孔子曰:'唐虞禅,夏后、殷、周继,其义一也。'"

【解读】

万章问："听人说,到了禹的时候道德就衰微了,天下不传给贤人,而传给儿子,有这回事吗?"

孟子说："不对,不是这样的。上天想把天下传给贤人,就会传给贤人;上天想把天下传给儿子,就会传给儿子(天与贤,则与贤;天与子,则与子)。从前,舜推荐禹给上天,经过十七年,舜去世,服丧三年后,禹避开舜的儿子到了阳城,天下的老百姓都跟随着他,就像尧去世后不跟从尧的儿子而跟从舜一样。禹向上天推荐益,经过七年,禹去世,服丧三年后,益避开禹的儿子到了箕山的北面,朝见和打官司的人不到益那里去而到启那里去,他们说:'这是我们天子的儿子。'歌颂的人都不歌颂益而歌颂启,他们说:'这是我们天子的儿子。'尧的儿子丹朱不贤能,舜的儿子也不贤能。舜辅佐尧,禹辅佐舜,经历的岁月长,给百姓恩惠的时间也长。启很贤明,能恭敬地继承禹的道路,益辅佐禹,经历的岁月短,给予百姓恩惠的时间也短。舜、禹、益之间,相去久远,他们的儿子贤明或不贤明,都是天意,不是人的力量所能为的。凡事不是人力所能办到的却自然办到了,就是天意(莫之为而为者,天也)。不是人力所能招致的却自然来到了,就是命运(莫之致而至者,命也)。一个平民能拥有天下,品德修养必然像舜和禹一样,而且还要有天子的推荐,所以孔子就没能拥有天下(匹夫而有天下者,德必若舜禹,而又有天子荐之者,故仲尼不有天下)。继承祖先而拥有天下,但又被上天所废弃的,必然是像夏桀、商纣一样的人。所以益、伊尹、周公也没能拥有天下。伊尹辅佐商汤统一了天下,商汤去世,太丁也没有做天子,外丙继位两年,仲壬在位四年,太甲破坏了商汤的典章法律,伊尹就把他流放到桐这个地方。过了三年,太甲悔过认罪,自我反省,在桐学习仁爱,改变行为方式,三年中,他听从伊尹对自己的训导,于是又回到亳都当天子。周公之所以没能拥有天下,就和益在夏代、伊尹在商代一样。孔子说:'唐(尧)虞(舜)让贤,夏商周三代子孙继位相传,其意义都是一样的(唐虞禅,夏后、殷、周继,其义一也)。'"

孟子在此解释了为什么尧舜禹时代的禅让制会逐渐转变为世袭制的原

因。他认为,尽管在历史上存在这种转变,但其背后的原则并没有变,都是天命所归,即"天与贤,则与贤;天与子,则与子","唐虞禅,夏后、殷、周继,其义一也"。谁有仁义,谁就能获得民众的接受和认同,谁就能获得天命,获得治理天下的地位和权力。这种观点尽管从长远来讲,从原则上来讲,是正确的,执政者如果不能得到民众的认可和拥护,就必然垮台。但是,从短期来看,还是过于理想,过于简单。孟子和儒家往往认为某个当政者的仁义或者不仁义是一目了然的,民众的拥戴或者反对是显而易见的,但是,在现实中我们往往很难简单判断某个当政者是否仁义,民众也会分为不同的群体,很难判断谁代表了大多数,而且,即便得到大多数人认同的政府和政策是否就是真正良好的政府和政策,也是一个问题。

现代政治学认为,尧舜禹所处的时代是生产力低下的原始共产主义时代,禅让制是适用的,而大禹、夏启之后人类社会进入私有制和奴隶制时代,这时世袭制就更加适应社会发展的需要。这一解释就大的方面而言也基本成立,但还需要更加详细深入的人类学、考古学、历史学的证据。事实上,禅让制是否真正在历史上施行过,史学家也存在争议。尽管儒家经典如《尚书》《论语》《左传》《孟子》等对禅让有记载,但也多是只言片语。韩非子《说疑》则持否定观点,他认为事实是"舜逼尧,禹逼舜,汤放桀,武王伐纣,此四王者,人臣之弑其君者"。《山海经》记载尧之子丹朱一概称"帝丹朱",似乎肯定了尧传位于子的事实。《汲冢琐语》更有"舜放尧于平阳"的记载,足见其对禅让说的质疑。

简单地讲,世袭制相对于禅让制而言有它的优点:第一,符合基本的人性假设,绝大多数人对待自己子女的感情都会强于陌生人,当政者把权位或者财产传给自己的子女从感情上最容易接受,即使圣贤也很难例外。第二,简便易行,相对于从社会中选择继任者而言,当政者可以更加简单地长期培养、考察自己的子女。第三,在历史上更容易得到整个社会的接受和认同,具有合法性。在教育普遍缺乏、民众的知识和理性普遍低下的传统社会,执政者传位给自己的儿子,相对于传位给陌生人而言,更容易得到整个社会大众的支持和认同。即使在现代社会,财产领域的继承也是一种得到社会普遍认同的现象。

当然,从外部引入职业经理人,将封闭的家族企业转变为向社会公开的公开公司,则是一种更为先进的做法。在政治领域,由于知识和理性的进步,从全社会选择最优执政者,而不是家族世袭,逐渐成为绝大多数社会的政治共识,这样的社会,就是一个开放社会,而非家族世袭制下的封闭社会。

如果脱离社会实际,不切实际地盲目推行某种看似美好的制度,就是迂腐愚昧、沽名钓誉,甚至有可能给社会带来祸乱和动荡。燕王哙行禅让就是一例,此事见载于《战国策·燕策一》和《史记·燕召公世家》。事件的大致经过是,周慎靓王五年(公元前316),燕王哙将王位禅让给燕国宰相子之。燕相子之曾经改良燕国政治,干事坚决,受到燕王哙的信赖。燕王要求俸禄三百石以上的官员都将印信缴回,再由子之颁行。子之南面行王事,燕王哙反而称臣。燕王哙实施禅让,这在春秋战国期间是绝无仅有的事件。第二年,燕国大乱。将军市被和太子平结党聚众,谋划攻击子之。市被领兵围困子之的宫殿,双方相持数月,始终未能攻陷。黎民起而攻击太子平,杀死将军市被。这次内乱长达数月之久。周赧王元年(公元前314),子之终于平息内乱。内乱时期,中山国乘机袭击,攻占燕国数百里的土地和几十座城邑,燕国蒙受很大损失。齐国也乘燕内乱之际攻燕,杀燕王哙,擒子之。周赧王元年,赵送燕王哙的儿子职入燕为王,是为燕昭王。燕昭王招贤求士,乐毅、剧辛、苏秦等赴燕,复国。

燕王哙禅让给子之时,孟子正在齐国,他闻讯后表示强烈反对:"子哙不得与人燕,子之不得受燕于子哙"(《孟子·梁惠王下》),并敦促齐国攻打燕国。孟子的这一态度,符合他一贯的政治理念。在孟子看来,君王根本不能把权力给予继任者,因为这超出了他个人的权力范围。君王只能把继任者推荐给上天,上天才有权把统治权赋予某人。如果说确有尧、舜、禹三代禅让之事,那也是出自天意。那么,上天的意志又是怎样体现的呢? 孟子认为"荐之于天而天受之,暴之于民而民受之"。也就是说,"使之主祭而百神享之,是天受之;使之主事而事治,百姓安之,是民受之也。"因此,可以认为,燕王哙是把子之推荐给了上天,但上天并没有接受,因为他并没有维持住他的权力和统治。然而,由于缺乏可靠的"天受之""民受之"的标准,通过任何手段获得统治权力的当政者都可以自诩为"天受之""民受之",只要他能够在一段时间内维持住他的统治。因此,仁义作为一种抽象的原则,还需要细致的绩效标准来进行检验。

万章章句下

周室班爵禄

【原文】

北宫锜问曰:"周室班爵禄也,如之何?"

孟子曰:"其详不可得闻也。诸侯恶其害己也,而皆去其籍。然而轲也,尝闻其略也。天子一位,公一位,侯一位,伯一位,子、男同一位,凡五等也。君一位,卿一位,大夫一位,上士一位,中士一位,下士一位,凡六等。天子之制,地方千里,公侯皆方百里,伯七十里,子、男五十里,凡四等。不能五十里,不达于天子,附于诸侯,曰附庸。天子之卿受地视侯,大夫受地视伯,元士受地视子、男。大国地方百里,君十卿禄,卿禄四大夫,大夫倍上士,上士倍中士,中士倍下士,下士与庶人在官者同禄,禄足以代其耕也。次国地方七十里,君十卿禄,卿禄三大夫,大夫倍上士,上士倍中士,中士倍下士,下士与庶人在官者同禄,禄足以代其耕也。小国地方五十里,君十卿禄,卿禄二大夫,大夫倍上士,上士倍中士,中士倍下士,下士与庶人在官者同禄,禄足以代其耕也。耕者之所获,一夫百亩。百亩之粪,上农夫食九人,上次食八人,中食七人,中次食六人,下食五人。庶人在官者,其禄以是为差。"

【解读】

爵位和俸禄,是执政者治理天下的重要手段之一,也是礼仪的重要组成部分。周朝就是依靠这种礼仪制度,维持了它近800年的统治和治理。在此,孟子详细介绍了周朝的爵禄制度,天子以下,是公、侯、伯、子、男,共五级。在朝廷内部,是君、卿、大夫、上士、中士、下士,共六级。天子控制的地方,方圆千里,公侯的封地方圆百里,伯的封地方圆七十里,子、男爵的封地方圆五十里,共四级。不能达到方圆五十里的，不能直接与天子联系，只能附属于诸侯，叫做附庸。天子朝中的卿所受的封地视同为侯爵，大夫的封地视同为伯爵，元士的封地视同为子、男爵。

大的诸侯国方圆百里，国君的俸禄十倍于卿，卿的俸禄四倍于大夫，大夫的俸禄一倍于上士，上士一倍于中士，中士一倍于下士，下士与在官府服役的平民同样俸禄，俸禄足以代替他们耕种的收入。次一等的诸侯国方圆七十里，国君的俸禄十倍于卿，卿的俸禄三倍于大夫，大夫一倍于上士，上士一倍于中士，中士一倍于下士，下士与在官府服役的平民同样俸禄，俸禄足以代替他们耕种的收入。小的诸侯国方圆五十里，国君的俸禄十倍于卿，卿的俸禄二倍于大夫，大夫一倍于上士，上士一倍于中士，中士一倍于下士，下士与在官府服役的平民同样俸禄，俸禄足以代替他们耕种的收入。

耕种者的收入大概是这样，一个农夫有百亩地；百亩地都施肥耕作，上等的农夫可供养九人，稍次一点的可供养八人，中等的可供养七人，稍次一点的可供养六人，下等的可供养五人。平民在官府服役的，俸禄按这个来分等差。

在任何一个社会中都存在各种各样的社会规范，爵位、俸禄、礼仪，都是这些社会规范的不同表现形式。从现代的视角出发，周朝以及传统社会中的爵位和俸禄往往被批评为等级制，但是，这种等级并不应被简单地理解为不公平，它们对于社会的治理非常必要。在现代的社会、公司或政府中，也存在更加复杂的工资、薪酬、待遇上的等级和差异，这是组织与社会管理中的必然做法。当然，现代社会和传统社会的差异在于，现代公司、政府或社会可以被视为更加开放的组织，任何一个组织成员都可能通过自身努力而在组织中得到流动和升迁，传统社会则由于身份、家庭、血统上的限制而更加封闭。秦国商鞅变法实行的军功爵制，以及我国隋唐后实行的科举制，都是打破封闭社会、逐步创造开放社会的举措，也在实践中推动了国家和组织的强大。同时，社会规范也应当随着社会的演化而演化，如果不能做到这一点，这些规范就会显得过时而被变革或者抛弃，所以，春秋战国时期的礼崩乐坏，也不应被怀旧地理解为社会的败坏或堕落，而是社会的演化迫使社会规范随之发生演化的历史必然。

【原文】

万章问曰:"敢问交际何心也?"孟子曰:"恭也。"

曰:"却之却之为不恭,何哉?"曰:"尊者赐之,曰'其所取之者,义乎,不义乎',而后受之,以是为不恭,故弗却也。"

曰:"请无以辞却之,以心却之,曰'其取诸民之不义也',而以他辞无受,不可乎?"曰:"其交也以道,其接也以礼,斯孔子受之矣。"

万章曰:"今有御人于国门之外者,其交也以道,其馈也以礼,斯可受御与?"曰:"不可。康诰曰:'杀越人于货,闵不畏死,凡民罔不譈。'是不待教而诛者也。殷受夏,周受殷,所不辞也。于今为烈,如之何其受之?"

曰:"今之诸侯取之于民也,犹御也。苟善其礼际矣,斯君子受之,敢问何说也?"曰:"子以为有王者作,将比今之诸侯而诛之乎? 其教之不改而后诛之乎? 夫谓非其有而取之者盗也,充类至义之尽也。孔子之仕于鲁也,鲁人猎较,孔子亦猎较。猎较犹可,而况受其赐乎?"

曰:"然则孔子之仕也,非事道与?"曰:"事道也。"

"事道奚猎较也?"曰:"孔子先簿正祭器,不以四方之食供簿正。"曰:"奚不去也?"

曰:"为之兆也。兆足以行矣,而不行,而后去,是以未尝有所终三年淹也。孔子有见行可之仕,有际可之仕,有公养之仕也。于季桓子,见行可之仕也;于卫灵公,际可之仕也;于卫孝公,公养之仕也。"

【解读】

万章问:"请问与人交往,应该用怎样的心思?"

孟子说:"恭恭敬敬就行了。"

万章说:"一再拒绝别人的礼物就是不恭敬,为什么呢?"

孟子说:"如果尊贵的人赏赐给你礼物,你心里想:'他得到这个礼物的方法,是仁义的,还是不仁义的?' 考虑妥当了再接受,这是不恭敬的,所以还是不要拒绝。"

　　万章说："如果我们不在口头上拒绝,而只是在心里拒绝,心里说:'这个东西不是以仁义的方式取自于民众',用其他借口不接受,难道不可以吗?"

　　孟子说:"人与人交往有一定的方法,是否接受礼物也要遵循礼仪,这就是孔子也接受礼物的原因(其交也以道,其接也以礼,斯孔子受之矣)。"

　　万章说:"假如现在有个人,他正在与另一个国家的人交战。那个国家的国君送给他礼物,与他的交往符合礼仪,给他的馈赠也符合礼仪,这样可以接受对方的礼物吗(今有御人于国门之外者,其交也以道,其馈也以礼,斯可受御与)?"

　　孟子说:"不可以接受。《康诰》上说:'杀人而掠夺财物,强悍不怕死,这些行为所有人民都是憎恶的。'这种人不必教化就可以诛杀他。殷从夏接受这条规则,周又从殷接受这条规则,如今这种杀人越货的现象愈演愈烈,如何能接受这种馈赠呢?"

　　万章说:"如今诸侯们对百姓巧取豪夺,就和拦路抢劫一样,君子不接受他们的礼物(今之诸侯取之于民也,犹御也)。但是,如果诸侯以符合礼仪的方式给你馈赠礼物,君子又接受,请问这又是什么说法呢(苟善其礼际矣,斯君子受之,敢问何说也)?"

　　孟子说:"你以为有圣王兴起,就会对现在的诸侯们一律诛杀吗(子以为有王者作,将比今之诸侯而诛之乎)? 还是对这些诸侯经过教化仍不悔改,再去诛杀(其教之不改而后诛之乎)? 不属于自己的东西而去巧取豪夺的叫强盗,这只是将仁义类推到极致的说法而已(夫谓非其有而取之者盗也,充类至义之尽也)。孔子在鲁国当官的时候,鲁国人玩争夺猎物的游戏,孔子也参加玩这种游戏。争夺猎物尚且可以,何况接受他们的赏赐呢?"

　　万章说:"那么孔子之所以出仕,难道不是为了他的大道吗?"

　　孟子说:"他是为了他的大道。"

　　万章说:"为了大道,还要去争夺猎物吗?"

　　孟子说:"孔子先用文书籍册,端端正正摆放祭器,不用四方献来的食物供养文书籍册。"

　　万章说:"那么孔子为什么不离去呢?"

　　孟子说:"他是先尝试一下,尝试后可行,就推行。尝试后不可行,就离去,所以他没有在一个地方停留过三年(为之兆也。兆足以行矣,而不行,而后去,是以未尝有所终三年淹也)。孔子出仕的原因有很多,他有时是因为君主符合道义才出仕,有时是因为机会比较恰当而出仕,有时是因为国君养贤而出仕。对季桓子,是道可行才出仕,对卫灵公,是机会恰当才出仕,对卫孝公,是因为国君养贤才出仕。"

　　春秋战国时期,诸侯征战,各国君主拿出官位和俸禄招揽人才,包括孔孟在内的各派学者也争相出仕。万章认为,其实君主拿出来延揽人才的官位和俸禄就仿佛是送礼,而这些礼,都是君主从百姓那里巧取豪夺来的,和强盗抢来的没有什么区别。那么宣扬仁义的孔子和孟子为什么要接受这种肮脏的礼物呢?孟子对此的回答是:"子以为有王者作,将比今之诸侯而诛之乎?其教之不改而后诛之乎?夫谓非其有而取之者盗也,充类至义之尽也。"言下之意是,即使有仁者称王,但能够将这些犯下滔天罪行的诸侯都诛杀殆尽吗?还是对他们进行规劝教化后,如果不改再行诛杀呢?如果详细推演的话,只要是占有了本不属于他所有的东西的人,就是盗贼,因此,小偷是盗贼,诸侯也是盗贼。但是,为什么小偷的赃物就不应该接受,而诸侯的赃物就应该接受呢?孟子引用孔子的行为说,还是想先尝试一下,看看能否通过自己的努力,劝谏诸侯,改变诸侯,如果不行,再离去。所以,他没有在一个地方停留超过三年。从接受诸侯的俸禄而出仕来看,儒家是非常务实而入世的。与积极出仕、与虎狼共事相比,挂冠归隐、避居山林有时候更为容易。当然,出仕者也必须保证自己不被权势和利欲腐蚀,在一个有毒的环境中继续为民谋利,努力去改变这个有毒的环境,正是儒家的大智大勇。

【原文】

　　孟子曰:"仕非为贫也,而有时乎为贫;娶妻非为养也,而有时乎为养。为贫者,辞尊居卑,辞富居贫。辞尊居卑,辞富居贫,恶乎宜乎?抱关击柝。孔子尝为委吏矣,曰:'会计当而已矣'。尝为乘田矣,曰:'牛羊茁壮,长而已矣'。位卑而言高,罪也;立乎人之本朝,而道不行,耻也。"

　　(略)。

【解读】

孟子说:"出来做官并不是因为贫穷,但有时也是因为贫穷(仕非为贫也,而有时乎为贫)。娶妻并不是为了奉养父母,但有时也是为了奉养父母。如果是因为贫穷而做官,他的言辞可能高尚动听,但他的地位却低下贫贱(为贫者,辞尊居卑,辞富居贫)。这样难道合适吗? 这就是守关的人却去做打更的事(抱关击柝)。孔子曾经做过管理仓库的小官,他说:'把账算好就行了。'他也曾做过管理畜牧的小官,他说:'牛羊能茁壮成长就行了。'如果地位很低却去议论国事,是罪过。身在朝廷做官,而治国的大道不能实行,是耻辱。"(位卑而言高,罪也;立乎人之本朝,而道不行,耻也)

孟子在此想说的是,不在其位,不谋其政;在其位,则谋其政。孔子在做委吏时,就把委吏的工作做好,在做乘田时,就把乘田的工作做好。《论语·泰伯》中孔子也说过,"不在其位,不谋其政"。位卑而言高,就是一种罪过。而本身就立于朝堂之上的那些人,就应该推行大道,而不是去赚钱。也有人认为儒家的这种"不在其位,不谋其政"的观点向中国知识阶层灌输了一种苟且偷生的明哲保身哲学,阻碍了中国政治的发展。然而,任何一个职业,确实有其职业的操守和要求。任何一个国民作为公民,他都有议论和参与国家政治和政策的权利和义务,但是,这种议论和参与并不是不谋其政中的"谋",也不是他们的本职工作。政治家的职业要求和专业分工就是进行政治决策,这种政治决策才是"谋"。儒家的这种"不在其位,不谋其政"和位卑不该言高的专业分工的思想还是有其可取之处的。

【原文】

齐宣王问卿。孟子曰:"王何卿之问也?"

王曰:"卿不同乎?"曰:"不同。有贵戚之卿,有异姓之卿。"

王曰:"请问贵戚之卿。"曰:"君有大过则谏,反覆之而不听,则易位。"王勃然变乎色。

曰:"王勿异也。王问臣,臣不敢不以正对。"王色定,然后请问异姓之卿。

曰:"君有过则谏,反覆之而不听,则去。"

【解读】

任何人都会犯错,君主也不例外。大臣的职责,就是劝谏君主改正他们的错误。有两种大臣,第一种是王室宗族的卿大夫,他们与国君有亲缘关系,国君的祖先也就是他们的祖先,所以他们不能离去,也不能坐视政权的覆亡,所以,当国君有重大错误又不听劝谏时,就可以另立新君(君有大过则谏,反覆之而不听,则易位)。当然,这种另立新君的做法在历史上缺乏制度的保障,在实践上往往酿成宫廷内乱,还有可能引起旷日持久的战争。而政治的发展与进步,就在于建立一种和平有序的另立新君的政治制度。这一点在我国传统社会中一直都没有实现。

第二种大臣是异姓卿大夫,他们通常没有王室宗族卿大夫那么大的权力,也没有那么大的职责。所以,能劝谏就劝谏,不能劝谏就辞职而去(君有过则谏,反覆之而不听,则去)。这也是孔子"所谓大臣者,以道事君,不可则止"(《论语·先进》)。不过,"不听,则去",是不是过于消极呢? 为了天下苍生,是否有必要冒死进谏呢? 对于这一点,可能还是要视问题的严重程度吧。对于这种道德的底线,孔子、孟子,以及我们每一个不同的人,可能都有自己的道德判断。

总的来说,孔、孟都提倡臣有臣道,臣有臣的气节和人格,反对愚忠,反对一味顺从,这是有积极意义的。

告子章句上

性,犹杞柳也;义,犹桮棬也。以人性为仁义,犹以杞柳为桮棬

【原文】

告子曰:"性,犹杞柳也;义,犹桮棬也。以人性为仁义,犹以杞柳为桮棬。"

孟子曰："子能顺杞柳之性而以为桮棬乎？将戕贼杞柳而后以为桮棬也？如将戕贼杞柳而以为桮棬，则亦将戕贼人以为仁义与？率天下之人而祸仁义者，必子之言夫！"

【解读】

告子说："人性，好比是柳树（杞柳），仁义，好比是杯盘（桮棬，bēiquān，桮，通杯，棬，用树条编成的饮器）；使人性具有仁义，就好比是用柳树制成杯盘。"

孟子说："你是顺着杞柳的本性来做成杯盘呢？还是残害（戕贼，扭曲）它的本性来做成杯盘呢？假如说要扭曲杞柳的本性来做成杯盘，那么你也会伤害人的本性来使人具有仁义吗？带领天下人来祸害仁义的，必定是你这种言论（如将戕贼杞柳而以为桮棬，则亦将戕贼人以为仁义与？率天下之人而祸仁义者，必子之言夫）。"

告子是战国时期的哲学家，生平事迹不详。他曾与墨子辩论政治问题，与孟子辩论人性问题。告子持性无善恶的主张。他认为，人性就像是柳树一样，把它做成什么，它就是什么，社会道德的善恶属性是后天习得的。在先秦人性论中，把人性归结为自然本能的，还有老子、庄子和荀子。荀子认为人性本恶，必须用教育来改造。老子和庄子则认为，先天的人性合乎自然，用教育来改造就违反了自然。告子和他们不同，既不认为人性是恶的，也不反对用教育来改造。他着重说明道德并非天赋，而是后天人为的结果。他把人性比做杞柳，把道德比作杯盘，认为人性可以纳入道德规范中来，如同人们可以用杞柳来制作杯盘一样。

孟子坚持人性本善的观点，坚决反对告子的这种人性非善非恶的观点。人性究竟本善还是本恶，确实是一个重要的哲学问题，也是现实制度设计的起点。笔者认为，人性中，既有善的一面，如每个人都有同情之心、恻隐之心，也有恶的一面，如贪婪之心、嫉妒之心。人心惟危，道心惟微。我们应该通过学习和教育，控制人性中的恶，发扬人性中的善。

【原文】

告子曰："性犹湍水也，决诸东方则东流，决诸西方则西流。人性之无分于善不善也,犹水之无分于东西也。"

孟子曰:"水信无分于东西。无分于上下乎? 人性之善也,犹水之就下也。人无有不善,水无有不下。今夫水,搏而跃之,可使过颡;激而行之,可使在山。是岂水之性哉? 其势则然也。人之可使为不善,其性亦犹是也。"

【解读】

告子说:"人性就好比是水势急速的水流,在东边冲开缺口就向东流,在西边冲开缺口就向西流。所以人性没有善不善之分,就好比水没有流向东西方之分(人性之无分于善不善也,犹水之无分于东西也)。"

孟子说:"水流确实没有东流西流之分,但是没有上流下流之分吗? 人的本性是善良的,就好比是水向下流淌一样。人的本性没有不善良的,所以水的本性没有不向下流淌的(人性之善也,犹水之就下也。人无有不善,水无有不下)。如今的水,被击打就可以溅得很高,可以使它高过额头;堵塞水道使它倒行,就可以使它流上山岗。难道这是水的本性吗? 是形势使它这样的。人之所以可以使他不善良,其本性的变化也是一样的(人之可使为不善,其性亦犹是也)。"

我国古人喜欢以比喻的方式来进行论证或辩论,这种比喻在辩论时也许比较恰当,可以抓住对手的漏洞,给对方致命一击,但未必能够揭示问题的本质。人性如水,可以向东,也可以向西,告子的这一比喻似乎也没有错。但孟子认为,水尽管可以向东,也可以向西,但一定会向下,这种向下也一定是善。尽管他抓住了告子比喻的漏洞,但水的一定向下,就真正意味着人性一定向善吗? 其实,水的向东、向西、向上、向下,同人性的善恶似乎都没有本质的联系。人性究竟如何,还是要通过科学研究才能发现。当代英国演化生物学家、动物行为学家、科普作家理查德·道金斯(Richard Dawkins,1941 年 3 月 26日—)撰写的《自私的基因》,①从基因的角度对动物和人的行为进行研究和解释,为古老的哲学争论,提供了最新的科学证据。

---

① 理查德·道金斯:《自私的基因》,卢允中等译,中信出版社 2012 年版。

【原文】

告子曰:"生之谓性。"

孟子曰:"生之谓性也,犹白之谓白与?"曰:"然。"

"白羽之白也,犹白雪之白;白雪之白,犹白玉之白与?"曰:"然。""然则犬之性,犹牛之性;牛之性,犹人之性与?"

【解读】

告子说:"天生的禀赋就称为性。"

孟子说:"天生的禀赋就称为性,那就等于说白色的东西就称为白吗?"

告子说:"是的。"

孟子说:"那么白色的羽毛之白,就好比是白雪的白,就好比是白玉的白吗?"

告子说:"是的。"

孟子说:"那么狗的本性就好比是牛的本性,牛的本性就好比是人的本性?"

告子对人性下了一个定义,天生的禀赋就是人性。孟子利用概念迭代和类比的方法,白色羽毛的白,和白雪的白,和白玉的白,都是白。现代自然科学可以从光谱学的角度,证明白色应该具有某种波长上的共性。最后孟子的比喻,狗的本性,牛的本性,人的本性,是同一种本性吗?他想借用狗与人的不同来反驳狗的本性与人的本性相同,但是,似乎可以认为所有动物的本性都具有相似性,都需要生存繁衍。禽兽不如,是强烈地批评某些人的行为严重违背了基本社会规范的说法。人和动物,既有相似性,也有差异性。人类社会正是通过教育和社会化,将人的行为加以规范,以此来维护社会的稳定和持续。但很难说,教育和社会化,可以改变人的本性。人的本性是什么,需要准确的定义,是否是人刚刚出生,没有经过任何教育和社会化的时候,所具有的本性?

【原文】

告子曰："食色,性也。<u>仁,内也,非外也;义,外也,非内也。</u>"

孟子曰："何以谓仁内义外也?"

曰："彼长而我长之,非有长于我也;犹彼白而我白之,从其白于外也,故谓之外也。"

曰："异于白马之白也,无以异于白人之白也;不识长马之长也,无以异于长人之长与? 且谓长者义乎? 长之者义乎?"

曰："吾弟则爱之,秦人之弟则不爱也,是以我为悦者也,故谓之内。长楚人之长,亦长吾之长,是以长为悦者也,故谓之外也。"

曰："耆秦人之炙,无以异于耆吾炙。夫物则亦有然者也,然则耆炙亦有外与?"

(略)。

【解读】

告子说:"饮食,繁衍,这是本性(食色,性也)。仁,与人相互亲爱,是内在的,不是外在的;义,做事的方式,是外在的,不是内在的。"

孟子说:"为什么说仁是内在的,而义是外在的呢?"

告子说:"一个东西很长,我就认为它长,并不是我认为它长,它才长的;就好比一个东西是白色的,我就认为它是白色的,是根据它外表的白色,所以行为方式就称为外在的。"

孟子说:"白马的白色,和白人的白色,是一样的吗? 不能识别马的长度,难道也不能识别人的长度吗? 你是说,长本身是一种行为方式呢? 还是说认为长是一种行为方式?"

告子说:"是我的弟弟我就爱他,是秦国人的弟弟我就不爱他了,这是以我作为爱或不爱的标准,所以与人相互亲爱就称为是内在的。认为楚国人的长是长,也认为我的长是长,是以长作为标准,所以说行为方式是外在的。"

孟子说:"嗜好秦国人的烤肉,没有不同于嗜好自己的烤肉,事物都有类似的情形,难道说嗜好烤肉的心理也是外在的吗?"

在此,孟子和告子采用比喻的方法进行辩论,应该说是非常不准确的,谁也无法说服谁。告子与孟子,似乎都没有说清楚性善性恶。告子的观点,食色,性也,已经成为一句至理名言。吃饭,繁衍,这确实是人的本性。当然,这种本性也需要用礼仪或者社会规范加以约束,吃饭,并不意味着可以花天酒地,奢靡浪费;繁衍,也不意味着可以为所欲为,放纵无度。仁,是人们心中的一种态度或情感;义,是人们外在的一种行为方式。这样定义和理解,似乎并没有什么不可。但是,内在的态度和情感,我们很难真正地感知,我们能够感知的,是人们外在的行为。因此,法律只能针对人们外在的行为进行约束。坚持法治观点的人士认为,我们只能监控人们的行为,而无法监控人们的内心,因此也不必去在乎人们的内心。也就是说,不管你心中是怎样想的,只要行为没有违反法律就可以。但是儒家的德治则认为,仅仅做到行为没有违法还是不够的。通过内心的道德教化,改变人的内在道德,更加重要。因为如果没有内心道德的提升,一旦外在的约束有所松弛,行为就会懈怠。

【原文】

公都子曰:"告子曰:'性无善无不善也。'或曰:'性可以为善,可以为不善;是故文武兴,则民好善;幽厉兴,则民好暴。'或曰:'有性善,有性不善;是故以尧为君而有象,以瞽瞍为父而有舜;以纣为兄之子且以为君,而有微子启、王子比干。'今曰'性善',然则彼皆非与?"

孟子曰:"乃若其情,则可以为善矣,乃所谓善也。若夫为不善,非才之罪也。恻隐之心,人皆有之;羞恶之心,人皆有之;恭敬之心,人皆有之;是非之心,人皆有之。恻隐之心,仁也;羞恶之心,义也;恭敬之心,礼也;是非之心,智也。仁义礼智,非由外铄我也,我固有之也,弗思耳矣。故曰:'求则得之,舍则失之。'或相倍蓰而无算者,不能尽其才者也。诗曰:'天生蒸民,有物有则。民之秉夷,好是懿德。'孔子曰:'为此诗者,其知道乎!故有物必有则,民之秉夷也,故好是懿德。'"

【解读】

告子认为,人性无所谓善恶,也可以说,人性可以善,也可以恶。人性的善恶是由环境而决定的,周文王武王的时候,人民是善良的,周幽王厉王的时候,人民则喜好暴力。而且,尧是善良的,他的儿子象却不善良,舜的父亲瞽瞍不善良,但他的儿子舜却善良,有纣王这样残暴的兄长或者国君,也有微子启、比干这样善良的弟弟和臣子。单纯的性善论,怎么解释这些人呢?

孟子则认为,恻隐之心、羞恶之心、恭敬之心、是非之心,这些都是善的品德,它们是与生俱来的,而不是外界赋予的。即便是周幽王、周厉王、商纣王这样的暴君,他们在一出生也是善良的,只不过是他们未曾充分地思考(仁义礼智,非由外铄我也,我固有之也,弗思耳矣),或者后来丢失了善。

不论是告子的性无善恶论,还是孟子的性善论,还是荀子的性恶论,他们最终都会强调教育和环境在塑造和改变人性上的重要性。如果一定要回溯最初的人性究竟是善还是恶,那么现代自然科学中的基因学说是研究和解释人性的最为强大的理论工具。人性,食色,最终是由基因决定的。生物学家道金斯在他的名著《自私的基因》中认为,基因最大的目的,是要自我生存和繁衍下去,所以,基因是自私的。但是,在生存和繁衍的过程中,人与人的合作和共赢,是一种比你死我活的竞争更有效率的生存策略,所以,从自私的基因出发,可以演化出合作和共赢。孟子所谓的恻隐之心、羞恶之心、恭敬之心、是非之心,都可以被解释为一种生存策略。在狮子、蚂蚁、蜜蜂等社会性动物中,也存在类似的现象和行为。

对于人性的假设,会直接影响到管理者或当政者的制度设计。在管理学中,也存在 X 理论和 Y 理论的区别,X 理论认为人性本善,Y 理论则认为人性本恶。持有性善论的执政者或管理者,会倾向于采用分权、民主、激励等管理手段,并设计相应的制度,而持有性恶论的执政者或管理者,则会倾向于采用集权、监督、惩罚等管理手段以及相应的制度安排。在现实中,人性是复杂的,性善,并不意味着不要监控和制衡,性恶,也不意味着否定信任和授权。管理者需要在这两者之间进行观察和权衡。

【原文】

孟子曰:"鱼,我所欲也;熊掌,亦我所欲也,二者不可得兼,舍鱼而取熊掌者也。生,亦我所欲也;义,亦我所欲也,二者不可得兼,舍生而取义者也。生亦我所欲,所欲有甚于生者,故不为苟得也;死亦我所恶,所恶有甚于死者,故患有所不辟也。如使人之所欲莫甚于生,则凡可以得生者,何不用也? 使人之所恶莫甚于死者,则凡可以辟患者,何不为也? 由是则生而有不用也,由是则可以辟患而有不为也。是故所欲有甚于生者,所恶有甚于死者,非独贤者有是心也,人皆有之,贤者能勿丧耳。

一箪食,一豆羹,得之则生,弗得则死。呼尔而与之,行道之人弗受;蹴尔而与之,乞人不屑也。万钟则不辨礼义而受之。万钟于我何加焉? 为宫室之美、妻妾之奉、所识穷乏者得我与? 乡为身死而不受,今为宫室之美为之;乡为身死而不受,今为妻妾之奉为之;乡为身死而不受,今为所识穷乏者得我而为之,是亦不可以已乎? 此之谓失其本心。"

【解读】

这一段话已经成为孟子被广为传颂的名篇。我们每个人在社会中都会面临多种选择,不同的价值观会指引人们做出不同的选择。我们很难判断哪一种价值观是正确的价值观,哪一种选择是正确的选择。但是,孟子明确给出了他的答案,当仁义和生命只能二者择一时,将仁义置于生命之上(二者不可得兼,舍生而取义者也)。因为生活中有比生命更重要的东西,所以在必要时,不应苟且偷生。因为生活中有比死亡更令人厌恶的东西,所以在必要时,也不应回避死亡。如果将生命视为最重要的东西,如果将死亡视为最糟糕的东西,那么在某些极端的情况下,人们就会不择手段地选择苟且偷生。这种舍生取义、义重于利的心理,并非只有贤者才有,每个人其实都有,但普通人可能在各种艰苦磨难中遗忘了,或者被蒙蔽了,或者害怕了,而贤者依然保留着。

如果以不恰当的方式得到功名利禄等各种好处(万钟则不辨礼义而受之),那么这种好处又有什么意义呢? 我们其实都知道这个道理,但是,一旦真正面临选择，一旦真正看到美丽的房子、妻妾的赞赏、穷困者对自己的羡慕，我们就忘记了这个道理。这就是丢掉了他的本心啊（乡为身死而不受，今为宫室之美为之；乡为身死而不受，今为妻妾之奉为之；乡为身死而不受，今为所识穷乏者得我而为之，是亦不可以已乎？此之谓失其本心）。

事实上，社会上也存在很多这样的人，他们可能很少甚至从未思考过生命的意义，可能从一开始就会选择无耻和苟且偷生，也不会对他们的选择有任何愧疚或者反省，这也是一种个人选择，我们也很难从道德上批评他们的选择就是错误的选择。但是，只要他有过一丁点的愧疚或者反省，就意味着他曾经认为他的选择存在疑问，只不过后来被孟子所说的各种原因所蒙蔽，例如宫室之美、妻妾之奉、所识穷乏者得我，最终失掉了他的本心。这种本心，也就是良心、初心。孟子的性善论假设人人最初都有良心。教育的作用，就在于生发、培养和扩大人们的这种良心，强化人们的道德反省能力。更重要的是，在良心的指引下做正确的事情，从长远来看，一定是对个人和整个社会有好处的（是否陷入功利主义），否则，我们为什么要舍生而取义、舍鱼而取熊掌呢？当然，这个原则还是过于宏大了，需要针对具体的微观案例展开分析。

【原文】

孟子曰："仁，人心也；义，人路也。舍其路而弗由，放其心而不知求，哀哉！人有鸡犬放，则知求之；有放心，而不知求。学问之道无他，求其放心而已矣。"

【解读】

孟子继续强调，仁是人的原本初心或者良心，义则是人们在仁心的指引下做事的方法或道路（仁，人心也；义，人路也）。没有了仁心和道路，人就不成为人，而只是禽兽。人们丢失了鸡犬，尚且知道找回来，但丢失了仁心，却不知道找回来（人有鸡犬放，则知求之；有放心，而不知求）。学问其实也很简单，其实就是去寻找人们的仁心或者良心而已（学问之道无他，求其放心而已矣）。

　　孟子是认为仁心、良心是与生俱来的。有些人的良心在后天由于各种原因，例如教育的缺乏、惨痛的经历，而被蒙蔽、被摧毁。所以我们应该努力将它们寻找回来。那么良心究竟是不是与生俱来的呢？我们似乎也可以根据基因科学的研究发现而放弃这一假设，即良心不是与生俱来的，而是后天在社会环境中形成的。但是，这种良心，以及相应的互利、合作、仁爱等等行为，即便不是与生俱来的，它们也可以在人与人的社会交往中逐渐形成，对个人乃至整个社会群体而言是有益的。

　　儒家的学问，就是培养、放大自己良心的学问（学问之道无他，求其放心而已矣）。儒家的这一观点主导着中国两千多年学术研究的主流。因此，中国传统社会中学术研究的主题，注重对内在人心的探究，形成了富丽堂皇的伦理学和道德哲学体系，但可惜并没有演化出一套生机勃勃、自我纠错的政治制度（当然传统的政治制度也有其强大可取之处，不用求全责备），同时，也忽视了对外在自然的探索，最终导致近代中国的落后。

【原文】

　　孟子曰："拱把之桐梓，人苟欲生之，皆知所以养之者。<u>至于身，而不知所以养之者，岂爱身不若桐梓哉？弗思甚也</u>。"

　　（略）。

【解读】

　　孟子说："一只手就能握住的小树苗，人们如果想要它生长，都知道怎样培养它。而对于自己的身体，却不知道怎样保养。难道爱护自己的身体还比不上爱护树苗吗？不思考这些问题真是太糟糕了（至于身，而不知所以养之者，岂爱身不若桐梓哉？弗思甚也）。"

　　人们都会想方设法地去赚钱、当官，但为什么就不想想怎样保护自己的身体呢（身体，也包括心灵）？有两种可能，第一种可能，有的人确实没有或者很少思考过这类问题，因此，即使他们赚了很多钱，当了很大的官，但也有可能同时损害了自己的身体，玷污了自己的心灵。第二种可能，人们确实想过如何保护自己的身体和心灵,但他们找到的方法不对,他们以为正确的方法,例如为富不仁、见利忘义,其实恰恰是错误的方法,最终也会让他们付出惨重的代价。正确的方法,在儒家看来,就是仁义。第三种可能,为富不仁、见利忘义确实就是正确的爱身方法,但以笔者目前的学识和认知,尚未发现充分的证据,被这种爱身的方法所说服。

【原文】

孟子曰:"有天爵者,有人爵者。仁义忠信,乐善不倦,此天爵也;公卿大夫,此人爵也。古之人修其天爵,而人爵从之。今之人修其天爵,以要人爵;既得人爵,而弃其天爵,则惑之甚者也,终亦必亡而已矣。"

【解读】

孟子说:"有天然的爵位等级,也有人间的爵位等级。秉持仁义忠信,助人为乐而不厌倦,这是天然的爵位等级。做到了公、卿、大夫等职位,这是人间的爵位等级(有天爵者,有人爵者。仁义忠信,乐善不倦,此天爵也;公卿大夫,此人爵也)。古代的人着重修养天然的爵位等级,人间的爵位等级也就会随之而来(古之人修其天爵,而人爵从之)。如今的人着重修养天然的爵位等级,目的是为了获得人间的爵位等级。一旦取得了人间的爵位等级,就抛弃了天然的爵位等级(既得人爵,而弃其天爵),真是糊涂透顶了,结果必然把一切都葬送掉。"

仁义忠信,乐善不倦,能够给人们带来幸福快乐,但它们由于看不见,也没有物质利益,良心多少钱一斤,因此往往被人忽视或者忘记。达官显贵,升官发财,也能够给人们带来幸福快乐,并且由于它们显而易见,也就成为几乎所有人追求的目标。但是,这两者之间有时并不矛盾,有了仁义忠信(天爵),达官显贵(人爵)有可能随之来到。但是,有时它们又存在矛盾,有了仁义忠信,不一定有达官显贵。这其实也没有什么不好,因为仁义忠信比达官显贵更加重要。但是,如果有了达官显贵,反而抛弃了仁义忠信。那就大错特错了。

仁义忠信和达官显贵,天爵和人爵,物质贵族和精神贵族,我们作何选择呢？最好是两者都有，但如果只能二中选一呢？我们需要去磨砺我们的内心，做出正确的选择。

【原文】

孟子曰："欲贵者，人之同心也。人人有贵于己者，弗思耳。<u>人之所贵者，非良贵也。赵孟之所贵，赵孟能贱之。</u>诗云：'既醉以酒，既饱以德。'言饱乎仁义也，所以不愿人之膏粱之味也；令闻广誉施于身，所以不愿人之文绣也。"

【解读】

孟子说："希望得到荣华富贵是每个人都有的想法，而每个人都有自己的可贵之处，只是没有思考罢了（人人有贵于己者，弗思耳）。人们平常所珍贵的，其实并不真正值得珍贵（人之所贵者，非良贵也）。赵孟是晋国的执政大臣，他能让一个人或一件东西尊贵，也能让他（它）卑贱。《诗经》上说：'既醉以酒，既饱以德'，也就是说，酒肉能够让人喝醉，道德让人满足。如果能够尝到仁义道德的滋味，也就不会再去羡慕酒肉的味道了；如果能够获得人所称誉的名望，也就不会再去羡慕别人精美的衣服了（言饱乎仁义也，所以不愿人之膏粱之味也；令闻广誉施于身，所以不愿人之文绣也）。"

富贵尽管是一种好东西，但也不是唯一的好东西。每个人其实都有自己的好东西，但往往忽视它们。这也就是通常所谓的：只有失去了，才觉得珍贵。道德也是一种好东西，在儒家看来，它甚至比富贵更加重要，人们不应该忽视它。也许，富贵和道德的关系，用现代心理学家马斯洛的需要层次理论能够得到更好的解释，富贵是一种更加基本的需求，道德则是一种更加高级的需求。只有在满足了基本的需求之后，人们才会去追求更加高级的需求。也就是管仲在《管子·牧民》篇所谓的"衣食足而知礼节，仓廪足而知荣辱"。当然，在孟子看来，仁义道德可能更加基本。仁义和富贵，哪一种更加基本，每个人有自己的选择。笔者试图论证，首先，我们应该以仁义的方式，来追求富贵；其次，在具体单次的选择中，二者不可得兼，那么请追问自己的良心；最后，从长远来看，仁义可以实现富贵的可持续性。

【原文】

孟子曰:"仁之胜不仁也,犹水胜火。<u>今之为仁者,犹以一杯水,救一车薪之火也;不熄,则谓之水不胜火,此又与于不仁之甚者也。</u>亦终必亡而已矣。"

【解读】

孟子说,仁义肯定能够战胜不仁,就好比水战胜火一样。但是,今天的仁者太少,好像是以一杯水救一车装满木材的大火(今之为仁者,犹以一杯水,救一车薪之火也),救不了,就认为水战胜不了火。这又和那些不仁的人一样了,最终连他们自己的那一点仁德也丢掉了。

孟子认为,仁之胜不仁也,犹水胜火。但我们在现实中看到的,却是"高尚是高尚者的墓志铭,卑鄙是卑鄙者的通行证",孟子在战国末期看到的图景也同样如此。他给出的答案是:仁者是杯水,不仁者是车薪。在一个坏人(不仁者)占大多数的社会中,最好的策略就是做坏人。相反,在一个好人(仁者)占绝大多数的社会中,最好的策略就是做好人。如果初始状态是仁者多,不仁者少,那么又是为什么不仁者的数量逐渐超过仁者呢?现代博弈论对此给出了更加准确的回答。[①] 不仁者的不仁行为策略,确实能够在短期内给他们带来更多的回报,周围的仁者因此向不仁者学习并改变自己的行为策略,逐渐,更多的仁者转化为不仁者,整个社会中,不仁者的数量逐渐占据多数。但是,社会的总回报和每个人的平均回报都会降低,这种社会是一个效率更低、更加糟糕的社会,即所谓的囚徒困境、丛林法则,也就是孟子所说的"终必亡而已矣"。也许它们最终也并不会灭亡,而是堕入一个低水平的陷阱。要跳出这个陷阱,就必须有相应的制度变革,让仁者重新占据主流。

---

① 罗伯特·阿克塞尔罗德:《合作的进化》,吴坚忠,上海人民出版社 2017 年版。

第七篇　商君书①

　　《商君书》是战国时期商鞅(约公元前 395—前 338)及其后学的著作汇编,也称《商子》,现存 24 篇,是法家学派的代表作之一。具体篇目包括《更法》《垦令》《农战》《弱民》《君臣》等,集中展现了商鞅通过改革变法,实现富国强兵的思想和政策。商鞅是卫国公子的儿子,本姓公孙,因此史上又称公孙鞅或卫鞅,入秦后率秦国军队打败魏国,受封于商地(今陕西商州),封号商君。在商鞅之前,李悝(kuī,公元前 445—前 396)在魏国实行变法,吴起(公元前 386—前 381)在楚国实行变法,皆使得魏、楚成为当时的强国。商鞅受他们影响甚大,"少好刑名之学"。公元前 361 年闻秦孝公颁布求贤令,商鞅便携带李悝的《法经》入秦,几经磋谈,得到秦孝公的信任,施行商鞅变法,前后二十余年,使得一度被中原诸侯"以夷狄视之"的秦国跻身为战国七雄之一,为一百多年后秦始皇统一六国打下基础。但由于其改革触动保守派利益,公元前 338 年,秦孝公死后,其子秦惠文王嬴驷继位,商鞅被公子虔指为谋反,战败而死,其尸身被带回咸阳,处以车裂后示众。

　　商鞅变法,必须取信于民。变法令下达后,他以三丈高的木头置于国都南门,悬赏十金,要人将木搬于北门,但无人相信,他又将赏金增加到五十金,终于有人前来尝试,并得到赏金。于是国人始信变法。后又值太子嬴驷(后继位为秦惠王)犯法,商鞅不好直接处罚太子,因此处罚了太子的老师公子虔和公孙贾。后公子虔又犯法,商鞅施以割鼻之刑,举国震慑,从此秦国上下守法。

---

　　① 　商鞅:《商君书》,石磊译注,中华书局 2016 年版。

但商鞅的严刑峻法也触犯了诸多权贵。司马迁秉持儒家传统,在《史记·商君列传》中对商鞅评价不高,"商君,其天资刻薄人也。迹其欲干孝公以帝王术,挟持浮说,非其质矣"。秦孝公死后,太子赢驷继位为秦惠王,商鞅遭公子虔嫉恨和陷害,战败而死,车裂示众,但新法未废。

商鞅对青年毛泽东和当代中国也产生了巨大的影响。1912 年,时年 19 岁的毛泽东在湖南全省高等中学校(今长沙市第一中学)读书时做《商鞅徙木立信论》一文,其中写道:"吾读史至商鞅徙木立信一事,而叹吾国国民之愚也,而叹执政者之煞费苦心也,而叹数千年来民智之不开、国几蹈于沦亡之惨也",显示他从小就受到商鞅和法家的深刻影响。《商君书》中也有一些文章反映了作者在当时的历史背景下愚弄百姓、集权专制的思想,例如《弱民》,当然这种愚民和专制的思想也可以理解为,在特定的历史时期暂时实现国家强大的需要,度过这段历史时期之后,国家还是应该重新回到提高民智、推动民主自由的道路上来。

更　法

苟可以强国,不法其故;苟可以利民,不循其礼

【原文】

孝公平画,公孙鞅、甘龙、杜挚三大夫御于君。虑世事之变,讨正法之本,求使民之道。

君曰:"代立不忘社稷,君之道也;错法务明主长,臣之行也。今吾欲变法以治,更礼以教百姓,恐天下之议我也。"

公孙鞅曰:"臣闻之:'疑行无成,疑事无功。'君亟定变法之虑,殆无顾天下之议之也。且夫有高人之行者,固见负于世;有独知之虑者,必见骜于民。语曰:'愚者暗于成事,知者见于未萌。''民不可与虑始,而可与乐成。'郭偃之法曰:'论至德者不和于俗,成大功者不谋于众。'法者所以爱民也,礼者所以便事也。是以圣人苟可以强国,不法其故;苟可以利民,不循其礼。"

孝公曰:"善!"

甘龙曰:"不然。臣闻之:'圣人不易民而教,知者不变法而治。'因民而教者,不劳而功成;据法而治者,吏习而民安。今若变法,不循秦国之故,更礼以教民,臣恐天下之议君,愿孰察之。"

公孙鞅曰:"子之所言,世俗之言也。夫常人安于故习,学者溺于所闻。此两者,所以居官而守法,非所与论于法之外也。三代不同礼而王,五霸不同法而霸。故知者作法,而愚者制焉;贤者更礼,而不肖者拘焉。拘礼之人不足与言事,制法之人不足与论变。君无疑矣。"

杜挚曰:"臣闻之:'利不百,不变法;功不十,不易器'。臣闻:'法古无过,循礼无邪。君其图之!'"

公孙鞅曰:"前世不同教,何古之法?帝王不相复,何礼之循?伏羲、神农,教而不诛;黄帝、尧、舜,诛而不怒;及至文、武,各当时而立法,因事而制礼。礼、法以时而定;制、令各顺其宜;兵甲器备,各便其用。臣故曰:治世不一道,便国不必法古。汤、武之王也,不修古而兴;殷、夏之灭也,不易礼而亡。然则反古者未必可非,循礼者未足多是也。君无疑矣。"

孝公曰:"善!吾闻穷巷多怪,曲学多辩。愚者之笑,智者哀焉;狂夫之乐,贤者丧焉。拘世以议,寡人不之疑矣。"

于是遂出垦草令。

【解读】

《商君书》的首篇《更法》通过支持变法的商鞅和反对变法的秦国守旧大臣甘龙、杜挚的辩论,全面系统地阐述了商鞅变法的理由,具有很强的说服力,这一文章也可以被视为我国历朝历代变法图强的雄文,对于现代的改革变法也具有重要的参考意义。

秦孝公(公元前381—前338)是秦国一位卓越的君主,在位24年,在他任上,秦国对内实行商鞅变法,加强中央集权,奖励耕战,放弃贵族世袭制,建立军功爵制,对外与楚和亲,与韩订约,联齐、赵,攻魏国都城安邑(今山西夏县西北),拓地至洛水以东,使秦国从春秋时期的一个西北小国发展成为战国七雄之一,国力日强,为日后秦统一中国奠定了基础。

秦孝公具有远大的政治理想(孝公平画),他思考怎样治理国家,让国家走向富强之路。商鞅、甘龙、杜挚三位大夫帮助君主来进行谋划,考虑世事的变化,讨论法律的根本,探求使用民众的方法(虑世事之变,讨正法之本,求使民之道)。孝公说:"君主继承天下不能忘记祖宗社稷,这是为君之道,帮助君主制定和变更法治,树立君主的威严,这是为臣的本分。现在我想变法来治理天下,改变礼制来教化百姓(今吾欲变法以治,更礼以教百姓),但是,担心天下人会非议我。"

商鞅说,疑行无成,疑事无功。做事瞻前顾后肯定是做不成的,要下定决心。国君既然决定要变法,就不要考虑天下人的非议(君亟定变法之虑,殆无顾天下之议之也)。高明的人的行为,肯定不被普通世人所理解,有独特智慧的人,往往被老百姓嘲笑(有高人之行者,固见负于世;有独知之虑者,必见骜于民)。愚昧之人,事情办成之后还不明白,聪明人,事情还没有做就已经一清二楚(愚者暗于成事,知者见于未萌)。不能和老百姓一起讨论事情,只能事情办成后让他们分享成果(民不可与虑始,而可与乐成)。春秋时期进行变法的晋国大夫郭偃曾经说过,最贤德的人不附和流俗,做大事的人不和民众商量(论至德者不和于俗,成大功者不谋于众)。制定法律,是为了爱护百姓,制定礼仪,是为了方便行事(法者所以爱民也,礼者所以便事也)。因此,如果可以强国,不需要固守已有的旧制,如果可以方便百姓,不需要遵循已有的礼法(是以圣人苟可以强国,不法其故;苟可以利民,不循其礼)。

商鞅的这些见解,非常高明,即使在今天也毫不过时。首先,它反映了法家务实的作风,只要能够强国,能够利民,不必拘泥于已有的流俗,原因在于,世界在不断地变化,礼、法都具有阶段性,为什么要用以往的礼、法来套取现实的情景呢? 其次,它反映了法家在对待民众时采取的精英主义态度。在包括现代在内的任何历史时期,相对于少数精英而言,民众的智力、智慧、信息都存在不足,在这种条件下,普通民众往往无法理解少数精英的主张和政策,这就是为什么商鞅认为"有高人之行者,固见负于世;有独知之虑者,必见骜于民",郭偃认为"论至德者不和于俗,成大功者不谋于众"。这种理性的不对等,也是当代民主制度最根本的缺陷。民主制度的本质,是一种由大众来进行群体决策的制度,它要求大众受过充分的教育,具备足够的智力、信息和理性。如果决策者在智力、信息和理性上存在明显的差异,那么就应该由更具理性的精英来进行决策,同时由其他制度保证精英不会利用决策优势来侵害普通大众的利益。尽管现实中的民主制度,并不是针对所有公共议题都采用一人一票的全民公投式决策,而仅仅是对那些最具全局性、广泛性的问题进行公投,例如国家领导人选举、英国的脱欧公投等。然而,即便是这类问题,也可以交由精英来进行决策。当然,随着社会的发展,普通民众的信息获取能力和理性程度不断增强,民众在理性和信息上的不对等逐渐减弱,这时民主制度才会逐渐成为一种趋势。回到商鞅所处的时代,所谓的集权专制,也就是由少数精英进行决策,难道不是一种必然的选择吗?

大夫甘龙反对商鞅的观点,他认为,圣明的人不应该通过改变民众的习俗来对他们进行教化,智慧的人不应该通过变更法律来治理国家(圣人不易民而教,知者不变法而治)。因袭旧俗,不费力就可以成功,官吏也会习惯,老百姓也会安宁(因民而教者,不劳而功成;据法而治者,吏习而民安)。如果变更秦国的旧制,天下人可能会非议国君。

甘龙的观点,根本不值一驳。不变法的社会是一个相对静态的社会,不变法的秦国还是原来的秦国,那么如何应对弱肉强食的诸侯,如何变得强大,更罔论统一其他六国呢? 商鞅也说,这种观点是世俗的观点,普通人不喜欢变化,读死书的人只会照搬教条(夫常人安于故习,学者溺于所闻)。这种人,只能让他们担任普通的安分守法的官员,但不足以和他们讨论变法(所以居官而守法,非所与论于法之外也)。尧、舜、禹三代的礼都不一样,但他们都可以称王,春秋五霸的法都不一样,但他们都可以称霸(三代不同礼而王,五霸不同法而霸)。因此,智慧的人制定法律,愚笨的人只能遵守法律;贤明的人变更礼制,平庸的人则遵守礼制(故知者作法,而愚者制焉;贤者更礼,而不肖者拘焉)。拘泥于旧礼之人,不用和他们讨论重大事情,拘泥于旧法之人,不用和他们讨论变法(拘礼之人不足与言事,制法之人不足与论变)。

另一位守旧大夫杜挚从功利主义的角度,反驳商鞅。他说,如果没有一百倍的利益,就不应该变法,没有十倍的好处,就不应该变革器具(利不百,不变法;功不十,不易器)。因此,遵循旧制没有错。

杜挚的观点,也过于保守。保守之人往往低估变法所带来的巨大的利益,或者夸大变法的成本。商鞅反驳说,以前的世代,他们的法律礼仪都不一样,我们到底遵循哪一个呢?帝王也在不断地更替,遵循哪一个帝王的制度呢(前世不同教,何古之法?帝王不相复,何礼之循)?伏羲、神农通过教化,不需要用诛杀的方法。黄帝、尧、舜用诛杀的方法,但不过分(伏羲、神农,教而不诛;黄帝、尧、舜,诛而不怒)。后来的周文王、周武王,也是根据现实情况来立法制礼。礼、法都应该根据现实来制定,制度、命令应当根据方便来制定,各种兵器工具,也各有各的用处。因此,治理天下,不必拘泥于一种方法,更不必法古(治世不一道,便国不必法古)。

由是可见,法家秉持的是一种务实的现实主义精神,根据时代的变化,因地制宜,随机应变。当代的"与时俱进",也非常符合法家的精神。而那些固守儒家文本的读死书的腐儒,则拘泥于陈旧的礼法,不能适应时代的需要,导致了儒家的保守、刻板和僵化。我们更需要去思考和讨论,当前的各种制度,是否适应现实的需要,是否适应社会的变化?

弱 民

民弱国强,国强民弱

【原文】

民弱国强,国强民弱。故有道之国,务在弱民。朴则强,淫则弱。弱则轨,淫则越志。弱则有用,越志则强。故曰:以强去强者,弱;以弱去强者,强。

民,善之则亲,利之用则和。用则有任,和则匮,有任乃富于政。上舍法,任民之所善,故奸多。

民贫则力富,力富则淫,淫则有虱。故民富而不用,则使民以食出,各必有力,则农不偷。农不偷,六虱无萌。故国富而贫治,重强。

兵易弱难强。民乐生安佚，死难难正，易之则强。事有羞，多奸；寡赏，无失。多奸疑，敌失必，利。兵至强，威；事无羞，利。用兵久处利势，必王。故兵行敌之所不敢行，强；事兴敌之所羞为，利。

法有，民安其次；主变，事能得齐。国守安，主操权，利。故主贵多变，国贵少变。

利出一孔，则国多物；出十孔，则国少物。守一者治，守十者乱。治则强，乱则弱。强则物来，弱则物去。故国致物者强，去物者弱。

民，辱则贵爵，弱则尊官，贫则重赏。以刑治民，则乐用；以赏战民，则轻死。故战事兵用曰强。民有私荣，则贱列卑官；富则轻赏。治民羞辱以刑，战则战。民畏死、事乱而战，故兵农怠而国弱。

农、商、官三者，国之常食官也。农辟地，商致物，官法民。三官生虱六：曰"岁"，曰"食"；曰"美"，曰"好"；曰"志"，曰"行"。六者有朴，必削。农有余食，则薄燕于岁；商有淫利有美好，伤器；官设而不用，志、行为卒。六虱成俗，兵必大败。

法枉治乱，任善言多。治众国乱，言多兵弱。法明治省，任力言息。治省国治，言息兵强。故治大国小，治小国大。

政作民之所恶，民弱；政作民之所乐，民强。民弱，国强；民强，国弱。故民之所乐民强，民强而强之，兵重弱。民之所乐民强，民强而弱之，兵重强。故以强，重弱；弱，重强。王。以强政强，弱，弱存；以弱政弱，强，强去。强存则弱，强去则王。故以强政弱，削；以弱政强，王也。

明主之使其臣也，用必加于功，赏必尽其劳。人主使其民信此如日月，则无敌矣。今离娄见秋豪之末，不能以明目易人；乌获举千钧之重，不能以多力易人；圣贤在体性也，不能以相易也。今当世之用事者，皆欲为上圣，举法之谓也。背法而治，此任重道远而无马、牛，济大川而无舡、楫也。今夫人众兵强，此帝王之大资也，苟非明法以守之也，与危亡为邻。故明主察法，境内之民无辟淫之心，游处之士迫于战阵，万民疾于耕战。有以知其然也。楚国之民，齐疾而均，速若飘风；宛钜铁矛，利若蜂虿；胁蛟犀兕，坚若金石；江、汉以为池，汝、颍以为限；隐以邓林，缘以方城。秦师至，鄢、郢举，若振槁；唐蔑死于垂涉，庄发于内,楚分为五。地非不大也,民非不众也,甲兵财用非不多也;战不胜,守不固,此无法之所生也,释权衡而操轻重者。

【解读】

通常认为,国富民强,只有民众强大了,国家才能富裕;国家富裕了,民众也才能强大。国富与民强是辩证统一的关系。然而,商鞅在此提出,弱民,就是要使民众弱,而且,民弱国强,国强民弱。这与我们通常的认知大相径庭。对于这种明显有悖于常理的论断,我们就更需要引起警惕,寻找其中的原因。在此,商鞅强调的是,民众应该服从国家的法令,不能与国家的法令对抗。如果民众不服从国家的法令,就是国家的内耗,那么这个国家必然是一个弱小的国家。就短期而言,如果能够通过各种手段让民众服从法令,服从政府,那么这个国家确实可以实现短期的强大。但是,从长远而言,国家的法令还是应该得到民众的认可,是经过民众协商认同的法令,而不是政府或统治者的法令。否则,这个政府也就成为一个统治型的政府,这种法制也就成为一种恶法之治,无法实现国家的强大。

法家强调法律的重要性,这里的"弱",可以理解为弱小,也可以理解为人民对法律的敬畏和遵从。人民相对于法律而言弱,即遵守法律,不敢挑战法律,则国家就强,国家要强大,人民就必须遵守法律。因此得到良好治理的国家,就必须要让人民服从敬畏法律。人民质朴,国家就强大(朴则强),人民放纵,无视法律,国家就弱小(淫则弱)。人民弱,就不敢触犯法律(弱则轨),人民放纵,就会恣意妄为(淫则越志)。人民弱,就可以为国家所用(弱则有用),人民恣意妄为,他们就会变得越来越强势(越志则强),国家反而就弱小了。因此,如果人民强壮但不遵守法律,那么国家就弱小,人民弱小但都遵守国家的法律,则国家就强大。

显然,在商鞅所处的年代,他的观点具有很强的实用性和说服力。在当时,各个国家及其人民是王侯的私人国家或私人财产,人民和国家之间存在着明显的背离,法律并不是像当今民主社会那样,是经过人民及其代表的审议,能够得到人民普遍尊重和认可的公共的法律,而是统治者制定出来约束人民、方便自身统治的私人的法律。所以，如果人民不遵守法律，也就是不服从君主的管束，那么国家必然弱小。因此，从这一意义上说，在统治型的国家中，人民是统治者的工具，民弱，意味着工具听话好用，国家就强大。而在现代社会的民主共和国中，国家是人民的国家，法律是人民的法律，国家和人民是统一的，才会民强国强，民弱国弱。因此，在统治型的专制国家，愚民政策、弱民政策是统治者的常用伎俩，屡见不鲜。

然而，我们也不能简单将商鞅以及其后两千多年的传统社会全部都理解为封建专制社会。在当时的社会中，尽管没有现代意义上的民主选举和政治协商，但是皇帝及其政府还是能够在一定程度上代表民众，秦始皇扫平六国统一中国也符合历史的趋势。我们只能说政府的公共性或者合法性相对于当今社会而言较弱，但并非完全没有，君主的统治及其法律，也需要得到一定程度的民众的认同。我们不能以当今时代的成就来苛责古人。因此，如果能够通过暂时的"弱民"让国家强大，并且这种强大符合历史发展的趋势，在随后的历史演化过程中进行及时的转型，那么也不能完全否定商鞅的弱民思想。

商鞅对当时的人民的特点有着深刻的理解。由于地域的广阔，教育的缺乏，当时的国民并没有现代意义上的民族国家概念，例如，秦国人、赵国人、魏国人，他们并没有太多的民族国家认同，一定要为本国尽忠，他们更多考虑的是如何生存显达，所以不同国家的人才流动非常频繁。商鞅是卫国人，但在秦国为官；李斯是楚国人，也在秦国为相。当秦王嬴政中韩国反间计，听信宗室大臣的进言，认为来秦的客卿大都想游间于秦，于是下令驱逐客卿。李斯上《谏逐客书》，力陈客卿的重要性，说服秦王收回成命。因此，某个国家优待民众，民众就会和这个国家亲近，某个国家合理地使用民众，民众就会和这个国家同心（民，善之则亲，利之用则和）。国家启用他们，他们就会全力以赴，国家的政令就能得到顺利地执行。相反，如果国君舍弃法律，任由民众为所欲为，那么奸邪之人就会很多（上舍法，任民之所善，故奸多）。

商鞅认为，财富多了，也并非完全就是好事。人民贫穷，就会努力致富，致富就会放纵，放纵就会产生像跳蚤一样的坏事（民贫则力富，力富则淫，淫则有虱）。因此，人民富裕了就不容易役使，那么就让他们以粮食代替服役，所有人都会出力,农民就不会偷懒,六种灾祸就不会出现。所以,国家富强,贫穷被消灭,强上加强(故国富而贫治,重强)。

国家的利禄如果只有一个渠道,则国家的财政就有保障,如果渠道太多,国家财政就会匮乏(利出一孔,则国多物;出十孔,则国少物)。如果国家财政稳定且节约,那么就会得到治理,如果财政混乱且支出庞大,国家就会混乱。国家得到治理就会强大,国家陷入混乱则必然弱小。

民众地位卑微,就会重视爵位,民众弱小,就会尊重官府,民众贫穷,就会重视赏赐(民,辱则贵爵,弱则尊官,贫则重赏)。以刑法来治理民众,民众就会守法,以赏赐激励民众,民众就不畏惧死亡,军队才会强大。相反,如果民众有自己的私人荣耀,则看不起官府,民众富裕,则轻视政府的赏赐(民有私荣,则贱列卑官;富则轻赏)。如果民众富裕怕死,则国家必然弱小。

商鞅充分认识到财富带来的骄奢淫逸对国家的危害。农民、商人、官员是国家的三种职业,农民开荒种地,商人运输贩卖物品,官员用法律治理民众。但这三种人会出现六种虱害:岁、食、美、好、志、行。岁、食是指剩余的粮食,如果农民有了剩余的粮食,就有可能安逸享受,不愿打仗。美、好是指华丽、好玩的东西,商人如果仅仅贩卖这些华丽好玩但没有实用的东西,就会挤压生活必需品,产生奢侈享受的社会风气。志、行指的是官员不为国家出力。如果出现这六种情况,打仗就会失败。

法度偏斜,统治就会混乱,任用贤良,各种言论就会兴起(法枉治乱;任善言多)。治国的方针纷杂,国家就会混乱,言论太多,兵力就会弱小(治众国乱,言多兵弱)。法度严明,统治就简省,任用力量,各种言论就会消失(法明治省,任力言息)。统治简省,国家就能得到治理,言论消失,兵力就强大。所以,如果治理复杂,国家就弱小,治理简省,国家就强大(治大国小,治小国大)。

我们必须站在商鞅所处的时代来思考他的思想。商鞅的弱民,一是基于当时民众与国家的背离,国家并非民众的国家,国家并非当今时代的共和国,以及国家统治的需要,民众是国家战争的工具和财税的来源。二是民众自身教育的缺乏。在历史上,未接受过教育的民众同骡马或其他生产工具并无太大差异，"弱民"使他们易于驾驭，可以使国家在短期内强大起来。三是商鞅对于财富消极作用的警惕。财富虽然可以提高民众的生活水平，但财富带来的奢侈生活也可能削弱民众的斗志。他的这些观点，对于当今社会的治理也具有很强的参考意义。首先，在现代国家中，政府要增强自身的公共性和合法性，让政府真正成为得到人民拥护和爱戴的政府，实现政府和人民的统一，这样才能从根本上实现国家的强大。其次，政府必须提高民众的教育水平和理性程度，从长期来看，只有人民强大了，政府才能强大，国家才能强大。最后，不能让富裕的生活腐蚀和败坏社会，避免骄奢淫逸的社会风气，避免已经在西方资本主义社会中出现的过度消费和消费主义（consumerism）的倾向，将财富用于真正有价值的领域，如科学研究、教育、体育、环境保护等。

第八篇　韩非子

　　《韩非子》是战国末期法家思想的集大成者韩非的著作。韩非（约公元前280—前233），战国时期韩国都城新郑（今河南省新郑市）人，杰出的思想家、哲学家和散文家。韩非本是韩国的公子、荀子的学生、李斯的同门师兄，但其主张不被韩王采纳。韩国任用奸佞，积弱待亡，韩非悲愤之下，写出《孤愤》、《五蠹》、《说难》等名篇。韩非将商鞅（约公元前395—前338）的"法"、申不害（公元前385年—前337）的"术"和慎到（约公元前390—前315）的"势"集于一体，达到了先秦法家理论的最高峰，为秦统一六国提供了理论武器。《史记·老子韩非列传》记载，秦王嬴政读到韩非的文章，曰："嗟乎，寡人得见此人与之游，死不恨矣！"

　　许多学者指责韩非的法家思想为专制主义提供了理论基础，但事实上，韩非法术思想的目的与儒、墨、道并无二致，都是为了实现天下的大治，但他更看到了人性中恶的方面、道德在短期中的无力，以及谋略和方法的重要性。因此，相对于儒家的理想主义而言，韩非的法家思想并非提倡专制，而是关注政治现实，和一千多年后的西方政治学家马基雅维利（1469—1527）的《君主论》具有高度的相似性，因此应当更准确地被称为政治现实主义，韩非也被称为东方的马基雅维利。韩非的思想深邃而又超前，对后世影响深远，是毛泽东最佩服的中国古代思想家之一。毛泽东认为："历代有作为、有成就的政治家都是法家，他们都主张法治、厚今薄古；而儒家则满口仁义道德，主张厚古薄今，开

　韩非子：《韩非子》，高华平译注，中华书局2016年版。

历史倒车"。①

《韩非子》一书现存五十五篇，约十余万言，大部分是韩非自己的作品。韩非的语言说理性强，汪洋恣肆，善于运用短小精干的故事和寓言说明道理，本书选择《初见秦》《难言》《爱臣》《主道》《有度》《二柄》《八奸》《十过》《孤愤》《说难》《说林》《五蠹》等篇加以解读和评述。

初见秦

以乱攻治者亡，以邪攻正者亡，以逆攻顺者亡

【原文】

　　臣闻："不知而言，不智；知而不言，不忠。"为人臣不忠，当死；言而不当，亦当死。虽然，臣愿悉言所闻，唯大王裁其罪。

　　臣闻：天下阴燕阳魏，连荆固齐，收韩而成从，将西面以与秦强为难。臣窃笑之。世有三亡，而天下得之，其此之谓乎！臣闻之曰："以乱攻治者亡，以邪攻正者亡，以逆攻顺者亡"。今天下之府库不盈，囷仓空虚，悉其士民，张军数十百万，其顿首戴羽为将军断死于前不至千人，皆以言死。白刃在前，斧锧在后，而却走不能死也，非其士民不能死也，上不能故也。言赏则不与，言罚则不行，赏罚不信，故士民不死也。今秦出号令而行赏罚，有功无功相事也。出其父母怀衽之中，生未尝见寇耳。闻战，顿足徒裼，犯白刃，蹈炉炭，断死于前者皆是也。夫断死与断生者不同，而民为之者，是贵奋死也。夫一人奋死可以对十，十可以对百，百可以对千，千可以对万，万可以克天下矣。今秦地折长补短，方数千里，名师数十百万。秦之号令赏罚，地形利害，天下莫若也。以此与天下，天下不足兼而有也。是故秦战未尝不克，攻未尝不取，所当未尝不破，开地数千里，此其大功也。然而兵甲顿，士民病，蓄积索，田畴荒，囷仓虚，四邻诸侯

---

　　① 陈晋：《晚年毛泽东对读书的矛盾情结》，人民网，http://history.people.com.cn/n/2014/0716/c372327-25290069-4.html。

不服,霸王之名不成。此无异故,其谋臣皆不尽其忠也。

臣敢言之:往者齐南破荆,东破宋,西服秦,北破燕,中使韩、魏,土地广而兵强,战克攻取,诏令天下。齐之清济浊河,足以为限;长城巨防,足以为塞。齐,五战之国也,一战不克而无齐。由此观之,夫战者,万乘之存亡也。且闻之曰:"削迹无遗根,无与祸邻,祸乃不存。"秦与荆人战,大破荆,袭郢,取洞庭、五湖、江南,荆王君臣亡走,东服于陈。当此时也,随荆以兵,则荆可举;荆可举,则民足贪也,地足利也,东以弱齐、燕,中以凌三晋。然则是一举而霸王之名可成也,四邻诸侯可朝也,而谋臣不为,引军而退,复与荆人为和。令荆人得收亡国,聚散民,立社稷主,置宗庙,令率天下西面以与秦为难。此固以失霸王之道一矣。天下又比周而军华下,大王以诏破之,兵至梁郭下。围梁数旬,则梁可拔;拔梁,则魏可举;举魏,则荆、赵之意绝;荆、赵之意绝,则赵危;赵危而荆狐疑;东以弱齐、燕,中以凌三晋。然则是一举而霸王之名可成也,四邻诸侯可朝也,而谋臣不为,引军而退,复与魏氏为和。令魏氏反收亡国,聚散民,立社稷主,置宗庙,令率天下西面以与秦为难。此固以失霸王之道二矣。前者穰侯之治秦也,用一国之兵而欲以成两国之功,是故兵终身暴露于外,士民疲病于内,霸王之名不成。此固以失霸王之道三矣。

(略)。

【解读】

"初见秦",即初次见秦王。这是作者求见秦昭襄王(公元前 324—前 251)的上书。上书必须要能够打动对方,一篇雄辩的上书可以反映作者对某一问题的深刻理解,并得到君主的赏识和任用。该文的中心思想是劝秦昭襄王用战争统一天下。经过长期的兼并,到战国末期,历史发展要求建立一个统一的中央集权国家。作者通过对当时形势的分析,指出"世有三亡,以乱攻治者亡,以邪攻正者亡,以逆攻顺者亡",其他六国均已无法同强秦对抗,秦国经过变法,"号令赏罚,地形利害,天下莫若也。"但是,之所以还没有最后完成统一大业,在于兵将劳顿,粮草供给不足,谋臣皆不尽其忠。因此,他为秦王制定了一个统一天下的大致战略,举赵,亡韩,臣荆、魏,亲齐、燕,以成霸王之名,朝四邻诸侯之道。秦国扫平六国、一统天下的过程,基本是按照韩非的这个思路完成的。

难　言

度量虽正,未必听也;义理虽全,未必用也

【原文】

　　臣非非难言也,所以难言者:言顺比滑泽,洋洋纚纚然,则见以为华而不实。敦祗恭厚,鲠固慎完,则见以为掘而不伦。多言繁称,连类比物,则见以为虚而无用。总微说约,径省而不饰,则见以为刿而不辩。激急亲近,探知人情,则见以为谮而不让。闳大广博,妙远不测,则见以为夸而无用。家计小谈,以具数言,则见以陋。言而近世,辞不悖逆,则见以为贪生而谀上。言而远俗,诡躁人间,则见以为诞。捷敏辩给,繁于文采,则见以为史。殊释文学,以质信言,则见以为鄙。时称诗书,道法往古,则见以为诵。此臣非之所以难言而重患也。

　　故度量虽正,未必听也;义理虽全,未必用也。大王若以此不信,则小者以为毁訾诽谤,大者患祸灾害死亡及其身。故子胥善谋而吴戮之,仲尼善说而匡围之,管夷吾实贤而鲁囚之。故此三大夫岂不贤哉?而三君不明也。上古有汤至圣也,伊尹至智也;夫至智说至圣,然且七十说而不受,身执鼎俎为庖宰,昵近习亲,而汤乃仅知其贤而用之。故曰:以至智说至圣,未必至而见受,伊尹说汤是也;以智说愚必不听,文王说纣是也。故文王说纣而纣囚之,翼侯炙,鬼侯腊,比干剖心,梅伯醢,夷吾束缚,而曹羁奔陈,伯里子道乞,傅说转鬻,孙子膑脚于魏,吴起抆泣于岸门、痛西河之为秦,卒枝解于楚,公叔痤言国器反为悖,公孙鞅奔秦,关龙逢斩,苌宏分胣,尹子阱于棘,司马子期死而浮于江,田明辜射、宓子贱、西门豹不斗而死人手,董安于死而陈于市,宰予不免于田常,范雎折胁于魏。此十数人者,皆世之仁贤忠良有道术之士也,不幸而遇悖乱暗惑之主而死,然则虽贤圣不能逃死亡避戮辱者何也?则愚者难说也,故君子难言

也。且至言忤于耳而倒于心,非贤圣莫能听,愿大王熟察之也。

【解读】

难言,就是难以言说。之所以说韩非和法家是政治现实主义,而儒家是政治理想主义,是因为儒家认为仁义基本就可以解决一切问题。然而,仁义可能是决定国家成败的因素之一,但在具体的时空背景下,还存在其他更多更关键的因素,例如,君主的意图、同僚的态度、沟通的方式、具体的策略等。了解君主的真实意图并说服君主,得到君主的支持,就是政策制定中的首要环节。

韩非的《难言》和《说难》都是论述臣子在向君主(下级向上级)进言时,可能遇到的各种曲解和污蔑。文章列举了历史上诸多才士向君主进言不被采信反遭杀戮的例子,说明"度量虽正,未必听也;义理虽全,未必用也"的道理,规劝君主体察"世之仁贤忠良有道术之士"的良苦用心,同时也警醒臣下在向上进言时可能遭遇的风险和不测。事实上,不仅仅是臣子向君主进言时存在诸多困难,普通人要想去说服其他人也存在诸多困难,可能遭到对方的误解,只不过不会存在杀身之祸而已。这说明,一方面,说服者需要提高和改进说服的技巧;另一方面,被说服者也要保持开放的头脑,善于听取对自己真正有利的意见。

臣韩非并非没有能力进言,但之所以不进言,是因为:言辞和顺流畅,洋洋洒洒,被认为是华而不实;恭敬诚恳,耿直周全,又被认为是笨拙而不成条理;广征博引,类推旁比,被认为是空而无用;义微言约,直率简略,不加修饰,又被认为是出口伤人而不善辩说;激烈明快而无所顾忌,触及他人隐情,被认为是中伤别人而不加谦让;宏大广博,高深莫测,又被认为是浮夸无用;谈论日常小事,琐碎陈说,被认为是浅薄;言辞切近世俗,遵循常规,又被认为是贪生而奉承君主;言辞异于世俗,怪异不同众人,被认为是荒唐;口才敏捷,富于文采,又被认为是不质朴;弃绝文献,诚朴陈说,被认为是粗俗;援引《诗》《书》,称道效法古代,又被认为是死记硬背。反正不论说什么,都难以得到别人或者君主的认可,这就是难言的原因。

　　所以，法则（观点）虽然正确，未必被听取；道理虽然完美，未必被采用（故度量虽正，未必听也；义理虽全，未必用也）。君主如果认为大臣的进言不可信，轻则看成是非议诽谤，重则是杀身之祸（则小者以为毁訾诽谤，大者患祸灾害死亡及其身）。伍子胥善于谋划，但吴国将他杀害；孔子善于言说，但在匡地遭到围攻；管仲贤明，但被鲁国囚禁。难道是这三个大夫都没有才干吗？还是他们的君主不贤明呢？上古的商汤，是极贤明的君主，伊尹，是极睿智的大臣。但是，这个极睿智的大臣去说服极贤明的君主，也是说了七十次还没有被接受。最后，伊尹只好亲自下厨为商汤做厨师，通过亲近才使得商汤熟悉并接受自己。因此，让最睿智的臣子去说服最圣明的君主，也不一定能够被接受（以至智说至圣，未必至而见受），伊尹说汤就是例子。让最睿智的臣子去说服愚蠢的君主，必然失败（以智说愚必不听），文王进说纣王就是例子。除此之外，还有更多的例子，例如比干被剖心、梅伯被剁成肉酱、管仲被囚禁、孙膑被砍脚、卫鞅在魏国不能被任用而逃奔秦国，……臣子一颗忠心，非但无法得到君主的接受，反而身死人手。这些大臣，都是世上仁贤忠良，能力突出之士，但不幸遇上愚昧昏庸的君主。这些圣贤之士为何不能逃脱死亡杀戮的命运呢？（此十数人者，皆世之仁贤忠良有道术之士也，不幸而遇悖乱暗惑之主而死，然则虽贤圣不能逃死亡避戮辱者何也？）原因是，愚蠢之人很难被说服，君子很难进言啊！忠言逆耳，不是圣贤的君主很难接受。希望大王您能仔细考虑（则愚者难说也，故君子难言也。且至言忤于耳而倒于心，非贤圣莫能听，愿大王熟察之也）。

　　说服别人，尤其是君主（或者领导、上级），是非常困难的。在现实中，像儒家那样，仅凭一腔热血、一颗忠心，是很难成功的，甚至有可能身死人手而不自知。所以，从务实的角度出发，一定要了解君主和领导的内心，但未必要无条件地逢迎。韩非子法术思想的目的其实和儒家并无二致，他也试图追求天下之大治，只不过他更加看到人性中愚昧和险恶的一面。这种愚昧和险恶，既包括君主，也包括大臣，还包括民众，所以，他更强调用务实的手段来实现天下大治。就这一点而言，韩非子和法家秉持政治现实主义，他们的目的，仍然是良善的，因为，邪恶的目的，在长期实践中无法持续。

爱 臣

爱臣太亲，必危其身

【原文】

爱臣太亲，必危其身；人臣太贵，必易主位；主妾无等，必危嫡子；兄弟不服，必危社稷；臣闻千乘之君无备，必有百乘之臣在其侧，以徙其民而倾其国；万乘之君无备，必有千乘之家在其侧，以徙其威而倾其国。是以奸臣蕃息，主道衰亡。是故诸侯之博大，天子之害也；群臣之太富，君主之败也。将相之管主而隆家，此君人者所外也。万物莫如身之至贵也，位之至尊也，主威之重，主势之隆也。此四美者，不求诸外，不请于人，议之而得之矣。故曰：人主不能用其富，则终于外也。此君人者之所识也。

昔者纣之亡，周之卑，皆从诸侯之博大也；晋也分也，齐之夺也，皆以群臣之太富也。夫燕、宋之所以弑其君者，皆此类也。故上比之殷周，中比之燕、宋，莫不从此术也。是故明君之蓄其臣也，尽之以法，质之以备。故不赦死，不宥刑；赦死宥刑，是谓威淫。社稷将危，国家偏威。是故大臣之禄虽大，不得藉威城市；党与虽众，不得臣士卒。故人臣处国无私朝，居军无私交，其府军不得私贷于家。此明君之所以禁其邪。是故不得四从，不载奇兵，非传非遽，载奇兵革，罪死不赦。此明君之所以备不虞者也。

【解读】

爱臣，并不意味着无原则地放纵和宠爱臣子，真正的爱臣，也需要对臣子进行防范、限制、监控，否则就会害臣、害君、害国。

对臣子过于宠爱，必定危及君主；臣子地位太高，必定取代君位；妻妾不分等级，必定危及嫡子；君主兄弟不服，必定危害国家（爱臣太亲，必危其身；人臣太贵，必易主位；主妾无等，必危嫡子；兄弟不服，必危社稷）。国君没有防备，强臣就会窥视在侧，因此诸侯强大就是天子的祸害；臣子太富就是君主的失败。将相控制君主使私家兴盛，这是君主万万不能允许的。万事万物中，没有比君身更高贵、比君位更尊崇、比君威更强大、比君权更隆盛的（万物莫如身之至贵也，位之至尊也，主威之重，主势之隆也）。这四种美好的东西，不能求助于外界或别人，否则就会被其所害，所以说，君主如果不能使用他的权力和财富，最终就会丧权失位。

过去商纣的灭亡，周朝的衰微，都因诸侯的强大；晋国被三分，齐国被篡权，都因群臣太富有。燕、宋臣子杀掉国君的原因，都属这一类。因此高明的君主蓄养他的臣下，完全依照法律办事，立足于防备，所以不赦免死囚，不宽恕罪犯，因为赦免死囚，宽恕罪犯，就会威势散失，国家危险，君权旁落。因此大臣的俸禄即使很多，但也不能任由他凭借地盘建立自己的威势；党羽即使很多，也不能拥有私人武装。臣子不准有私人朝会，在军中不准有私人交往，政府的军队不能借给私人使用（故人臣处国无私朝，居军无私交，其府军不得私贷于家）。这是明君用来禁止奸邪的办法。大臣出外不准有许多人马随从，不准在车上携带任何兵器；如果不是传递紧急文件，车上带有一件兵器的，判处死刑，决不赦免。这是明君用来防备意外的办法。

儒家强调人性本善，但在现实中，总是存在居心叵测的坏人奸臣，依靠礼乐教化也许能在长期中发挥作用，但在具体的任何一个时空，都必须防止坏人奸臣的破坏，尤其是对君主和大臣而言，更是如此。君主的地位和权势，在绝大多数人看来，可能是世界上最有吸引力的东西，奸臣为此而篡权弑君的比比皆是。因此，君主必须进行防范。由此可见，法家是典型的政治现实主义。

君主是否仁义，是否符合天命，也是一个非常重要的问题。儒家强调君主的统治应该符合仁义天命，法家并没有直接反对这一观点，但问题是，究竟什么是仁义天命，在短期内并没有一个明确的衡量标准。通过任何手段取得天下的人，在短期内都可以自封为天命所归。不论明君还是暴君，都可以运用法家思想，不论为善还是作恶，都需要运用高明的方法和策略。所以，后人往往强调了暴君利用法家思想维护其残暴统治的一面，并将法家批评为"为封建专制服务"。但事实上，明君仁君同样会面对邪恶，同样需要运用法家思想维护一个良性运转的社会。法家思想是一种工具，不论目的的好坏，都需要运用这一工具。一个好的目的，更需要运用有力的工具加以实现。

主　道

道者，万物之始，是非之纪也

【原文】

道者，万物之始，是非之纪也。是以明君守始以知万物之源，治纪以知善败之端。故虚静以待，令名自命也，令事自定也。虚则知实之情，静则知动者正。有言者自为名，有事者自为形，形名参同，君乃无事焉，归之其情。故曰：君无见其所欲，君见其所欲，臣自将雕琢；君无见其意，君见其意，臣将自表异。故曰：去好去恶，臣乃见素；去旧去智，臣乃自备。故有智而不以虑，使万物知其处；有贤而不以行，观臣下之所因；有勇而不以怒，使群臣尽其武。是故去智而有明，去贤而有功，去勇而有强。君臣守职，百官有常，因能而使之，是谓习常。故曰：寂乎其无位而处，漻乎莫得其所。明君无为于上，君臣竦惧乎下。明君之道，使智者尽其虑，而君因以断事，故君不穷于智；贤者敕其材，君因而任之，故君不穷于能；有功则君有其贤，有过则臣任其罪，故君不穷于名。是故不贤而为贤者师，不智而为智者正。臣有其劳，君有其成功，此之谓贤主之经也。

道在不可见，用在不可知君；虚静无事，以暗见疵。见而不见，闻而不闻，知而不知。知其言以往，勿变勿更，以参合阅焉。官有一人，勿令通言，则万物皆尽。函掩其迹，匿有端，下不能原；去其智，绝其能，下不能意。保吾所以往而稽同之，谨执其柄而固握之。绝其望，破其意，毋使人欲之，不谨其闭，不固其门，虎乃将在。不慎其事，不掩其情，贼乃将生。弑其主，代其所，人莫不与，故谓之虎。处其主之侧为奸臣，闻其主之忒，故谓之贼。散其党，收其余，闭其门，夺其辅，国乃无虎。大不可量，深不可测，同合刑名，审验法式，擅为者诛，国乃无贼。是故人主有五壅：臣闭其主曰壅，臣制财利曰壅，臣擅行令曰壅，臣得行义曰壅，臣得树人曰壅。臣闭其主，则主失位；臣制财利，则主失德；行令，

164

则主失制；臣得行义，则主失明；臣得树人，则主失党。此人主之所以独擅也，非人臣之所以得操也。

人主之道，静退以为宝。不自操事而知拙与巧，不自计虑而知福与咎。是以不言而善应，不约而善增。言已应，则执其契；事已增，则操其符。符契之所合，赏罚之所生也。故群臣陈其言，君以其主授其事，事以责其功。功当其事，事当其言，则赏；功不当其事，事不当其言，则诛。明君之道，臣不得陈言而不当。是故明君之行赏也，暖乎如时雨，百姓利其泽；其行罚也，畏乎如雷霆，神圣不能解也。故明君无偷赏，无赦罚。赏偷，则功臣惰其业；赦罚，则奸臣易为非。是故诚有功，则虽疏贱必赏；诚有过，则虽近爱必诛。疏贱必赏，近爱必诛，则疏贱者不怠，而近爱者不骄也。

【解读】

儒家讲道。北宋周敦颐、二程之后的儒学也被称为道学和理学，道和理合在一起成为道理。道家也讲道，道可道，非常道。法家的韩非在此也提出了他的"主道"，即君主之道。所谓道，其实就是做事的方法及其蕴含的规律。不同学派和学者，乃至任何一个人，都对这些方法和规律有着自己不同的认识。那么他们的这些不同的认识，究竟孰对孰错呢？如何才能找到或发现正确的道呢？这是一个非常重要的问题。对此一问题，笔者有这样几点简单的认识。第一，道具有存在性。任何事物，都有道、有理、有方法、有规律，炒菜做饭、打球运动、治国理政，概莫能外。第二，道具有差异性。这些道理、方法、规律，在不同的领域和事情上，存在着极大的不同。炒菜做饭的道理，肯定不同于打球运动的道理，也不同于治国理政的道理。第三，道具有同一性。这些看似不同的道理、方法、规律，也具有相似性和同一性，炒菜做饭的道理和治国理政的道理也有相似相通之处，所以老子才会说"治大国若烹小鲜"。第四，道可以被认识和掌握。认识和掌握这些道理、方法、规律的途径有两条：一是知，即学习，二是行，即实践。这两者的关系，其实也就是知与行的关系，先知后行、先行后知，还是知行合一，就成为认识和掌握规律的不同方法。第五，道需要被反省。任何人都可能自以为自己正确，自己掌握的道是真理，但实际上，任何人都有可能犯错误。随着人类认识的进步,今天的真理,在明天就有可能变成谬误(或至少有缺陷)——牛顿定理也并非永远正确的真理——所以,每个人都应该保持谨慎开放的心态,不断反省自己的观点和行为是否正确,并及时做出调整。

韩非子认为,道,是万物的本原,是非的标准(道者,万物之始,是非之纪也)。英明的君主,就必须把握事物的本原,明确是非的标准(明君守始以知万物之源,治纪以知善败之端)。君主必须虚无冷静地对待一切,然后事物就会自己确定自己的名分(故虚静以待,令名自命也,令事自定也)。虚无,才知道事件的实情;冷静,才知道行动的真相(虚则知实之情,静则知动者正)。因此,君主不能显现出他的欲望,也不能表达出他的意见,一旦他显现出他的欲望,表达出他的意见,臣子就会曲意迎合,君主反而无法知道事情的真相(君无见其所欲,君见其所欲,臣自将雕琢;君无见其意,君见其意,臣将自表异)。所以说:除去爱好,除去厌恶,臣下就会表现实情;除去成见,除去智慧,臣下就会自我警醒(去好去恶,臣乃见素;去旧去智,臣乃自备)。

君主之道,在于不能被臣下看透,不能被臣下了解。君主必须虚静无为,在暗中观察臣下的过失(道在不可见,用在不可知君;虚静无事,以暗见疵)。同时装作没有看见,装作没有听到,装作不知道(见而不见,闻而不闻,知而不知)。君主有五种情况可能被臣子蒙蔽:臣子控制了君主的信息,臣子控制了君主的财富和利益,臣子擅自下达命令,臣子私下给人好处,臣子私下扶植党羽(是故人主有五壅:臣闭其主曰壅,臣制财利曰壅,臣擅行令曰壅,臣得行义曰壅,臣得树人曰壅)。这些行为都是君主的专利,不能被人臣所操控。

君主之道,以静退为贵(人主之道,静退以为宝)。不亲自操持事务就可以知道臣下办事的巧拙,不亲自考虑事情就可以知道臣下谋事的祸福。因此君主不多说话,臣下反而能更好地谋事,不做规定,臣下反而能更好地办事。臣下已经提出主张,君主就以此为据;臣下已经做出事情,君主就以此为据。根据这些凭据,相应进行赏罚。

相对于儒家的人性本善而言,韩非及其法家以人性本恶为基础。君主掌握着天下最大的权力和财富,他的臣下并非全部都是良善之辈、仁义之人,他们必定会揣摩君主的喜好,隐藏自己的真实想法,甚至有可能篡权自立。在这种可能下,君主就必须以退为进,去好去恶,去旧去智,虚静无事,以暗见疵,静退为宝,这样才能做到明察秋毫,了解实情。现实的政治,本来就如此残酷,现实的人性,本来就如此复杂。这是典型的政治现实主义。相反,儒家认为,"小人闲居为不善,无所不至,见君子而后厌然,掩其不善,而着其善。人之视己,如见其肺肝然,则何益矣"(《礼记·大学》)。贤者一眼就能识破小人的奸邪。这还是过于夸大了贤者辨别真相的能力,小看了小人以及大奸大恶之徒虚伪掩饰的本领。当然,如果君主的本意是为了个人的独裁享乐,这样的法家就堕落成为专制的打手和护院,就成为维护专制统治的工具;相反,如果君主的本意是天下为公,这样的法家也就成了为天下苍生谋利的武器。只可惜,历朝历代的君主,由于公共性的缺乏,大多只是看到和用到法家为己为私的一面,而忽视它为民为公的另一面。历代有作为的改革者,例如王安石、张居正,就既是儒家,又是法家,儒法并重,才能做成一些大事。

有　度

国无常强,无常弱。奉法者强,则国强;奉法者弱,则国弱

【原文】

国无常强,无常弱。奉法者强,则国强;奉法者弱,则国弱。荆庄王并国二十六,开地三千里;庄王之泯社稷也,而荆以亡。齐桓公并国三十,启地三千里;桓公之泯社稷也,而齐以亡。燕襄王以河为境,以蓟为国,袭涿、方城,残齐,平中山,有燕者重,无燕者轻;襄王之泯社稷也,而燕以亡。魏安釐王攻燕救赵,取地河东;攻尽陶、魏之地;加兵于齐,私平陆之都;攻韩拔管,胜于淇下;睢阳之事,荆军老而走;蔡、召陵之事,荆军破;兵四布于天下,威行于冠带之国;安釐王死而魏以亡。故有荆庄、齐桓公,则荆、齐可以霸;有燕襄、魏安釐,则燕、魏可以强。今皆亡国者,其群臣官吏皆务所以乱而不务所以治也。其国乱弱矣,又皆释国法而私其外,则是负薪而救火也,乱弱甚矣!

故当今之时,能去私曲就公法者,民安而国治;能去私行行公法者,则兵强而敌弱。故审得失有法度之制者,加以群臣之上,则主不可欺以诈伪;审得失有权衡之称者,以听远事,则主不可欺以天下之轻重。今若以誉进能,则臣离上而下比周;若以党举官,则民务交而不求用于法。故官之失能者其国乱。以誉为赏,以毁为罚也,则好赏恶罚之人,释公行,行私术,比周以相为也。忘主外交,以进其与,则其下所以为上者薄也。交众、与多,外内朋党,虽有大过,其蔽多矣。故忠臣危死于非罪,奸邪之臣安利于无功。忠臣之所以危死而不以其罪,则良臣伏矣;奸邪之臣安利不以功,则奸臣进矣。此亡之本也。若是,则群臣废庆法而行私重,轻公法矣。数至能人之门,不一至主之廷;百虑私家之便,不一图主之国。属数虽多,非所尊君也;百官虽具,非所以任国也。然则主有人主之名,而实托于群臣之家也。故臣曰:亡国之廷无人焉。廷无人者,非朝廷之衰也;家务相益,不务厚国;大臣务相尊,而不务尊君;小臣俸禄养交,不以官为事。此其所以然者,由主之不上断于法,而信下为之也。故明主使法择人,不自举也;使法量功,不自度也。能者不可弊,败者不可饰,誉者不能进,非者弗能退,则君臣之间明辨而易治,故主仇法则可也。

贤者之为人臣,北面委质,无有二心。朝廷不敢辞贱,军旅不敢辞难;顺上之为,从主之法,虚心以待令,而无是非也。故有口不以私言,有目不以私视,而上尽制之。为人臣者,譬之若手,上以修头,下以修足;清暖寒热,不得不救;镆铘传体,不敢弗博感,无私贤哲之臣,无私事能之士。故民不越乡而交,无百里之感。贵贱不相逾,愚智提衡而立,治之至也。今夫轻爵禄,易去亡,以择其主,臣不谓廉。诈说逆法,倍主强谏,臣不谓忠。行惠施利,收下为名,臣不谓仁。离俗隐居,而以诈非上,臣不谓义。外使诸侯,内耗其国,伺其危险之陂,以恐其主曰:"交非我不亲,怨非我不解"。而主乃信之,以国听之。卑主之名以显其身,毁国之厚以利其家,臣不谓智。此数物者,险世之说也,而先王之法所简也。先王之法曰:"臣毋或作威,毋或作利,从王之指;无或作恶,从王之路。"古者世治之民,奉公法,废私术,专意一行,具以待任。

夫为人主而身察百官,则日不足,力不给。且上用目,则下饰观;上用耳,则下饰声;上用虑,则下繁辞。先王以三者为不足,故舍己能而因法数,审赏罚。先王之所守要，故法省而不侵。独制四海之内，聪智不得用其诈，险躁不得关其佞，奸邪无所依。远在千里外，不敢易其辞；势在郎中，不敢蔽善饰非；朝廷群下，直凑单微，不敢相逾越。故治不足而日有馀，上之任势使然之。

夫<u>人臣之侵其主也，如地形焉，即渐以往，使人主失端，东西易面而不自知。</u>故先王立司南以端朝夕。故明主使其群臣不游意于法之外，不为惠于法之内，动无非法。峻法，所以凌过游外私也；严刑，所以遂令惩下也。威不贰错，制不共门。威制共，则众邪彰矣；法不信，则君行危矣；刑不断，则邪不胜矣。故曰：巧匠目意中绳，然必先以规矩为度；上智捷举中事，必以先王之法为比。故绳直而枉木断，准夷而高科削，权衡县而重益轻，斗石设而多益少。<u>故以法治国，举措而已矣。法不阿贵，绳不挠曲。法之所加，智者弗能辞，勇者弗敢争。刑过不辟大臣，赏善不遗匹夫。</u>故矫上之失，诘下之邪，治乱决缪，绌羡齐非，一民之轨，莫如法。厉官威名，退淫殆，止诈伪，莫如刑。刑重，则不敢以贵易贱；法审，则上尊而不侵。上尊而不侵，则主强而守要，故先王贵之而传之。<u>人主释法用私，则上下不别矣。</u>

【解读】

国家如何才能富强？韩非子给出了他的回答。国家没有永久的强、也没有永久的弱。强力实行法制的国家就强，不强力实行法制的国家就弱（也可解释为执法者强，国家就强）（国无常强，无常弱。奉法者强，则国强；奉法者弱，则国弱）。[①] 齐楚燕韩赵魏，这些曾经的强国都衰弱了，是因为它们的群臣官吏都专干乱国之事（其群臣官吏皆务所以乱而不务所以治），无视国法，营私舞弊（释国法而私其外），这就是国家衰败的根源。

---

① 法治和法制，具有很大的区别。许多学者认为韩非和法家实行的是法制，而非现代意义上的法治。法治，意味着良法之治，要求所有社会成员，包括立法者、统治者都要受到法律的约束，没有人可以凌驾于法律之上。这种法，是公共的法。法制，既包括良法之制，也包括恶法之制，立法者和统治者可能凌驾于法律之上，不受法律的约束，法律是他们管控社会成员的工具。这种法，是私人的法。韩非的法制，也要求君主和执法者应该遵守法律，因此在此并未清晰区分法制与法治。

　　所以当今之时,能去除私欲,运用公法的国家,就会民安而国治;能去除私行,运用公法的国家,就会兵强而敌弱(故当今之时,能去私曲就公法者,民安而国治;能去私行行公法者,则兵强而敌弱)。所以明察得失,用法律制度来管理和规范臣子,用明确的标准来决策远方的事情,君主就不会被蒙蔽,就会明白天下事情的轻重缓急(故审得失有法度之制者,加以群臣之上,则主不可欺以诈伪;审得失有权衡之称者,以听远事,则主不可欺以天下之轻重)。

　　韩非非常痛恨大臣谋求私人利益、结党营私,强调法制的公共性对于国家富强的重要性。群臣无视公法,注重私利,奔走于权臣的门下,不到君主的朝堂,千方百计地考虑自家利益,不考虑国家的利益(群臣废庆法而行私重,轻公法矣。数至能人之门,不一至主之廷;百虑私家之便,不一图主之国),这是国家富强的大忌,国家败亡的前兆。对于臣子而言,即使他非常贤德能干,但也不要因私而重用他(无私贤哲之臣,无私事能之士)。老百姓不私下交往,没有远道奔走的担忧,贵贱、愚智各得其所,这是治理的最高境界(故民不越乡而交,无百里之感。贵贱不相逾,愚智提衡而立,治之至也)。

　　君主如果亲自考察百官,就会时间不够,精力不足。而且君主如果用眼睛看,臣子就会修饰外表;君主用耳朵听,臣子就会修饰言辞;君主用脑子想,臣子就会夸夸其谈(且上用目,则下饰观;上用耳,则下饰声;上用虑,则下繁辞)。仅仅使用这三种器官都不足以准确地了解臣子,所以必须放弃自己的才能而依赖法术,严明赏罚。

　　臣子侵害君主,就像行路时的地形一样,由近及远,地形渐变,君主逐渐迷失方向,自己却不知道(夫人臣之侵其主也,如地形焉,即渐以往,使人主失端,东西易面而不自知)。所以先王设置指南仪器来判断东西方向。明君不允许他的群臣在法律之外行动,只能在法令规定的范围内谋求利益,举动就没有不合法的。峻法,是用来禁止犯罪、排除私欲的;严刑,是用来贯彻法令、惩办臣下的(峻法,所以凌过游外私也;严刑,所以遂令惩下也)。威势不能分置,权力不能同享。威势和权力与别人同享,奸臣就会公然活动;法令不坚定,君主的行为就危险;刑罚不果断,就不能战胜奸邪。君主如果不用法制,而用私人的好恶情感来治理天下,上下就没有分别和规矩(人主释法用私,则上下不别矣)。

　　用现代信息不对称理论来分析,法家其实充分认识到了管理或治理过程中的信息不对称。由于君主和臣子之间存在严重的信息不对称,君主掌握权力和财富,但不知道臣子的真实品行、想法和意图,双方的目标又不完全一致,臣子就存在欺骗或蒙蔽君主的可能。因此,韩非强调用客观的法制来代替君主的主观判断。这确实可以解决一部分信息不对称的问题。然而,在社会生活中也存在很多模糊的难以用法制规范的领域,例如生活习惯、思想意识、家庭生活等,如果将严刑峻法推广到一切社会领域,那么这个社会也会显得严酷而苛刻,缺少私人空间和自由氛围。因此,法制也有它的适用范围,它可以对社会生活中的重大原则问题进行规定,但在思想、文化、家庭等领域,也应该保留足够的私人空间。

　　韩非及其法家也忽视了另一个问题,即良法和恶法的区分。韩非的法,主要体现了君主的意志,是君主用来管理臣子和臣民的工具。但是,君主本身应该仁义,与民同心,天下为公,如果君主本身不仁义,他的法背离了民众的意愿,背离了儒家的仁义原则,那么这种法就堕落为恶法,成为维护君主专制的工具,法治也就退化为法制。这种法制也许能够在短期内成功维护君主专制,但必定在长期内丧失民心而招致失败。这也是秦国依靠法制一统天下后,二世而亡的原因所在。良法则是得到广大民众接受和认可的法,是符合儒家仁义原则的法,是适应社会长期发展需要的法,这种法和儒家的礼只有表现形式上的区别,并没有实质上的不同。法治和德治,法家和儒家,应该相互结合,在不同的领域和时期,分别发挥各自的作用。作为伟大的思想家,韩非其实隐含地表达了他的法治是良法之治,君主应当是天下为公的仁义之君。在《孤愤》篇中,他写道:"智术之士,必远见而明察,不明察,不能烛私;能法之士,必强毅而劲直,不劲直,不能矫奸",君主和贤臣要面对的,是"无令而擅为,亏法以利私,耗国以便家,力能得其君"的大奸大恶之人。对付这样的人,必须运用法术的力量。

二　柄

二柄者,刑德也

【原文】

　　明主之所导制其臣者,二柄而已矣。二柄者,刑德也。何谓刑德? 曰:杀戮之谓刑,庆赏之谓德。为人臣者畏诛罚而利庆赏,故人主自用其刑德,则群臣畏其威而归其利矣。故世之奸臣则不然,所恶,则能得之其主而罪之;所爱,则能得之其主而赏之;今人主非使赏罚之威利出于已也,听其臣而行其赏罚,则一国之人皆畏其臣而易其君,归其臣而去其君矣。此人主失刑德之患也。夫虎之所以能服狗者,爪牙也。使虎释其爪牙而使狗用之,则虎反服于狗矣。人主者,以刑德制臣者也。今君人者释其刑德而使臣用之,则君反制于臣矣。故田常上请爵禄而行之群臣,下大斗斛而施于百姓,此简公失德而田常用之也,故简公见弑。子罕谓宋君曰:"夫庆赏赐予者,民之所喜也,君自行之;杀戮刑罚者,民之所恶也,臣请当之。"于是宋君失刑百子罕用之,故宋君见劫。田常徒用德而简公弑,子罕徒用刑而宋君劫。故今世为人臣者兼刑德而用之,则是世主之危甚于简公、宋君也。故劫杀拥蔽之,主非失刑德而使臣用之,而不危亡者,则未尝有也。

　　人主将欲禁奸,则审合刑名者,言异事也。为人臣者陈而言,君以其言授之事,专以其事责其功。功当其事,事当其言,则赏;功不当其事,事不当其言,则罚。故群臣其言大而功小者则罚,非罚小功也,罚功不当名也;群臣其言小而功大者亦罚,非不说于大功也,以为不当名也害甚于有大功,故罚。昔者韩昭侯醉而寝,典冠者见君之寒也,故加衣于君之上,觉寝而说,问左右曰:"谁加衣者?"左右对曰:"典冠。"君因兼罪典衣与典冠。其罪典衣,以为失其事也;其罪典冠,以为越其职也。非不恶寒也,以为侵官之害甚于寒。故明主之畜臣,臣不得越官而有功,不得陈言而不当。越官则死,不当则罪。守业其官,所言者贞也,则群臣不得朋党相为矣。

人主有二患：任贤，则臣将乘于贤以劫其君；妄举，则事沮不胜。故人主好贤，则群臣饰行以要群欲，则是群臣之情不效；群臣之情不效，则人主无以异其臣矣。故越王好勇而民多轻死；楚灵王好细腰而国中多饿人；齐桓公妒外而好内，故竖刁自宫以治内；桓公好味，易牙蒸其子首而进之；燕子哙好贤，故子之明不受国。故君见恶，则群臣匿端；君见好，则群臣诬能。人主欲见，则群臣之情态得其资矣。故子之托于贤以夺其君者也，竖刁、易牙，因君之欲以侵其君者也。其卒，子哙以乱死，桓公虫流出户而不葬。此其故何也？人君以情借臣之患也。人臣之情非必能爱其君也，为重利之故也。今人主不掩其情，不匿其端，而使人臣有缘以侵其主，则群臣为子之、田常不难矣。故曰："去好去恶，群臣见素。"群臣见素，则大君不蔽矣。

【解读】

二柄，就是君主控制臣下的两种手段——刑德。刑，就是杀戮，或者惩罚；德，就是奖励（杀戮之谓刑，庆赏之谓德）。君主应该掌控这两种手段，不能让它们落到臣子的手中，否则，就可能会被篡位失身。君主要做到赏罚分明，天下就自然而然能够得到治理。韩非在此给出了一个著名的例子。韩昭侯喝醉酒睡着了，掌帽官（典冠）担心他受凉，就给他身上盖了衣服。韩昭侯睡醒后很高兴，问近侍说："盖衣服的是谁？"近侍回答说："掌帽官。"但是，昭侯非但没有奖赏掌帽官，反而同时处罚了掌衣官和掌帽官。他的理由是，处罚掌衣官，是因为掌衣官失职；处罚掌帽官，是因为掌帽官越权。不是不担心寒冷，而是因为失职和越权的危害超过了寒冷。

胡萝卜与大棒，赏与罚，确实是两种简单有效的激励手段。然而，人性是复杂的，有的时候，即使有些事会威胁人们的生命，人们也可能会勇往直前；有的时候，即使奖励黄金万两，也未必能够真正收买人心。刑德的使用，还是应该针对具体的对象和情境。这也是现代管理学中权变理论的观点。

在一个法律制度严密而完整的背景下，确实应该各司其职，行赏论罚。但在现实中，法律制度永远都不可能是完全严密、覆盖无遗的。法律是否有规定掌帽官不负责掌衣，掌衣冠不负责掌帽？是否可以给他们一定的自由裁量权？在这种法律没有详细规定的领域，就是道德发挥作用的空间。如果昭侯因为受寒而生病甚至死去，那么掌衣官毫无疑问应该受罚，但掌帽官明明可以给他掌衣而未掌，是否也应连带受罚呢？进而，在现代社会，我们需要去助人为乐吗？需要去做那些法律没有要求我们去做，但对社会有益的事情吗？当然应该。但与此同时，法律也可以更加精确地规定每一个人、每一种职业的责任。法律的固定性和灵活性，需要进行适当的平衡。

臣子的文过饰非的能力远远超出君主的想象，君主必须对这种情况有充分的认知和准备。君主如果喜好贤能，群臣就会粉饰言行来显示贤能。越王喜好勇敢，以致民众大都轻视死亡（越王好勇而民多轻死）。楚灵王喜爱细腰的美女，结果国内就有许多甘愿挨饿的女子（楚灵王好细腰而国中多饿人）。齐桓公心性妒忌而爱好女色，所以竖刁就自行阉割以便执掌内宫。齐桓公爱好美味，易牙就可以蒸了自己儿子的脑袋去进献美味。燕王哙喜欢贤名，所以子之表面上不接受君位。君主如果流露出厌恶的情绪，群臣马上就会掩盖实情；君主如果流露出喜好的情绪，群臣马上就会假装逢迎，君主的欲望一旦表现出来，群臣的表演马上就有了目的（故君见恶，则群臣匿端；君见好，则群臣诬能。人主欲见，则群臣之情态得其资矣）。最后的结果是，燕国动乱，燕王哙身死，齐桓公死后直到蛆虫爬出门外也得不到安葬。这是什么原因呢？是君主把真情流露给了臣下而招致的祸害。臣下不一定真正爱戴他的君主，他们喜爱的是重利（人君以情借臣之患也。人臣之情非必能爱其君也，为重利之故也）。所以说：君主不要表露出自己的喜好，就会发现群臣的真实面目（去好去恶，群臣见素）。群臣见素，国君就不会被蒙蔽了。

在现代社会，上下级之间的关系肯定不像韩非子所说的那样极端而恐怖。但是，信息不对称同样存在，下级伪装掩饰的能力远远超过上级的想象。所以，一个聪明睿智的管理者必须不露声色，明察秋毫，在长期中观察员工和属下的行为和表现，防止受到蒙蔽。

八　奸

凡人臣之所道成奸者有八术

【原文】

凡人臣之所道成奸者有八术：<u>一曰同床，二曰在旁，三曰父兄，四曰养殃，五曰民萌，六曰流行，七曰威强，八曰四方。</u>

何谓同床？曰：贵夫人，爱孺子，便僻好色，此人主之所惑也。托于燕处之虞，乘醉饱之时，而求其所欲，此必听之术也。为人臣者内事之以金玉，使惑其主，此之谓"同床"。二曰在旁。何谓在旁？曰：优笑侏儒，左右近习，此人主未命而唯唯，未使而诺诺，先意承旨，观貌察色以先主心者也。此皆俱进俱退，皆应皆对，一辞同轨以移主心者也。为人臣者内事之以金玉玩好，外为之行不法，使之化其主，此之谓"在旁"。三曰父兄。何谓父兄？曰：侧室公子，人主之所亲爱也；大臣廷吏，人主之所与度计也。此皆尽力毕议，人主之所必听也。为人臣者事公子侧室以音声子女，收大臣廷吏以辞言，处约言事，事成则晋爵益禄，以劝其心，犯其主，此之谓"父兄"。四曰养殃。何谓养殃？曰：人主乐美宫室台池，好饰子女狗马以娱其心，此人主之殃也。为人臣者尽民力以美宫室台池，重赋敛以饰子女狗马，以娱其主而乱其心，从其所欲，而树私利其间，此谓"养殃"。五曰民萌。何谓民萌？曰：为人臣者散公财以说民人，行小惠以取百姓，使朝廷市井皆劝权誉己，以塞其主而成其所欲，此之谓"民萌"。六曰流行。何谓流行？曰：人主者，固壅其言谈，希于听论议，易移以辩说。为人臣者求诸侯之辩士，养国中之能说者，使之以语其私。为巧文之言，流行之辞，示之以利势，惧之以患害，施属虚辞以坏其主，此之谓"流行"。七曰威强。何谓威强？曰：君人者，以群臣百姓为威强者也。群臣百姓之所善，则君善之；非群臣百姓之所善，则君不善之。为人臣者，聚带剑之客，养必死之士，以彰其威，明焉己者必利，不为己者必死，以恐其群臣百姓而行其私，此之谓"威强"。八曰四方。何谓四方？曰：君人者，国小，则事大国；兵弱，则畏强兵。大国之所索,小国必听;强兵之所加,弱兵必服。为人臣者,重赋敛,尽府库,虚其国以事大国,而用其威求诱其君;甚者举兵以聚边境而制敛于内,薄者数内大使以震其君,使之恐惧,此之谓"四方"。凡此八者,人臣之所以道成奸,世主所以壅劫,失其所有也,不可不察焉。

明君之于内也,娱其色而不行其谒,不使私请。其于左右也,使其身必责其言,不使益辞。其于父兄大臣也,听其言也必使以罚任于后,不令妄举。其于观东玩好也,必令之有所出,不使擅进擅退,不使群臣虞其意。其于德施也,纵禁财,发坟仓,利于民者,必出于君,不使人臣私其德。其于说议也,称誉者所善,毁疵者所恶,必实其能,察其过,不使群臣相为语。其于勇力之士也,军旅之功无逾赏,邑斗之勇无赦罪,不使群臣行私财。其于诸侯之求索也,法则听之,不法则距之。则谓亡君者,非莫有其国也,而有之者,皆非已有也。令臣以外为制于内,则是君人者亡也。听大国为救亡也,而亡亟于不听,故不听。群臣知不听,则不外诸侯,诸侯知不听,则不受臣之诬其君矣。

明主之为官职爵禄也,所以进贤材劝有功也。故曰:贤材者处厚禄任大官;功大者有尊爵受重赏。官贤者量其能,赋禄者称其功。是以贤者不诬能以事其主,有功者乐进其业,故事成功立,今则不然,不课贤不肖,不论有功劳,用诸侯之重,听左右之谒,父兄大臣上请爵禄于上,而下卖之以收财利及以树私党。故财利多者买官以为贵,有左右之交者请谒以成重。功劳之臣不论,官职之迁失谬。是以吏偷官而外交,弃事而亲财。是以贤者懈怠而不劝,有功者隳而简其业,此亡国之风也。

【解读】

君主握有巨大的权力和财富,尽管儒家认为这种权力和财富实际上来自于上天和人民,不能够随意滥用,但在现实中,君主滥用这些权力和财富的后果需要很长时间才能显现出来。因此,君主身边的奸臣会采用各种方法诱惑君主,分享甚至篡夺君主的权力和财富。这些方法主要有八种:一曰同床,二曰在旁,三曰父兄,四曰养殃,五曰民萌,六曰流行,七曰威强,八曰四方。所谓同床,就是用女色来诱惑君主。所谓在旁,就是利用倡优侏儒、亲信侍从来逢迎君主,这种人善于领会君主意图,察言观色,给君主进献好玩的器物,在外则蒙蔽君主贪赃枉法。所谓父兄,是指君主的亲戚,他们是君主的亲人,大多也是大臣,用亲戚关系来影响君主,在外狐假虎威。所谓养殃,是指奸臣给君主进献宫殿台池、美女、珍禽异兽,这些其实都是君主的灾祸。所谓民萌,就是奸臣用小恩小惠收买民心,形成有利于自己的舆论声势,达到自己不可告人的目的。所谓流行,是指奸臣招募一些能言善辩之士,将他们介绍给君主,用各种不实的言辞扰乱君主。所谓威强,是指君主本来应该以群臣百姓的喜好为自己的喜好,但奸臣也可以豢养一些死士,恐吓群臣百姓,以达到自己的私意。所谓四方,就是奸臣私自结交大国,利用大国来威逼利诱本国君主。

由于君主拥有巨大的权力和财富,他的身边会聚集各种各样、居心叵测的臣下,闭塞他的言路和信息渠道,腐蚀他的心智和理想。君主必须对这些情况有充分的认知,同时,更应该如儒家所主张的那样,格物致知诚意正心,用公心去战胜自己的私心,用道心控制人心,才能明辨是非,实现天下大治。但由于面对巨大的权力和财富的诱惑,君主或显贵之人要做到这一点,相对于普通人而言,就更加不易。

现代社会的最高执政者所面临的困难也许不如韩非所言的那样极端,信息来源渠道远比传统社会丰富多元,所受到的教育水平和理性程度远远高于传统社会的统治者,但是,信息不对称仍然存在,下属的粉饰或者欺瞒仍然普遍,各种对于执政者的诱惑有增无减,所以,韩非的思想和观点仍然具有强大的现实意义。

十　过

行小忠,则大忠之贼也

【原文】

十过:一曰行小忠,则大忠之贼也。二曰顾小利,则大利之残也。三曰行僻自用,无礼诸侯,则亡身之至也。四曰不务听治而好五音,则穷身之事也。

五曰贪愎喜利,则灭国杀身之本也。六曰耽于女乐,不顾国政,则亡国之祸也。七曰离内远游而忽于谏士,则危身之道也。八曰过而不听于忠臣,而独行其意,则灭高名为人笑之始也。九曰内不量力,外恃诸侯,则削国之患也。十曰国小无礼,不用谏臣,则绝世之势也。

（略）。

【解读】

韩非给出了作为君主或臣子最可能犯下的十种过失。第一种是献小忠,但忘记大忠,对君主的逢迎就是小忠,劝谏才是大忠。第二种是贪图小利,忘记大利。在假道伐虢的故事中,虞国国君贪图宝马和美玉,借道于晋,晋灭虢后,顺带灭虞,复得宝马和美玉。虞国国君就是贪小利而忘大利的典型。第三种是行为孤僻自傲,对诸侯无礼。第四种是不顾国家大事,沉溺玩乐。第五种是贪心、刚愎。第六种是沉迷于女色。第七种是随意离开国家,到远方游玩。第八种是不听忠臣的劝谏,自以为是,刚愎自用。第九种是自不量力,盲目依靠大国。第十种是国家小,又对大国无礼。

这十种过错其实不仅仅是针对国君或者大臣而言的,对于我们每一个人在社会上安身立命,都具有很强的借鉴意义。例如,要善于区分小忠、大忠、小利、大利,不能见利忘义,见小利忘大利;义,往往就是最大的利;对任何一个人都应该以礼相待,更不能盲目地对有权有势的人无礼;不能沉溺于玩乐和女色,不能玩物丧志;要善于听取别人的意见;等等。这些原则,都需要我们在实践中摸索、体会和实践。

孤 愤

智术之士,必远见而明察,不明察,不能烛私

【原文】

智术之士,必远见而明察,不明察,不能烛私;能法之士,必强毅而劲直,不

劲直,不能矫奸。人臣循令而从事,案法而治官,非谓重人也。重人也者,无令而擅为,亏法以利私,耗国以便家,力能得其君,此所为重人也。智术之士明察,听用,且烛重人之阴情;能法之直到劲直,听用,矫重人之奸行。故智术能法之士用,则贵重之臣必在绳之外矣。是智法之士与当涂之人,不可两存之仇也。

当涂之人擅事要,则外内为之用矣。是以诸侯不因,则事不应,故敌国为之讼;百官不因,则业不进,故群臣为之用;郎中不因,则不得近主,故左右为之匿;学士不因,则养禄薄礼卑,故学士为之谈也。此四助者,邪臣之所以自饰也。重人不能忠主而进其仇,人主不能越四助而烛察其臣,故人主愈弊而大臣愈重。

凡当涂者之于人主也,希不信爱也,又且习故。若夫即主心,同乎好恶,因其所自进也。官爵贵重,朋党又众,而一国为之讼。则法术之士欲干上者,非有所信爱之亲,习故之泽也,又将以法术之言矫人主阿辟之心,是与人主相反也。处势卑贱,无党孤特。夫以疏远与近爱信争,其数不胜也;以新旅与习故争,其数不胜也;以反主意与同好恶争,其数不胜也;以轻贱与贵重争,其数不胜也;以一口与一国争,其数不胜也。法术之士操五不胜之势,以发数而又不得见;当涂之人乘五胜之资,而旦暮独说于前。故法术之士奚道得进,而人主奚时得悟乎?故资必不胜而势不两存,法术之士焉得不危?其可以罪过诬者,以公法而诛之;其不可被以罪过者,以私剑而穷之。是明法术而逆主上者,不戮于吏诛,必死于私剑矣。朋党比周以弊主,言曲以使私者,必信于重人矣。故其可以攻伐借者,以官爵贵之;其不可借以美名者,以外权重之。是以弊主上而趋于私门者,不显于官爵,必重于外权矣。今人主不合参验而行诛,不待见功而爵禄,故法术之士安能蒙死亡而进其说?奸邪之臣安肯乘利而退其身?故主上愈卑,私门益尊。

夫越虽国富兵强,中国之主皆知无益于己也,曰:"非吾所得制也。"今有国者虽地广人众,然而人主壅蔽,大臣专权,是国为越也。智不类越,而不智不类其国,不察其类者也。人之所以谓齐亡者,非地与城亡也,吕氏弗制而田氏用之;所以谓晋亡者,亦非地与城亡也,姬氏不制而六卿专之也。今大臣执柄独断,而上弗知收,是人主不明也。与死人同病者,不可生也;与亡国同事者,不可存也。今袭迹于齐、晋,欲国安存,不可得也。

凡法术之难行也,不独万乘,千乘亦然。人主之左右不必智也,人主于人有所智而听之,因与左右论其言,是与愚人论智也;人主之左右不必贤也,人主于人有所贤而礼之,因与左右论其行,是与不肖论贤也。智者决策于愚人,贤士程行于不肖,则贤智之士羞而人主之论悖矣。人臣之欲得官者,其修士且以精洁固身,其智士且以治辩进业。其修士不能以货赂事人,恃其精洁而更不能以枉法为治,则修智之士不事左右、不听请谒矣。人主之左右,行非伯夷也,求索不得,货赂不至,则精辩之功息,而毁诬之言起矣。治辩之功制于近习,精洁之行决于毁誉,则修智之吏废,则人主之明塞矣。不以功伐决智行,不以参伍审罪过,而听左右近习之言,则无能之士在廷,而愚污之吏处官矣。

万乘之患,大臣太重;千乘之患,左右太信;此人主之所公患也。且人臣有大罪,人主有大失,臣主之利与相异者也。何以明之哉? 曰:主利在有能而任官,臣利在无能而得事;主利在有劳而爵禄,臣利在无功而富贵;主利在豪杰使能,臣利在朋党用私。是以国地削而私家富,主上卑而大臣重。故主失势而臣得国,主更称蕃臣,而相室剖符。此人臣之所以谲主便私也。故当也之重臣,主变势而得固宠者,十无二三。是其故何也? 人臣之罪大也。臣有大罪者,其行欺主也,其罪当死亡也。智士者远见而畏于死亡,必不从重人矣;贤士者修廉而羞与奸臣欺其主,必不从重臣矣,是当涂者徒属,非愚而不知患者,必污而不避奸者也。大臣挟愚污之人,上与之欺主,下与之收利侵渔,朋党比周,相与一口,惑主败法,以乱士民,使国家危削,主上劳辱,此大罪也。臣有大罪而主弗禁,此大失也。使其主有大失于上,臣有大罪于下,索国之不亡者,不可得也。

【解读】

《孤愤》是韩非子的名篇,篇如其名,充分阐释了以韩非子为代表的法术之士在面对大奸大恶时孤独愤慨的心情。在如此艰难险恶的环境中,儒家的安贫乐道、敦敦教化,或者独善其身似乎都显得苍白无力。只有依靠法家的坚强决心、霹雳手段和雷霆力量，才能扫除奸邪，实现大治。当然，这种霹雳手段和雷霆力量，也可以被理解为儒家的大智大勇，南方之强，北方之强。从这一点上，儒家强调日常状态的礼乐教化与法家强调特殊时期的非常手段，侧重点不同，但并没有实质的区别。

通晓统治策略的人，必须见识高远且明察秋毫；否则，就无法发现阴私。能干且推行法制的人，必须坚决果断、刚强正直，否则，就不能矫正邪恶（智术之士，必远见而明察，不明察，不能烛私；能法之士，必强毅而劲直，不劲直，不能矫奸）。普通的大臣只是遵循国家的法令做事，他们不能被称为"重人"，所谓重人，指的是那些无视法律而独断专行，破坏法律为私人牟利，损害国家来便利自家，甚至能够影响控制君主的人，他们才叫做重人（重人也者，无令而擅为，亏法以利私，耗国以便家，力能得其君，此所为重人也）。智术之士如果能够执掌权力，必然要打击重人，重人如果执掌权力，智术之士必然没有容身之地，因此，智术之士和重人是不可共存的仇敌（是智法之士与当涂之人，不可两存之仇也）。

因为重臣（重人）执掌内政外交，会有很多帮凶替他们摇旗呐喊，包括外国诸侯、各级官员、君主的侍从、学者、甚至部分百姓。原因在于，如果不通过重臣，外国诸侯就无法办成外交大事，所以外国诸侯会为他们说话（诸侯不因，则事不应，故敌国为之讼）；大臣如果不顺从重臣，就很难得到进一步的提拔，因此会为其所用（百官不因，则业不进，故群臣为之用）；小官如果不顺从重臣，则无法接近主上，因此也会为重臣隐匿其不法作为（郎中不因，则不得近主，故左右为之匿）；学者如果不顺从重臣，就会俸禄微薄，因此学者也会为他们说话（学士不因，则养禄薄礼卑，故学士为之谈）君主如果不能越过这些帮凶来洞察他的臣下，君主就会越来越受到蒙蔽，而重臣的权势也会越来越大（人主不能越四助而烛察其臣，故人主愈弊而大臣愈重）。

智术之士和重臣相比，处于非常危险不利的境地。重臣的地位高，和君主更加亲密，有许多人替他们说话，而智术之士地位低，和君主疏远，又要用法术言论矫正君主的偏邪之心，没有同党，孤立无援。因此，重臣对那些可用罪状诬陷的智术之士，就用国家法律来公开地诛杀；对那些不能诬加罪名的，就用刺客来暗算。所以那些忠心劝谏的智术之士,要么被公开处死,要么被秘密暗杀(其可以罪过诬者,以公法而诛之;其不可被以罪过者,以私剑而穷之。是明法术而逆主上者,不戮于吏诛,必死于私剑矣)。

韩非子的《孤愤》篇,恰如其分地描绘了政治的险恶和官场的黑暗。在这样的背景下,就不难理解儒家孔孟之道实施的艰难。要破解这一难题,首先是君主自身的正直与睿智。正直可以保证君主不受重臣的腐蚀,睿智可以保证君主不受重臣的蒙蔽。其次,君主还必须建立一套可持续的制度,保证接班人或继位者同样具有正直和睿智的品质。世袭制很难成功,我国历代王朝都非常重视对继承人的优良品质的培养,但在现实中昏庸的继承人屡见不鲜,最终导致国家的覆亡。再次,整个社会中的所有人,包括智术之士和当涂之人,都应该认识到,私利无法治国,当涂之人即使能够暂时杀戮智术之士,进而操控整个国家,但他们最终仍然要传承其统治,仍然要依靠仁义和公利来治理天下。

说　难

凡说之难,在知所说之心,可以吾说当之

【原文】

凡说之难,非吾知之有以说之之难也,又非吾辩之能明吾意之难也,又非吾敢横失而能尽之难也。**凡说之难,在知所说之心,可以吾说当之。**所说出于为名高者也,而说之以厚利,则见下节而遇卑贱,必弃远矣。所说出于厚利者也,而说之以名高,则见无心而远事情,必不收矣。所说阴为厚利而显为名高者也,而说之以名高,则阳收其身而实疏之;说之以厚利,则阴用其言显弃其身矣。此不可不察也。

夫事以密成,语以泄败。未必其身泄之也,而语及所匿之事,如此者身危。彼显有所出事,而乃以成他故,说者不徒知所出而已矣,又知其所以为,如此者身危。夫异事而当,知者揣之外而得之,事泄于外,必以为己也,如此者身危。

周泽未渥也，而语极知，说行而有功，则德忘；说不行而有败，则见疑，如此者身危。贵人有过端，而说者明言礼义以挑其恶，如此者身危。贵人或得计而欲自以为功，说者与知焉，如此者身危。强以其所不能为，止以其所不能已，如此者身危。故与之论大人，则以为间己矣；与之论细人，则以为卖重。论其所爱，则以为借资；论其所憎，则以为尝己也，径省其说，则以为不智而拙之；米盐博辩，则以为多而交之。略事陈意，则曰怯懦而不尽；虑事广肆，则曰草野而倨侮。此说之难，不可不知也。

　　凡说之务，在知饰所说之所矜而灭其所耻。彼有私急也，必以公义示而强之。其意有下也，然而不能已，说者因为之饰其美而少其不为也。其心有高也，而实不能及，说者为之举其过而见其恶，而多其不行也。有欲矜以智能，则为之举异事之同类者，多为之地，使之资说于我，而佯不知也以资其智。欲内相存之言，则必以美名明之，而微见其合于私利也。欲陈危害之事，则显其毁诽而微见其合于私患也。誉异人与同行者，规异事与同计者。有与同污者，则必以大饰其无伤也；有与同败者，则必以明饰其无失也。彼自多其力，则毋以其难概之也；自勇其断，则无以其谪怒之；自智其计，则毋以其败穷之。大意无所拂悟，辞言无所击摩，然后极骋智辩焉。此道所得，亲近不疑而得尽辞也。伊尹为宰，百里奚为虏，皆所以干其上也。此二人者，皆圣人也；然犹不能无役身以进，如此其污也！今以吾言为宰虏，而可以听用而振世，此非能仕之所耻也。夫旷日离久，而周泽既渥，深计而不疑，引争而不罪，则明割利害以致其功，直指是非以饰其身，以此相持，此说之成也。

　　昔者郑武公欲伐胡，故先以其女妻胡君以娱其意。因问于群臣："吾欲用兵，谁可伐者？"大夫关其思对曰："胡可伐。"武公怒而戮之，曰："胡，兄弟之国也。子言伐之，何也？"胡君闻之，以郑为亲己，遂不备郑。郑人袭胡，取之。宋有富人，天雨墙坏。其子曰："不筑，必将有盗。"其邻人之父亦云。暮而果大亡其财。其家甚智其子，而疑邻人之父。_此二人说者皆当矣，厚者为戮，薄者见疑，则非知之难也，处知则难也。_故绕朝之言当矣，其为圣人于晋，而为戮于秦也，此不可不察。

　　昔者弥子瑕有宠于卫君。卫国之法：窃驾君车者刖。弥子瑕母病，人间往夜告弥子，弥子矫驾君车以出。君闻而贤之，曰："教哉！为母之故，亡其刖罪。"异日，与君游于果园，食桃而甘，不尽，以其半啖君。君曰："爱我哉！亡其口味以啖寡人。"及弥子色衰爱弛，得罪于君，君曰："是固尝矫驾吾车，又尝啖我以馀桃。"故弥子之行未变于初也，而以前之所以见贤而后获罪者，爱憎之变也。故有爱于主，则智当而加亲；有憎于主，则智不当见罪而加疏。故谏说谈论之士，不可不察爱憎之主而后说焉。

夫龙之为虫也，柔可狎而骑也；然其喉下有逆鳞径尺，若人有婴之者，则必杀人。人主亦有逆鳞，说者能无婴人主之逆鳞，则几矣。

【解读】

《说难》是韩非子最为重要的篇章之一。说(shuì)，四声，说服。说难不是指说话很难，而是指说服别人，尤其是说服君主或者领导很难。相对于儒家的以仁义说服君主而言，韩非认为，君主的真实心意很难猜测，人性复杂，并非每一个君主都是圣明的君主，都愿意以天下苍生为念。不了解君主的真实想法，又怎样能够成功地得到他们的信任和授权而治国理政呢？

说服君主很难，不是难在我不知道说什么，也不是难在我说的不清楚，也不是难在我说的不够雄辩而没有说服力。真正的难处在于，我不知道我试图说服的君主的心里，究竟想要什么(凡说之难，在知所说之心，可以吾说当之)。如果他想要的是名誉，我却说的是厚利，他就会认为我很下贱卑鄙，而抛弃我(所说出于为名高者也，而说之以厚利，则见下节而遇卑贱，必弃远矣)。如果他想要的是厚利，我却说的是名誉，他就会认为我不切实际，而抛弃我(所说出于厚利者也，而说之以名高，则见无心而远事情，必不收矣)。如果他表面上想要的是名誉，但实际上想要的是厚利，我却说的是名誉，他就会表面上接纳我的言辞，但实际上抛弃我(所说阴为厚利而显为名高者也，而说之以名高，则阳收其身而实疏之)；我如果说的是厚利，他就会实际上接纳我的言辞，但表面上还是要抛弃我(说之以厚利，则阴用其言显弃其身矣)。

了解对方究竟想要什么，再对症下药，这是沟通的秘籍。了解领导究竟想要什么，再努力去迎合和实现，这是事业成功的关键。当然，我们还需要判断领导的意图究竟是否恰当,是否符合当下的伦理道德规范,是否具有可行性,是否和自己的需要相契合,再进行相应的行动。这不是厚黑学,而是务实的做法。

事情因保密而成功,谈话因泄密而失败(夫事以密成,语以泄败)。未必是进说者本人泄露了机密,而只是谈话中触及君主心中隐匿的事,如此就会身遭危险(未必其身泄之也,而语及所匿之事,如此者身危)。君主表面上做某件事,心里却想借此办成别的事,进说者不但知道君主表面上做的事,而且知道他的真实意图,这样也会身遭危险(彼显有所出事,而乃以成他故,说者不徒知所出而已矣,又知其所以为,如此者身危)。进说者筹划一件事情并且符合君主的心意,但聪明人从外部迹象上把这事猜测出来了,最后事情泄露,君主也一定认为是进说者泄露的,这样也会身遭危险(夫异事而当,知者揣之外而得之,事泄于外,必以为己也,如此者身危)。一件事还没有完全准备好,进说者谈论的似乎他无所不知,如果最后主张得以施行并获成功,功德就会被君主忘记,如果最后主张没有施行而遭到失败,他就会被君主怀疑,这样也会身遭危险(周泽未渥也,而语极知,说行而有功,则德忘;说不行而有败,则见疑,如此者身危)。君主有过错,进说者大谈礼义来挑他的毛病,这样就会身遭危险(贵人有过端,而说者明言礼义以挑其恶,如此者身危)。君主有时计谋得当而自以为功,进说者却说他也知道此计,这样就会身遭危险(贵人或得计而欲自以为功,说者与知焉,如此者身危)。勉强君主去做他不能做的事,强迫君主停止他不愿意停止的事,这样就会身遭危险(强以其所不能为,止以其所不能已,如此者身危)。进说者如果和君主议论大臣,就可能被君主认为是想挑拨君臣关系(故与之论大人,则以为间己矣)。和君主谈论近侍小人,就会被认为是想卖弄身价(与之论细人,则以为卖重)。和君主谈论他喜爱的人,就会被认为是拉关系(论其所爱,则以为借资);谈论君主憎恶的人,就会被认为是试探(论其所憎,则以为尝己也)。说话简洁扼要,就会被认为是笨拙辞穷(径省其说,则以为不智而拙之);谈话琐碎详尽,就会被认为是啰唆冗长(米盐博辩,则以为多而交之)。简略陈述意见,就被认为是怯懦而不敢尽言(略事陈意,则曰怯懦而不尽);把考虑到的事情广泛而无拘无束地说出来,又会被认为是粗野而不懂礼貌(虑事广肆,则曰草野而倨侮)。

这么多的"如此者身危"！在传统社会中,与君主沟通或者进言,如果不了解君主的意图,一语不慎,确实有可能惹来杀身之祸。在现代社会,与普通人交往,我们可能无须仔细揣摩对方每一句话的真实含义,但其实也要体会对方的话中之话,了解他的真实意图,这样才能构建一种融洽的沟通氛围,实现沟通的目的。同领导交流,更是应该小心谨慎,因为领导也许无时无刻不在观察你,评价你。当然,这种小心谨慎也并不意味着凡事都要谨小慎微,相反,依凭和显示自己的本色也是一种选择,如何行动取决于领导对你而言的重要程度,以及你试图从领导那里获得的东西。这种沟通的技巧,就是现代管理学中所谓的"情商"的重要组成部分。

说服君主的关键,在于粉饰君主的自得之事,掩盖他的自耻之事(凡说之务,在知饰所说之所矜而灭其所耻)。君主有私下的急事,进说者就要说这件事合乎公义而鼓励他去做(彼有私急也,必以公义示而强之)。君主有卑下的念头,但是不能克制,进说者就应把它粉饰成美好的事情而抱怨他为什么不去做(其意有下也,然而不能已,说者因为之饰其美而少其不为也)。君主有过高的企求,而实际不能达到,进说者就要举出此事的缺点和坏处,并称赞他不去做(其心有高也,而实不能及,说者为之举其过而见其恶,而多其不行也)。君主想自我夸耀,进说者就要替他举出别的事情中的同类情况,给他提供证据,使他从我处获得证据,我却假装不知道,这样来帮助他自我夸耀(有欲矜以智能,则为之举异事之同类者,多为之地,使之资说于我,而佯不知也以资其智)。进说者想向君主进献与人相安的好话,就必须用美名来阐明它,暗示它并非出于私利。进说者想要陈述有危害的事,就明言此事会遭到的毁谤,暗示它并非出于私患。进说者要称赞与君主行为相同的人,规划与君主考虑相似的事。有和君主污行相似的人,就必须对他大加粉饰,说他无伤大雅;有和君主劣迹相似的人,就必须对他大加遮掩,说他并无过失(有与同污者,则必以大饰其无伤也;有与同败者,则必以明饰其无失也)。君主自夸力量强大时,就不要用他为难的事去贬低他;君主自以为决断勇敢时,就不要用他的过失去激怒他;君主自以为计谋高明时,就不要用他的败绩去困窘他(彼自多其力,

186

则毋以其难概之也；自勇其断，则无以其谪怒之；自智其计，则毋以其败躬之）。进说的主旨是没有什么违逆，言辞没有什么抵触，然后就可以充分施展自己的智慧和辩才了（大意无所拂悟，辞言无所击摩，然后极骋智辩焉）。

看到这一段，我们不禁深深地佩服韩非子的深刻，他不仅是一位政治学家，更是一位心理学家。他洞悉了君主的内心，难怪秦始皇嬴政读到他的文章后，深以为然，说道："嗟乎，寡人得见此人与之游，死不恨矣！"当然，这一段话，也可能被批评为法家揣摩上意，曲意逢君，为虎作伥，为达目的不择手段的证据。但是，我们从中其实可以体会到韩非子对人性本恶的洞察与无奈。君主的本性就是如此，或者说，任何一个人的本性都是如此，大臣要仗义执言，就有可能引来杀身之祸。儒家认为即便如此也应该舍生取义，但这样可能于事无益，并不能达到儒家天下大治的结果。韩非子的观点可以被理解为做任何事情，都应该讲究方法和策略，一味地仁义并不能解决现实问题。

韩非子还给出了几则著名的寓言，来说明言语不慎可能导致杀身之祸的事实。郑武公原本想讨伐胡国，故意先把自己的女儿嫁给胡国国君来取悦对方。然后问群臣："我想用兵，哪个国家可以讨伐？"大夫关其思揣摩到了郑武公的心意，回答说："胡国可以讨伐。"武公发怒而杀了他，说："胡国是兄弟国家，你说讨伐它，是何道理？"胡国君主听说后，认为郑国果然和自己交好，于是不再防备郑国。后来郑国偷袭了胡国，出兵占领了它。宋国有个富人，下雨把墙淋塌了，他儿子说："不修的话，必将有盗贼来偷。"邻居的老人也这么说。到了晚上，果然有大量财物被窃。这家富人认为自己的儿子很聪明，却对邻居老人起了疑心。关其思和这位邻居老人的话都是正确的，但重则被杀，轻则被疑。因此，不是了解情况有难度，而是如何正确地处理所了解的情况很困难（此二人说者皆当矣，厚者为戮，薄者见疑，则非知之难也，处知则难也）。因此，一个人说同样正确的话，在晋国可以被看成圣人，在秦国却可以遭到杀害，这是不可不注意的。

从前弥子瑕受到卫国国君的宠信。卫国法令规定，私自驾驭国君车辆的，论罪要处以刖刑（砍脚）。弥子瑕母亲病了，有人抄近路连夜通知弥子瑕，弥子瑕假托君命驾驭君车而出。卫君听说后，却认为他德行好，说："真孝顺啊！

为了母亲的缘故,自己犯罪也不怕。"另一天,他和卫君在果园游览,吃桃子觉得甜,没有吃完,就把剩下的半个给卫君吃。卫君说:"多么爱我啊!这么甜的桃子留给我吃。"等到弥子瑕色衰爱弛时,得罪了卫君,卫君说:"这人本来就曾假托君命私自驾驭我的车辆,又曾经把吃剩的桃子给我吃。"所以,虽然弥子瑕的行为和当初并无两样,但先前称贤、后来获罪的原因,是卫君的爱憎有了变化。所以被君主宠爱时,才智就显得恰当而更受亲近;被君主憎恶时,才智就显得不当而被谴责和疏远。所以进说者不可不察看君主的爱憎,然后进说。

其实,不仅传统社会的君主如此,现代社会的每一个人,都或多或少存在类似的心理,这可以说是人的本性。儒家希望诚意正心能够将人们转变为仁义之人和仁义之君,但现实是残酷的。在现实中复杂的人性面前,法家的政治现实主义更有用武之地,当然也不能忘记将仁义作为最终的依归。

说林上

君已见孔子,亦将视子犹蚤虱也

【原文】

汤以伐桀,而恐天下言己为贪也,因乃让天下于务光。而恐务光之受之也,乃使人说务光曰:"汤杀君,而欲传恶声于子,故让天下于子。"务光因自投于河。

秦武王令甘茂择所欲为于仆与行事,孟卯曰:"公不如为仆。公所长者使也。公虽为仆,王犹使之于公也。公佩仆玺而为行事,是兼官也。"

子圉见孔子于商太宰。孔子出,子圉入,请问客。太宰曰:"吾已见孔子,则视子犹蚤虱之细者也。吾今见之于君。"子圉恐孔子贵于君也,因谓太宰曰:"君已见孔子,亦将视子犹蚤虱也。"太宰因弗复见也。

魏惠王为白里之盟,将复立于天子。彭喜谓郑君曰:"君勿听。大国恶有天子,小国利之。若君与大不听,魏焉能与小立之?"

晋人伐邢，齐桓公将救之。鲍叔曰："太蚤。邢不亡，晋不敝；晋不敝，齐不重。且夫持危之功，不如存亡之德大。君不如晚救之以敝晋，齐实利；待邢亡而复存之，其名实美。"桓公乃弗救。

子胥出走，边候得之。子胥曰："上索我者，以我有美珠也。今我已亡之矣。我且曰子取吞之。"候因释之。

庆封为乱于齐而欲走越。其族人曰："晋近，奚不之晋？"庆封曰："越远，利以避难。"族人曰："变是心也，居晋而可；不变是心也，虽远越，其可以安乎？"

智伯索地于魏宣子，魏宣子弗予。任章曰："何故不予？"宣子曰："无故请地，故弗予。"任章曰："无故索地，邻国必恐。彼重欲无厌，天下必惧。君予之地，智伯必骄而轻敌，邻邦必惧而相亲。以相亲之兵待轻敌之国，则智伯之命不长矣。《周书》曰：'将欲败之，必姑辅之；将欲取之，必姑予之。'君不如予之以骄智伯。且君何释以天下图智氏，而独以吾国为智氏质乎？"君曰："善。"乃与之万户之邑。智伯大悦，因索地于赵，弗与，因围晋阳。韩、魏反之外，赵氏应之内，智氏以亡。

（略）。

【解读】

在《说林》篇中，韩非子给出了很多短小精干的故事，来说明说话和做事的技巧。儒家认为仁者无敌，仁义似乎可以解决一切问题，但是以韩非为代表的法家则认为，细节决定成败，说话做事的技巧、分寸、时机非常重要。即使是试图做好事的仁者，如果不讲究说话做事的技巧，也未必能够成功。相反，坏事做尽的大奸大恶，却往往非常注重技巧，因此能够在短时期内横行无忌。这再次说明法家是政治现实主义，而儒家则是政治理想主义。美好远大的理想如果没有现实技巧的配合与帮助，就只能成为无法实现的空洞理想；现实技巧如果没有正确的方向，则会堕落为为达目的不择手段的厚黑学。

传统的观点认为，夏朝的最后一个君主桀非常暴虐，因此商朝的开国君主汤灭亡了夏桀，汤的行为是替天行道，正义之举。但韩非子提出了相反的观点。他认为，商汤讨伐夏桀，是为了得到夏的天下，但担心天下人说自己贪心，于是就表面上把天下让给务光。但又怕务光真的接受下来，就又派人劝告务光说："商汤杀了君主而想把坏名声转嫁给你，所以才把天下让给你。"务光因此投河自尽。务光是传说中的隐士。由于历史的久远，我们在此暂不拘泥于历史的真相，而是关注于商汤为了达到自己的目的，而采取的策略。这种策略可以被褒奖为谋略，也可以被贬斥为伎俩。正是这种策略，使得商汤达到了自己的目的。

秦武王叫甘茂在仆官与行事官中选择一种自己想要做的官职。孟卯建议甘茂说："您不如做仆官。您的特长是做行事官。您即使做了仆官，君主仍会把行事官的事务交给您。您佩戴着仆官的印信，又做着行事官的事情，这是身兼二职啊！"这个故事告诉我们，准确地猜透君主和上级的心思非常重要。

子圉把孔子引见给宋国太宰。孔子走后，子圉进来，询问太宰对孔子的看法。太宰说："我见过孔子之后，再看你就像渺小的跳蚤虱子一样了。我现在就要把他引荐给君主。"子圉怕孔子被君主看重，因而对太宰说："君主见过孔子后，也会把你看作如同跳蚤虱子一般了。"于是太宰不再向宋君引见孔子。这个故事寓意深刻。第一，从孔子的角度看，一个人太伟大、能力太强，很有可能遭到周围人的嫉妒而不能被使用或提拔。仁义或能力，并非在任何时候都一定能够胜出。第二，从进谗的子圉的角度看，一个恰当的说辞就可以让局势立即改观。因此，在进行游说时，一定要站在对方的角度思考，而不是站在自己的角度思考。在本例中，太宰立即被子圉的言辞打动，不再向君主推荐孔子。

晋国讨伐邢国，齐桓公打算前去解救。鲍叔说："为时太早了。邢国不灭亡，晋国就不疲惫；晋国不疲惫，齐国地位就不会重要起来。况且扶持危国的功德，比不上恢复亡国的功德大。您不如晚点救邢国，以使晋国疲惫，齐国才能真正得到好处。等邢国灭亡后我们再帮助他们复国，那样的名声才真正美好。"齐桓公于是不去救援。这个例子生动地说明，在国际关系乃至一切社会生活中，仁义并非是唯一的准则。做任何事情，除了讲仁义以外，也要讲策略、重时机、算利益。

楚人伍子胥出逃，守边官吏抓住他。伍子胥说："君主搜捕我，是因为我有美珠，现在我已丢失了美珠，但是，我会说是你把它抢去了！"守边官吏因此放走了伍子胥。这是一个非常有趣的例子。在危急时刻,言辞能够救命。洞察并抓住对方的要害,可以一击而中。因此,不论攻击对方或者帮助对方,都要求我们必须站在对方的角度考虑问题,也就是韩非子在《说难》中所写的:"凡说之难,在知所说之心,可以吾说当之"。

　　庆封在齐国作乱后,想出逃到越国。同族的人说:"晋国近,为何不去晋国?"庆封说:"越国远,有利于避难。"同族的人说:"如果把作乱的念头改掉,住在晋国也可以;不把这种念头改掉,即使远居越国,难道就能够安宁吗?"这个例子似乎和韩非子一贯的观点不太相符,似乎是在强调仁义而非谋术的重要性,把作乱的念头改掉,居住在任何一个地方都可以得到安宁。

　　接下来智伯的故事同样说明了仁义的重要性,贪得无厌、欲壑难填,最终会遭到上天的惩罚。智伯向魏宣子索要土地,魏宣子不给。任章说:"为什么不给?"魏宣子说:"平白无故索要土地,所以不给。"任章说:"智伯无故索地,邻国一定会害怕。他欲壑难填,天下一定会恐惧。您给了智伯土地,智伯一定骄傲而轻敌,邻国一定恐惧而相互靠近。用相互靠近的军队来对付轻敌的敌人,那么智伯的命就不会久长了。《周书》上说:'将欲败之,必姑辅之;将欲取之,必姑予之。'您不如把土地给予智伯,使他骄傲起来。况且您为何放弃用天下的力量来对付智氏,而单独把我国作为智氏的靶子呢?"魏宣子说:"好。"于是就把一个万户人家的城邑给了智伯。智伯十分高兴,接着又向赵国索要土地。赵国不给,智伯因而围攻晋阳。韩氏、魏氏在城外反戈,赵氏在城内接应,智氏由此灭亡。

五　蠹

是以圣人不期修古,不法常可,论世之事,因为之备

【原文】

　　上古之世,人民少而禽兽众,人民不胜禽兽虫蛇。有圣人作,构木为巢以避群害,而民悦之,使王天下,号曰有巢氏。民食果蓏蚌蛤,腥臊恶臭而伤害腹

胃,民多疾病。有圣人作,钻燧取火以化腥臊,而民说之,使王天下,号之曰燧人氏。中古之世,天下大水,而鲧、禹决渎。近古之世,桀、纣暴乱,而汤、武征伐。今有构木钻燧于夏后氏之世者,必为鲧、禹笑矣;有决渎于殷、周之世者,必为汤、武笑矣。然则今有美尧、舜、汤、武、禹之道于当今之世者,必为新圣笑矣。是以圣人不期修古,不法常可,论世之事,因为之备。宋有人耕田者,田中有株,兔走触株,折颈而死,因释其耒而守株,冀复得兔,兔不可复得,而身为宋国笑。今欲以先王之政,治当世之民,皆守株之类也。

【解读】

《五蠹》,是韩非子的名篇之一。所谓五蠹,是指当时社会上的五种人:学者,即战国末期的儒家;言谈者,即纵横家,外交家;带剑者,即游侠,不服从国家法令四处劫掠行走的人;患御者,即依附贵族私门的门客;工商之民,即工商业者。"此五者,邦之蠹也。"蠹就是蛀虫。韩非认为这五种人无益于耕战,就像蛀虫那样有害于社会。韩非在本篇中论述了法家一个非常重要的观点,即与时俱进,随着社会的演化和变迁,社会治理方式也必须随之变化(是以圣人不期修古,不法常可,论世之事,因为之备)。

治理者试图用以前的政策,来应对现今的时代和民众,都类似于守株待兔(今欲以先王之政,治当世之民,皆守株之类也)。以往经验可以参考借鉴,但终究还是要适应现今时代的要求。如果在当前的历史背景下有赞美尧舜禹、汤文武的人,一定会被当今的圣贤讥笑(然则今有美尧、舜、汤、武、禹之道于当今之世者,必为新圣笑矣)。现实的情况是,上古竞于道德,中世逐于智谋,当今争于气力。在这个争于气力的时代,就必须施行法制。公共管理者或者治理者必须要适应时代的变化,也就是我们现在所讲的与时俱进。法家的实用主义精神得到了准确地阐释。

【原文】

古者大王处丰、镐之间,地方百里,行仁义而怀西戎,遂王天下。徐偃王处汉东,地方五百里,行仁义,割地而朝者三十有六国。荆文王恐其害己也,举兵伐徐,遂灭之。故文王行仁义而王天下,偃王行仁义而丧其国,是仁义用于古不用于今也。故曰:世异则事异。当舜之时,有苗不服,禹将伐之。舜曰:"不可。上德不厚而行武,非道也。"乃修教三年,执干戚舞,有苗乃服。共工之战,铁铦矩者及乎敌,铠甲不坚者伤乎体。是干戚用于古不用于今也。故曰:事异则备变。上古竞于道德,中世逐于智谋,当今争于气力。齐将攻鲁,鲁使子贡说之。齐人曰:"子言非不辩也,吾所欲者土地也,非斯言所谓也。"遂举兵伐鲁,去门十里以为界。故偃王仁义而徐亡,子贡辩智而鲁削。以是言之,夫仁义辩智,非所以持国也。去偃王之仁,息子贡之智,循徐、鲁之力使敌万乘,则齐、荆之欲不得行于二国矣。

【解读】

古代周文王地处丰、镐一带,方圆不过百里,他施行仁义的政策感化了西戎,进而统治了天下。徐偃王统治着汉水东面的地方,方圆有五百里,他也施行仁义的政策,有三十六个国家向他割地朝贡。楚文王害怕徐国会威胁到自己,便出兵伐徐灭了徐国。所以,周文王施行仁义得了天下,而徐偃王施行仁义却导致亡国。这证明仁义只适用于古代而不适用于今天。因此,时代不同,政事也会随之不同(世异则事异)。在舜当政的时候,苗族不驯服,禹主张用武力去讨伐,舜说:"不行。我们推行德教还不够深就动用武力,不合乎道理。"于是便用三年时间加强德教,拿着盾牌和大斧跳舞,苗族终于归服了。到了共工打仗的时候,武器短的会被敌人击中,铠甲不坚固的便会伤及身体。这表明拿着盾牌和大斧跳舞的德政方法只能用于古代而不能用于当今。所以说:情况变了,措施也要跟着改变(事异则备变)。上古时候人们在道德上竞争高下,中古时候人们在智谋上角逐优劣,当今社会人们在力量上较量输赢(上古竞于道德,中世逐于智谋,当今争于气力)。齐国准备进攻鲁国,鲁国派子贡去说服齐人。齐人说:"你的话说得不是不巧妙,然而我想要的是土地,不是你所说的这套空话。"于是出兵攻打鲁国,把齐国的国界推进到距鲁国都城只有十里远的地方。所以说徐偃王施行仁义但徐国反而亡国,子贡机智善辩但鲁国反而失地。由此说来,仁义道德、机智善辩之类,都不是用来保全国家的正道。如果当初抛弃徐偃王的仁义，不用子贡的巧辩，而是依靠徐、鲁两国的实力，去抵抗有万辆兵车的强敌，那么齐、楚的野心也就不会在这两个国家得逞了。

韩非用举例和对比的方法，论证仁义用于古而不用于今，上古竞于道德，中世逐于智谋，当今争于气力。他的观点不无道理，但也有些简单而武断。仁义与武力，并非非此即彼、二者择一的关系，而是相互结合、相辅相成的关系，仅有仁义但没有实力，可能会如徐偃王或鲁国那样亡国失地，但是仅有实力而没有仁义，也可能会如秦国那样二世而亡，这种实力本身也难以持久。我们更需要思考，实力从何而来，如何维系？

【原文】

夫古今异俗，新故异备。如欲以宽缓之政，治急世之民，犹无辔策而御马，此不知之患也。今儒、墨皆称先王兼爱天下，则视民如父母。何以明其然也？曰："司寇行刑，君为之不举乐；闻死刑之报，君为流涕。"此所举先王也。夫以君臣为如父子则必治，推是言之，是无乱父子也。人之情性莫先于父母，皆见爱而未必治也，虽厚爱矣，奚遽不乱？今先王之爱民，不过父母之爱子，子未必不乱也，则民奚遽治哉？且夫以法行刑，而君为之流涕，此以效仁，非以为治也。夫垂泣不欲刑者，仁也；然而不可不刑者，法也。先王胜其法，不听其泣，则仁之不可以为治亦明矣。

【解读】

古今社会风俗不同，新旧政治措施也不一样。如果想用宽大和缓的政策去治理巨变的时代，就好比没有缰绳和鞭子却要去驾驭烈马一样，这就会产生不明智的祸害（如欲以宽缓之政，治急世之民，犹无辔策而御马，此不知之患也）。现在，儒家和墨家都称颂先王，说他们博爱天下一切人，就如同父母爱子女一样。用什么证明先王果真如此呢？他们说："司寇执行刑法的时候，君主为此停止奏乐；听到罪犯被处决的报告后，君主难过得流下眼泪。"这就是他们所赞美的先王。如果认为君臣关系像父子关系一样，天下就能够得到善治,由此推论开去,就不会存在父子之间发生纠纷的事了。从人之本性上说,没有什么感情能超过父母疼爱子女的,然而疼爱子女,家庭却未必和睦(人之情性莫先于父母,皆见爱而未必治也,虽厚爱矣,奚遽不乱)。君主即使深爱臣民,天下未必就不会发生动乱。何况先王对臣民的仁爱不会超过父母对子女的爱,子女都不一定不背弃父母,那么民众何以就能靠仁爱治理好呢(今先王之爱民,不过父母之爱子,子未必不乱也,则民奚遽治哉)?再说,按照法令执行刑法,君主为之流泪,这不过是用来表现仁爱罢了,却并非用来治理国家的正确方法。流泪而不想用刑,这是君主的仁爱;然而不得不用刑,这是国家的法令(夫垂泣不欲刑者,仁也;然而不可不刑者,法也)。先王首先要执行法令,并不会因为同情而废除刑法,那么不能用仁爱来治理国家的道理也就明白无疑了(夫垂泣不欲刑者,仁也;然而不可不刑者,法也。先王胜其法,不听其泣,则仁之不可以为治亦明矣)。

韩非认为儒家和墨家的仁爱和兼爱并不足以治理天下,这个观点具有很强的说服力。人具有极大的差异性,教育和仁爱并不足以保证每一个人都成为君子和守法之人。即使是父母对子女博大无私的爱,都无法保障所有子女都能够反过来尊重孝敬父母,更何况君主与臣子、政府与公民、普通人之间呢?所以,仅有仁爱并不足以治理天下,必须辅之以法治。仁爱,其实要求民众要有自律;法治,目的也是为了民众不要犯法。当然,仁爱和法治之间的关系,也不能简单地说谁主谁辅,而应该说,在各自不同的领域发挥作用。法治,尤其是良法之治,本身也是一种仁爱。

【原文】

儒以文乱法,侠以武犯禁,而人主兼礼之,此所以乱也。夫离法者罪,而诸先王以文学取;犯禁者诛,而群侠以私剑养。故法之所非,君之所取;吏之所诛,上之所养也。法、趣、上、下,四相反也,而无所定,虽有十黄帝不能治也。故行仁义者非所誉,誉之则害功;文学者非所用,用之则乱法。楚之有直躬,其父窃羊,而谒之吏。令尹曰:"杀之!"以为直于君而曲于父,报而罪之。以是观之,夫君之直臣,父之暴子也。鲁人从君战,三战三北。仲尼问其故,对曰:

"吾有老父,身死莫之养也。"仲尼以为孝,举而上之。以是观之,夫父之孝子,君之背臣也。故令尹诛而楚奸不上闻,仲尼赏而鲁民易降北。上下之利,若是其异也,而人主兼举匹夫之行,而求致社稷之福,必不几矣。

(略)。

【解读】

儒家利用言辞扰乱法纪,游侠使用武力违犯禁令(儒以文乱法,侠以武犯禁),而君主却对他们加以礼遇,这就是国家混乱的根源。犯法本该判罪,而那些儒生却靠文章言辞背离法律并得到任用;犯禁本该处罚,而那些游侠却靠充当刺客得到豢养。所以,法令反对的对象,倒成为君主重用的对象;政府处罚的对象,倒成了权贵豢养的对象(故法之所非,君之所取;吏之所诛,上之所养也)。法令、君主,上级、下级,四者互相矛盾,没有统一的标准,即使有十个黄帝,也不能治理好天下(法、趣、上、下,四相反也,而无所定,虽有十黄帝不能治也。趣,通取)。所以,对于宣扬仁义的人不应当加以称赞;对于从事文章学术的人不应当加以任用(行仁义者非所誉,誉之则害功;文学者非所用,用之则乱法)。楚国有个叫直躬的人,他的父亲偷了人家的羊,他便到官府告发,令尹反而杀掉直躬,因为令尹认为,直躬对君主正直但对父亲不孝。由此看来,君主的忠臣倒成了父亲的逆仗。鲁国有个人跟随君主去打仗,屡战屡逃;孔子向他询问原因,他说:"我家中有年老的父亲,我死后就没人养活他了。"孔子认为这是孝子,便推举他做官。由此看来,父亲的孝子又是君主的叛臣。所以令尹杀了直躬,楚国的坏人坏事就没有人再向上告发了;孔子奖赏逃兵,鲁国人作战就要轻易地投降逃跑。君臣之间的利害得失是如此不同,而君主却既想赞成谋求私利的行为,又想实现国家的繁荣富强,这是肯定没指望的(而人主兼举匹夫之行,而求致社稷之福,必不几矣)。

韩非子认为,儒家和游侠都是在破坏国家的法律,仁义、私刑和武力,都不能和国家的法律相冲突。这一观点非常正确。法律和政令,必须保持一致。如果法令、君主、上级、下级互相矛盾,即使有十个黄帝,也不能治理好天下。"上下之利,若是其异也",也就是说,上下级之间、不同人之间,他们的利益是不同的,必须用法律来将他们的利益和行为加以规范和统一,否则,任由人们按照各自的原则行事,治理必然失败。

直躬告发父亲的例子,反映了法律和亲情之间的冲突。孔子认为,"父为子隐,子为父隐"(《论语·子路》),也就是说,如果亲人犯罪,我们应该为亲人隐瞒。在法律和亲情之间,我们应该选择亲情。韩非明确反对儒家的这一观点,认为这样做对国家不利。现代社会的包庇罪、窝藏罪也符合韩非的观点。从国家治理的角度出发,法律确实超越亲情,我们应当教育自己的亲属,永远都不要触犯法律。但是,一旦亲属真正触犯法律,我们是否要去告发呢? 一条更加柔性和温情的法律可能是,不强迫直系亲属告发,而将追查捕拿违法者的责任加给执法机关而非亲属。这样是否能更好地实现情与法的统一?

这一例子在《吕氏春秋·当务》中有完全不同的记载:①

楚有直躬者,其父窃羊而谒之上,上执而将诛之。直躬请代之。将诛矣,告吏曰:"父窃羊而谒之,不亦信乎? 父诛而代之,不亦孝乎? 信且孝而诛之,国将有不诛者乎?"荆王闻之,乃不诛也。孔子闻之曰:"异哉! 直躬之为信也,一父而载取名焉"。故直躬之信,不如无信。

直躬告发了他的父亲,官府将处死他的父亲时,他请求代替父亲受罚。但是,他耍了一个小聪明,对官员说:"我告发了父亲,我不是很诚信吗? 我又代替父亲受刑,不是很孝顺吗? 像我这样又诚信又孝顺的人都要被处死,国家还有不被处死的人吗?"楚王听到他的话,就没有杀他。孔子听说此事后,说:"真是奇怪,直躬就是利用他的父亲窃取名声罢了。"因此,直躬之信,不如无信。

在《吕氏春秋·当务》的记载中,孔子并没有赞扬直躬的行为,相反,孔子认为直躬只是在窃取名声。仁义,很多时候,被利用为一种达到其他目的的工具。这种仁义就成为一种虚伪。真正的仁义,是将仁义作为最高的追求,贯穿行为的始终。从价值阶梯的角度出发,对国家的忠和对父母的孝是两种价值,它们本来应该是一致的,但在特殊情况下,当这两种价值发生冲突时,例如,上

---

① (战国)吕不韦:《吕氏春秋》,王启才注译,中州古籍出版社2010年版。

战场打仗,为国尽忠,就不能为父母尽孝;或者如直躬的例子,父母违法,是应该揭发父母(为国尽忠),还是帮助父母隐瞒逃离(为父母尽孝),这时就需要对两种价值给出先后次序和高低之分。法律和社会伦理规范都要求我们将为国尽忠置于为父母尽孝的前面,当然不同时代可能有不同的价值排序。

鲁国人跟随君主打仗的例子也说明,在国法和孝道矛盾时,法家认为,不能因为孝道而放弃国法。这符合我们现代的要求,舍小家,顾大家,才是真正的忠孝。如果每个人都因为有父母子女而不去从军打仗,那么国家由谁来守卫? 如果国家无人守卫,那么自己的小家最终也无法得到守卫。当然,更加灵活柔性的法律可以规定,每个家庭可以只出一名男丁从军,或者,家中独子可以不必从军。在1998年上映的由斯皮尔伯格导演的美国好莱坞大片《拯救大兵瑞恩》中,二战中,一个家庭四个儿子中的三个已经为国捐躯,美国政府派出一只八人小分队,去前线寻找最后一个儿子——二等兵詹姆斯·瑞恩,并将他安全送回后方,这一做法就非常具有道德先进性。在文本中,韩非批评孔子迂腐,推荐这个鲁国人做官,导致鲁国人容易打败仗(仲尼赏而鲁民易降北)。同上面直躬的例子相似,这是否符合历史事实,有待深入考证。

【原文】

是故乱国之俗:其学者,则称先王之道以籍仁义,盛容服而饰辩说,以疑当世之法,而贰人主之心。其言谈者,为设诈称,借于外力,以成其私,而遗社稷之利。其带剑者,聚徒属,立节操,以显其名,而犯五官之禁。其患御者,积于私门,尽货赂,而用重人之谒,退汗马之劳。其商工之民,修治苦窳之器,聚弗靡之财,蓄积待时,而侔农夫之利。此五者,邦之蠹也。人主不除此五蠹之民,不养耿介之士,则海内虽有破亡之国,削灭之朝,亦勿怪矣。

【解读】

造成国家混乱的正是下面这些人:那些著书立说的人(学者),他们动辄称引先王之道来宣扬仁义道德,讲究仪容服饰和巧辩言辞,扰乱当今的法令,从而动摇君主的决心。那些纵横家们(言谈者),弄虚作假,招摇撞骗,借助于国外势力来达到私人目的,损害国家利益。那些游侠刺客(带剑者),聚集党徒,标榜气节,触犯国家禁令,以图显身扬名。那些依附大户的门客(患御者),依附权臣贵族,肆意行贿,借助重臣的势力,逃避劳役。那些工商业者(其商工之民),制造粗劣器具,积累奢侈资财,囤积居奇,待机出售,希图从农民身上牟取暴利。上述这五种人,都是国家的蛀虫。君主如果不除掉这五种蛀虫,不延揽正直的人,那么,国家灭亡,也就不足为怪了。

　　韩非所处的时代是农业经济时代,农业和战争(耕战)对于国家而言是最为重要的活动,国家的富强依赖于耕战。国家最重要的经济部门是农业,农业人口养活政府官员和战士。所以,在他看来,学者、言谈者、患御者、带剑者、商工之民,这五种人士,不仅不从事农业生产,相反扰乱国家的法令,导致国家的败亡,因此是五种蛀虫。他的观点有一定的合理之处。但以今天的观点来看,各种正当的职业都有存在的价值,但应当进行严格的规范,使他们的活动能够真正为社会创造价值和财富。学者可以进行政策批评和文学创作,但应该遵守国家的法令,他们的政策批评应该有理有据,帮助政府完善政策,他们甚至可以"疑当世之法,贰人主之心",但应该提供充分的证据。纵横家作为外交家,应该为本国谋取利益,不能随意攀附其他国家,见风使舵,借于外力,以成其私,在现代社会,这种情况就是叛国罪。患御者作为谋士,可以为自己的上级和组织出谋划策,但是,他的上级和组织不能从事违反国家法律的行为和活动。带剑者作为传统社会中的武士或侠客,应为国而战,不能违反国家法令,滥杀无辜,如果将他们理解为现代社会中的黑社会组织,那么就应该被彻底打击和禁绝。工商业者在现代社会具有更加重要的地位,工商业活动可以创造比农业更多的产品和服务,但是,国家也应该运用法治对工商业活动进行严格的规制,防止他们囤积居奇、垄断市场、制造假冒伪劣商品,侵害公共利益。

第九篇　墨　子①

　　墨子(约公元前 476—前 390),名翟(dí),春秋末期战国初期的宋国人,生平不详,有学者认为,墨子是宋国贵族目夷的后代,曾经担任宋国大夫。他是墨家学派的创始人,也是战国时期著名的思想家、教育家、科学家、军事家。他提出了"兼爱""非攻""尚贤""尚同""天志""明鬼""非命""非乐""节葬""节用"等观点,即使在当今时代,也具有重要的意义。墨子的兼爱,无差别地关爱天下所有的人,比孔子有差别的仁爱更加博大。1905 年,同盟会出版的《民报》创刊号卷首列古今中外四大伟人肖像,将墨子、黄帝、卢梭、华盛顿并列,尊其为"世界第一平等、博爱主义大家"。墨子也是一位科学家,他创立了以几何学、物理学、光学为主要内容的一整套科学理论,进行了世界上最早的"小孔成像"的光学实验。在春秋战国百家争鸣中,墨子的学说具有重要的影响,和儒家、道家一起,并称为当时的"显学"。《韩非子·显学》记载:"世之显学,儒墨也。儒之所至,孔丘也;墨之所至,墨翟也。"其弟子根据墨子生平事迹的史料,收集其语录,完成了《墨子》一书传世。

　　《墨子》一书,根据《汉书·艺文志》记载,共七十一篇。现存《墨子》为五十三篇,其中,有八篇有目无文,有十篇既无目,也无文。本书主要选取《兼爱》《非攻》《尚贤》《节用》等篇目进行解读和评述。

---

① 李小龙译注:《墨子》,中华书局 2016 年版。

兼爱（上）

乱何自起？起不相爱

【原文】

圣人以治天下为事者也，必知乱之所自起，焉能治之；不知乱之所自起，则不能治。譬之如医之攻人之疾者然：必知疾之所自起，焉能攻之；不知疾之所自起，则弗能攻。治乱者何独不然？必知乱之所自起，焉能治之；不知乱之斯自起，则弗能治。圣人以治天下为事者也，不可不察乱之所自起。

当察乱何自起？起不相爱。臣子之不孝君父，所谓乱也。子自爱，不爱父，故亏父而自利；弟自爱，不爱兄，故亏兄而自利；臣自爱，不爱君，故亏君而自利，此所谓乱也。虽父之不慈子，兄之不慈弟，君之不慈臣，此亦天下之所谓乱也。父自爱也，不爱子，故亏子而自利；兄自爱也，不爱弟，故亏弟而自利；君自爱也，不爱臣，故亏臣而自利。是何也？皆起不相爱。

虽至天下之为盗贼者亦然：盗爱其室，不爱其异室，故窃异室以利其室。贼爱其身，不爱人，故贼人以利其身。此何也？皆起不相爱。虽至大夫之相乱家，诸侯之相攻国者亦然：大夫各爱其家，不爱异家，故乱异家以利其家。诸侯各爱其国，不爱异国，故攻异国以利其国，天下之乱物，具此而巳矣。察此何自起？皆起不相爱。

若使天下兼相爱，爱人若爱其身，犹有不孝者乎？视父兄与君若其身，恶施不孝？犹有不慈者乎？视弟子与臣若其身，恶施不慈？故不孝不慈亡有。犹有盗贼乎？故视人之室若其室，谁窃？视人身若其身，谁贼？故盗贼亡有。犹有大夫之相乱家、诸侯之相攻国者乎？视人家若其家，谁乱？视人国若其国，谁攻？故大夫之相乱家、诸侯之相攻国者亡有。若使天下兼相爱，国与国不相攻，家与家不相乱，盗贼无有，君臣父子皆能孝慈，若此，则天下治。

故圣人以治天下为事者，恶得不禁恶而劝爱？故天下兼相爱则治，交相恶则乱。故子墨子曰："不可以不劝爱人者，此也。"

【解读】

墨子认为,圣人是以治理天下为事业的人(圣人以治天下为事者也)。治理天下的人,不是一般的人,而是圣人。在此引申出两个问题:第一,普通人能不能治理天下? 第二,如何判断或衡量谁是圣人? 如果将治理天下的人理解为国家的最高统治者,那么,古今中外,如果最高统治者是贤明睿智的人,国家就能够得到良好的治理,相反,如果最高统治者是昏庸残暴的人,国家就无法得到良好的治理。当然,何为贤明睿智,何为昏庸残暴,也需要得到准确的定义。在现实中,我们似乎很难简单地将某一位统治者或领导人定义为贤明睿智或者昏庸残暴,或者换句话说,如何衡量他们的能力和素质。例如,对于古代君王,乃至当代的国家领导人,历史对他们的评价充满了分歧,我们需要更多更充分的证据,才能相对客观准确地评价一位领导人。如果将治理者的能力或者素养简单区分为道德和技术,那么圣人就是在各个方面尤其是道德和技术方面超越普通人的人。这些能力很难准确量化,因此,即使是历史上公认的圣人,如孔子、孟子、黄帝、伏羲、汤、文、武等,由于年代的久远和历史事实的欠缺,他们的技术水平和道德水准也很难准确地得到评价。我国古代话语体系中的圣人,更多地是一种对个人在各个方面不断磨砺提升的理想要求。现代社会是一个祛魅的社会,所以我们早已不使用圣人这一概念,而使用平凡化的治理者或领导者这样的概念。就治理者或领导者而言,他们应当具有很强的公共精神、个人魅力和实际能力。

治理者应当知道社会中混乱产生的原因,否则就无法进行治理(必知乱之所自起,焉能治之;不知乱之所自起,则不能治)。就像医生治病一样,不知道病因,就无法治病。墨子认为,混乱产生的原因,在于不相爱(当察乱何自起? 起不相爱)。君臣不相爱、父子不相爱、兄弟不相爱,天下就会产生混乱。

盗贼的产生也是因为不相爱,强盗爱他自己的家,不爱别人的家,因此就会有抢劫偷窃。大夫爱自己的家,诸侯爱自己的家,但不爱别人的家,因此就会有杀伐战争。如果能够让天下的人都兼相爱,盗贼就会消失,家庭就会和谐,国家就会得到治理(若使天下兼相爱,国与国不相攻,家与家不相乱,盗贼无有,君臣父子皆能孝慈,若此,则天下治)。

显然,和孔子相似,墨子也是典型的理想主义者。如果大家都能够做到兼相爱,那么毫无疑问可以实现天下治。但问题是,这个"如果"能否实现? 法家的法制思想和现代西方社会的理性经济人假设,都以人性本恶为出发点,不要求大家兼相爱,也可以实现天下治,因此人性本恶是更加宽松的前提,惩罚和监督是更加务实的做法。当然,在此基础上实现的社会治理,会存在大量的交易成本,并非一种最优的治理状态。如果社会中的每个人都能够充分认识到人性本恶的缺陷,以及兼相爱的好处,那么社会就可以向一个更优的状态发展。

墨子的兼爱,是一种无差等的爱,爱自己的子女父母兄弟,和爱陌生人一样。而孔子的仁爱,是一种有差等的爱,爱自己的子女父母兄弟,胜于爱陌生人。"若使天下兼相爱,爱人若爱其身,犹有不孝者乎?"爱别人就像爱自己一样,这个要求似乎相当高。在现实中,绝大多数人可能做不到墨子的兼爱,只能做到孔子的仁爱,爱自己最多,也可能爱自己的孩子最多,爱父母其次。对于陌生人而言,则不一定是爱,而是一种同情、尊重或诚信,即孔子所谓的"与国人交,止于信",当然也可以将之理解为较弱程度的爱。如果陌生人遇到了自然灾祸,墨子的兼爱要求我们对待陌生人就像对待亲人一样。这一点可能大多数人都无法做到。但是,如果我们能够同情他们的遭遇,想到自己也可能在未来遇到同样的遭遇,那么就可以建立社会保障制度,来保护他们,同时也是保护我们自己。

兼爱(中)

爱人者,人必从而爱之;害人者,人必从而害之

【原文】

子墨子言曰:"仁人之所以为事者,必兴天下之利,除去天下之害,以此为事者也。"然则天下之利何也? 天下之害何也? 子墨子言曰:"今若国之与国之相攻,家之与家之相篡,人之与人之相贼,君臣不惠忠,父子不慈孝,兄弟不

和调,此则天下之害也。"

然则崇此害亦何用生哉? 以不相爱生邪? 子墨子言:"以不相爱生。"今诸侯独知爱其国,不爱人之国,是以不惮举其国,以攻人之国。今家主独知爱其家,而不爱人之家,是以不惮举其家,以篡人之家。今人独知爱其身,不爱人之身,是以不惮举其身,以贼人之身。是故诸侯不相爱,则必野战;家主不相爱,则必相篡;人与人不相爱,则必相贼;君臣不相爱,则不惠忠;父子不相爱,则不慈孝;兄弟不相爱,则不和调。天下之人皆不相爱,强必执弱,富必侮贫,贵必敖贱,诈必欺愚。凡天下祸篡怨恨,其所以起者,以不相爱生也,是以仁者非之。

既以非之,何以易之? 子墨子言曰:"以兼相爱、交相利之法易之。"然则兼相爱、交相利之法,将奈何哉? 子墨子言:"视人之国,若视其国;视人之家,若视其家;视人之身,若视其身。是故诸侯相爱,则不野战;家主相爱,则不相篡;人与人相爱,则不相贼;君臣相爱,则惠忠;父子相爱,则慈孝;兄弟相爱,则和调。天下之人皆相爱,强不执弱,众不劫寡,富不侮贫,贵不敖贱,诈不欺愚。凡天下祸篡怨恨,可使毋起者,以相爱生也,是以仁者誉之。"

然而今天下之士君子曰:"然! 乃若兼则善矣;虽然,天下之难物于故也。"子墨子言曰:"天下之士君子,特不识其利、辩其故也。今若夫攻城野战,杀身为名,此天下百姓之所皆难也。苟君说之,则士众能为之。况于兼相爱、交相利,则与此异! 夫爱人者,人必从而爱之;利人者,人必从而利之;恶人者,人必从而恶之;害人者,人必从而害之。<u>此何难之有? 特上弗以为政,士不以为行故也。</u>"昔者晋文公好士之恶衣,故文公之臣,皆牂羊之裘,韦以带剑,练帛之冠,入以见于君,出以践于朝。是其故何也? 君说之,故臣为之也。昔者楚灵王好士细腰,故灵王之臣,皆以一饭为节,胁息然后带,扶墙然后起。比期年,朝有黧黑之色。是其故何也? 君说之,故臣能之也。昔越王勾践好士之勇,教驯其臣和合之,焚舟失火,试其士曰:"越国之宝尽在此!"越王亲自鼓其士而进之。士闻鼓音,破碎乱行,蹈火而死者,左右百人有余,越王击金而退之。是故子墨子言曰:"乃若夫少食、恶衣、杀身而为名,此天下百姓之所皆难也,若苟君说之,则众能为之;况兼相爱、交相利,与此异矣!夫爱人者,人亦从而爱之;利人者,人亦从而利之;恶人者,人亦从而恶之;害人者,人亦从而害之。此何难之有焉?特君不以为政,而士不以为行故也。"

然而今天下之士君子曰:"然!乃若兼则善矣;虽然,不可行之物也。譬若挈太山越河、济也。"子墨子言:"是非其譬也。夫挈太山而越河、济,可谓毕劫有力矣。自古及今,未有能行之者也;况乎兼相爱、交相利,则与此异,古者圣王行之。"何以知其然?古者禹治天下,西为西河渔窦,以泄渠、孙、皇之水。北为防、原、派、注后之邸,嘑池之窦洒为底柱,凿为龙门,以利燕代胡貉与西河之民。东为漏大陆,防孟诸之泽,洒为九浍,以楗东土之水,以利冀州之民。南为江、汉、淮、汝,东流之注五湖之处,以利荆楚、干、越与南夷之民。此言禹之事,吾今行兼矣。昔者文王之治西土,若日若月,乍光于四方,于西土。不为大国侮小国,不为众庶侮鳏寡,不为暴势夺穑人黍稷狗彘。天屑临文王慈,是以老而无子者,有所得终其寿;连独无兄弟者,有所杂于生人之闲间,少失其父母者,有所放依而长。此文王之事,则吾今行兼矣。昔者武王将事太山,隧传曰:"泰山,有道曾孙周王有事。大事既获,仁人尚作,以祗商、夏、蛮夷丑貉。虽有周亲,不若仁人,万方有罪,唯予一人。"此言武王之事,吾今行兼矣。

是故子墨子言曰:"今天下之士君子,忠实欲天下之富,而恶其贫;欲天下之治,而恶其乱,当兼相爱、交相利。此圣王之法,天下之治道也,不可不务为也。"

【解读】

仁者要治理天下,就要兴天下之利,除天下之害。天下之利,就是人与人的兼爱,天下之害,就是人与人之间、君臣之间、父子之间、兄弟之间的相贼相害。通常认为,墨子是一个功利主义者。天下之人的互相残害,其实对每一个人都不好,不仅仅对普通百姓不好,对上位者如君臣、诸侯也不好(是故诸侯不相爱,则必野战;君臣不相爱,则不惠忠)。用当今的话语来说,就是一个互害型的社会。

如何改变这种状况呢？墨子认为，应该以"兼相爱、交相利"取而代之（既以非之，何以易之？子墨子言曰："以兼相爱、交相利之法易之"）。如果天下之人都可以做到兼相爱、交相利，世界就将变得非常美好。然而，天下的人都认为，兼爱确实很好，但是，要做到兼爱非常困难（然！乃若兼则善矣；虽然，天下之难物于故也）。墨子认为，之所以天下之人认为兼爱很难，其实是因为他们没有认识到兼爱带来的好处（天下之士君子，特不识其利、辩其故也）。攻城野战，牺牲生命，这难道不难吗？爱别人的人，别人也会爱他；便利别人的人，别人也会便利他；憎恶别人的人，别人也会憎恶他；害别人的人，别人也会害他，这有什么难的呢（夫爱人者，人必从而爱之；利人者，人必从而利之；恶人者，人必从而恶之；害人者，人必从而害之。此何难之有）？只要国君能够带头兼爱，国民就会跟随兼爱；国君带头为害，国民也就跟随为害（特上弗以为政，士不以为行故也）。

天下之人还是认为，兼爱很难，根本做不到，就仿佛是举起泰山越过黄河一样难（然而今天下之士君子曰："然！乃若兼则善矣；虽然，不可行之物也。譬若挈太山越河、济也"）。墨子反驳说，举起泰山越过黄河是真正的难，因为人们确实做不到，从古至今，没有人做到。但是，兼爱并不是这样的。古代的大禹、周文王都曾经做到过。大禹治水，给百姓排除水患，带来福祉，这就是兼爱。周文王不以大国欺辱小国，关爱鳏寡孤独，这也是兼爱。周武王祭祀泰山，向天下宣布，万方有罪，维予一人，这也是兼爱。因此，兼爱是圣王治理天下的方法，治理天下的道理，不能不这样做（此圣王之法，天下之治道也，不可不务为也）。

孔子的仁爱、墨子的兼爱，确实是治理天下的长久之道。以爱为基础，平等地对待每一个国民，关爱每一个国民，国家的治理才能实现长治久安。法家的法制，其实也是以爱为基础，惩罚犯罪，是为了让人们减少犯罪，运用权术，是为了打击奸邪。相反，建立在暴政和恐惧基础上的统治，只能实现暂时的危险的均衡，最终会导致国家的败亡，统治者自身的覆灭。这应该是治理的规律。

非攻（上）

今小为非，则知而非之；大为非攻国，则不知非，从而誉之，谓之义

【原文】

今有一人，入人园圃，窃其桃李，众闻则非之，上为政者，得则罚之，此何也？以亏人自利也。至攘人犬豕鸡豚，其不义又甚入人园圃窃桃李。是何故也？以亏人愈多，其不仁兹甚，罪益厚。至入人栏厩，取人马牛者，其不仁义，又甚攘人犬豕鸡豚，此何故也？以其亏人愈多。苟亏人愈多，其不仁兹甚，罪益厚。至杀不辜人也，扡其衣裘，取戈剑者，其不义，又甚入人栏厩取人马牛。此何故也？以其亏人愈多。苟亏人愈多，其不仁兹甚矣，罪益厚。当此，天下之君子皆知而非之，谓之不义。今至大为攻国，则弗知非，从而誉之，谓之义。此可谓知义与不义之别乎？

杀一人，谓之不义，必有一死罪矣。若以此说往，杀十人，十重不义，必有十死罪矣；杀百人，百重不义，必有百死罪矣。当此，天下之君子皆知而非之，谓之不义。今至大为不义攻国，则弗知非，从而誉之，谓之义，情不知其不义也，故书其言以遗后世。若知其不义也，夫奚说书其不义以遗后世哉？今有人于此，小见黑曰黑，多见黑曰白，则必以此人为不知白黑之辩矣；少尝苦曰苦，多尝苦曰甘，则必以此人为不知甘苦之辩矣。今小为非，则知而非之；大为非攻国，则不知非，从而誉之，谓之义。此可谓知义与不义之辩乎？是以知天下之君子也，辩义与不义之乱也。

【解读】

墨子反对战国时期的诸侯国之间的相互攻伐。偷窃别人的桃李或者牛马，毫无疑问是有罪的，大国攻击小国，难道不是更加有罪吗？杀一个人，是不义的，杀十个人，是十倍的不义。那么，战争中杀死了成百上千的人，难道不是成百上千倍的不义吗？

墨子在此以偷窃和杀人为例，来论证国与国之间战争的非正义性。这种类比，存在着一定的不足。国家和国家之间的矛盾和冲突，往往存在漫长的历史纠葛，要去辨析这个漫长历史纠葛上每一个环节的正义性，是非常困难的。简单的情况是，如果一个国家的统治者异常昏庸或者暴虐，用儒家的话说，就是君失其道，那么邻国可以攻击甚至占领这个国家吗？还是等待这个国家的国民自身觉醒而更换统治者？这个国家的国民需要为这个统治者或者国家而战斗牺牲吗？如果这个国家的国民逃离该国，该国政府向逃入国追索，逃入国需要交还这些国民吗？这些问题都不是墨子简单的类比论证能够回答的。墨子的非攻，反对的是春秋战国时期不正义的进攻，但什么是不正义的进攻，还需要得到充分地论证。

非攻（中）

计其所自胜，无所可用也；计其所得，反不如所丧者之多

【原文】

国家发政，夺民之用，废民之利，若此甚众，然而何为为之？曰："我贪伐胜之名，及得之利，故为之。"子墨子言曰："计其所自胜，无所可用也；计其所得，反不如所丧者之多。"今攻三里之城，七里之郭，攻此不用锐，且无杀，而徒得此然也？杀人多必数于万，寡必数于千，然后三里之城，七里之郭且可得也。今万乘之国，虚数于千，不胜而入；广衍数于万，不胜而辟。然则土地者，所有余也；王民者，所不足也。今尽王民之死，严下上之患，以争虚城，则是弃所不足，而重所有余也。为政若此，非国之务者也。

饰攻战者言曰："南则荆、吴之王，北则齐、晋之君，始封于天下之时，其土地之方，未至有数百里也；人徒之众，未至有数十万人也。以攻战之故，土地之博，至有数千里也；人徒之众，至有数百万人。故当攻战而不可为也。"子墨子言曰："虽四五国则得利焉，犹谓之非行道也。譬若医之药人之有病者然，今有医于此，和合其祝药之于天下之有病者而药之。万人食此，若医四五人得利焉，犹谓之非行药也。故孝子不以食其亲，忠臣不以食其君。古者封国于天

下,尚者以耳之所闻,近者以目之所见,以攻战亡者,不可胜数。"何以知其然也?东方有莒之国者,其为国甚小,闲于大国之闲,不敬事于大,大国亦弗之从而爱利,是以东者越人夹削其壤地,西者齐人兼而有之。计莒之所以亡于齐、越之间者,以是攻战也。虽南者陈、蔡,其所以亡于吴、越之间者,亦以攻战。虽北者且不一著何,其所以亡于燕代、胡貉之闲者,亦以攻战也。是故子墨子言曰:"古者王公大人,情欲得而恶失,欲安而恶危,故当攻战,而不可不非。"

【解读】

墨子试图通过利益的计算,来论证攻伐的不值。春秋战国时期,由于战争频繁,人口不足,土地过剩,因此墨子认为,牺牲稀缺的人口资源,去争夺过剩的虚城,没有太大的意义。这不是治理国家的方法(然则土地者,所有余也;王民者,所不足也。今尽王民之死,严下上之患,以争虚城,则是弃所不足,而重所有余也。为政若此,非国之务者也)。

支持攻战的人则反驳说,南方的楚国、吴国,北方的齐国、晋国,最初分封时,他们的人口只有数十万,土地只有数百里,但经过攻战,土地达到数千里,人口达到数百万。这又如何解释呢?墨子认为,即使有少数的四到五个国家通过攻战得利,但这些只是特例,并不适用于大多数国家,大多数国家在攻战中被灭亡了。

墨子在此反对攻战的论证似乎并不充分。攻战和兼并,是人类社会发展的必然趋势。国界,是妨碍人口和资源流动的壁垒。随着生产力的发展,人口的增加,国家必然向外扩张,并与其他国家和人口发生接触和碰撞,战争就是这种接触和碰撞最为激烈的形式。如果一个国家不能得到良好的治理,就必然会受到人民的唾弃和反对,甚至被他国兼并。这种兼并,有可能反而有利于被兼并国的国民。即使一个国家能够得到良好的治理,也有可能和周边的国家逐步融合。战国时期的攻战,秦统一六国,尽管充满了杀戮和血腥,但从漫长的历史演化的角度看,逐步形成了统一的国家,是历史的进步。在当今时代,随着社会的发展,人类社会正在采用和平的方式实现融合,物理的国界将会逐渐弱化甚至消亡,市场不断扩大,人口不断流动,护照与签证将会越来便捷。尽管在短期也存在一些逆全球化的现象,但笔者认为,这终究背离了人类社会发展的大势,只是历史长河中的短暂波折。

非攻(下)

为其上中天之利,而中中鬼之利,而下中人之利

【原文】

子墨子言曰:今天下之所誉善者,其说将何哉? 为其上中天之利,而中中鬼之利,而下中人之利,故誉之与? 意亡非为其上中天之利,而中中鬼之利,而下中人之利,故誉之与? 虽使下愚之人,必曰:"将为其上中天之利,而中中鬼之利,而下中人之利,故誉之。"今天下之同意者,圣王之法也,今天下之诸侯,将犹多皆免攻伐并兼,则是有誉义之名,而不察其实也。此譬犹盲者之与人,同命白黑之名,而不能分其物也,则岂谓有别哉! 是故古之知者之为天下度也,必顺虑其义而后为之行。是以动,则不疑速通。成得其所欲,而顺天、鬼、百姓之利,则知者之道也。是故古之仁人有天下者,必反大国之说,一天下之和,总四海之内。焉率天下之百姓,以农、臣事上帝、山川、鬼神。利人多,功故又大,是以天赏之,鬼富之,人誉之,使贵为天子,富有天下,名参乎天地,至今不废,此则知者之道也,先王之所以有天下者也。

今王公大人、天下之诸侯则不然。将必皆差论其爪牙之士,皆列其舟车之卒伍,于此为坚甲利兵,以往攻伐无罪之国。入其国家边境,芟刈其禾稼,斩其树木,堕其城郭,以湮其沟池,攘杀其牲口,燔溃其祖庙,劲杀其万民,覆其老弱,迁其重器,卒进而柱乎斗,曰:"死命为上,多杀次之,身伤者为下;又况失列北桡乎哉? 罪死无赦!"以惮其众。夫无兼国覆军,贼虐万民,以乱圣人之绪。意将以为利天乎? 夫取天之人,以攻天之邑,此刺杀天民,剥振神之位,倾覆社稷,攘杀其牲牷,则此上不中天之利矣。意将以为利鬼乎? 夫杀之人,灭鬼神之主,废灭先王,贼虐万民,百姓离散,则此中不中鬼之利矣。意将以为利人乎? 夫杀之人为利人也博矣! 又计其费此。为周生之本,竭天下百姓之财

用,不可胜数也,则此下不中人之利矣。

（略）。

【解读】

墨子认为,现在天下所称赞的那些人,他们的做法上符合天的利益,中符合鬼的利益,下符合人的利益(为其上中天之利,而中中鬼之利,而下中人之利,故誉之与)。然而,攻战上不符合天的利益,中不符合鬼的利益,下不符合人的利益。因为在攻战的过程中,必然会破坏他国的宗庙社稷,破坏粮食作物,毁灭城市乡村,屠杀无辜百姓。这样的做法,怎么可能是正义的呢? 做的好事多,功劳大,上天会奖赏他,鬼神会富裕他,民众也会赞誉他,让他贵为天子,富有天下,声名与天地平齐,传颂至今。这才是智者治理天下的大道,也是先王拥有天下的原因(利人多,功故又大,是以天赏之,鬼富之,人誉之,使贵为天子,富有天下,名参乎天地,至今不废,此则知者之道也,先王之所以有天下者也)。

墨子的观点,着眼于保护弱国小国,恐怕很难说服那些大国、强国统治者的野心或雄心。评判攻战正义与否的关键,还是在于治理者是否能够施行善治。对于小国弱国而言,如果能够施行善治,善待自己的百姓,妥善处理与周边大国的关系,那么也有可能在大国的夹缝中生存甚至发展壮大。如果自身骄奢淫逸,那么就很难逃脱覆灭的命运。对于大国强国而言,如果能够在国内进行良好的治理,善待自己的国民,同时公平地对待小国弱国的国民,那么即便兼并了他国,也无可厚非。事实上,如果所有国家都能够实现善治,那么攻战就不复存在。如果有些国家不能实现善治,不论其暂时的大小强弱,最终都难逃覆亡的命运。

节用（上）

去无用之费,圣王之道,天下之大利也

【原文】

圣人为政一国,一国可倍也;大之为政天下,天下可倍也。其倍之,非外取

地也,因其国家去其无用之费,足以倍之。圣王为政,其发令、兴事、使民、用财也,无不加用而为者。是故用财不费,民德不劳,其兴利多矣。

其为衣裘何? 以为冬以圉寒,夏以圉暑。凡为衣裳之道,冬加温、夏加清者,芊,不加者,去之。其为宫室何以为? 冬以圉风寒,夏以圉暑雨。有盗贼加固者,芊;不加者,去之。其为甲盾五兵何以为? 以圉寇乱盗贼,若有寇乱盗贼,有甲盾五兵者胜,无者不胜。是故圣人作为甲盾五兵。凡为甲盾五兵,加轻以利,坚而难折者,芊;不加者,去之。其为舟车何以为? 车以行陵陆,舟以行川谷,以通四方之利。凡为舟车之道,加轻以利者,芊不加者,去之。凡其为此物也,无不加用而为者。是故用财不费,民德不劳,其兴利多矣。

有去大人之好聚珠玉、鸟兽、犬马,以益衣裳、宫室、甲盾、五兵、舟车之数,于数倍乎,若则不难。故孰为难倍? 唯人为难倍;然人有可倍也。昔者圣王为法,曰:"丈夫年二十,毋敢不处家,女子年十五,毋敢不事人。"此圣王之法也。圣王既没,于民次也,其欲蚤处家者,有所二十年处家;其欲晚处家者,有所四十年处家。以其蚤与其晚相践,后圣王之法十年。若纯三年而字,子生可以二三年矣。此不惟使民蚤处家,而可以倍与? 且不然已!

今天下为政者,其所以寡人之道多。其使民劳,其籍敛厚,民财不足,冻饿死者,不可胜数也。且大人惟毋兴师,以攻伐邻国,久者终年,速者数月,男女久不相见,此所以寡人之道也。与居处不安,饮食不时,作疾病死者,有与侵就援橐,攻城野战死者,不可胜数。此不令为政者所以寡人之道、数术而起与? 圣人为政特无此,不圣人为政,其所以众人之道,亦数术而起与?

故子墨子曰:"去无用之费,圣王之道,天下之大利也。"

【解读】

圣人在一国施政,可以让该国的财富成倍增加,施政于天下,可以让天下的财富成倍增加。这种财富的加倍,并不是来自向外掠夺土地;而是节省不必要的花费(圣人为政一国,一国可倍也;大之为政天下,天下可倍也。其倍之,非外取地也,因其国家去其无用之费,足以倍之)。圣王施政,发布命令、举办事业、使用民力和财物,没有不是有益于实用才去做的。所以使用财物不浪费,民众能不劳苦,他创造的财富就越多(是故用财不费,民德不劳,其兴利多矣)。

与儒家的孔子相比,墨子更加节俭而质朴。他认为,古代圣人治理天下,宫室、衣服、饮食、舟车只要适用就够了。然而,当时的统治者,由于奢侈和攻战,民财不足,冻饿死者,不可胜数,男女久不相见,也无法生儿育女,人口锐减。因此,墨子认为,应当尽量"去无用之费,圣王之道,天下之大利也"。

节约,原本是一种美德,不论是国家还是家庭或者个人,都应该量入为出。然而,在现代社会,似乎消费、浪费甚至奢侈反而成为经济增长的动力。不可否认,在经济萧条时期,拉动需求,确实可以创造就业,促进经济增长。但是,绝大多数消费和经济增长都以环境和生态的消耗为代价。我们需要创造可持续的、循环的、公平的经济体系,而不是一味地追求经济增长。

从今天的视角看,统治者花费的都是公共财政,在全社会又具有强烈的示范效应,因此,就更不应该奢侈浪费。战争、宫室、舟车,都是各种形态的公共工程,对于它们的供给,都应该本着节约的原则来进行,同时要得到民众的支持和认可。

节　用(中)

凡足以奉给民用,则止

【原文】

　　子墨子言曰:"古者明王圣人所以王天下、正诸侯者,彼其爱民谨忠,利民谨厚,忠信相连,又示之以利,是以终身不餍,殁世而不卷。古者明王圣人其所以王天下、正诸侯者,此也。"

　　是故古者圣王制为节用之法,曰:"凡天下群百工,轮车鞼鞄、陶冶梓匠,使各从事其所能",曰:"凡足以奉给民用,则止。"诸加费不加于民利者,圣王弗为。

　　古者圣王制为饮食之法,曰:"足以充虚继气,强股肱,耳目聪明,则止。

213

不极五味之调、芬香之和,不致远国珍怪异物。"何以知其然?古者尧治天下,南抚交趾,北降幽都,东、西至日所出、入,莫不宾服。逮至其厚爱,黍稷不二,羹胾不重,饭于土塯,啜于土形,斗以酌,俯仰周旋,威仪之礼,圣王弗为。

古者圣王制为衣服之法,曰:"冬服绀緅之衣,轻且暖;夏服絺绤之衣,轻且清,则止。"诸加费不加于民利者,圣王弗为。

古者圣人为猛禽狡兽暴人害民,于是教民以兵行。日带剑,为刺则入,击则断,旁击而不折,此剑之利也。甲为衣,则轻且利,动则兵且从,此甲之利也。车为服重致远,乘之则安,引之则利,安以不伤人,利以速至,此车之利也。古者圣王为大川广谷之不可济,于是利为舟楫,足以将之,则止。虽上者三公,诸侯至,舟楫不易,津人不饰,此舟之利也。

古者圣王制为节葬之法,曰:"衣三领,足以朽肉;棺三寸,足以朽骸;窟穴,深不通于泉,流不发泄,则止。"死者既葬,生者毋久丧用哀。

古者人之始生,未有宫室之时,因陵丘窟穴而处焉。圣王虑之,以为窟穴,曰:冬可以避风寒,逮夏,下润湿,上熏蒸,恐伤民之气,于是作为宫室而利。然则为宫室之法,将奈何哉?子墨子言曰:"其旁可以圉风寒,上可以圉雪霜雨露,其中蠲洁,可以祭祀,宫墙足以为男女之别,则止。"诸加费不加民利者,圣王弗为。

【解读】

墨子说,古代的圣人统治天下、端正诸侯的方法,就在于爱民、利民、忠信,让他们看到这样做的好处,所以就可以长久(古者明王圣人所以王天下、正诸侯者,彼其爱民谨忠,利民谨厚,忠信相连,又示之以利,是以终身不餍,殁世而不卷)。他们制定了节用的方法,让天下工匠,如造轮车的、制皮革的、烧陶器的、铸金属的、当木匠的,都从事自己所擅长的技艺,只要足以供给民用就行。种种只增加费用而不利于民用的,圣王都不需要。在饮食方面,只要能够吃饱喝足就够了,不要追求各种奇珍美味。在穿衣方面,只要轻便、凉爽、暖和,适应季节需要,就足够了,不要追求不必要的装点繁饰。在对付猛兽防身、交通出行方面,应该有必要的兵器、舟车,不应过度。在丧葬方面,应该薄葬。在宫室建造方面，可以抵御风寒雨露，进行祭祀活动，方便男女之别，就足够了。

　　墨子特别反对奢侈、浪费、厚葬、穷兵黩武。这些行为，是我国历代绝大多数统治者的毛病。奢侈纵欲的生活缩短了他们的寿命，厚葬的习惯使得他们的墓穴不断遭到历代盗墓者的觊觎，穷兵黩武使得他们的统治无法持久。节用，不论对个人、家庭，还是国家，都是一种恰当的治理方式。

　　节用，是孔子和墨子的重大区别之一。孔子认为，由于礼仪的需要，一定程度的浪费也是可以的。例如，《论语·八佾》记载，子贡欲去告朔之饩羊。子曰："赐也，尔爱其羊，我爱其礼。"子贡由于节约，想省掉告朔仪式中的祭品羊，孔子说："你舍不得那羊，我舍不得这礼。"因为礼仪的需要，在举行各种仪式时就不得不付出各种花费，子女不得不厚葬父母，君主更是可以举行厚葬。墨子在《非儒》篇中，对儒家的这些虚礼、繁文缛节持强烈的批评态度。

　　墨子的节用思想，对于当今社会也具有强烈的借鉴意义。节用，并不是不用，也不是小气抠门，而是要认真审视自己的需求和消费，行为适度，而不是过度地需求和消费。需求和消费是现代经济学中的基础概念，但现代经济学并没有区分过度需求和必要需求，而是将这两类需求等同视之，这是造成现代社会消费主义、消费至上的根源。同时，过度的消费是导致全球生态危机、气候变化的根源。

非儒（下）

如其亡也必求焉，伪亦大矣

【原文】

　　儒者曰："亲亲有术，尊贤有等。"言亲疏尊卑之异也。其《礼》曰：丧，父母，三年；妻、后子，三年；伯父、叔父、弟兄、庶子，其；戚族人，五月。若以亲疏为岁月之数，则亲者多而疏者少矣，是妻、后子与父同也。若以尊卑为岁月数，则是尊其妻、子与父母同，而亲伯父、宗兄而卑子也。逆孰大焉？其亲死，列尸弗敛，登堂窥井，挑鼠穴，探涤器，而求其人矣，以为实在，则赣愚甚矣；如其亡也必求焉,伪亦大矣!

【解读】

之所以选择《非儒》篇,是因为我们在赞同儒家仁爱的基本治理理念的同时,更应该了解它的缺陷和不足,这也许就是传统文化中的糟粕。《非儒》有上下两篇,上篇已亡。

儒家说:"爱亲人应有差别,尊敬贤人也有差别(亲亲有术,尊贤有等)"。这是说亲疏、尊卑是有区别的。《仪礼》中说:服丧,为父母要服三年,为妻子和长子要服三年;为伯父、叔父、弟兄、庶子服一年;为外姓亲戚服五个月。如果以亲疏来定服丧的年月,则亲的多而疏的少,那么,妻子、长子与父母相同(若以亲疏为岁月之数,则亲者多而疏者少矣,是妻、后子与父同也)。如果以尊卑来定服丧的年月,那么,是把妻子、儿子看作与父母一样尊贵,而把伯父、宗兄和庶子看成是一样的,这难道不是大逆不道吗?父母死了,陈列尸体而不装殓,上屋、窥井、掏鼠穴、探看涤器,为死人招魂,认为他的魂魄还在,愚蠢至极,虚伪至极(如其亡也必求焉,伪亦大矣)。

墨子的这一批评很有道理。过度的礼仪就成为繁文缛节,就走向了虚伪和浪费。不过,什么是度?度在哪里?不同的人,对于度的认识和把握不同。正如孔子所言,"尔爱其羊,我爱其礼"。礼仪的程度和具体形式,只能建立在大多数人的认知和习惯的基础上,同时它们也会经受挑战和演化。

【原文】

取妻身迎,祗褍为仆,秉辔授绥,如仰严亲;昏礼威仪,如承祭祀。颠覆上下,悖逆父母,下则妻、子,妻、子上侵事亲。若此,可谓孝乎?儒者:"迎妻,妻之奉祭祀;子将守宗庙。故重之。"应之曰:此诬言也!其宗兄守其先宗庙数十年,死,丧之其;兄弟之妻奉其先之祭祀,弗散;则丧妻子三年,必非以守、奉祭祀也。夫忧妻子以大负累,有曰:"所以重亲也。"为欲厚所至私,轻所至重,岂非大奸也哉!

【解读】

墨子在此继续批评儒家的繁文缛节。娶妻要亲身迎接,穿着黑色下摆的衣裳,为她驾车,手里拿着缰绳,把引绳递给妻子,就好像侍奉父亲一样。婚礼中的仪式,就像恭敬地祭祀一样(取妻身迎,祗褍为仆,秉辔授绥,如仰严亲;昏礼威仪,如承祭祀)。在任何国家和地区的任何时代,婚丧嫁娶都是人生中的大事,其中必然存在各种各样的规矩和礼仪。它们具有重要的社会功能,目的在于维护这些社会活动的社会意义。但是,在墨子看来,儒家的这些礼仪,太过度了,太虚伪了,岂非大奸也哉! 在此很难给出一个绝对的判断标准,只能说不同人可以有不同的选择,不能强求所有人都要遵循儒家的礼仪。但是,法律可以被视为一套最为基本的礼仪,是社会活动中最为基本的规范。婚丧嫁娶中的基本行为,例如一夫一妻制,可以通过法律加以规定,但除此之外的其他行为,如驾车、服装、彩礼、仪式等,则不必通过法律来加以规范,而交由民众自行选择。在现实生活中,很多人也可能为婚姻或者其他社会活动中各种烦琐的礼仪所困扰,我们应该理解这些礼仪的作用和功能,在深思熟虑的基础上,自主选择是否遵循这些礼仪。

【原文】

有强执有命以说议曰:"寿夭贫富,安危治乱,固有天命,不可损益。穷达、赏罚、幸否有极,人之知力,不能为焉!"群吏信之,则怠于分职;庶人信之,则怠于从事。吏不治则乱,农事缓则贫,贫且乱,政之本,而儒者以为道教,是贼天下之人者也。

【解读】

儒者认为,人的寿命、贫富、安危、治乱,都由天命决定,人的智力没有办法知道和改变(寿夭贫富,安危治乱,固有天命,不可损益)。因此,只需要遵守礼仪,就可以最大限度地得到这些好处。墨子认为,这样墨守礼仪,只会使得官员只是遵守礼仪,而不去处理实际政务,农民不去从事农事。儒者这样教导人民,是残害他们(群吏信之,则怠于分职;庶人信之,则怠于从事。吏不治则乱,农事缓则贫,贫且乱,政之本,而儒者以为道教,是贼天下之人者也)。在此,墨子的批评似乎有些过分,儒家注重礼仪,但似乎并没有让人们安守礼仪而懈怠本职工作和农事活动,儒家也反对贫穷和战乱。很多时候,论辩双方也并非有绝对的分歧。

【原文】

且夫繁饰礼乐以淫人,久丧伪哀以谩亲,立命缓贫而高浩居,倍本弃事而安怠傲,贪于饮食,惰于作务,陷于饥寒,危于冻馁,无以违之。是若人气,鼱鼠藏,而羝羊视,贲彘起。君子笑之,怒曰:"散人焉知良儒!"夫夏乞麦禾,五谷既收,大丧是随,子姓皆从,得厌饮食。毕治数丧,足以至矣。因人之家以为翠,恃人之野以为尊,富人有丧,乃大说,喜曰:此衣食之端也。

【解读】

当时的儒者,不从事农业生产活动,将替别人家做丧事作为自己养家糊口的来源,"此衣食之端也!"墨子非常鄙视儒者的这一点。现代也有很多的婚庆或丧事公司,那么又如何看待这一现象呢?从社会分工的角度看,婚庆或丧事公司,可以为客户提供高效专业的服务,本身也无可厚非。但是,作为属于第三产业的服务业公司,它们更应该在第一、第二产业充分发展之后才能得到发展。在墨子所处的农业社会,生产力极度低下,绝大多数人口都应该从事农业生产,礼仪的重要性,不应该超过生产。所以,墨子的这一批评,有他的道理。

【原文】

儒者曰:"君子必服古言,然后仁。"应之曰:所谓古之言服者,皆尝新矣,而古人言之服之,则非君子也? 然则必服非君子之服,言非君子之言,而后仁乎?

【解读】

儒者说:"君子必须说古话,穿古衣,这才叫做仁。"如果这样,所谓古话、古衣,都曾经是新的。而那时的人说这种话、穿这种衣,他们就不是君子吗?反过来,是不是必须穿不是君子的衣服,说不是君子的话,才叫做仁呢?

儒者的一个毛病,就是食古不化。服装、语言,凡事都是古代的好。这一点也受到法家的强烈批判。服装、语言以及其他礼仪,都是一种形式,形式和内容的关系,是一个重要的哲学命题。简单地讲,这两者应该统一起来。形式不能严重滞后于内容,即不能过于平白简陋,也不能严重超过内容,即过于烦琐花哨。而且,服装、语言、礼仪,会随着社会的演化而演化,各个时代,有适应该时代的服装、语言、礼仪。从这一点上说,在当今的互联网时代,就有适应互联网时代的服装和语言,例如网络语言、网络规范。不能理解和接受这些现象的人士,就不免落后于时代。

【原文】

又曰:"君子循而不作。"应之曰:古者羿作弓,伃作甲,奚仲作车,巧垂作舟;然则今之鲍、函、车、匠,皆君子也,而羿、伃、奚仲、巧垂,皆小人邪?且其所循,人必或作之;然则其所循,皆小人道也。又曰:"君子胜不逐奔,掩函弗射,施则助之胥车。"应之曰:"若皆仁人也,则无说而相与;仁人以其取舍、是非之理相告,无故从有故也,弗知从有知也,无辞必服,见善必迁,何故相?若两暴交争,其胜者欲不逐奔,掩函弗射,施则助之胥车,虽尽能,犹且不得为君子也,意暴残之国也。圣将为世除害,兴师诛罚,胜将因用儒术令士卒曰:'毋逐奔,掩函勿射,施则助之胥车。'暴乱之人也得活,天下害不除,是为群残父母而深贱世也,不义莫大矣!"

【解读】

儒者说:"君子只遵循前人做的而不创新(君子循而不作)",又说:"君子打了胜仗不追赶逃兵(君子胜不逐奔)"。这两句话可能是儒家迂腐的典型体现。创新是一个社会发展进步的根源,在全球竞争的时代,一个社会没有创新,就必然被淘汰。放过残暴的敌人,沽名钓誉,不义莫大矣!所以,毛泽东也非常鄙夷儒家的这一点,他在《七律·人民解放军占领南京》中写道:"宜将胜勇追穷寇,不可沽名学霸王"。当然,战争中也有战争中的礼仪和规范,例如,两国交兵,不斩来使,以及国际法的约束。在任何时代任何事情上,礼仪和规矩总是有的,只不过它们在不断地变化,不用墨守成规。

【原文】

又曰:"君子若钟,击之则鸣,弗击不鸣。"应之曰:"夫仁人,事上竭忠,事亲得孝,务善则美,有过则谏,此为人臣之道也。今击之则鸣,弗击不鸣,隐知豫力,恬漠待问而后对,虽有君亲之大利,弗问不言;若将有大寇乱,盗贼将作,若机辟将发也,他人不知,己独知之,虽其君、亲皆在,不问不言。是夫大乱之贼也。以是为人臣不忠,为子不孝,事兄不弟,交遇人不贞良。夫执后不言,之朝,物见利使己,虽恐后言;君若言而未有利焉,则高拱下视,会噎为深,曰:'唯其未之学也。'用谁急,遗行远矣。"夫一道术学业仁义者,皆大以治人,小以任官,远施周偏,近以修身,不义不处,非理不行,务兴天下之利,曲直周旋,利则止,此君子之道也。以所闻孔某之行,则本与此相反谬也!

【解读】

儒家的另一个问题,就是被动消极。儒者说:"君子像钟一样,敲了就响,不敲就不响(君子若钟,击之则鸣,弗击不鸣)。"墨子回答说:"仁人事上尽忠,事亲尽孝,有善就称美,有过就谏阻,这才是做人臣的道理。现在若敲他才响,不敲不响,隐藏智谋,懒于用力,安静消极地等待君亲发问,然后才作回答。即使对君亲有大利,不问也不说。如果将发生大祸乱,盗贼将兴,就像安置好的机关即将发动一样,别人不知此事,自己独自知道,即使君亲都在,不问也不说,这其实是大乱之贼。以这种态度作人臣就不忠,作儿子就不孝,事兄就不恭顺,待人就不贞良。遇事持后退不言的态度,到朝廷上,看到有利于自己的东西,唯恐说得比别人迟。君上如果说了于己无利的事,就高拱两手,低头往下看,像饭塞在嘴里一样,说:'我未曾学过。'这样的做法已经离仁义很远了。"真正将道术、学业、仁义统一起来的那些人,从大的方面讲,可以治理民众,从小的方面讲,可以担任官员,远的地方可以施政,近的地方可以修身,不和不义的人或事待在一起,不做不合理的行为。务必要做对天下有利的事,竭忠尽智,这才是君子的做法。孔某人的做法,与此相反(以所闻孔某之行,则本与此相反谬也)。

墨子对儒家和孔子的行为进行了严厉的批评。在墨子看来,儒家太消极,即使发现了问题,也是如果不在其位,不谋其政,只有发达的时候才兼济天下,穷困的时候就只能独善其身。相对于以拯救天下为己任的墨家而言,儒家确实过于保守消极,缺少墨家的那种舍生取义、勇往直前的大无畏精神。

【原文】

齐景公问晏子曰:"孔子为人何如?"晏子不对。公又复问,不对。景公曰:"以孔某语寡人者众矣,俱以贤人也,今寡人问之,而子不对,何也?"晏子对曰:"婴不肖,不足以知贤人。虽然,婴闻所谓贤人者,入人之国,必务合其君臣之亲,而弭其上下之怨。孔某之荆,知白公之谋,而奉之以石乞,君身几灭,而白公僇。婴闻贤人得上不虚,得下不危,言听于君必利人,教行下必于上,是以言明而易知也,行明而易从也。行义可明乎民,谋虑可通乎君臣。今孔某深虑同谋以奉贼,劳思尽知以行邪,劝下乱上,教臣杀君,非贤人之行也。入人之国,而与人之贼,非义之类也。知人不忠,趣之为乱,非仁义之也。逃人而后谋,避人而后言,行义不可明于民,谋虑不可通于君臣,婴不知孔某之有异于白公也,是以不对。"景公曰:"呜呼!贶寡人者众矣,非夫子,则吾终身不知孔某之与白公同也。"

孔某之齐见景公,景公说,欲封之以尼溪,以告晏子。晏子曰:"不可!夫儒,浩居而自顺者也,不可以教下;好乐而淫人,不可使亲治;立命而怠事,不可使守职;宗丧循哀,不可使慈民;机服勉容,不可使导众。孔某盛容修饰以蛊世,弦歌鼓舞以聚徒,繁登降之礼以示仪,务趋翔之节以观众;博学不可使议世,劳思不可以补民;累寿不能尽其学,当年不能行其礼,积财不能赡其乐。繁

221

饰邪术,以营世君;盛为声乐,以淫遇民。其道不可以期世,其学不可以导众。今君封之,以利齐俗,非所以导国先众。"公曰:"善。"于是厚其礼,留其封,敬见而不问其道。孔某乃志,怒于景公与晏子,乃树鸱夷子皮于田常之门,告南郭惠子以所欲为。归于鲁,有顷,间齐将伐鲁,告子贡曰:"赐乎!举大事于今之时矣!"乃遣子贡之齐,因南郭惠子以见田常,劝之伐吴,以教高、国、鲍、晏,使毋得害田常之乱。劝越伐吴,三年之内,齐、吴破国之难,伏尸以言术数,孔某之诛也。

孔某为鲁司寇,舍公家而奉季孙,季孙相鲁君而走,季孙与邑人争门关,决植。

孔某穷于蔡、陈之间,藜羹不糁。十日,子路为享豚,孔某不问肉之所由来而食;号人衣以酤酒,孔某不问酒之所由来而饮。哀公迎孔子,席不端弗坐,割不正弗食。子路进请曰:"何其与陈、蔡反也?"孔某曰:"来,吾语女:曩与女为苟生,今与女为苟义。"夫饥约,则不辞妄取以活身;赢鲍,则伪行以自饰。污邪诈伪,孰大于此?

孔某与其门弟子闲坐,曰:"夫舜见瞽叟孰然,此时天下圾乎?周公旦非其人也邪?何为舍其家室而托寓也?"

孔某所行,心术所至也。其徒属弟子皆效孔某:子贡、季路,辅孔悝乱乎卫,阳货乱乎齐,佛肸以中牟叛,漆雕刑残,莫大焉!

夫为弟子后生,其师必修其言,法其行,力不足、知弗及而后已。今孔某之行如此,儒士则可以疑矣!

【解读】

墨子在此,用了一系列事件,来贬低孔子。例如,晏婴是齐国的大夫,他对孔子的评价很低,数次劝阻齐景公任用孔子,并蔑称孔子为"孔某"。原因在于,据晏婴所说,孔子曾经到楚国,知道楚国的大夫白公试图杀害国君,但他反而推荐石乞去帮助白公,使得楚国国君差点遇害,白公自己也被杀戮。孔丘与贼人同谋,处心积虑做坏事,劝下人作乱,教唆臣子杀害君主,并非贤人之所为。还有,孔丘在蔡国、陈国的时候陷入穷困,吃的东西非常差。过了几天,子路找来了一只猪,孔丘也不问猪是哪里来的就直接吃(路为享豚,孔某不问肉之所由来而食)。弟子当了衣服买酒,孔丘也不问酒是从哪里来的就直接喝(号人衣以酤酒,孔某不问酒之所由来而饮)。后来回到鲁国,鲁哀公迎接孔丘,席子没有放正,不坐,肉切的不正,不吃。子路问他:为什么与在陈、蔡时的差别那么大呢? 孔丘说:"过来,我告诉你。过去,我们是为了求生,今天,我们是为了仁义(曩与女为苟生,今与女为苟义)。"饥饿的时候,为了活命不惜妄取,吃饱喝足了,就用虚伪的行为粉饰。污秽奸邪狡诈虚伪,还有比这更大的吗(污邪诈伪,孰大于此)?

一个人的言论主张,和他的真实行为,有可能是完全脱节的。这样的人,就是虚伪的人。孔子在历史上的真实行为,以及晏婴对孔子的评价,都有待历史学家做出更加深入的考证。在此也说明,即使是圣人孔子,也会面临很多不同的评价。我们对任何一个历史人物或者历史事件,都应该保持谨慎的态度。

尚贤(上)

夫尚贤者,政之本也

【原文】

子墨子言曰:"今者王公大人为政于国家者,皆欲国家之富,人民之众,刑政之治。然而不得富而得贫,不得众而得寡,不得治而得乱,则是本失其所欲,得其所恶。是其故何也?"子墨子言曰:"是在王公大人为政于国家者,不能以尚贤事能为政也。是故国有贤良之士众,则国家之治厚;贤良之士寡,则国家之治薄。故大人之务,将在于众贤而已。"

曰:"然则众贤之术将奈何哉?"子墨子言曰:"譬若欲众其国之善射御之士者,必将富之、贵之、敬之、誉之,然后国之善射御之士,将可得而众也。况又有贤良之士,厚乎德行,辩乎言谈,博乎道术者乎! 此固国家之珍而社稷之佐也,亦必且富之、贵之、敬之、誉之,然后国之良士,亦将可得而众也。"是故古者圣王之为政也,言曰:"不义不富,不义不贵,不义不亲,不义不近。"是以国之富贵人闻之,皆退而谋曰:"始我所恃者,富贵也,今上举义不辟贫贱,然则我不可不为义。"亲者闻之,亦退而谋曰:"始我所恃者亲也,今上举义不辟疏,然则我不可不为义。"近者闻之,亦退而谋曰:"始我所恃者近也,今上举义不辟远,然则我不可不为义。"远者闻之,亦退而谋曰:"我始以远为无恃,今上举义不辟远,然则我不可不为义。"逮至远鄙郊外之臣、门庭庶子、国中之众、四鄙之萌人闻之,皆竞为义。是其故何也? 曰:上之所以使下者,一物也;下之所以事上者,一术也。譬之富者,有高墙深宫,墙立既,谨上为凿一门。有盗人入,阖其自入而求之,盗其无自出。是其故何也? 则上得要也。

故古者圣王之为政,列德而尚贤。虽在农与工肆之人,有能则举之。高予之爵,重予之禄,任之以事,断予之令。曰:"爵位不高,则民弗敬;蓄禄不厚,则民不信;政令不断,则民不畏。"举三者授之贤者,非为贤赐也,欲其事之成。故当是时,以德就列,以官服事,以劳殿赏,量功而分禄。故官无常贵而民无终贱。有能则举之,无能则下之。举公义,辟私怨,此若言之谓也。

故古者尧举舜于服泽之阳,授之政,天下平。禹举益于阴方之中,授之政,九州成。汤举伊尹于庖厨之中,授之政,其谋得。文王举闳夭、泰颠于置罔之中,授之政,西土服。故当是时,虽在于厚禄尊位之臣,莫不敬惧而施;虽在农与工肆之人,莫不竞劝而尚意。故士者,所以为辅相承嗣也。故得士则谋不困,体不劳,名立而功成,美章而恶不生,则由得士也。是故子墨子言曰:"得意贤士不可不举;不得意,贤士不可不举。尚欲祖述尧舜禹汤之道,将不可以不尚贤。夫尚贤者,政之本也。"

【解读】

治理国家涉及很多不同的方面,人才是其中一个非常重要的方面。再强有力的领导者,也必须得到其他人才的辅佐和帮助,因此,墨子认为,"夫尚贤者,政之本也"。国家不能得到良好治理的根源,在于统治者"不能以尚贤事能为政",即没有把人才的培养放在足够重要的地位。如何培养人才呢,"富之、贵之、敬之、誉之"。谁是人才呢? 人才就是那些"有义之人"。"不义不富,不义不贵,不义不亲,不义不近。"什么是义呢? 德就是义,列德而尚贤,不论人们的出身,只要有能力,就可以为官(虽在农与工肆之人,有能则举之)。而且,要授予他爵禄和决断的权力(高予之爵,重予之禄,任之以事,断予之令)。如果爵位不高,老百姓就不会尊敬他,俸禄不厚重,老百姓就不相信他,权力不大,老百姓就不畏惧他(爵位不高,则民弗敬;蓄禄不厚,则民不信;政令不断,则民不畏)。把这三者授予贤人,并不是赏赐,而是为了让他做事成事(举三者授之贤者,非为贤赐也,欲其事之成)。因此,官员并不是永远富贵,平民也不是永远贫贱(故官无常贵而民无终贱)。有能力就任用,没有能力就罢免(有能则举之,无能则下之)。高举公义,不要私怨(举公义,辟私怨)。

对于国家的治理而言,人才确实重要。但困难在于,究竟谁是人才? 如何评价人才? 如何培养人才? 如何选拔人才? 需要有一套复杂精细的制度。我国传统社会非常强调品德,但能力也非常重要。品德和能力是人才的两个最为重要的维度。品德是基础,但品德内化于人的心中,可以被掩饰,难以在短期内观察和衡量,只有通过长期的观察和考验,路遥知马力,日久见人心,才能发现一个人真正的品德。而且,品德也会随着时间和环境的变化而变化,一个人为官之初可能非常有品德,但随着职位的升高,也可能丧失品德。相对于品德而言,能力更加外在,也更加容易观测。如果简单地将品德和能力区分为高低两个维度,那么有四种组合(高品德,高能力)、(高品德,低能力)、(低品德,高能力)、(低品德,低能力)。只有第一种组合(高品德,高能力)的人可以被称为贤人,适合担任公共治理者。第三种组合(低品德,高能力)的人是否可以担任公共治理者,还需要更加深入的思考。

尚贤(中)

自贵且智者为政乎,愚且贱者则治

【原文】

子墨子言曰:"今王公大人之君人民、主社稷、治国家,欲修保而勿失,故不察尚贤为政之本也!"何以知尚贤之为政之本也? 曰:<u>自贵且智者为政</u><u>乎,愚且贱者则治,自愚贱者为政乎,贵且智者则乱。</u>是以知尚贤之为政本也。

【解读】

墨子问:现在王公大人统治人民,主持社稷,治理国家,希望永久保持天下而不失去天下,为什么不知道崇尚贤能是为政的根本呢! 回答是:由高贵而聪明的人去治理愚蠢而低贱的人,那么,国家便能治理好(自贵且智者为政乎,愚且贱者则治);由愚蠢而低贱的人去治理高贵而聪明的人(自愚贱者为政乎,贵且智者则乱),那么,国家就会混乱。因此崇尚贤能是为政的根本。

国家的治理,肯定应该是由贤能的人治理不贤能的人,不仅国家的治理如此,一切管理活动都应该如此。但是,谁是贤能的人? 谁是不贤能的人? 贤能或者不贤能,如何评判? 这些都是难以简单回答的问题。受教育程度是一个重要的标准,但既非充分条件,也非必要条件。在现实中,既有没有受过良好教育,但能够很好地胜任治理或者管理工作的人,也有受过良好教育,但无法胜任治理或者管理工作,或者在从事领导工作后,腐化堕落的案例。因此,尚贤是毫无疑问的,但问题在于,如何衡量与选择贤能? 如何长期地保持贤能? 一方面需要建立一套监督制衡制度;另一方面,贤人也需要不断地加强道德自律,这样贤人才能永葆贤能。

【原文】

故古者圣王甚尊尚贤而任使能,<u>不党父兄,不偏贵富,不嬖颜色。</u>贤者举而上之,富而贵之,以为官长,不肖者抑而废之,贫而贱之,以为徒役。是以民皆劝其赏,畏其罚,相率而为贤者,以贤者众而不肖者寡,此谓进贤。然后圣人听其言,迹其行,察其所能而慎予官,此谓事能。故可使治国者使治国。可使长官者使长官。可使治邑者使治邑。凡所使治国家、官府、邑里,此皆国之贤者也。

【解读】

古时的圣王很尊崇贤人而任用能人,不偏袒父兄,不偏护富贵,不爱宠美色(不党父兄,不偏贵富,不嬖颜色)。凡是贤人,就选拔上来使其处于高位,给他富贵,让他做官长;凡是不肖之人便免去职位,使之贫贱,让他做奴仆。于是人民劝赏畏罚,争相做贤人,所以贤人多而坏人少,这便叫进贤。之后圣人认真听取贤人的言语,考察他的行为,评价他的能力,谨慎地给予官职,这便叫事能。因此,可以让他治国的,就让他治国;可以让他居官的,就让他居官;可以让他治县的,就让他治县。凡是派去治理国家、官府、邑里的,都是国家的贤人。

尽管前文讲到评价和选拔贤人很难,缺乏简单的标准,但其实一个最简单的原则,就是公正,不能偏私。如果选拔过程受到各种如血缘、金钱、美色的干扰,肯定难以选拔出真正的贤人。在贤人被初步选拔出来之后,还要长期听其言、观其行,这样还是能够相对准确地判断人的贤能与否的。

【原文】

贤者之治国也,蚤朝晏退,听狱治政,是以国家治而刑法正。贤者之长官也,夜寝夙兴,收敛关市、山林、泽梁之利,以实官府,是以官府实而财不散。贤者之治邑也,蚤出莫入,耕稼树艺、聚菽粟,是以菽粟多而民足乎食。故国家治则刑法正,官府实则万民富。上有以洁为酒醴粢盛以祭祀天、鬼,外有以为皮币,与四邻诸侯交接,内有以食饥息劳,将养其万民,外有以怀天下之贤人。是故上者天鬼富之,外者诸侯与之,内者万民亲之,贤人归之。以此谋事则得,举事则成,入守则固,出诛则强。故唯昔三代圣王尧舜禹汤文武之所以王天下,正诸侯者,此亦其法已。

【解读】

贤人治理国家,早上上朝,晚上退朝,审听刑狱,处理政务,所以国家有治而刑法严正(蚤朝晏退,听狱治政,是以国家治而刑法正);贤人做官,晚寝早起,征收关、市、山林、川泽的税利,充实国家府库,所以国库充实财用不散;贤人治理都邑,早出晚归,翻耕种植,所以粮食多而人民食用充足。因此国家得到治理,刑法严正,官府充实,万民富足。

因此,只要能够克制自己的私心杂念,控制自己的不当欲望,本着自己的良心去工作,治理国家似乎也没有什么太大的难度。如果作为治理者的贤人违法乱纪,那么平民百姓也可以违法乱纪,国家就陷入混乱。

【原文】

既曰若法,未知所以行之术,则事犹若未成。是以必为置三本。何谓三本? 曰:"爵位不高,则民不敬也;蓄禄不厚,则民不信也;政令不断,则民不畏也。"故古圣王高予之爵,重予之禄,任之以事,断予之令。夫岂为其臣赐哉? 欲其事之成也。《诗》曰:"告女忧恤,诲女予爵,孰能执热,鲜不用濯?"则此语古者国君诸侯之不可以不执善承嗣辅佐也。譬之犹执热之有濯也,将休其手焉。古者圣王唯毋得贤人而使之,般爵以贵之,裂地以封之,终身不厌。贤人唯毋得明君而事之,竭四肢之力,以任君之事,终身不倦。若有美善则归之上。是以美善在上,而所怨谤在下;宁乐在君,忧戚在臣。故古者圣王之为政若此。

【解读】

有了这样的法则,但如果不知道用以推行这一法则的方法,那么事情仍然没有办成。所以要立下三项根本(措施)。什么是三个根本呢? 答案是:爵位不高,人民不尊敬他;俸禄不厚,人民不信服他;权力不大,人民不惧怕他(爵位不高,则民不敬也;蓄禄不厚,则民不信也;政令不断,则民不畏也)。所以古代圣王给臣下高的爵位,厚的俸禄,实际的任务,决断的权力。这难道是给臣下以赏赐吗? 并不完全如此,目的是为了让他把事情办成啊。

墨子提出尚贤的三本:爵位、俸禄、权力,是治理者成功治理天下所必须具备的条件。地位,可以让治理者得到民众的尊敬;俸禄,可以让他安心工作;权力,可以让民众畏惧并顺利施政。在这三本中,第二本俸禄尤其值得一提。我们不应以微薄的薪酬来彰显官员的道德水准,而是应该给予他们优厚的俸禄,但应该公开透明。高薪养廉,在墨子那里,已经得到了充分的肯定。

尚同(上)

是以一人则一义,二人则二义,十人则十义

【原文】

子墨子言曰:古者民始生,未有刑政之时,盖其语,人异义。<u>是以一人则一义,二人则二义,十人则十义</u>。其人兹众,其所谓义者亦兹众。是以人是其义,以非人之义,故交相非也。是以内者父子兄弟作,离散不能相和合;天下之百姓,皆以水火毒药相亏害。至有余力,不能以相劳;腐朽余财,不以相分;隐匿良道,不以相教。天下之乱,若禽兽然。

【解读】

尚同,共有三篇,在此选择第一篇。尚同,即崇尚相同,形成共识。共识在公共治理中非常重要,它可以化解矛盾和分歧,集聚组织成员的力量,形成组织合力。治理的失败、组织的分裂,直接原因就是矛盾和冲突的加剧,以及共识的缺乏。民主集中制中的"集中"也就是共识的形成。事实上,由于利益和观念的差异,在一些重大的公共治理问题上,形成共识非常困难。因此,在历史上,集中或者形成共识的手段,更多的是依靠强制和暴力,但这实际上并不是形成共识,而是消灭不同意见。不同意见其实有其价值,当政者或者我们每一个人应该时刻思考,与我不同的意见,是否有其正确性,是否有可取之处。在当今时代,共识更应该依靠民主、讨论、协商等手段来达致。

墨子说,远古时代,在没有刑罚政令之时,一个人有一个人的意见,两个人有两个人的意见,十个人有十个人的意见,每个人的意见都不一样,他们都坚持自己的意见,反对别人的意见,相互之间就会产生矛盾。父子兄弟离散,天下百姓甚至用水火毒药相互攻伐。天下大乱,就和禽兽一样。

从人类学或生物学的角度看,人与动物的区别之一,就在于人类会有意识

地相互合作,并分享合作的成果,原始社会人类氏族部落的劳动就是如此。一个人肯定不是猛兽的对手,但是,一群人经过沟通和合作,就能够捕获猛兽。这就是人类最终能够成为万物之长的原因。人类社会早期的合作只能局限在狭小的群体内,群体和群体之间,部落和部落之间,则是残酷的战争。随着人类社会的进步,合作和共识将会在越来越大的范围内实现。因此,尽管当代人类社会也存在激烈的矛盾和分歧,但从长远的历史进程看,只要人类社会不因这些矛盾和分歧而毁灭,我们终将化解这些矛盾和分歧,在更大的范围内实现共识。

【原文】

夫明乎天下之所以乱者,生于无政长。是故选天下之贤可者,立以为天子。天子立,以其力为未足,又选天下之贤可者,置立之以为三公。天子、三公既以立,以天下为博大,远国异土之民,是非利害之辩,不可一二而明知,故画分万国,立诸侯国君。诸侯国君既已立,以其力为未足,又选择其国之贤可者,置立之以为正长。

正长既已具,天子发政于天下之百姓,言曰:"闻善而不善,皆以告其上。上之所是,必皆是之,所非,必皆非之。上有过则规谏之,下有善则傍荐之。上同而不下比者,此上之所赏而下之所誉也。意若闻善而不善,不以告其上;上之所是弗能是,上之所非弗能非;上有过弗规谏,下有善弗傍荐;下比不能上同者,此上之所罚而百姓所毁也。"上以此为赏罚,甚明察以审信。

【解读】

墨子认为,天下之所以混乱,是因为没有领导(天下之所以乱者,生于无政长)。因此,要选择贤能之人,立他为天子。天子一个人的能力有限,所以还要选择贤能的人,担任三公(天子立,以其力为未足,又选天下之贤可者,置立之以为三公)。由于天下很大,还需要划分不同的诸侯国,选择诸侯国君,再选择官员(正长)。

在有了正长之后,天子向天下的百姓发布政令,要求百姓,不论是好的还是不好的,都应该向上汇报。上级认为是对的,就都应该认为对,上级认为不对,就都应该认为不对(上之所是,必皆是之,所非,必皆非之)。上级有过错,就应该规谏,下级做得对,就应该表扬推荐(上有过则规谏之,下有善则傍荐之)。如果下级听到好或不好的事情,不向上级报告;上级认为对,但下级不认为对;上级认为错,下级不认为错;上级有过错但不规谏;下级做得对但不表彰推荐,上下不能同心,上级就必须惩处这种行为,百姓也会非议这种行为。

显然,天子、三公、正长,也就是国家领导人以及各级公共管理者,他们都不应该按照血缘的关系世袭产生,而是按照贤能的原则从全体人民中选择。他们的意志,来自于民众,民众应当接受和执行。他们有过错,下级官员和民众应该规谏。当然,上级也有可能犯错误,下级也有可能是正确的,上级认为对的,未必就对。然而,从组织纪律的角度而言,在上级犯错误的时候,也应该通过恰当的程序来纠正上级的过错,即规谏,而不是直接违背上级的指令。在情况紧急的战争环境下,更是要绝对服从上级。在和平年代,这一原则也同样适用,只不过更应该发挥规谏的作用,更应该建立一种保护规谏的制度。

【原文】

是故里长者,里之仁人也。里长发政里之百姓,言曰:"闻善而不善,必以告其乡长。乡长之所是,必皆是之;乡长之所非,必皆非之。去若不善言,学乡长之善言;去若不善行,学乡长之善行。"则乡何说以乱哉。察乡之所治者何也? 乡长唯能壹同乡之义,是以乡治也。

乡长者,乡之仁人也。乡长发政乡之百姓,言曰:"闻善而不善者,必以告国君。国君之所是,必皆是之;国君之所非,必皆非之。去若不善言,学国君之善言;去若不善行,学国君之善行。"则国何说以乱哉? 察国之所以治者何也? 国君唯能壹同国之义,是以国治也。

国君者,国之仁人也。国君发政国之百姓,言曰:"闻善而不善,必以告天子。天子之所是,皆是之;天子之所非,皆非之。去若不善言,学天子之善言;去若不善行,学天子之善行。"则天下何说以乱哉? 察天下之所以治者何也? 天子唯能壹同天下之义,是以天下治也。

天下之百姓皆上同于天子,而不上同于天,则灾犹未去也。今若天飘风苦雨,溱溱而至者,此天之所以罚百姓之不上同于天者也。是故子墨子言曰:"古者圣王为五刑,请以治其民。譬若丝缕之有纪,罔罟之有纲,所以连收天下之百姓,不尚同其上者也。"

【解读】

里,是乡的基本构成单位。里长是一个里的仁义之人。里长如果能和全里的人同心,那么一个里就能够得到治理。乡,是国的基本构成单位。乡长是一个乡的仁义之人。乡长如果能够和全乡的人同心,乡就能够得到治理(乡长唯能壹同乡之义,是以乡治也)。国家,是天下的基本构成单位,国君是一国的仁义之人。国君如果能够和全国的人同心,那么国家就可以得到治理(国君唯能壹同国之义,是以国治也)。如果天子能够和全天下的人同心,那么天下就可以得到治理(天子唯能壹同天下之义,是以天下治也)。

如果天下的百姓都能够和天子同心,但不能和上天同心,那么,还是不能避免灾祸。如果上天不断降灾,飘风苦雨,频频而至,这就是上天对那些不与上天一致的百姓的惩罚。所以墨子说:"古时圣王制定五种刑法,用它来治理人民,就是用它们来约束那些不与上级意见一致的老百姓的"(古者圣王为五刑,请以治其民。譬若丝缕之有纪,罔罟之有纲,所以连收天下之百姓,不尚同其上者也)。

里长、乡长、诸侯国君,都是不同级别的公共治理者,他们都应该是仁义之人,如果他们都能够上下同心,那么整个天下都可以得到治理。这确实是治理的原理与规律。但问题在于,天下之人对这一原理和规律也并未达成共识。原因在于,第一,奸邪之人试图将里、乡、国、天下窃为私有;第二,判断和选择仁义之人非常困难;第三,不同社会成员之间达成共识非常困难。对于第一个难题,应该保障里、乡、国、天下的公共事务的公开透明,捍卫公共事务的公共性。对于第二个难题,需要对各级官员进行严格的考核和监督,以维持他们仁义的本色。对于第三个难题,则只能构建各类公共论坛,让各种不同的意见进行充分的表达和协商,尽量达成共识。

从现代科学的角度来看,将自然灾害解释为上天对君主或国民的惩罚,反映了墨子思想的原始与粗糙之处。"古者圣王为五刑,请以治其民。"运用刑法来约束与惩罚极少数暴民,有其积极的一面。但是,在民智未开的早期社会,运用刑法来达成共识在很多时候成为统治者压制异己的惯用手段。在绝大多数民众都受过充分教育、掌握充分信息、具备充分理性的现代社会,协商、沟通、交流、妥协,才是实现共识的最佳方式。

第十篇 管 子[①]

　　管仲(约公元前 723—前 645),姬姓,管氏,名夷吾,字仲,谥敬,春秋时期法家代表人物(也有一说为道家),颖上人(今安徽颖上),是中国古代著名的经济学家、哲学家、政治家、军事家。被誉为"法家先驱""圣人之师""华夏文明的保护者""华夏第一相"。齐桓公元年(公元前 685),管仲任齐国宰相,在任内大兴改革,即管仲改革,富国强兵,帮助齐桓公成为春秋五霸时期第一位霸主。

　　《管子》一书记录了管仲及其学派的主要主张和学说,是管子后学对管仲思想的集结,大约成书于战国(公元前 475 — 前 221)时代至秦汉时期。西汉刘向编定《管子》时共 86 篇,今本实存 76 篇,其余 10 篇仅存目录。《汉书·艺文志》将其列入子部道家类,《隋书·经籍志》将其列入法家类,《四库全书》将其列入子部法家类。清代史学家章学诚说:"《管子》,道家之言也"。该书篇幅宏伟,内容复杂,思想丰富。《牧民》《形势》等篇讲霸政法术;《侈靡》《治国》等篇论经济生产,可谓齐国称霸的经济政策;《七法》《兵法》等篇言兵法;《宙合》《枢言》等篇谈哲学及阴阳五行等;其余如《大匡》《小匡》《戒》《弟子职》《封禅》等为杂说。本书选择《牧民》《立政》两篇进行解读与评述。

---

　　① 《管子》,李山译注,中华书局 2009 年版。

牧 民

仓廪实,则知礼节;衣食足,则知荣辱

【原文】

国 颂

凡有地牧民者,务在四时,守在仓廪。国多财,则远者来,地辟举,则民留处;仓廪实,则知礼节;衣食足,则知荣辱;上服度,则六亲固。四维张,则君令行。故省刑之要,在禁文巧,守国之度,在饰四维,顺民之经,在明鬼神,只山川,敬宗庙,恭祖旧。不务天时,则财不生;不务地利,则仓廪不盈;野芜旷,则民乃菅,上无量,则民乃妄。文巧不禁,则民乃淫,不璋两原,则刑乃繁。不明鬼神,则陋民不悟;不只山川,则威令不闻;不敬宗庙,则民乃上校;不恭祖旧,则孝悌不备;四维不张,国乃灭亡。

【解读】

《牧民》篇,就题目而言,意思是将人民视为牛马牲畜一样而进行放牧,这种表述显然与当今时代的民主与平等精神相悖,然而从政治现实主义的角度出发,在管仲所处的时代,人民所掌握的信息和具有的能力大大弱于统治者,人民与统治者之间远不平等,所以,将统治人民称为牧民,也有其现实的道理。

对于拥有土地的统治者而言,最重要的事情在于经济生产,即农业生产,注重春夏秋冬的农时,保证粮食储备(凡有地牧民者,务在四时,守在仓廪)。经济活动是其他一切活动乃至礼义廉耻的基础,仓廪实,则知礼节;衣食足,则知荣辱(仓廪实,则知礼节;衣食足,则知荣辱)。减少刑罚的关键,在于禁止浮华奢侈(文巧);巩固国家的关键,在于坚守四维;训导人民的关键,在于尊敬鬼神、祭祀山川、崇敬宗庙、敬重祖先。如果不这样做,农业生产就会凋敝,土地就会荒芜,人民就会放纵,缺乏礼仪,难以教化,最终国家就会灭亡。

在此,管仲正确阐述了经济基础和上层建筑、物质生产和礼仪道德之间的关系,首先发展经济生产,辅之以道德、礼仪和宗教,国家就能够得到良好的治理。

【原文】

四 维

国有四维,一维绝则倾,二维绝则危,三维绝则覆,四维绝则灭。倾可正也,危可安也,覆可起也,灭不可复错也。何谓四维? 一曰礼、二曰义、三曰廉、四曰耻。礼不踰节,义不自进。廉不蔽恶,耻不从枉。故不踰节,则上位安;不自进,则民无巧轴;不蔽恶,则行自全;不从枉,则邪事不生。

【解读】

四维,是国家治理的四个重要支柱。缺少一个,国家就会倾斜,缺少两个,就会危险,缺少三个,就会颠覆,缺少四个,就会灭亡(国有四维,一维绝则倾,二维绝则危,三维绝则覆,四维绝则灭)。所谓四维,就是礼义廉耻(何谓四维? 一曰礼、二曰义、三曰廉、四曰耻),也就是人们的道德水平,包括人生观、世界观、价值观。尽管在上一段,管仲将经济置于比道德更加重要的地位,但在这一段,他进一步强调了礼义廉耻的重要性。经济和道德,相互促进,相互巩固,很难简单地区分哪一个更加重要。

【原文】

四 顺

政之所兴,在顺民心。政之所废,在逆民心。民恶忧劳,我佚乐之。民恶贫贱,我富贵之,民恶危坠,我存安之。民恶灭绝,我生育之。能佚乐之,则民为之忧劳。能富贵之,则民为之贫贱。能存安之,则民为之危坠。能生育之,则民为之灭绝。故刑罚不足以畏其意,杀戮不足以服其心。故刑罚繁而意不恐,则令不行矣。杀戮众而心不服,则上位危矣。故从其四欲,则远者自亲;行其四恶,则近者叛之,故知"予之为取者,政之宝也"。

【解读】

　　政治的关键,在于顺应民心。政治的失败,则在于逆忤民心(政之所兴,在顺民心。政之所废,在逆民心)。百姓厌恶忧劳,统治者就要让他们快乐;百姓厌恶贫贱,统治者就要让他们富贵;百姓厌恶危险,统治者就要给他们提供安全;百姓担忧无法传宗接代,统治者就要让他们生育繁衍。这四个方面,是百姓的四个最大的欲望,统治者在这四个方面为百姓提供保障,就是四顺。这四个欲望是驱动人民行动的动力,在这四个欲望面前,刑罚无法让百姓后退,杀戮无法收服他们的内心(故刑罚不足以畏其意,杀戮不足以服其心)。所以,即使刑罚繁多,但如果不能使百姓恐惧,那么政令也得不到施行;即使杀戮多,但如果不能收服民心,那么君主的位置就有危险(故刑罚繁而意不恐,则令不行矣。杀戮众而心不服,则上位危矣)。然而,只要顺应百姓这四个方面的欲望,远方的人也会归顺;不顺应百姓这四个方面的欲望,身边的百姓也会反叛。这就是所谓的"将给予视为获取,是政治的法宝"(予之为取者,政之宝也)。

【原文】

十一经

　　错国于不倾之地,积于不涸之仓,藏于不竭之府,下令于流水之原,使民于不争之官,明必死之路,开必得之门,不为不可成,不求不可得,不处不可久,不行不可复。错国于不倾之地者,授有德也;积于不涸之仓者,务五谷也;藏于不竭之府者,养桑麻育六畜也;下令于流水之原者,令顺民心也;使民于不争之官者,使各为其所长也;明必死之路者,严刑罚也;开必得之门者,信庆赏也;不为不可成者,量民力也;不求不可得者,不强民以其所恶也;不处不可久者,不偷取一世也;不行不可复者,不欺其民也;故授有德,则国安;务五谷,则食足;养桑麻,育六畜,则民富;令顺民心,则威令行;使民各为其所长,则用备;严刑罚,则民远邪;信庆赏,则民轻难;量民力,则事无不成;不强民以其所恶,则轴伪不生;不偷取一世,则民无怨心;不欺其民,则下亲其上。

【解读】

所谓"十一经",就是治理国家的十一个重要的方面,即:(1)把国家建立在稳固的基础上,必须把国家交给有道德的人来管理(错国于不倾之地者,授有德也),国家就会安全。(2)把粮食积存在取之不尽的粮仓里,就是要种植粮食五谷,食物就充足(积于不涸之仓者,务五谷也)。(3)把财货贮藏在用之不竭的府库里,就是要种植桑麻,蓄养牲畜,这样就民富(藏于不竭之府者,养桑麻育六畜也)。(4)把政令下达在流水源头上,就是要顺应民心,这样政府的威仪和法令就会得到遵守和执行(下令于流水之原者,令顺民心也)。(5)把人民使用在无所争议的岗位上,就是让他们各尽其才,各类用品就会齐备(使民于不争之官者,使各为其所长也)。(6)向人们指出哪些行为是犯罪必死的行为,就是要严格刑罚的执行,人民就会远离奸邪错误(明必死之路者,严刑罚也)。(7)向人们敞开立功获赏的大门,就是要明信奖赏,这样人民就不畏艰难(开必得之门者,信庆赏也)。(8)不强干办不到的事,就是要实事求是地考虑民力,这样想做的事情都能做成(不为不可成者,量民力也)。(9)不追求得不到的利益,就是不强迫人民去做他们不愿意做的事情,这样欺诈作假都不会发生(不求不可得者,不强民以其所恶也)。(10)不可立足于难以持久的地位,就是不侥幸苟且,这样人民就不会埋怨腹诽(不处不可久者,不偷取一世也)。(11)不去做不可再行的事情,就是不要欺骗人民,人民就会拥护统治者(不行不可复者,不欺其民也)。

【原文】

六亲五法

以家为乡,乡不可为也。以乡为国,国不可为也。以国为天下,天下不可为也。以家为家,以乡为乡,以国为国,以天下为天下。毋曰不同生,远者不听。毋曰不同乡,远者不行。毋曰不同国,远者不从。如地如天,何私何亲?如月如日,唯君之节。御民之辔,在上之所贵。道民之门,在上之所先。召民之路,在上之所好恶。故君求之,则臣得之。君嗜之,则臣食之。君好之,则臣服之。君恶之，则臣匿之。毋蔽汝恶，毋异汝度，贤者将不汝助。言室满室，言堂满堂，是谓圣王。城郭沟渠，不足以固守；兵甲强力，不足以应敌；博地多财，不足以有众。惟有道者，能备患于未形也，故祸不萌。天下不患无臣，患无君以使之。天下不患无财，患无人以分之。故知时者，可立以为长。无私者，可置以为政。审于时而察于用，而能备官者，可奉以为君也。缓者后于事。吝于财者失所亲，信小人者失士。

【解读】

如果将家、乡、国、天下，看做各种规模不同的公共组织，它们的治理原则其实是相同的，即以公共的原则来治理它们。但是，如果一个乡的管理者将乡视为自己私人的家，运用治理私人的家的方式来治理乡，那么就会失败。当从一个小的公共组织扩展到一个更大的公共组织时，如从家到乡，从乡到国，从国到天下，都必须以更大的公共性来治理这一组织。因此，管仲在这里说，按照治家的要求治理乡，乡不能治好；按照治乡的要求治理国，国不能治好；按照治国的要求治理天下，天下不可能治好（以家为乡，乡不可为也。以乡为国，国不可为也。以国为天下，天下不可为也）。应该按照治家的要求治家，按照治乡的要求治乡，按照治国的要求治国，按照治天下的要求治理天下（以家为家，以乡为乡，以国为国，以天下为天下）。

不要因为不同姓，就不听取外姓人的意见，不要因为不同乡，就不听取外乡人的意见，不要因为不同国，就不听取别国人的意见（曰不同生，远者不听。毋曰不同乡，远者不行。毋曰不同国，远者不从）。这些不听取他人意见的做法，都是因为公共的程度不够。对于统治者而言，要像天地对待万物一样，没有什么偏私偏爱（如地如天，何私何亲），要像日月普照一切一样，这才是君主的气度（如月如日，唯君之节）。统治百姓就仿佛是驾驭马车，它的辔头就是统治者的喜好。统治者喜好厌恶什么，臣民们也会喜好厌恶什么。因此，统治者不要掩藏过错，不要随意变更法度。在室内说话，要让全室的人都听到，在堂内说话，要让全堂的人都听到，也就是不要有所偏私，要公平地对待所有人，这样的统治者，就是圣王（言室满室，言堂满堂，是谓圣王）。城郭沟渠、兵甲强力、博地多财,这些都不是关键,关键在于有道(惟有道者,能备患于未形也)。而这里所谓的道,就是公共的原则。治理天下不用担心没有臣下,而要担心没有君主来驱使这些臣下;也不用担心没有财货,而要担心没有人来正确地分配这些财货(天下不患无臣,患无君以使之。天下不患无财,患无人以分之)。因此,知道时节的人(故知时者,可立以为长),可以让他担任官长,无私的人,可以让他从政(无私者,可置以为政)。能够审查天时、知晓财用、任用官吏的人,就可以作为君主了(审于时而察于用,而能备官者,可奉为君也)。

立 政

治国有三本,而安国有四固,而富国有五事,五事五经也

【原文】

国之所以治乱者三,杀戮刑罚,不足用也。国之所以安危者四,城郭险阻,不足守也。国之所以富贫者五,轻税租,薄赋敛,不足恃也。<u>治国有三本,而安国有四固,而富国有五事,五事五经也。</u>

【解读】

导致国家发生动乱的原因有三条,仅仅依靠杀戮刑罚,不足以防止国家动乱。导致国家危险的原因有四条,仅仅依靠城郭险阻,不足以保护国家安全。导致国家富强的原因有五条,仅仅依靠轻税薄赋,不足以让国家富强。治理国家有三本,安定国家有四固,富强国家有五事,这五事乃是五项纲领性措施。

三本、四固、五事,应该被理解为虚指,是治理国家、安定国家、富强国家的各个重要的方面,后文一一进行解释。

【原文】

三 本

君之所审者三:<u>一曰德不当其位;二曰功不当其禄;三曰能不当其官;</u>此三

本者,治乱之原也;故国有德义未明于朝者,则不可加以尊位;功力未见于国者,则不可授与重禄;临事不信于民者,则不可使任大官;故德厚而位卑者谓之过;德薄而位尊者谓之失;宁过于君子,而毋失于小人;过于君子,其为怨浅;失于小人,其为祸深;是故国有德义未明于朝而处尊位者,则良臣不进;有功力未见于国而有重禄者,则劳臣不劝;有临事不信于民而任大官者,则材臣不用;三本者审,则下不敢求;三本者不审,则邪臣上通,而便辟制威;如此,则明塞于上,而治壅于下,正道捐弃,而邪事日长。三本者审,则便辟无威于国,道涂无行禽,疏远无蔽狱,孤寡无隐治,故曰:"刑省治寡,朝不合众"。

【解读】

　　所谓三本,是统治者在治国时应当注意的三个方面:一是大臣的品德和他的地位不相匹配(德不当其位);二是大臣的功劳和他的俸禄不相匹配(功不当其禄);三是能力和他的官职不相匹配(能不当其官)。这三条,是治乱的根本。因此,在一个国家里,如果大臣的德义没有得到朝野的一致认同,就不能授予他尊显的地位;如果大臣的功劳能力没有得到国民的一致认同,就不能授予他重禄;如果大臣在处政时不能取信于民,就不能让他做高官。如果大臣的品德很高,但地位低微,这就是君主的过失;品德低微,但地位很高,这也是君主的过失(故德厚而位卑者谓之过;德薄而位尊者谓之失)。宁愿对不起君子,也不要对不起小人(宁过于君子,而毋失于小人)。对不起君子,君子对你的怨恨也不会太深,但对不起小人,小人对你的怨恨就会很深。因此,如果大臣的德义并没有彰显于朝野,但给他的地位却很高,那么良臣就得不到任用。大臣的功劳和能力并没有彰显于朝野,但给他很厚的俸禄,那么真正有功劳的大臣就得不到奖励。在处理政事时不能取信于民但授予他高官,那么有能力的大臣就得不到任用。如果仔细审查这三本,下面的大臣就不敢胡作非为。如果不审查这三本,大臣和近人(便辟)就会蒙蔽君主。做到了这三本,君主身边的人就不能专权,道路上看不到犯人,远方也没有冤狱,孤寡的人也能得到救助。这就可以被称为:刑罚简省,政务精简,甚至不用召集群臣议事(刑省治寡,朝不合众)。

管仲所说的三本,确实是国家治理的根本。国家的败亡往往是由于统治者忘记了三本,任用非人所导致的。但是,从今天的视角看,这三条原则是显而易见的公理,公共管理者并不会否定这三条原则。但在公共管理的实际运行中有一个难题,在信息不对称的前提下,上级和社会如何准确地衡量下级官员的品德和能力。如果能够准确地衡量官员的品德和能力,那么将他的品德、能力和地位、官职、俸禄相匹配,就是一个简单的问题。

【原文】

四　固

君之所慎者四:一曰大德不至仁,不可以授国柄。二曰见贤不能让,不可与尊位。三曰罚避亲贵,不可使主兵。四曰不好本事,不务地利,而轻赋敛,不可与都邑。此四务者,安危之本也。故曰:"卿相不得众,国之危也。大臣不和同,国之危也。兵主不足畏,国之危也。民不怀其产,国之危也。"故大德至仁,则操国得众。见贤能让,则大臣和同。罚不避亲贵,则威行于邻敌。好本事,务地利,重赋敛,则民怀其产。

【解读】

四固是指君主应当谨慎的四个方面:一是对于品德不能达到仁的大臣,不能授予他国柄。二是对于见贤不能让的大臣,不能授予他尊位。三是不能做到公私分明、赏罚不避亲贵的大臣,不能让他统帅军队。四是对于不重视农业,随意征收赋敛的大臣,不能让他去管理都邑。这四个方面,是国家安危的根本。所以说,卿相得不到民众的拥护,是国家的危险;大臣不协力同心,是国家的危险;军中统帅不足以令人敬畏,是国家的危险;人民不怀恋自己的田产,是国家的危险(卿相不得众,国之危也。大臣不和同,国之危也。兵主不足畏,国之危也。民不怀其产,国之危也)。因此,只有提倡道德并能真正做到仁,才可以胜任国事并得到众人拥护;见到贤能的人才就推让,才能使大臣们协力同心;掌握刑罚不避亲贵,才能够威震邻敌;重视农业、注重地利,重视赋敛,才能使人民怀恋自己的田产。

这四个方面确实是国家治理的关键。首先,品德非常重要,在管仲的时代,国君要对继位者的基本品行(大德)进行细致的观察,不仁者不能授予国柄。在当今时代,国民更应该对国家最高领导者的品德进行评判,最高领导人应该是社会道德的榜样。第二,见贤能让也是属于品德的范畴,在现实中,很难做到见贤能让,似乎也没有必要见贤能让,能做到不嫉妒、不害贤、公平竞争就可以了。第三,公私分明、不避亲贵不仅是执掌军队的要求,更是所有公共管理的要求,它应该并且可以通过法治的手段努力实现。第四,重视农业以及经济生产,不能横征暴敛,但过于轻敛薄税也无法提供充足的公共产品和公共服务,所以,应该合理赋税。

【原文】

五 事

君之所务者五:一曰山泽不救于火,草木不植成,国之贫也。二曰沟渎不遂于隘,鄣水不安其藏,国之贫也。三曰桑麻不植于野,五谷不宜其地,国之贫也。四曰六畜不育于家,瓜瓠荤菜百果不备具,国之贫也。五曰工事竞于刻镂,女事繁于文章,国之贫也。故曰:"山泽救于火,草木植成,国之富也。沟渎遂于隘,鄣水安其藏,国之富也。桑麻植于野,五谷宜其地,国之富也。六畜育于家,瓜瓠荤菜百果备具,国之富也。工事无刻镂,女事无文章,国之富也。"

【解读】

"五事"论述的是从经济方面如何让国家富强。第一,山泽,要注意防止火灾,种植草木。第二,沟渠,要注意水利设施,防止水患。第三,桑麻五谷,要注意粮食衣物等农业生产。第四,牲畜瓜果,也属于农业生产方面。第五,手工业,不要追求过于复杂繁饰。

在管仲所处的自然经济农业时代,这五个方面是国家在经济上富强的根本。在当今的市场经济时期,经济生产同样重要,但国民财富生产的原则与方法与自然经济时期已经有了根本的不同。亚当·斯密的《国富论》论述了市场经济时代创造国民财富的方法。分工、创新、科技,是现代社会财富的源泉。

【原文】

首 宪

分国以为五乡,乡为之师,分乡以为五州,州为之长。分州以为十里,里为之尉。分里以为十游,游为之宗。十家为什,五家为伍,什伍皆有长焉。筑障塞匿,一道路,博出入,审间闾,慎筦键,筦藏于里尉。置间有司,以时开闭。间有司观出入者,以复于里尉。凡出入不时,衣服不中,圈属群徒,不顺于常者,间有司见之,复无时。

若在长家子弟臣妾属役宾客,则里尉以谯于游宗,游宗以谯于什伍,什伍以谯于长家,谯敬而勿复。一再则宥,三则不赦。凡孝悌忠信、贤良俊材,若在长家子弟臣妾属役宾客,则什伍以复于游宗,游宗以复于里尉。里尉以复于州长。州长以计于乡师。乡师以著于士师。凡过党,其在家属,及于长家。其在长家,及于什伍之长。其在什伍之长,及于游宗。其在游宗,及于里尉。其在里尉,及于州长。其在州长,及于乡师,其在乡师,及于士师。三月一复,六月一计,十二月一著。凡上贤不过等,使能不兼官,罚有罪不独及,赏有功不专与。

孟春之朝,君自听朝,论爵赏校官,终五日。季冬之夕,君自听朝,论罚罪刑杀,亦终五日。正月之朔,百吏在朝,君乃出令布宪于国,五乡之师,五属大夫,皆受宪于太史。大朝之日,五乡之师,五属大夫,皆身习宪于君前。太史既布宪,入籍于太府。宪籍分于君前。五乡之师出朝,遂于乡官至于乡属,及于游宗,皆受宪。宪既布,乃反致令焉,然后敢就舍;宪未布,令未致,不敢就舍。就舍,谓之留令。罪死不赦。五属大夫,皆以行车朝,出朝不敢就舍,遂行至都之日。遂于庙致属吏,皆受宪。宪既布,乃发使者致令以布宪之日蚤晏之时,宪既布,使者以发,然后敢就舍;宪未布。使者未发,不敢就舍;就舍,谓之留令,罪死不赦。宪既布,有不行宪者,谓之不从令,罪死不赦。考宪而有不合于太府之籍者,侈曰专制,不足曰亏令,罪死不赦。<u>首宪既布,然后可以布宪。</u>

【解读】

所谓宪，是治理国家的根本的法令，即宪法。首宪，也就是最重要的、最根本的法令。管仲在此从组织、管理的角度论述了国家宪令的细节。首先，要对一个在地理上庞大的国家从行政和组织上进行划分，将国分为若干个乡（文中为五个，应是虚指），乡分为里，里分为游，每一个行政级别都有相应的行政首长——乡师、州长、里尉、游宗等。每十家是什，每五家是伍，相应有什长和伍长（分国以为五乡，乡为之师，分乡以为五州，州为之长。分州以为十里，里为之尉。分里以为十游，游为之宗。十家为什，五家为伍，什伍皆有长焉）。他们要负责筑障塞匿，修建道路，清除障碍，监督管理乡民的出入、衣着，如果乡民以及亲属出入时间不对、衣着不和、行迹异常等，要及时向上级汇报，上级再一级一级向下警告训导，宽宥一到两次，三次则不赦。同时，每一级行政组织还要负责考察记录乡民的孝悌忠信、贤良俊材，并逐级向上汇报。出了问题，也要逐级汇报，并且承担连带责任。三个月汇报一次，六个月汇总一次，十二个月总结一次。凡是推举贤才都不可越级；使用能臣都不可兼职；惩罚有罪，不独罚犯罪者自身；赏赐有功，不专赏立功者本人（凡上贤不过等，使能不兼官，罚有罪不独及，赏有功不专与）。

正月初起，国君要亲自临朝听政，评定爵赏，考核官吏，一共用五天时间。腊月末尾，国君也要临朝听政，论定罚、罪、刑、杀，也用五天。正月初一日，百官在朝，国君向全国发布法令。五乡乡师和五属大夫都在太史那里领受法令典籍。又当全体官吏会集在朝之日，五乡乡师和五属大夫都要在国君面前学习法令。太史宣布法令后，底册存入太府，同时在国君面前把法令和简册分发下去。五乡乡师出朝以后，就到乡办事处召集本乡所属官吏，直至游宗，同来领受法令。法令公布完毕，要及时回报，然后回到任处。法令没有公布，报告没有交回，不敢到住处休息。否则，叫作"留令"，死罪不赦。五属大夫，都是乘车来朝的，但出朝也不能到任处休息，需要立即出发。到达都邑的当天，就在祖庙里召集所属官吏，同来领受法令。法令公布后，便派遣使者回报。遣使应在公布法令的当天，不论早晚。法令公布完，使者派出去，然后才敢到住所休息。法令没有公布,使者没有派出,不能到住所休息。否则,也叫"留令",死罪不赦。法令公布后,有不执行的,叫做"不从令",死罪不赦。检查法令文件,有与太府所存不符的,多了叫作"专制",少了叫作"亏令",也是死罪不赦。这个所谓"首宪"的法令公布以后,各地就可以执行了。

国家政务的发布和执行,有一套严格的流程和程序,违背了这套程序,就有可能"罪死不赦"。一方面,这套流程和程序要保持严肃、稳定,得到严格的执行,一旦违反就要受到严厉的惩罚,死罪不赦。另一方面,这套流程和程序也应该随着时代的变化而有所变化,否则就会显得保守和僵化。它们维系了我国传统政治制度的延续与稳定,但随着后代君主的懈怠,以及历史的演进,它们有可能遭到破坏,也有可能显得不合时宜,如果不能及时加以修补和变革,政府的统治就有可能逐渐败亡。

【原文】

首 事

 <u>凡将举事,令必先出,曰事将为。</u>其赏罚之数,必先明之,立事者,谨守令以行赏罚,计事致令,复赏罚之所加,有不合于令之所谓者,虽有功利,则谓之专制,罪死不赦。<u>首事既布,然后可以举事。</u>

【解读】

凡将办事,法令一定要先出,这叫作事情将办。其赏罚办法必须明示于前。负责人必须严守法令,掌握赏罚,检查工作并向君主上报的时候,也必须报告执行赏罚的情况。如果办事不合于法令的意旨,即使事有成效,也叫"专制",死罪不赦。这个"首事"的命令一经发布,就可以遵照执行了。

所谓首事,就是首先要做的事情,最为重要的事情,那就是赏罚分明,令行禁止。如果违背了法令,即使事有成效,也要严惩不贷。这也是法家的原则。从这一点看,管仲可以说是法家的奠基人。

【原文】

省　官

修火宪,敬山泽,林薮积草,夫财之所出,以时禁发焉,使民足于宫室之用,薪蒸之所积,虞师之事也。决水潦,通沟渎,修障防,安水藏,使时水虽过度,无害于五谷,岁虽凶旱,有所秎获,司空之事也。相高下,视肥墝,观地宜,明诏期,前后农夫,以时均修焉,使五谷桑麻,皆安其处,司田之事也。行乡里,视宫室,观树艺,简六畜,以时钩修焉,劝勉百姓,使力作毋偷,怀乐家室,重去乡里,乡师之事也。论百工,审时事,辨功苦,上完利,监壹五乡,以时钩修焉,使刻镂文采,毋敢造于乡,工师之事也。

【解读】

所谓省官,就是督促警醒官员。在此管仲提到了负责经济和农业生产的五个官员:虞师、司空、司田、乡师、工师,他们各有职责。虞师的职责是负责防火,及时封禁或开放山泽,让人民合理地砍伐树木,修建房屋。司空的职责是水利建设,疏通沟渠,整修堤坝,做到旱涝保收。司田的职责是视察土地的地形,明确种植农作物的时间,合理安排农民的劳役,使五谷桑麻的种植各有所宜。乡师的职责是视察乡里、房屋、树木、牲畜,劝勉百姓,让他们努力工作,不要偷懒,要留恋家乡,不要轻易远行。工师的职责是考核各种工匠,审定作业项目,分辨产品质量的优劣,统一管理各乡,全面安排生产,限制那些刻木、镂金、文采之类的奢侈品生产。

对政府的职责进行明确的分工,对官员进行监督考核,是现代公共管理的基本要求。管仲在公元前 600 多年就提出了这样的观点,应当说是非常超前的。

【原文】

服　制

度爵而制服,量禄而用财,饮食有量,衣服有制,宫室有度,六畜人徒有数,舟车陈器有禁,修生则有轩冕服位谷禄田宅之分,死则有棺椁绞衾圹垄之度。<u>虽有贤身贵体,毋其爵,不敢服其服。虽有富家多资,毋其禄,不敢用其财。</u>天子服文有章,而夫人不敢以燕以缬庙,将军大夫不敢以朝官吏,以命士,止于带缘,散民不敢服杂采,百工商贾不得服长鬈貂,刑余戮民不敢服絻,不敢畜连乘车。

【解读】

服制,就是服装的体制或者制度。穿什么服装似乎是一件小事,也是个人的私事,但是,对于公务员和政府官员而言,如何着装则体现了政府的威仪和文化,因此既是政府的一项重要的内部管理事务,也是一项公共事务。对于私人企业而言,员工着装同样是企业文化的组成部分。对于整个社会而言,着装也反映出社会的文化,是礼仪的一种表现形式。儒家也特别强调着装。管仲对服制的论述,也符合儒家的要求。服制,不仅仅是对着装的要求,也包括对官职、爵禄、祭祀、婚丧嫁娶等一系列社会活动制度化的规定。

(对于官员而言)按照爵位制定服装标准,根据俸禄规定花费标准,饮食、衣服、房屋都有一定的制度,牲畜和奴仆都有规定,车船和室内陈设等都有限度(度爵而制服,量禄而用财,饮食有量,衣服有制,宫室有度,六畜人徒有数,舟车陈器有禁)。在世的时候,在住房、乘车、戴帽、职位、俸禄、田宅等方面,都有区分;死亡的时候,在棺木、衣被、坟墓等方面,也有所规定(修生则有轩冕服位谷禄田宅之分,死则有棺椁绞衾圹垄之度)。一个人即使身份高贵,如果没有相应的爵位,也不敢穿那样的衣服;一个人即使家富钱多,没有相应的俸禄,也不敢做那样的花费。天子衣服上的花纹样式有明文规定,不能穿普通衣服祭祀宗庙,将军大夫穿朝服,一般官吏穿命服,士只在衣带边缘上有所标志。平民不敢穿饰有文采的衣服,工匠、商人不得穿羔皮和貂皮的衣服。受过刑和正在服刑的人不能穿丝料的衣服,也不能备车和坐车。

现代人可能会批评这些规定过于烦琐,是等级社会的表现,不符合现代平等社会和民主社会的要求。然而,我们不应简单把这些规定理解为等级和不平等,而应理解为规则和制度。拥有这些复杂的规则和制度,正是社会发展和进步的体现。在现代社会的公共或私人组织中,在职务、待遇、着装等各个方面,存在更加复杂的规则和制度。只要这些组织是开放的,任何一个人都可以通过自身的努力在组织中获得更高的职位,那么这些规则和制度就不应被理解为不平等,它们是组织管理的需要。当然,随着社会的演化,这些规则和制度同样在发生变化。

【原文】

九　败

　　寝兵之说胜,则险阻不守。兼爱之说胜,则士卒不战。全生之说胜,则廉耻不立。私议自贵之说胜,则上令不行。群徒比周之说胜,则贤不肖不分。金玉货财之说胜,则爵服下流。观乐玩好之说胜,则奸民在上位。请谒任举之说胜,则绳墨不正,谄谀饰过之说胜,则巧佞者用。

【解读】

　　九败,是管仲认为会导致国家败亡的九种错误观点和做法。它们分别是:第一,如果废止军备的观点占优,险阻就不能固守。第二,如果兼爱的观点占优,士卒就不肯作战。第三,如果保全生命的观点占优,人民就会失去廉耻。第四,如果私下讨论、自命清高的观点占优,君主政令就无法推行。第五,如果结交朋党的做法占优,好人、坏人就不易分清。第六,如果追求金玉财货的做法占优,官爵服位就没有吸引力。第七,如果观乐玩好的观点占优,奸邪之辈就会攀缘到上位。第八,如果请托保举的做法占优,用人标准就不公正。第九,如果阿谀奉承、文过饰非的做法占优,巧言而奸佞的人就会占据高位。

　　管仲并不是一个理想主义者,而是一个现实主义者,他的观点非常正确而务实。就军备而言,在世界和平还没有真正实现的前提下,政府不能盲目地废止军备,否则就是对国民的失职。就兼爱而言,如果每一个人的思想境界都达到极高的程度,那么我们确实可以用爱来对待每一个人,甚至包括生物和无生命的物体,但在人们的思想境界还没有达到这个高度的前提下,兼爱应当有相应的范围和程度,不能滥施兼爱。就私议而言,私议会扰乱民心军心,但并不是禁止讨论,而是要公议,在公开的场合,例如朝堂之上,或者公共空间,进行光明正大的讨论。至于结交朋党、追求物质利益、骄奢淫逸、请托保举、阿谀奉承等,这些行为于私有利,但毫无疑问不利于国家的长治久安,最终也会对个人不利,所以还是应该惟精惟一,提高自身修养,做正确的事。

【原文】

七 观

期而致,使而往,百姓舍己以上为心者,教之所期也。始于不足见,终于不可及,一人服之,万人从之,训之所期也。未之令而为,未之使而往,上不加勉,而民自尽,竭俗之所期也。好恶形于心,百姓化于下,罚未行而民畏恐,赏未加而民劝勉,诚信之所期也。为而无害,成而不议,得而莫之能争,天道之所期也。为之而成,求之而得,上之所欲,小大必举,事之所期也。令则行,禁则止,宪之所及,俗之所被,如百体之从心,政之所期也。

【解读】

七观,就是七种能够实现国家治理的方法。第一是教,即教化,百姓征召就立即来到,派遣就立即前往,百姓舍弃自己而以君上之心为心,这是教化所期望的结果。第二是训,即规训,起初看不出迹象,最后成效不可比拟,君主一人行事,臣民万人随从,这是规训所期望的结果。第三是竭俗,即树立风俗,不用命令而主动办事,不加派遣而主动前往,不用上面劝勉,人民自己就能够尽心竭力,这是树立风俗所期望的结果。第四是诚信,君主的好恶在心里形成,百姓就转化为行动,不用刑罚,人民知道恐惧,奖赏未发,人民就已经努力,这是实行诚信所期望的结果。第五是天道,做事不产生恶果,成事之后也没有非议,得到的成果没有人能够争夺,这是遵守天道所期望的结果。第六是努力做事,行事即成,有求即得,君主所要求的大小事情都能实现,这是努力做事所期望的结果。第七是为政,有令则行,有禁则止,凡是法令所及和风俗所影响到的地方,就像四肢百骸服从内心一样,这是为政所期望的结果。

教化、规训、立俗、诚信、天道、做事、为政,这七个方面,其实都是为政,都是国家治理的方法。要做到这七个方面其实并不难,就是要求统治者遵循治理的规律,克制自身的私欲,顺应天道和规律,这样就自然能够实现国家的治理和社会的和谐。百姓舍弃自己而以君上之心为心(百姓舍己以上为心者),并不应被理解为老百姓要舍弃自己的生活和意愿,完全以君主或统治者的好恶为标准,而应该被理解为,君主或统治者(上)要通过道德自律,以符合天意的方式、正确的方式来进行治理,那么百姓以上为心,其实就是以正确的方式来行为和生活,这才是政之所期。

第十一篇　道德经①

　　老子(约公元前 571 —前 471),字伯阳,谥号聃,又称李耳(古时"老"和
"李"同音;"聃"和"耳"同义),楚国苦县厉乡曲仁里人(今河南鹿邑县太清宫
镇),基本与孔子(公元前 551—前 479)属于同一个时代。据《史记·老子韩
非列传》记载,孔子曾问礼于老子,并赞赏老子"吾今日见老子,其犹龙邪"。
老子曾做过周朝"守藏室之官"(管理藏书的官员),是中国最伟大的哲学家和
思想家之一,被道教尊为教祖,被唐朝帝王追认为李姓始祖,是世界文化名人,
世界百位历史名人之一。

　　老子的思想简单说来是顺道、无为、虚静。道家的顺道和儒家的仁义一
起,共同构成中国人的基本性格特点,也对政府的治理方式产生了重大影响。
老子的思想集中体现在他的著作《道德经》中。《道德经》5000 多字,被誉为
万经之王,是中国历史上最伟大的名著之一,对中国哲学、科学、政治、经济、伦
理等有着深刻的影响。早在唐玄宗时代(公元 685—762),高僧玄奘和道士成
玄英就将《道德经》译为梵文,近代以来,西方人翻译的典籍,最多的是《圣
经》,其次就是《道德经》。《道德经》中也蕴含了丰富的公共管理、社会治理乃
至人生伦理的知识和营养,值得每一个人去学习和体悟。

　　道德经分为上下两篇,原文上篇《德经》、下篇《道经》,不分章,后改为《道
经》在前(第一至三十七章),《德经》在后(第三十八至八十一章)。现在的
《道德经》通行本是三国时期经学家王弼的《道德真经注》。1973 年湖南马王

---

① 　陈鼓应:《老子今注今译》,商务印书馆 2003 年版。

堆汉墓出土了一批帛书,其中包括存在稍许差异的甲、乙两种文本。1993 年,湖北荆门郭店村战国楚墓又出土了三种《道德经》摘抄本。由于古汉语的模糊与晦涩,不同学者对于《道德经》的解读存在很多歧见,这些不断出土的文本对于我们准确理解和评价老子的思想提供了很大的帮助。陈鼓应的《老子今注今译》是解读老子的权威著作。本书选择《道德经》中的核心章节进行解读和品鉴。

【原文】

第一章

道可道,非常道。名可名,非常名。

无,名天地之始;有,名万物之母。

故常无,欲以观其妙;常有,欲以观其徼。

此两者,同出而异名,同谓之玄。玄之又玄,众妙之门。

【解读】

这一段话是老子思想的总纲,也已成为中国人耳熟能详的名言。“道”是老子思想的核心概念。所谓道,是指规律,这一规律,既包括宇宙和自然界的规律(道),也包括人类社会的规律(德)。牛顿定理、相对论、量子力学等物理理论,作为自然界的规律,几乎没有人会反对它们的存在和正确。人类社会中也有规律,这种规律就是德,按照符合德的方法来应对人生、管理社会、治理天下,就会顺理成章,无往不胜。

认识和发现规律,有两种方式:第一种是现代人非常熟悉的科学研究;第二种是古代人和各种宗教经常采用的思辨或者冥想。孔子、老子、释迦牟尼以及西方的很多哲学家都采用的是这种方法。然而,在现代科学产生之后,思辨方法往往被否弃,但不可否认的是,思辨所获得的道或者规律,也有可能是正确的,只不过它们还必须经过事实的检验,以及其他人的质疑和辩驳。事实上,即使是通过科学实验所获得的自然规律,同样需要不断接受检验和质疑。

道作为一种规律,它可以被说出来,或者被检验、被观测、被把握(道可道),但这种道并不是永恒不变的(非常道)。我们通常认为规律是永恒不变的,但老子这里所说的"非常道",是指永恒的、统一的道。在各个领域、时间、空间,表现出来的现象或局部的规律,是变化多端的。例如,自然之道和人类社会之道,从表面上看不一样,但它们实际上又存在相似性和相通性,都是常道的演化和派生。

道可以用名称来命名,但又不能用恒定的名称来命名(名可名,非常名)。名,是名称、命名。道的名称,是可以被命名的(名可名),但又不能用一个恒定的名称来命名道(非常名)。原因在于,道一旦被命名,就被限制住了,就失去了它作为道、作为规律的普遍性。

无,是天地、宇宙的起始(无,名天地之始)。无,也是老子的核心概念之一,是指虚无、空无,但又不是什么都没有,在这种虚无和空无之中,蕴含了一切的可能。这一点符合当代最新物理学领域量子力学和超弦理论的观点,将物质无限细分下去,最终就是一根振动的能量弦,这种能量弦的不同振动方式就形成了千姿百态的宇宙万物。老子的这一观点是他的体悟,尚未得到科学的实证检验。从无中生成有,有成为万物的接续下去的起点(有,名万物之母)。

所以,从空无之中,可以观察道(规律)的奥妙(故常无,欲以观其妙),从有(各种各样的事物)之中,可以观察道(规律)的端倪和演化(常有,欲以观其徼)。无和有,名字不同,但根源相同,非常的玄妙。

宇宙间、人世间,最玄妙的就是自然规律和社会规律。不过,只要认识掌握了这些规律,我们也就不会觉得玄妙了。例如,当我们认识到了 DNA 和基因的规律,神秘莫测的自然界也就不再显得神秘难解。同样,对于人类社会而言,当我们认识到了贫穷、战争的规律,人类社会的各种社会问题也就有可能得到解决。所以,认识道、认识规律,是人类社会最重要的事情。

【原文】

第二章

天下皆知美之为美,斯恶已。皆知善之为善,斯不善已。

有无相生,难易相成,长短相形,高下相盈,音声相和,前后相随。

是以圣人处无为之事,行不言之教;万物作而不为始,生而不有,为而不恃,功成而弗居。夫唯弗居,是以不去。

【解读】

道作用于人间万物,是不断变动演化的,在其中就产生了美与丑、善与恶。天下的人都知道美,也因此有了丑,都知道善,也因此有了恶(天下皆知美之为美,斯恶已。皆知善之为善,斯不善已)。这里的"已",通矣。

老子特别重视在道的作用下,事物的对立演化,这些对立包括:美丑、善恶、有无、难易、长短、高下、音声、前后等等。世界并不是永恒不变的,而是处在不断地变化过程中(有无相生,难易相成,长短相形,高下相盈,音声相和,前后相随)。个人和治理者,都要认识到这种变化。

所以,圣人在治理国家时,不要恣意妄为(是以圣人处无为之事)。无为是老子的一个重要概念,无为并不是什么也不做,而是要按照道的要求去做。也不要胡乱发号施令(行不言之教),教是教导、规训,不要用言语去教导规训,而要潜移默化。

万物兴起,但并不会制造事端(万物作而不为始),万物都是和谐相处的,万物生发起来,但它们并不会将某些成效或成就据为己有(生而不有),它们有所作为,但并不会自我骄恃(为而不恃),它们有所成功,但不会居功自傲(功成而弗居)。正是因为弗居,它的功德名望才会长久(夫唯弗居,是以不去)。

老子看到了自然界和人世间的兴衰成败,这其中道在发挥作用。所以,他认为无为、不言、不有、不恃、弗居既是自然界的法则,也是人类社会的法则。一旦走向反面,为、有、恃、居,就意味着即将走向失败。这种道理尽管简单,但是在现实中,有为和无为的分寸却难以把握。不论对于个人还是政府,都应该有所作为,但如何作为、作为到什么程度,却见仁见智,反映了不同行动者的眼光和境界。例如,努力工作是有为,也是应该的,但是,如果努力工作伤害到身体健康,例如著名企业家李开复由于努力工作而罹患癌症的事例,那么这种有为也就有可能走向反面,当然,不同人对努力和健康之间的选择也可能是不同的。无为,绝不意味着偷懒,而是要在为和不为之间寻找一种恰当的平衡,按照事物的客观规律去作为。究竟什么是事物的客观规律,就需要个人去体悟,需要研究者去寻找和发现。

【原文】

第三章

不尚贤,使民不争;不贵难得之货,使民不为盗;不见可欲,使民心不乱。

是以圣人之治,虚其心,实其腹,弱其志,强其骨。常使民无知无欲。使夫智者不敢为也。为无为,则无不治。

【解读】

这一段文字往往引起很多误解与批评,被认为是老子愚民的体现。但实际上这是一种误解,陈鼓应在《老子今译今注》中进行了有力的批驳和解释。

对于统治者而言,不要尊尚贤能(不尚贤),要使百姓不要争夺功名、贤能、利禄等,不要看重财货,让百姓不起盗窃的念头,不让他们看见勾起人们欲望的财货,使民心不被扰乱。

所以,圣人治理天下的方法是,让百姓的心灵保持虚静(虚其心),让他们的生活安饱(实其腹),让他们的意志柔韧(弱其志),让他们的身体健壮(强其骨),让他们没有虚伪狡诈的心智和过度的欲望(常使民无知无欲)。使自作聪明的所谓智者不敢恣意妄为(使夫智者不敢为)。按照无为的原则去做事,则没有治理不了的事情(为无为,则无不治)。

不尚贤,并不意味着老子反对贤能,他反对的是虚伪、狡诈、自以为是的贤能。不见可欲,并不是老子反对一切欲望,他反对的是过度的、不恰当的欲望。当然,何为过度和不恰当的欲望,不同人有不同的理解。不当的欲望,扰乱了人的心智。在体育赛场上,这一点尤其明显,在激烈的竞争和对抗中,一旦选手有了胜负心,失去了平常心,他的表现就很有可能大失水准,原本到手的金牌也可能失去。虚其心、实其腹、弱其智、强其骨,使民无知无欲,并不是老子愚民,这里的虚、弱是老子常用的词汇,并不是贬义词,而是由于事物的相互转化,虚、弱中蕴含着强、大的可能。虚其心的心,和弱其智的智,并不是我们现代人理解的心灵和智慧,而是不当的欲望和虚伪狡诈的小聪明。老子话语中的智者,并不是聪明睿智的人,而是虚伪狡诈、看似聪明、其实愚笨的小智。这样的理解,才符合老子一贯的思维和观点。

【原文】

第四章

道冲,而用之或不盈。渊兮,似万物之宗。(挫其锐,解其纷,和其光,同其尘。)湛兮,似或存。吾不知谁之子,象帝之先。

【解读】

这一章是老子对道的解释。道体是虚空的,作用于无穷(道冲,而用之或不盈)。它非常渊深啊,好像是万物的源头(渊兮,似万物之宗)。括号中的四句,通常认为是第五十六章的错简重出。它也非常隐晦啊,似乎存在,又似乎不存在(湛兮,似或存)。我不知道它是哪里来的,可能是在天地之前它就存在(吾不知谁之子,象帝之先)。

如果将道理解为宇宙中一切事物的规律,那么其实也比较容易理解这一段话。一切事物皆有规律,这些规律作用于一切,非常深奥、非常隐晦。但是,从现代科学看来,这些规律并不是无法被人类认识和理解的,一旦人类掌握和理解规律之后,那么这些规律也就失去了它们的神秘性,当然,人类在规律面前也应当保持谨慎和谦逊,因为在无限的宇宙面前,未知的世界和规律也是无限的,我们不能确保我们所认识的规律就是绝对正确的规律。

这些规律是谁创造的呢?老子认为它们在天地产生以前就存在,而不是神或上帝创造的,陈鼓应等学者认为这是老子超出西方基督教的一个观点。谁创造了宇宙、创造了规律、创造了神?这些密切相关的问题也可以说是科学界的终极问题。我们现在很难对此作出回答。笔者只是认为,西方的神创论和老子的自然主义,并不存在高下之分,它们之间存在共通之处。只要认同规律的存在,将规律等同于上帝和神,那么自然主义和神创论就没有根本的分歧。

【原文】

第五章

天地不仁,以万物为刍狗;圣人不仁,以百姓为刍狗。

天地之间,其犹橐籥乎? 虚而不屈,动而愈出。

多言数穷,不如守中。

【解读】

天地不仁这一句,古往今来存在很大争议,因为在儒家以及普通人的思想体系中,仁是一个非常正面的概念,这一句可以被解读为以老子为首的道家反对儒家的一种表现。

仁,是人类特有的一种感情。天地不仁,是指天地所代表的自然法则并不具有人类的仁爱情感,并不对包括人类在内的某一事物有所偏私或厌弃。天地(道)对万物都是一视同仁的,任凭万物生长,将万物视为用草做成的狗(以万物为刍狗)。圣人作为掌握和顺应规律的人,他们也不应偏私(圣人不仁),而应一视同仁地对待百姓,任凭百姓自由自在地发展。以万物为刍狗,以百姓为刍狗,可以被解释为任由万物自由生长,任由百姓自由生长,不要去干扰他们。

天地之间,岂不像个风箱(橐籥,tuó yuè)吗? 虚空但不穷竭,发动起来,生生不息。

说太多的话、做太多的事、繁苛的政令,还不如执守中道和虚静。

人,总是习惯于以自己的喜好来揣测他人甚至是自然。我们爱某人,就会认为其他人也会爱此人,我们恨某人,就会认为其他人也会恨此人,我们爱某种动物或风景,就会认为老天爷(自然界)创设的这种动物或风景是最美的。这种认为天地万物和人类有着相似情感,或者从人类角度来理解自然宇宙的观点是一种拟人论(anthropomorphism)的观点,也是人类中心主义(anthropo-centrism)的观点。但是老子反对这种观点,他认为天地万物按照自然规律发展运动,其间不存在或不依从人类的好恶情感,也没有其他类似人类的目的性的存在,天地公平地一视同仁地对待万物,圣人也应该公平地一视同仁地对待百姓。天地之间,没有人类不当的干扰,自然会生生不息,人类社会中,如果没有统治者不当的干扰,也会生生不息。这一段话,老子还是想论证无为的重要性,多言数穷,不如守中。不过,如果将无为解释为不恣意妄为,而是顺应规律的为,那么究竟什么是恣意妄为,什么是顺应规律的为,仍然是一个仁者见仁、智者见智的问题。

【原文】

第六章

谷神不死,是谓玄牝。玄牝之门,是谓天地根。绵绵若存,用之不勤。

【解读】

谷神,通常被解释为道体。谷,内部是虚空的,容纳万物。玄牝,是指宇宙中生产一切的母性。道体是永恒的(谷神不死),这就是玄妙的母性。这种玄妙的母性的门户,也是天地万物的根源。延绵不绝,作用无穷。

老子是想用思辨的方法,思考宇宙万物的源头,这也是现代科学试图回答的问题之一。他通过日常生活经验的体悟,感受到宇宙间规律的存在性、永恒性和变动性。当代和未来科学的发展,也许能够证明他的这种感悟有一定的合理性和正确性,这也是为什么现代有些人认为,科学的发现不断证明着老子或者释迦牟尼或者其他哲人的某些观点。但是,与现代科学的基因理论、量子力学等相比,老子的这种感悟毕竟是原始的、粗糙的、抽象的。他的这种感悟对于现代科学研究具有一定的指导意义,但当然不能同后者相提并论。

【原文】

第七章

天长地久。天地所以能长且久者,以其不自生,故能长生。

是以圣人后其身而身先,外其身而身存。非以其无私邪?故能成其私。

【解读】

天地都是永恒的,天地之所以能永恒,因为它们不为自己,因此才能长生(天长地久。天地所以能长且久者,以其不自生,故能长生)。因此,掌握规律的圣人也应该把自己放在后面,这样反而能够占先,把自己放在外面,反而能够保全。他正是以这种无私,反而成就了他的私(非以其无私邪?故能成其私)。

包括老子在内的早期哲学家喜好用类比的方法来论证他们的观点。一方面,这种方法可以简单清晰地论证某些观点,例如在这里,天地因为不为自己而能实现永恒,那么圣人也应该不为自己,这样才能实现永恒。但另一方面,这种方法也显得粗糙而不严密,反对者也可以轻易地举出类似的反例,因此并不是一种科学可靠的论证方法。

有学者认为,老子虚伪狡诈,表面上无私,实际上还是有私。"非以其无私邪?故能成其私。"这种理解是对老子的误解。老子极力反对当时统治者的自私自利、穷奢极欲,因此他用天地来做比喻,试图规劝统治者应该大公无私、清心寡欲,这样才能受到百姓的爱戴、健康长寿、青史留名、实现永恒,这样反而能够成就他们更大的私。如果能够用科学的方法,严密的逻辑,证明清淡的饮食、清心寡欲的生活确实能够健康长寿,那么这种规劝就有着更强的说服力,当然,也许有统治者或者普通人更愿意选择纵欲而短寿的生活。老子的这种观察,仍然是一种感悟,或者说是一种哲学。其究竟对不对,在没有更加可靠证据的前提下,只能交由每个人自己去判断选择。

【原文】

第八章

<u>上善若水,水善利万物而不争。</u>处众人之所恶,故几于道。居善地,心善渊,与善仁,言善信,正善治,事善能,动善时。夫唯不争,故无尤。

【解读】

在此老子又在运用比喻的方法,来论述顺道的圣人的人格特点。最高的善(和掌握道的圣人)就像水一样(上善若水),水滋润万物,也不与万物相争(水善利万物而不争)。他处在大家都不愿意去的地方,所以最接近于道。他居住在最好的地方(居善地),心胸保持平静渊深(心善渊),待人真诚仁爱(与善仁),言语诚信(言善信),政事得到良好的治理(正善治),处理事情发挥所长(事善能),行动善于把握时机(动善时)。因为他不与别人相争,所以没有怨宥(夫唯不争,故无尤)。

自然界中最为常见的水确实具有一些独特的特点,它是生命的源泉,物理性质柔软,但又蕴含着巨大的能量。老子认为水的这些特点和执政者的理想人格具有很大的相似性,滋养万物,处在最低的位置,潜藏着巨大的能力,又不与别人争功。作为领导者和当政者,确实应该具有这样的性格特点。因为领导者和当政者,应该具有很强的能力和坚忍不拔的精神,又因为他们拥有获取各种资源的更大机会,所以如果不择手段地为自己争取各种资源,就会显得不公正而失去组织成员的支持和尊重。因此,对于执政者和领导者而言,只有做到不争,才能无忧。

【原文】

第九章

持而盈之,不如其已。

揣而锐之,不可长保。

金玉满堂,莫之能守。

富贵而骄,自遗其咎。

功成身退,天之道。

【解读】

由于道的作用,事物总是处在发展变化之中,成与败、阴与晴、圆与缺、好与坏等等,都存在相互转化的可能。因此,作为执政者、领导者、管理者乃至普通人,都应该认识道的这种规律性,这样才能未雨绸缪,尽量将自己的成功保持得更加长远。

将自己的名利把持不放直到盈满,不如及时收手停止。显露锋芒,锐势很难长久保持。金玉满堂,很难长久守住。富贵而骄,自取其祸。功成身退,才是符合天道的正确做法。

普通人较少有各种名利的诱惑,所以也较少经受大成大败、大灾大难的考验。但是对于高层管理者尤其是执政者而言就不同,他们身居高位,身处险境,如果处理不好家庭、事业与名利,那么轻则丢官弃爵,重则招来杀身之祸。历史和现实中的例子,比比皆是。

当然,对于进与退,也存在程度和具体做法的问题。在何种情况下意味着功成,在什么时机身退、采用什么样的策略身退,不同的人会存在不同的判断,采用不同的做法。例如,战国时期秦国大将王翦,在讨伐六国,取得巨大功名之后,担心功高震主,因此向秦王索要田宅财货,以显示自己没有政治上的野心,这是一种身退。汉初张良在辅佐刘邦取得天下之后拒辞三万户,不留恋权位,据说跟随赤松子云游四方,也是一种身退。当代的世界首富比尔·盖茨,在开发 windows 操作系统,创立微软公司,成为业界巨人之后,选择慈善事业继续努力,也是一种身退。相反,秦国的李斯、汉代的韩信、明代的李善长等,则是不知身退或无法身退而最终身败名裂。

身退,并不是简单意味着辞官或者退隐山林或者消极遁世,而是意味着在成功的道路上要及时看到隐藏着的威胁和风险,及时地收手、内敛、谦虚、谨慎,不要得寸进尺、咄咄逼人、自我膨胀。老子的功成身退,不应被理解为道家的消极遁世,也可以被理解为一种更加高明的积极入世。

【原文】

第十章

载营魄抱一,能无离乎?

专气致柔,能婴儿乎?

涤除玄览,能无疵乎?

爱民治国,能无知乎?

天门开阖,能为雌乎?

明白四达,能无为乎?

生之、畜之,生而不有,为而不恃,长而不宰。是谓玄德。

【解读】

这一章讲的是修身的方法。儒家也讲修身,儒家的修身是让自己的行为符合礼仪的要求,老子的修身则是让自己的行为符合道的要求。道的要求和礼仪的要求,既存在差异,也存在共通之处。它们的差异在于,在道家看来,儒家的某些礼仪,过于烦琐,成为没有必要的虚礼,也就是过于有为和做作。它们的共通之处在于,某些最为基本、最为内核的礼仪,其实也是道的要求。无为并非无所作为,它也保留着最为基本的为,也就是最为基本的礼仪。当然,究竟哪些是最为基本的礼仪,需要我们用"心"去仔细地考量和讨论,它们也会随着时间和社会的演化而演化。

精神和形体合一,不应该分离(载营魄抱一,能无离乎)。专心收敛精气达致柔顺,像婴儿一样(专气致柔,能婴儿乎)。清除杂念,没有瑕疵(涤除玄览,能无疵乎)。爱护百姓、治理国家,应该自然无为(爱民治国,能无知乎)。感官感受外界事物,应该守雌守静(天门开阖,能为雌乎)。明白事理、通达四方,应该无为(明白四达,能无为乎)。生养万物,保护万物,生养它们但不占有它们,有所作为但并不以此为恃,掌控它们但并不主宰它们,这就是最大的德(生之、畜之,生而不有,为而不恃,长而不宰,是谓玄德)。

这一段话的前三句,成为后世道家成仙修养练气的法门。仔细体会之,这三句话无非是让人们专心致志、聚精会神地去做事,修炼成仙时确实需要心无杂念,否则就容易走火入魔。它们和儒家要求的惟精惟一、允执阙中的含义相似。这种法门,也应当运用于治国理政,即本章的后三句话。如果心存杂念、心存私心,国家肯定无法得到良好的治理。治国者的大德,就应该是生之、畜之,生而不有,为而不恃,长而不宰。

【原文】

第十二章

五色令人目盲;五音令人耳聋;五味令人口爽;驰骋畋猎,令人心发狂;难得之货,令人行妨。

是以圣人为腹不为目,故去彼取此。

【解读】

五颜六色让人眼花缭乱,各种声音让人耳聋,各种美味让人嘴巴舒服,纵情狩猎(玩乐)让人心狂,各种稀奇的财物,让人行为不轨。因此,圣人应该保持基本的生活需求,不应追求过度的享乐。

这一段话被广为引用,充分论述了老子对过度物质生活的批评。首先,老子看到的是春秋战国时期统治者穷奢极欲的生活,因此这段话应该是对统治者的规劝。这种生活同普通百姓基本是无缘的,因此这段话并非要求普通百姓仅仅吃饱肚子,不要去享受物质的生活。其次,在现代社会,绝大多数人的基本生活需要早已得到满足,各种各样的五色、五音、五味、田猎、难得之货不断挑动人们的欲望,诱使人们去过度消费,甚至违法乱纪,同时也造成了对环境的破坏。西方现代经济学理论秉持理性经济人假设,认为在法律的范围之内,人的欲望都是合理的,都是应该被满足的,它是当代消费主义的理论基础。然而,每一个人,尤其是身居高位的管理者和统治者,都应该提升自己的思想境界,区分合理的欲望和不合理的欲望,主动控制自己的消费行为。这样才能为全社会树立好的榜样,减少社会的不公,保护生态环境,同时也有利于自身的身体健康。

【原文】

第十三章

宠辱若惊,贵大患若身。

何谓宠辱若惊? 宠为下,得之若惊,失之若惊,是谓宠辱若惊。

何谓贵大患若身？吾所以有大患者，为吾有身，及吾无身，吾有何患？

故贵以身为天下者，若可寄天下；爱以身为天下者，若可托天下。

【解读】

这一段话较为晦涩，历史上有很多歧见。

得宠和受辱都感到惊慌，重视大患，好像重视身体一样。

什么叫做宠辱若惊呢？得宠其实没有什么了不起，得宠就很惊慌，失宠也很惊慌，这就是宠辱若惊。

什么叫做贵大患若身呢？之所以我会担心有祸患，是因为有我这个身体，如果我没有我这个身体，那么又有什么可以担忧的呢？

所以，能够以贵身的态度来对待天下的人，就可以把天下寄托给他，能够以爱身的态度对待天下的人，也可以把天下寄托给他。

在老子所处的传统社会中，得到君主的宠幸，是臣民的幸事，失去君主的宠幸，往往是大难临头的开端。在老子看来，这种宠辱若惊，都是没有顺道的表现。相反，宠辱不惊，才能够逢凶化吉，一帆风顺。在现代社会中，对于地位高于我们的人给予我们的一些恩惠，我们可能会有受宠若惊的感觉。如果他们对我们有一些不周之处，我们可能也会有失落的感觉。这些感觉，其实都丧失了自我，都是将自我放置于低人一等的地位。从这一意义上说，老子所说的宠辱若惊，就是让我们更加洒脱和自由，不让外在的事物影响到自己独立的品格。

人之所以会有忧患，是因为我们有身、有我。如果能够做到忘身、忘我、轻身、轻我，看淡自己的身，那么也就没有什么可以忧患的了。但这里的轻身、轻我、忘身、忘我，又不能被理解为一个人自暴自弃，作践自己的身体和名节。例如，一位军事首长，如果过于莽撞，轻敌冒进而导致溃败甚至自己被俘，就可以被理解为轻身。又如，一位政府官员，如果随意去做与他身份不符的苟且之事，那么也可以被视为轻身。在此，老子又强调了贵身、重身、爱身的重要性，似乎和轻身相矛盾。其实并不矛盾，在与人交往时，为了保持自己的独立品格，我们应该不为外物所动，保持轻身、轻我的姿态；在处理涉及个人健康和名节的具体事务时,我们应该爱惜自己,慎重行事。这样的人,就可以将天下托付给他。

【原文】

第十七章

太上,不知有之;其次,亲而誉之;其次,畏之;其次,侮之。信不足焉,有不信焉。

悠兮,其贵言。功成事遂,百姓皆谓:"我自然"。

【解读】

这一章论及民众对统治者和政府的态度。最好的状态,是民众感受不到统治者和政府的存在(太上,不知有之);次好的状态,是民众亲近和称誉他们(其次,亲而誉之);再次,是畏惧他们;最后,是侮辱厌恶他们(其次,畏之;其次,侮之)。统治者和政府的诚信不足,人民自然不会相信他们(信不足焉,有不信焉)。

最好的统治者和政府是悠然的,不轻易发号施令(悠兮,其贵言)。事情做成之后,百姓都说,本来就是如此(功成事遂,百姓皆谓:"我自然")。

老子身处春秋战国的乱世,见惯了统治者的恣意妄为和征战杀伐,因此他向往的理想社会是清静无为、政治权力不随意干涉民众生活的自由状态。他认为这种自由主义,既优于儒家的德治主义,更优于法家的法制主义(刑制主义)。用严刑峻法来禁制百姓,这是统治型社会的做法,在现在看来毫无疑问是错误的。即使用礼仪道德来教化百姓,在老子看来,也属多余多事,过度干预。最好的做法,就是让民众根本感觉不到统治的存在,即"不知有之"。

老子的这种自然主义状态下的政府,接近于当代自由主义经济学家哈耶克的"自发秩序",走极端地话,就是政府不施加任何干预,甚至政府都无须存在,社会自然地演化出一套自发的治理秩序或治理制度。例如,如果社会出现某种争端,那么政府并不出面,而是由争端的当事方自行解决。在现实中,这种状态可能是一种理想,永远都不可能存在。因为在任何一个现实的社会中都会存在政府的某种或多或少的规制或者干预。而且,政府本身就是自发秩序的结果,就是解决社会争端或者处理公共事务的一种制度安排。如果将法治中的法律和德治中的礼仪(德)都理解为某种制度的话,道家的自然主义、儒家的德治主义、法家的刑制主义并不存在本质上的区别,只存在程度和形式上的差异。这种程度和形式上的差异在于,法律、礼仪乃至无为,在多大程度上能够得到全体社会成员的一致认同。如果全体社会成员都能够认同老子无为的方式(这需要社会成员的道德和认知水平发展到一个相当高的程度),也就是说,如果出现社会矛盾,当事方可以自行解决,那么社会就可以实现老子的理想状态。如果某些社会成员不能将他们的某些行为自觉约束到社会所期望的状态,例如,有人会犯罪,有人要随地吐痰,有人要乱穿马路,有人要尝试同性婚姻,有人要活熊取胆,等等,这时,就不得不依靠礼仪甚至法律来对这些行为进行约束或者禁止,社会的治理则相应不得不采用德治主义或者刑制主义。从这一意义上来说,社会究竟会采用何种治理方式,主要受到两个方面因素的影响:一是民众的道德和认知水平发展的程度,也就是民众对社会治理达成共识的程度;二是统治者的道德和认知水平发展的程度,即统治者认为应当采取的方式。道家的自然主义,需要统治者能够充分认识到道的存在,并能够强有力地约束自身不当的欲望。这种要求,不仅对历史上的统治者,即便对当代的治理者而言,可能都是一种奢望,因此社会的治理就不得不采用德治主义或者刑制主义。

【原文】

第十八章

　大道废,有仁义;智慧出,有大伪;六亲不和,有孝慈;国家昏乱,有忠臣。

【解读】

　　这段话也是老子被广为引用,也被广为误解的一段话。这段话并非意味着老子反对仁义、智慧、孝慈、忠臣,而是指,当大道已废之时,就会注重仁义;当强调智慧之时,就会出现虚伪狡诈;当家庭失和之时,就会看重孝慈;当国家处于昏乱状态时,就会出现忠臣。当社会呼吁某种美好的事物时,肯定也是这种事物极度缺乏之时。因此,老子在此痛心疾首的是,为什么社会会呼吁仁义、孝慈、忠臣,出现大奸大伪呢? 直接原因在于大道已废、奸邪频出、家庭失和、国家混乱,更根本的原因在于统治者没有掌握和顺从治理天下的道。

【原文】

第十九章

　　绝智弃辩,民利百倍;绝伪弃诈,民复孝慈;绝巧弃利,盗贼无有。此三者以为文,不足。故令有所属:<u>见素抱朴,少思寡欲,绝学无忧。</u>

【解读】

　　"绝智弃辩,民利百倍;绝伪弃诈,民复孝慈"两句,在很多版本中也写作"绝圣弃智,民利百倍;绝仁弃义,民复孝慈"。在此从陈鼓应改为现句。

　　这一段话常常被批评为老子的落后、守旧、反智的表现。这其实是对老子的误解。老子重视事物的本原,反对虚伪、狡诈,反对是对事物进行过度的雕饰,这样就遮盖扭曲了事物的本原。因此,老子绝智弃辩中的智(以及第十八章中的"智慧出,有大伪"的智),是一种投机取巧的小智,而非大智若愚的大智。辩,则是花言巧语、文过饰非的诡辩。绝圣弃智中的圣,则应被解读为虚伪做作的伪圣人。绝仁弃义中的仁义,则是那些过度的、虚情假意的仁义。少思寡欲,并不是让人不思考、无知、做愚蠢的人,而是不要被不当的过度的欲望所控制,要对自己的欲望有所约束,做自己欲望的主人。寡欲,也不是不吃不喝,而是要控制过度的、不当的欲望。绝学,并不是不学习,而是不要学那些虚饰的、无用的、错误的东西,而应该学真正的大道。

　　和上一章的观点相似,老子希望民众能够返璞归真,回归本原,这时所谓的机智、仁义、文饰就没有用武之地。如果能够做到丢弃小智、诡辩、虚伪、狡诈、奇巧、利欲,那么民众就能够获得百倍的利益,真正地做到孝敬仁慈,消除盗贼。盗贼的出现,一方面在于盗贼者自身的利欲熏心,另一方面也在于被盗抢的人怀璧其罪。我们当然应该打击盗贼,但另一方面是否也应该反思这个社会是不是生产出太多的勾人欲望的难得之货,同时这些难得之货的分配是不是过于不公呢?

智辩、伪诈、巧利,这三者全是表面的、文饰的,不值得重视和追求的。真正要使人民有所归属,要让他们素朴(见素抱朴),减少胡思乱想(少思),减少不当的欲望(寡欲),不学那些虚饰表面的东西(绝学),这样才能无忧。

【原文】

第二十一章

孔德之容,惟道是从。

道之为物,惟恍惟惚。惚兮恍兮,其中有象;恍兮惚兮,其中有物;窈兮冥兮,其中有精;其精甚真,其中有信。

自今及古,其名不去,以阅众甫。吾何以知众甫之状哉?以此。

【解读】

这一章在解释道和德的关系。大德的形态,循道而演化(孔德之容,惟道是从)。道这个东西啊,是恍恍惚惚的,但其中有迹象,也有实物。道是幽远晦暗的,其中有精质(精,又可翻译成精华、生命力,即英语中的 essence、life-force),也可以被检验(其中有信)。从古至今,道都是永远存在的,根据它可以观察万物的起始(以阅众甫。众甫,也作众父,万物的起始)。

道是宇宙中万事万物的总规律,也就是哲学中所谓的形而上的道,这种形而上的道落实到人生的层面,就是德。然而,科学家和大多数普通人可以认同自然界中存在着客观的唯一的规律,但难以接受人类社会中也存在客观的唯一的德,因为在不同的时间和空间,甚至相同的时间和空间,都存在不同的道德准则。笔者认为,这是因为人们对于道德的规律性的认知还不够充分所导致的。只要我们经过深入的思考和讨论,就能够找到在具体时空背景下唯一的正确的德。和自然界中的道一样,人类社会中的德的具体表现形式可以是丰富多彩、多种多样的,但本质则是唯一和永恒的。

【原文】

第二十二章

曲则全，枉则直，洼则盈，敝则新，少则得，多则惑。

是以圣人抱一为天下式。不自见，故明；不自是，故彰；不自伐，故有功；不自矜，故长。

<u>夫唯不争，故天下莫能与之争。</u>古之所谓"曲则全"者，岂虚言哉！诚全而归之。

【解读】

这一章老子继续解释在道的作用下，事物相互转化的道理。

委屈反而能够保全，弯曲反而能够伸直，低洼反而能够充盈，陈旧反而能够更新，少取反而能够多得，贪多反而迷惑（曲则全，枉则直，洼则盈，敝则新，少则得，多则惑）。因此，得道的圣人抱持"道"这一原则来处理天下一切事务（是以圣人抱一为天下式）。不自我表扬，反而能够显明，不自我肯定，反而能够彰显，不自我夸耀，反而能够见功，不自我骄傲，反而能够长久。正因为他不去与别人争夺，因此天下没有人能够与他争夺（夫唯不争，故天下莫能与之争）。古人所说的"委屈才能保全"（曲则仓），怎么会是空话呢？

事物之间是相互转化的，也就是我们通常所说的"福兮祸所倚，祸兮福所伏"。当我们处在成功之时，要看到失败的可能，当我们处在失败之时，也要看到成功的端倪。大多数人往往受不了委屈，受不了打击，受不了少得，喜欢自见、自是、自伐、自矜，却不知道，或者不相信，它们也是事物向相反方向转化的开始。因此，老子更看重委屈、弯折、低洼、陈旧、少取、不争、宁静、守雌等，因为它们反而蕴藏着更大的力量和成功的可能。当然，这也并不意味着我们可以什么也不做而坐等成功，而是要提前看到事物转化的可能，顺道而为。

【原文】

第二十三章

希言自然。

故飘风不终朝,骤雨不终日。孰为此者? 天地。天地尚不能久,而况于人乎? 故从事于道者,同于道;德者,同于德;失者,同于失。

同于德者,道亦德之;同于失者,道亦失之。

信不足焉,有不信焉。

【解读】

少说话,或者,少发政令,这样做是符合自然的(希言自然)。狂风刮不了一整天,暴雨也下不了一整天(故飘风不终朝,骤雨不终日)。谁使它们这样的呢? 天地。天地都不能持久,更何况人呢? 所以,从事于道的人,行为就合乎道,从事于德的人,行为就合乎德。失去道与德的人,就背离了道与德。行为合乎德的人,道也会护佑他;行为不合乎德的人,道也就会抛弃他。"信不足焉,有不信焉"一句,也见于第十七章,怀疑是错简重出。

由于事物的相互转化,任何困难、灾祸,都不会永久地持续下去,最困难、最痛苦的时候,往往也就是情况向好的方向发生转化的时候。要相信大道,万事万物中均有大道的存在。个人的健康、家庭的幸福、事业的成功、国家的治理等等,也存在大道。如果用道来处理这些事务,就会一帆风顺。那么,我们就需要了解,在这些事务中,道究竟是什么。

就个人健康而言,养成良好的生活习惯,定时作息,不暴饮暴食,保持良好的心态,就是健康中的道。就家庭幸福而言,相互尊重、相互忠诚、尊老爱幼,就是家庭中的道。就事业成功而言,刻苦努力、坚持不懈、勇于创新、把握机会,就是事业中的道。就国家治理而言,民主、法治、平等、自由等,就是国家治理中的道。尽管这些道仍然显得过于宏大,但它们可以在任何一个具体的案例、政策、行为中体现出来。是否相信这些道以及如何践行这些道,取决于每一个人的领悟和选择。

【原文】

第二十五章

有物混成,先天地生。寂兮寥兮,独立而不改,周行而不殆,可以为天地母。吾不知其名,强字之曰道,强为之名曰大。大曰逝,逝曰远,远曰反。

故道大,天大,地大,人亦大。域中有四大,而人居其一焉。

人法地,地法天,天法道,道法自然。

【解读】

这一段老子继续论述道的性质和来源。

有一个浑然一体的东西,在天地产生之前就已经存在了。它没有声音,也没有形态,循环运行,永不停息,它是天地的根源。我不知道它的名字,勉强将它命名为"道",勉强称呼它为"大"。这个大不断流逝,延伸向远方,又逐渐回复过来。因此,道大,天大,地大,人也大。宇宙中有四大,人在其中居于其一。人取法于地,地取法于天,天取法于道,道取法于自然。

宇宙究竟是怎样起源的?这可以说是自然科学中的一个最为根本、最为困难的问题,相对于哲学而言,现代科学中的宇宙学、量子力学等学科对这一问题有了更为深入的认识,但还远远无法提供最终准确的答案。老子在两千多年前对这一问题进行了深入的思考,他的感受和猜测可能从宏观、抽象的层面上而言是正确的,但仍然无法提供进一步的细节,其后的哲学家从哲学的层面,也只能对这一问题进行思辨式的分析和猜测。

道大、天大、地大、人大,如果说道演化出天地,为何道又与天、地、人同大?或者是否可以这样解释,在宇宙中有四大——道、天、地、人,但这四者并不是同等并列的关系,而是四个主要的方面,道演化出天、地、人,天地没有意识,而人可以主观地体悟道、顺从道,或者背离道。

道法自然,并不意味着,在道之上,还有一个自然,为道所取法。否则,道、天、地、人这四大就不得不再加上自然而变成五大。在此,笔者认为,由于中文尤其是古代语言的模糊,因此不必拘泥于具体的字眼,道法自然,意味着在自然界的万事万物中,都蕴含着道,而这些道是可以被人类所逐渐认识的。

【原文】

第二十六章

重为轻根,静为躁君。是以君子终日行不离辎重。虽有荣观,燕处超然,奈何万乘之主,而以身轻天下?轻则失根,躁则失君。

【解读】

这一段话描述了在道的要求下,统治者乃至每一个人应当具备的行为举止。

重是轻的基础,静是躁的统帅。因此,君子(统治者)每日都不应离开基础和根本。虽然有奢华的生活,但应该超然处之。大国的君主,怎么能轻率躁动呢?轻率就会失去根基,躁动就会失去统帅。

轻重、静躁,不仅可以被理解为人体在物理上的运动或静止,更是指人们内心行为举止的两种方式:轻,轻率草率;躁,毛躁焦躁。两者都是指面对复杂的情况缺乏深入周密的考虑。静,安静沉静;重,稳重持重,则是指遇事深思熟虑,稳如泰山。君子终日行不离辎重,可以被理解为身负家国重任的统治者,应该确保他们的安全稳重,他们自己也应该深思熟虑,老成持重。如果他们要去做一些危险之事,或者一些明显不当之事,就可以被理解为"以身轻天下"。当然,究竟何为危险之事,或者明显不当之事,还需要进行深入地讨论。例如,毛主席执意在长江中游泳,是否是以身轻天下?其实,如果能够做好安保措施,那么他的这种举动,就可以被理解为大无畏精神的体现。再如,国家领导人如果有某种不良的生活习惯,如抽烟、酗酒,并且对他的身体健康造成了严重的威胁,那么就可以被理解为以身轻天下。

【原文】

第二十七章

善行无辙迹;善言无瑕谪,善数不用筹策;善闭无关键而不可开;善结无绳约而不可解。

是以圣人常善救人，故无弃人；常善救物，故无弃物。是谓袭明。

故善人者，不善人之师；不善人者，善人之资。不贵其师，不爱其资，虽智大迷。是谓要妙。

【解读】

这一段描写悟道者在处理具体事情上的技巧。

善于行走的人不露痕迹，善于言辞的人在语言上没有过失，善于计算的人不用筹策，善于关闭的人不用机关别人也无法开启，善于结绳的人不用绳索别人也无法解开。悟道的圣人善于救人，所以没有遗弃的人，善于物尽其用，所以没有废弃的货物。这就叫做袭明。因此，悟道的善人，是未悟道的人（不善人）的老师，不善人是善人的镜鉴。如果一个人既不尊重他的老师，也不参考他的镜鉴，那么他虽然自作聪明，其实是大迷糊。这是一个深奥的道理。

因为在万事万物中都有道的存在，所以，在各个领域悟道的人，在这个领域就会得心应手。圣人，是悟道的统治者，他最大的长处，就是用人用物，他能够做到人尽其才，物尽其用，所以，人和物都不会浪费。这也是管理者最重要的能力。

【原文】

第二十八章

知其雄，守其雌，为天下溪。为天下溪，常德不离。常德不离，复归于婴儿。知其荣，守其辱，为天下谷。为天下谷，常德乃足。常德乃足，复归於朴。知其白，守其黑，为天下式。为天下式，常德不忒。常德不忒，复归于无极。朴散则为器，圣人用之，则为官长，故大智不割。

【解读】

雄，强壮；雌，弱小。荣，荣誉，光荣；辱，卑微，低下。白，明亮，洁白；黑，晦暗，不明。通常认为，雄、荣、白都是好的，其对立面雌、辱、黑都是不好的。但是,老子看到了事物相互转化的可能,所以,他提倡在追求雄、荣、白的同时,也要守雌、守辱、守黑。如果能够做到这些,就可以为天下溪、为天下谷、为天下式(模式),就可以拥有常德(大德),返璞归真,返回婴儿般质朴的状态,返回无极的状态。治理天下的圣人如果能够理解并充分运用这一原则,就可以治理天下,达到大智(大智慧,一说为大制,完善的政治),大智慧是一致的,不会割裂的(大智不割)。

【原文】

第二十九章

将欲取天下而为之,吾见其不得已。<u>天下神器,不可为也,不可执也。</u>为者败之,执者失之。是以圣人无为,故无败;无执,故无失。夫物或行或随;或嘘或吹;或强或羸;或载或隳。是以圣人去甚,去奢,去泰。

【解读】

想要获取(治理)天下,但是用强力去做(为之),这样做很难成功。"天下"是神圣的东西,不能用强力去做,不能用强力去把持(天下神器,不可为也,不可执也)。强力去做就会失败,强力把持就会丢失。相反,不强力去做,就不会失败;不强力去把持,就不会丢失。世人(物)性情各异,有人在前,有人在后,有人性急,有人性缓,有人强壮,有人羸弱,有人安居,有人危殆。因此,治理者(圣人)要去除极端、去除奢靡、去除过度(是以圣人去甚,去奢,去泰)。

道德经中的"为",不能仅仅解释为作为,而应被理解为"过度的、不当的作为"。老子极力反对过度的作为、胡乱的作为、暴力的作为,他试图去把握适度作为和过度作为之间的界限。他认识到,世人世事是不同的,所以,在治理天下时不能走极端、不能过度。

【原文】

第三十章

<u>以道佐人主者,不以兵强天下。</u>其事好还。师之所处,荆棘生焉。大军之

后,必有凶年。善者果而已,不敢以取强。果而勿矜,果而勿伐,果而勿骄。果而不得已,果而勿强。物壮则老,是谓不道,不道早已。

【解读】

用道辅佐君主的人,不依靠兵力逞强于天下(以道佐人主者,不以兵强天下)。用兵这件事,是会得到报应的。军队所到之处,一片荆棘(荒芜)。大战之后,一定会出现荒年。善用兵的人,只需要达到目的就可以了(善者果而已),不强取,不自夸,不骄傲,不逞强(果而勿矜,果而勿伐,果而勿骄)。事物达到它的极盛之时,也就是走向衰败之际(物壮则老),这就不符合道,不符合道,就会消亡。

老子反对战争,战争其实是人类政治的失败,也是人类智慧的失败,为什么要用战争去解决人类社会的矛盾呢? 人类在科技领域的进步是人类智慧的体现,同样,人类在政治领域的进步,则表现为人类处理社会矛盾的能力和技巧的提升,也反映了人类对政治规律(道)认识的深化。

【原文】

第三十二章

道常无名,朴。虽小,天下莫能臣。侯王若能守之,万物将自宾。天地相合,以降甘露,民莫之令而自均。始制有名,名亦既有,夫亦将知止,知止可以不殆。譬道之在天下,犹川谷之于江海。

【解读】

道永远是无名而质朴的,它虽然微小看不见,但天下没有谁能使它服从自己(虽小,天下莫能臣)。王侯如果能够按照道的原则来治理天下,万事万物就能够自治(侯王若能守之,万物将自宾)。天地间阴阳相合,就会降雨,人民没有强令它,但自然而然地发生了。万事万物都有它们的名分,有了名分,就应该知道限度(知止),知道限度就不会有危险。在天下万物中,道是一定存在的,就仿佛河流汇入大江大海一样。

　　老子继续论证道的重要性和存在性。但仍然存在和前文相似的问题。一是道在具体微观领域究竟是什么？这需要每一个领域的研究者去发现。二是采用比喻或比拟的方法论述道,譬道之在天下,犹川谷之于江海。这种论证方法还是不够精确。

【原文】

第三十三章

　　知人者智,自知者明。胜人者有力,自胜者强。知足者富。强行者有志。不失其所者久。死而不亡者寿。

【解读】

　　认识别人是智慧,认识自己是明白(知人者智,自知者明)。战胜别人是有力量,战胜自己才是真正强大(胜人者有力,自胜者强)。知足的人富有。努力不放弃的人有志气,没有丢弃自己的根基才能长久(强行者有志。不失其所者久),身死但不朽才是长寿(死而不亡者寿)。

　　老子在此论述了个人修养的重要性。知人、胜人固然不易,但是,自知、自胜更加重要,有多少聪明强大的人,由于没有自知之明、自胜之力而失败。人不能忘乎所以,丢失自己的根本。死亡也没有什么,如果能够留下一些不朽的东西,那么才是真正的长寿。

第十二篇　左　传①

　　《左传》全称《春秋左氏传》,儒家十三经之一。《左传》既是古代史学名著,也是文学名著,其中也蕴含了我国春秋时期各个诸侯国丰富的治国理政思想和政策。《左传》是我国第一部叙事详细的编年史著作,为春秋末年鲁国史官左丘明根据鲁国国史、儒家六经之一的《春秋》编成,记叙范围起自鲁隐公元年(前722),迄于鲁哀公二十七年(前468),主要记载了东周前期二百五十四年间各国政治、经济、军事、外交和文化方面的重要事件和重要人物,是研究中国先秦历史很有价值的文献,也是优秀的散文著作。从中,也可以一窥当时各个国家的国家治理实践。全书共18万字,按照鲁国十二公的顺序编写。本书选择了《左传》中的三篇短文进行解读,《子产论政宽猛》(昭公)、《子产不毁乡校》(襄公)、《石碏谏宠州吁》(隐公)。

　　左丘明(约公元前502—约前422),东周春秋末期鲁国都君庄(今山东省肥城市石横镇东衡鱼村)人,因其父任左史官,故称左丘明②,春秋末期史学家、文学家、思想家、散文家、军事家。曾任鲁国史官,为解析《春秋》而作《左传》,又作《国语》,作《国语》时已双目失明。两书记录了不少西周、春秋的重要史事,保存了具有很高价值的原始资料,被誉为"文宗史圣""经臣史祖",是中国传统史学的创始人,中国史学的开山鼻祖。孔子、司马迁均尊左丘明为"君子"。历代帝王多有敕封:唐封经师;宋封瑕丘伯和中都伯;明封先儒和先

---

　　①　刘利、纪凌云译注:《左传》,中华书局2011年版。
　　②　关于左丘明的姓名,长期以来由于先秦及汉代文献的记载非常有限,历代学者就左丘明姓氏来源存在争议,一说复姓左丘,名明;一说单姓左,名丘明。

贤。山东肥城建有丘明中学以纪念左丘明。

子产论政宽猛

宽以济猛，猛以济宽，政是以和

【原文】

郑子产有疾。谓子大叔曰："我死，子必为政。唯有德者能以宽服民，其次莫如猛。夫火烈，民望而畏之，故鲜死焉。水懦弱，民狎而玩之，则多死焉，故宽难。"疾数月而卒。

大叔为政，不忍猛而宽。郑国多盗，取人于萑苻之泽。大叔悔之，曰："吾早从夫子，不及此。"兴徒兵以攻萑苻之盗，尽杀之，盗少止。

仲尼曰："善哉！政宽则民慢，慢则纠之以猛。猛则民残，残则施之以宽。宽以济猛，猛以济宽，政是以和。"《诗》曰："'民亦劳止，汔可小康；惠此中国，以绥四方。'施之以宽也。'毋从诡随，以谨无良；式遏寇虐，惨不畏明。'纠之以猛也。'柔远能迩，以定我王。'平之以和也。又曰：'不竞不絿，不刚不柔，布政优优，百禄是道。'和之至也。"

及子产卒，仲尼闻之，出涕曰："古之遗爱也。"

【解读】

对待人民，治国理政，到底是应该宽厚仁慈，还是刚猛严酷？从理论上讲，从儒家的角度看，似乎应该选择前者，但在现实中，从法家的角度看，我们却往往看到后者。这在很大程度上取决于统治者或管理者对待被统治者或被管理者的认知，以及统治者自身的德行。人民，具体到每一个具体的个人，既可能是受过良好教育、温文尔雅、能够自律的良民或公民，也可能是缺乏教育、粗鲁残暴、需要管束的恶民甚至暴民。面对这两种人，统治者自然就应该采用不同的方法。同时，统治者自身的德行也会影响到他的行为。

子产，名姬侨（？—前522），春秋时期郑国人，杰出的政治家、思想家，字子产,号成子。出身于郑国贵族,郑简公十二年(前554)为卿,二十三年执政,相郑简公、郑定公二十余年,卒于郑定公八年。作为春秋时期杰出的政治家,他对现实政治有着清醒的认识。在他临死前,他对自己的儿子大叔说,有德者能够以宽厚来治理民众,因为他的德行能够感化大多数民众,如果统治者的德行不够,那么就应该以刚猛来治理民众。刚猛就仿佛烈火,能够让民众害怕,这样他们反而不会犯法而死亡(夫火烈,民望而畏之,故鲜死焉)。如果统治者宽厚地像水一样懦弱,人民就会轻慢而无所畏惧,反而容易因犯法而招致死亡(水懦弱,民狎而玩之,则多死焉,故宽难)。

孔子对于子产的做法也持肯定态度。宽以济猛,猛以济宽,政是以和。这其实就是现代管理学中的权变思想,根据现实情况,灵活地采取管理措施。不论宽猛,都是对民众的一种关爱。当然,猛只是权宜之计,从长远而言,政府和施政者还是应该对民众进行教化,增进民众的素养,这样才能最终实现天下大治。

子产不毁乡校

其所善者,吾则行之;其所恶者,吾则改之

【原文】

郑人游于乡校,以论执政。然明谓子产曰:"毁乡校,何如?"子产曰:"何为?夫人朝夕退而游焉,以议执政之善否。其所善者,吾则行之;其所恶者,吾则改之,是吾师也,若之何毁之?我闻忠善以损怨,不闻作威以防怨。岂不遽止?然犹防川:大决所犯,伤人必多,吾不克救也;不如小决使道,不如吾闻而药之也。"然明曰:"蔑也,今而后知吾子之信可事也。小人实不才。若果行此,其郑国实赖之,岂唯二三臣?"

仲尼闻是语也,曰:"以是观之,人谓子产不仁,吾不信也。"

【解读】

如何对待民众的言论,尤其是那些批评的言论,是古往今来任何一个政府都必须面对的重要问题。这篇文章反映了我国古代政治家子产对待言论的态度。

乡校,是古时乡间的公共场所,既是学校,又是乡人聚会议事的地方。对于普通民众在乡校议论国政,一位大夫然明建议,毁掉乡校(毁乡校,何如?)。子产则认为,人们议论朝政,他们喜欢的,我们就推行,他们讨厌的,我们就改正。他们是我们的老师,何必要毁掉乡校呢(其所善者,吾则行之;其所恶者,吾则改之,是吾师也,若之何毁之)?我们应该做好事以减少人们的怨愤,没有听说过作威作福能够防止人们的怨愤。堵塞这些言论,就像是堵塞河流一样,一旦河流大决口,必然伤害很多人,还不如开个小口以疏导。人们的议论,就是我们的良药(大决所犯,伤人必多,吾不克救也;不如小决使道,不如吾闻而药之也)。

子产不毁乡校的观点和做法,反映了一个政治家的远见卓识。如果统治者自身的行为公正无错,则无须过分担心民众的言论,往往统治者在自己心虚时,才会禁毁言论。与此同时,民众的言论确实有正确和不正确之分。对于不正确的言论,无须禁毁。对于正确的言论,则应从善如流。当然,言论以及当今的舆论,在很多时候确实可能扭曲事实,所谓众口铄金,积毁销骨,谎言重复一千遍就成了真理。这一方面要求统治者和政府采取各种措施发布真实信息,畅通言路;另一方面也要求统治者和政府采取各种措施提高民众分辨信息、理性议政的能力。禁毁言路、封锁信息、愚弄民众,最终伤害的是统治者自身。

石碏谏宠州吁

臣闻爱子,教之以义方,弗纳于邪。骄奢淫佚,所自邪也

【原文】

卫庄公娶于齐东宫得臣之妹,曰庄姜。美而无子,卫人所为赋《硕人》也。又娶于陈,曰厉妫。生孝伯,蚤死。其娣戴妫生桓公,庄姜以为己子。

公子州吁，嬖人之子也。有宠而好兵，公弗禁，庄姜恶之。

石碏谏曰："臣闻爱子，教之以义方，弗纳于邪。骄奢淫佚，所自邪也。四者之来，宠禄过也。将立州吁，乃定之矣；若犹未也，阶之为祸。夫宠而不骄，骄而能降，降而不憾，憾而能眕者，鲜矣。且夫贱妨贵，少陵长，远间亲，新间旧，小加大，淫破义，所谓六逆也。君义、臣行、父慈、子孝、兄爱、弟敬，所谓六顺也。去顺效逆，所以速祸也。君人者，将祸事务去，而速之，无乃不可乎？"弗听。

其子厚与州吁游，禁之，不可。桓公立，乃老。

【解读】

子女的教育，对于普通人来说，是个人私事，但对于君主和各级尤其是高级官员来说，则是关系国家长治久安的重大公共问题。我国古人对这一问题有着清醒的认识。

石碏（què），春秋时卫国贤臣。卫庄公有宠妾所生子州吁，恃宠而好武，庄公也不禁止。石碏进谏，但庄公不听。石碏的儿子石厚与州吁交好，石碏禁止，但石厚也听不进去。卫桓公十六年（前 719），州吁弑桓公而自立为君，未能和其民。石厚向其父请教安定君位之法，石碏假意建议石厚跟从州吁一起前往陈国，通过陈桓公以朝觐周天子。但暗地写信给陈国大夫子针，请陈拘留两人，并派遣卫使右宰丑杀州吁于濮，又派遣他的管家獳羊肩杀石厚于陈。春秋时史学家左丘明称石碏："为大义而灭亲，真纯臣也！"

爱孩子，就要教之以义方，放纵孩子骄奢淫逸，并不是爱，而是害（臣闻爱子，教之以义方，弗纳于邪。骄奢淫佚，所自邪也）。对于富贵者或者权势者而言，就更是如此。卫庄公宠爱自己的孩子州吁，最终导致他犯上作乱，也引发国家动乱。这样的例子在历史上不胜枚举。然而，石碏劝谏卫庄公不要无条件地宠爱孩子，但他也未能教育好自己的孩子石厚。尽管最终他大义灭亲，杀了自己的孩子，得到左丘明"纯臣"的称赞，但仍然无法回避他在教育子女上的失败。当然，这一历史事件的具体细节，还有待历史学家的进一步考证。

第十三篇　天人三策①

汉武帝刘彻(公元前 156—前 87),西汉第七位皇帝,中国历史上最为伟大的帝王之一,奠定了中国的基本版图,汉民族因他而命名。他 16 岁登基,在各个领域均有杰出建树:在政治上加强中央集权,打击和削弱诸侯国势力,维护国家统一;在军事上开疆辟壤,东并朝鲜,南吞百越,西征大宛,北破匈奴,基本奠定汉朝乃至中国的基本疆域,开辟丝绸之路,加强中国和中亚诸国的联系;在人才选拔上开创察举制,从民间选拔人才,推动汉王朝乃至其后历代王朝的开放;在文化上采用董仲舒的建议,罢黜百家,独尊儒术,结束先秦以来"师异道,人异论,百家殊方"的局面,树立儒家思想为国家的正统思想,维护了中华民族在文化上的统一;另外,他还建立年号、颁布太初历、兴太学,建构了中国两千多年传统社会的基本政治与文化制度,对中国乃至世界的影响延绵至今。

汉武帝政治建构的基本思想来自董仲舒(公元前 179—前 104)。董仲舒,西汉广川(河北景县广川镇大董故庄村)人,思想家、政治家、教育家、唯心主义哲学家和今文经学大师。汉景帝时任博士,讲授《公羊春秋》。西汉建元六年(前 135),太皇太后窦氏驾崩,汉武帝乾纲独揽。元光元年(前 134),汉武帝三次下诏征求治国方略,董仲舒在《举贤良对策》中系统地提出"天人感应""大一统""诸不在六艺之科、孔子之术者,皆绝其道,勿使并进""推明孔氏,抑黜百家"的主张,是为《天人三策》,深得武帝赞许和采纳,从

---

① (汉)班固:《汉书·董仲舒传》,(唐)颜师古注,中华书局 2012 年版。

此使得儒学成为汉武帝乃至其后王朝的正统思想和基本治国理念,影响长达 2000 多年。其思想以儒家学说为基础,以阴阳五行为框架,兼采"黄老"等诸子百家的思想精华,是先秦儒学的延续、继承与发展,代表作为《天人三策》《春秋繁露》。①

天人三策

故治乱废兴在于己,非天降命不得可反,其所操持誖谬失其统也

【原文】

董仲舒,广川人也。少治《春秋》,孝景时为博士。下帷讲诵,弟子传以久次相授业,或莫见其面。盖三年不窥园,其精如此。进退容止,非礼不行,学士皆师尊之。

武帝即位,举贤良文学之士前后百数,而仲舒以贤良对策焉。

制曰:朕获承至尊休德,传之亡穷,而施之罔极,任大而守重,是以夙夜不皇康宁,永惟万事之统,犹惧有阙。故广延四方之豪俊,郡国诸侯公选贤良修洁博习之士,欲闻大道之要,至论之极。今子大夫襃然为举首,朕甚嘉之。子大夫其精心致思,朕垂听而问焉。

盖闻五帝三王之道,改制作乐而天下洽和,百王同之。当虞氏之乐莫盛于《韶》,于周莫盛于《勺》。圣王已没,钟鼓管弦之声未衰,而大道微缺,陵夷至乎桀、纣之行,王道大坏矣。夫五百年之间,守文之君,当涂之士,欲则先王之法以戴翼其世者甚众,然犹不能反,日以仆灭,至后王而后止,岂其所持操或誖缪而失其统与?固天降命不查复反,必推之于大衰而后息与?呜呼!凡所为屑屑,夙兴夜寐,务法上古者,又将无补与?三代受命,其符安在?灾异之变,何缘而起?性命之情,或夭或寿,或仁或鄙,习闻其号,未烛厥理。伊欲风流而令行,刑轻而奸改,百姓和乐,政事宣昭,何修何饬而膏露降,百谷登,德润四

① 董仲舒:《春秋繁露》,张世亮、钟肇鹏、周桂钿译注,中华书局 2012 年版。

海,泽臻草木,三光全,寒暑平,受天之祜,享鬼神之灵,德泽洋溢,施乎方外,延及群生?

子大夫明先圣之业,习俗化之变,终始之序,讲闻高谊之日久矣,其明以谕朕。科别其条,勿猥勿并,取之于术,慎其所出。乃其不正不直,不忠不极,枉于执事,书之不泄,兴于朕躬,毋悼后害。子大夫其尽心,靡有所隐,朕将亲览焉。

【解读】

对于儒家学者或者政治学家而言,治国理政是他们研究的对象,非常重要,但对他们而言也仅仅是研究和建议而已。但对于帝王而言,治国理政则是他的本职工作,责任重大,更加重要,甚至最为重要。① 绝非如我们普通人想象的那样,皇帝就可以随心所欲、为所欲为、穷奢极欲,相反,治理国家可能是世界上最为艰巨的一项工作,因为它承载着全部国民的福祉。在此,汉武帝向天下人表达了他肩上的巨大责任,并征求治国之道:"我承继国家大统,希望能够代代相传,责任重大,整夜无法安睡,担心出一点点的差错。因此向全天下豪俊之士发出邀请,也请各诸侯王公推荐道德贤良、学问广博、志向高洁之士,请他们告诉并传授我治理国家的大道,最为精微的高论。我一定会认真听取。"(朕获承至尊休德,传之亡穷,而施之罔极,任大而守重,是以凤夜不皇康宁,永惟万事之统,犹惧有阙。故广延四方之豪俊,郡国诸侯公选贤良修洁博习之士,欲闻大道之要,至论之极。今子大夫襃然为举首,朕甚嘉之。子大夫其精心致思,朕垂听而问焉。)

治国理政,和其他任何事情一样,一定是有规律的,有大道的。按照规律去做,就能够国泰民安、国富民强,不按规律去做,就会大道崩缺、王道大坏。因此,治国者在治国理政的过程中,首先应该承认治理规律的存在性、价值和

① 任何一种知识,都具有意义和价值,都很重要,知识本身,就其重要性而言,似乎难以区分孰轻孰重,炒菜做饭的知识,和宇宙星空的知识,就知识本身而言,一样重要。但从涉及的人群以及对人类社会的基础性影响而言,治国理政的知识,政治学的知识,对于帝王或者各个时代的治理者而言,是最重要和最基础的知识。

意义(大道之要,至论之极);其次,通过学习和研究,发现规律,掌握规律,实践规律(子大夫其精心致思,朕垂听而问焉。子大夫其尽心,靡有所隐,朕将亲览焉);再次,通过反省和调整改变,修正错误,调整政策。对于帝王和当政者而言,例如汉武帝,他们能够承认治道的存在,并进行政策实践,但他们最大的困难在于,能否进行深刻的反省和改变,承认自己的错误并调整政策。这对于那些雄才大略、自信满满的当政者而言可能是最大的困难。

【原文】

仲舒对曰:

陛下发德音,下明诏,求天命与情性,皆非愚臣之所能及也。臣谨案《春秋》之中,视前世已行之事,以观天人相与之际,甚可畏也。国家将有失道之败,而天乃先出灾害以谴告之,不知自省,又出怪异以警惧之,尚不知变,而伤败乃至。以此见天心之仁爱人君而欲止其乱也。自非大亡道之世者,天尽欲扶持而全安之,事在强勉而已矣。强勉学习,则闻见博而知益明;强勉行道,则德日起而大有功;此皆可使还至而有效者也。《诗》曰"夙夜匪解",《书》云"茂哉茂哉!"皆强勉之谓也。

【解读】

由于传统社会科技知识的不足,古人很难正确认识和解释自然现象,尤其是自然灾害现象,因此往往将它们同国家的兴亡联系起来(天人相与之际)。在科学昌明的现代社会,这种解释仍然有其市场。因此,董仲舒说:当统治者有不当的政策,将导致失道之败时,上天就会降下灾害,以谴责警告;如果统治者不及时自省并改正,上天还会继续降下怪异之事,进一步警告;统治者还不知改正,那么败亡就不可避免了(国家将有失道之败,而天乃先出灾害以谴告之,不知自省,又出怪异以警惧之,尚不知变,而伤败乃至)。因此,上天对于君主也是施以仁爱的,降下灾害的目的是阻止君主祸乱国家(以此见天心之仁爱人君而欲止其乱也)。如果不是最后到了国家覆亡的时代,上天都愿意扶持君主,保全国家,只要君主愿意努力(强勉)(自非大亡道之世者,天尽欲扶持而全安之，事在强勉而已矣）。君主努力学习，就会见闻广博，聪明智慧；君主努力行道，就会德行改善，建立功业；这些努力都可以使国家恢复正常（强勉学习，则闻见博而知益明；强勉行道，则德日起而大有功；此皆可使还至而有效者也）。诗经中的"夙夜匪解"，尚书中的"茂哉茂哉"，都是努力勤勉的意思。

尽管现代科学对于自然现象和自然灾害有了更加准确的解释，但从可证伪的角度而言，现代科学也并不能证伪天道的存在。自然灾害固然难以避免，对于国家的治理也会造成或大或小的冲击，但是，一套合理的治理体系和制度安排，对于国家和治理者应对自然灾害却非常重要。往往由于国家治理的混乱，由此导致应对自然灾害的失败，才最终导致国家的覆亡。天作孽，尤可违，人作孽，不可活（孟子·公孙丑）。因此，董仲舒在这里论述的"天人感应"，"天心仁爱人君""强勉行事"并非一种迷信、神学的解释，也不仅仅是对汉武帝以及历代帝王的恐吓，更是一种劝诫，是一种科学的解释，对于现代社会的治理也具有非常重要的现实意义。

【原文】

　　道者，所繇适于治之路也，仁义礼乐皆其具也。故圣王已没，而子孙长久安宁数百岁，此皆礼乐教化之功也。王者未作乐之时，乃用先王之乐宜于世者，而以深入教化于民。教化之情不得，雅颂之乐不成，故王者功成作乐，乐其德也。乐者，所以变民风，化民俗也；其变民也易，其化人也著。故声发于和而本于情，接于肌肤，臧于骨髓。故王道虽微缺，而管弦之声未衰也。夫虞氏之不为政久矣，然而乐颂遗风犹有存者，是以孔子在齐而闻《韶》也。夫人君莫不欲安存而恶危亡，然而政乱国危者甚众，所任者非其人，而所繇者非其道，是以政日以仆灭也。夫周道衰于幽、厉，非道亡也，幽、厉不繇也。至于宣王，思昔先王之德，兴滞补弊，明文、武之功业，周道粲然复兴，诗人美之而作，上天晁之，为生贤佐，后世称通，至今不绝。此夙夜不解行善之所致也。孔子曰"人能弘道，非道弘人"也。故治乱废兴在于己，非天降命不得可反，其所操持悖谬失其统也。

【解读】

治理天下的道,就是治理天下的方法和道路,仁义礼乐都是治理的工具(道者,所繇适于治之路也,仁义礼乐皆其具也。繇,通由)。因此,即使圣王已经过世,但子孙后代能够长期享受安宁和善治,正是由于礼乐教化的功劳(故圣王已没,而子孙长久安宁数百岁,此皆礼乐教化之功也)。在包括董仲舒在内的儒家学者看来,礼乐教化是国家治理最为重要的方法和手段,甚至,将之称为方法和手段已经降低了它们的地位,它们本身就是一种目的。君主没有不愿意实现天下大治、避免国家危亡的,但是政治混乱、国家危亡的例子还是很多,原因在于君主没有选对恰当的人选、没有走正确的道路(夫人君莫不欲安存而恶危亡,然而政乱国危者甚众,所任者非其人,而所繇者非其道,是以政日以仆灭也)。国家的治乱废兴在于统治者自己,并不是上天一定要让统治者灭亡,而是统治者自己做法错误,失其道统而导致灭亡(故治乱废兴在于己,非天降命不得可反,其所操持悖谬失其统也)。

在董仲舒等儒家学者看来,正确的道路,就是儒家的礼乐教化,但是,从科学的角度看,这是一条正确的道路吗? 统治者相信这是一条正确的道路吗? 在每一件具体的政策问题上,又如何体现这种礼乐教化呢? 对于汉武帝而言,礼乐教化和武力征伐并不矛盾。在具体的政策问题上,治理者的认知非常重要,大臣以及其他谋划者要提供尽可能充分的证据,以说服决策者。

【原文】

臣闻天之所大奉使之王者,必有非人力所能致而自至者,此受命之符也。天下之人同心归之,若归父母,故天瑞应诚而至。《书》曰"白鱼入于王舟,有火复于王屋,流为乌",此盖受命之符也。周公曰"复哉复哉",孔子曰"德不孤,必有邻",皆积善累德之效也。及至后世,淫佚衰微,不能统理群生,诸侯背畔,残贼良民以争壤土,废德教而任刑罚。刑罚不中,则生邪气;邪气积于下,怨恶畜于上。上下不和,则阴阳缪盭而妖孽生矣。此灾异所缘而起也。

【解读】

在此,董仲舒继续用天降祥瑞或者灾异以解释天命所归,并告诫治理者要顺道而为。儒家乃至中国的传统治理观点认为,在人间的最高统治者之上,还有一个天道。天如果要让一个人成为王者,一定有非人力所能达致的因素,这就是受命之符(臣闻天之所大奉使之王者,必有非人力所能致而自至者,此受命之符也)。天下人都归心于他,就像是归心父母一样,这时,由于天下人的诚心,上天一定会降下天瑞(天下之人同心归之,若归父母,故天瑞应诚而至)。相反,到了后世,统治者骄奢淫逸,不能天下归心,诸侯背叛,残害百姓,争夺土地,废除德教,任用刑罚。刑罚又不公正,就会集聚邪气怨气,上下不和,妖孽和灾异由此而生(此灾异所缘而起也)。

国家得到治理,就会上下和谐,这种和谐也可以被理解为祥瑞;国家缺乏治理,就会怨声载道,这种怨声载道也可以被理解为灾异。这原本是一个朴素的真理。但是,历史上的统治者往往会去刻意搜寻某些难得一见的货物或现象充当祥瑞,以粉饰自己的政绩,甚至假造一些所谓的祥瑞以彰显自己的统治是天命所归,这就是一种虚伪。对于治理者而言,真正的祥瑞,就是天下归心。遇到灾害,也可以勠力同心,共同承担。

【原文】

臣闻命者天之令也,性者生之质也,情者人之欲也。或夭或寿,或仁或鄙,陶冶而成之,不能粹美,有治乱之所在,故不齐也。孔子曰:"君子之德风,小人之德草,草上之风必偃。"故尧、舜行德则民仁寿,桀、纣行暴则民鄙夭。夫上之化下,下之从上,犹泥之在钧,唯甄者之所为,犹金之在熔,唯冶者之所铸。"绥之斯倈,动之斯和",此之谓也。

【解读】

每个人的命,都是上天注定(统治者的天命,也是上天注定),每个人(尤其是统治者)的性情,都是后天陶冶而成,各不相同,不可能完美,因此有的人夭折、有的人长寿,有的人仁义,有的人卑鄙,国家也就会有治乱的更替(臣闻命者天之令也,性者生之质也,情者人之欲也。或夭或寿,或仁或鄙,陶冶而成之,不能粹美,有治乱之所在,故不齐也)。孔子说:君子的品德就像风,小人的品德就像草,风向哪边吹,草就向哪边倒(君子之德风,小人之德草,草上之风必偃。《论语·颜渊》)。因此,尧舜用品德治理天下,百姓就仁寿,桀纣用暴行治理天下,百姓就卑鄙早亡(故尧、舜行德则民仁寿,桀、纣行暴则民鄙夭)。统治者(上)教化百姓(下),百姓遵从统治者,就好像是造陶的工匠用泥土制作陶器一样,就好像是铸器的工匠用金属融化制作器具一样。他们做成什么,就成型什么(夫上之化下,下之从上,犹泥之在钧,唯甄者之所为,犹金之在熔,唯冶者之所铸)。统治者引导百姓,百姓就跟着走,统治者动员百姓,百姓就齐心协力(绥之斯倈,动之斯和。《论语·子张》)。

每个人的气质禀赋、道德修养、智力能力、理性程度等各不相同,这是任何一个统治者及其政府所面临的共同社会现实。所以,在任何时间和空间的统治者和政府都有责任和义务陶冶、教化、引导他们的国民。统治者及其政府官员(上级对下级、父母对子女、公众人物对社会民众)对于社会民众具有极大的示范和引导作用。因此,在任何一个社会,民众都会期盼统治者和政府官员是道德楷模,丑闻有可能导致官员引咎辞职或者受到处罚。这里的"上之化下、下之从上",并不应被理解为是一个不平等社会中的政府行为,在迄今为止的任何人类社会中,政府都具有对社会民众进行"化"(教化、陶冶、引导、规范)的责任,统治者和政府官员自身也应该承担更高的道德责任。当然,在未来一个完全平等、民主、理性的社会中,政府及其官员的这种道德责任可能不会高于普通民众。但那时,民众的性情(性者生之质也,情者人之欲也)和理性水平也就不存在董仲舒所谓的"故不齐也"的状况。

【原文】

臣谨案《春秋》之文,求王道之端,得之于正。正次王,王次春。春者,天之所为也;正者,王之所为也。其意曰,上承天之所为,而下以正其所为,正王道之端云尔。然则王者欲有所为,宜求其端于天。天道之大者在阴阳。阳为德,阴为刑;刑主杀而德主生。是故阳常居大夏,而以生育养长为事;阴常居大冬,而积于空虚不用之处。<u>以此见天之任德不任刑也。</u>天使阳出布施于上而主岁功,使阴入伏于下而时出佐阳;阳不得阴之助,亦不能独成岁。终阳以成岁为名,此天意也。王者承天意以从事,故任德教而不任刑。刑者不可任以治世,犹阴之不可任以成岁也。为政而任刑,不顺于天,故先王莫之肯为也。今废先王德教之官,而独任执法之吏治民,毋乃任刑之意与!孔子曰:"不教而诛谓之虐。"虐政用于下,而欲德教之被四海,故难成也。

【解读】

在此,董仲舒从《春秋》的文本中,寻找治理天下的王道根源。在《春秋》隐公元年的文本中,有"元年春王正月"的记载,"正"字在"王"字的后面,"王"字在"春"字的后面(臣谨案《春秋》之文,求王道之端,得之于正。正次王,王次春)。所谓春,是上天的所为,正,是王者的所为。意思是,王者对上,要上承天意,对下,要端正自己以及臣民(春者,天之所为也;正者,王之所为也。其意曰,上承天之所为,而下以正其所为,正王道之端云尔)。王者要有所作为,应当向上天寻求端倪。天道之中,最大的就是阴阳。阳代表德,阴代表刑,刑意味着杀,德意味着生(阳为德,阴为刑;刑主杀而德主生)。因此,阳主导夏季,负责生育抚养,阴主导冬季,主要处于静止、空虚、不动的状态(是故阳常居大夏,而以生育养长为事;阴常居大冬,而积于空虚不用之处)。由此可见,上天主要是用德而不用刑(以此见天之任德不任刑也)。上天让阳处于上位,布施雨露,滋养万物,让阴处于下位,辅助阳。阳如果没有阴的辅助,也无法让万物在一年中生生不息(天使阳出布施于上而主岁功,使阴入伏于下而时出佐阳;阳不得阴之助,亦不能独成岁)。这是天意。王者要顺承天意做事,因此,应该采用德教而不是刑罚(王者承天意以从事,故任德教而不任刑)。仅仅依靠刑罚是不能治理天下的,就仿佛仅仅依靠阴,是不能生长万物的。孔子说,不对民众进行教化,就诛杀他们,这就是暴虐(不教而诛谓之虐。《论语·述而》)。

古人从自然现象中,总结出了一些朴素的原理(似乎还不能称之为规律），并试图用其解释其他自然和社会现象。阴阳是两种常见的自然现象，代表事物相互转化的两个方面，例如，冬夏、冷热、好坏、刑德等。从今天的科学视角来看，用阴阳来解释万物生长，还是过于粗糙和肤浅。但是也不能完全否定，它可以帮助我们从最为抽象和基础的层面，理解事物的变化。更重要的是，从自然界的阴阳推广到人类社会的德治和刑治（法治），具有一定的合理性。公共治理以及人类社会发展的最终目的，就是让每一个人都能够充分地实现自我成长和发展，这必然依靠德，而不是刑。

【原文】

臣谨案《春秋》谓一元之意，一者万物之所从始也，元者辞之所谓大也。谓一为元者，视大始而欲正本也。《春秋》深探其本，而反自贵者始。故为人君者，正心以正朝廷，正朝廷以正百官，正百官以正万民，正万民以正四方。四方正，远近莫敢不壹于正，而亡有邪气奸其间者。是以阴阳调而风雨时，群生和而万民殖，五谷孰而草木茂，天地之间被润泽而大丰美，四海之内闻盛德而皆徕臣，诸福之物，可致之祥，莫不毕至，而王道终矣。

【解读】

《春秋》中称一为元，君主继位第一年，不称一年，而称元年。所谓一，是指万物的开始，所谓元，是指大。将一称为元，意思是从大开始，端正根本（谓一为元者，视大始而欲正本也）。因此，作为人君，首先就要正心，以此端正朝廷，端正百官，端正万民，端正四方天下（故为人君者，正心以正朝廷，正朝廷以正百官，正百官以正万民，正万民以正四方）。四方天下得到端正，就没有人敢不端正，也没有邪气出现。所以，阴阳相调，风雨适当，人民和谐，五谷丰登，草木茂盛，天地润泽，四海宾服，祥瑞毕至，王道得以实现。

董仲舒描述的这种天下大治的状态，是一种美好的理想。要实现这种理想，其实并不困难，就是要从人君做起，正心，以正四方。每个人都做到正心，那么就可以实现天下大治。只要有一个人没有实现正心，那么社会的治理就会出现一点点的问题。君主没有实现正心，社会治理就会出现大问题。

【原文】

孔子曰:"凤鸟不至,河不出图,吾已矣夫!"自悲可致此物,而身卑贱不得致也。今陛下贵为天子,富有四海,居得致之位,操可致之势,又有能致之资,行高而恩厚,知明而意美,爱民而好士,可谓谊主矣。然而天地未应而美祥莫至者,何也? 凡以教化不立而万民不正也。夫万民之从利也,如水之走下,不以教化堤防之,不能止也。是故教化立而奸邪皆止者,其堤防完也;教化废而奸邪并出,刑罚不能胜者,其堤防坏也。古之王者明于此,是故南面而治天下,莫不以教化为大务。立太学以教于国,设痒序以化于邑,渐民以仁,摩民以谊,节民以礼,故其刑罚甚轻而禁不犯者,教化行而习俗美也。

【解读】

孔子说:"凤凰不出现,没有河图,已经没有希望了(凤鸟不至,河不出图,吾已矣夫。《论语·子罕》)"。孔子希望能够实现天下大治,但出身卑贱无法实现。现今陛下贵为天子,富有四海,地位尊崇,条件优越,德行高尚,智慧出众,爱护百姓,尊重士人,是难得的圣明君主。但为何天地没有响应,祥瑞没有出现? 原因在于没有进行教化,万民不正。因此,建议皇帝您在中央设立太学,在地方设立痒序,对全体国民进行教化,用仁义熏染他们,用情谊陶冶他们,用礼仪约束他们,这样即使刑罚很轻,也没有人犯禁,教化得以施行,习俗得以美化(立太学以教于国,设痒序以化于邑,渐民以仁,摩民以谊,节民以礼,故其刑罚甚轻而禁不犯者,教化行而习俗美也)。

董仲舒提出的具体政策建议就是,在中央设立太学,在地方设立痒序,对全国人民进行教化。这一政策施行了2000多年,使得中国成为世界文明古国,延绵至今。当然,统治者在施行教育的过程中,也不可避免地夹入了自己的私心,在一定程度上蒙蔽和愚弄民众,将教育作为实现自身私人统治的工具,同时也没有真正实现天下大治。这就要求现代社会的治理者能够真正彰显教育的本质,在教育国民成为强大的国民的同时,国家也就自然而然地成为强大的国家。

【原文】

圣王之继乱世也,扫除其迹而悉去之,复修教化而崇起之。教化已明,习俗已成,子孙循之,行五六百岁尚未败也。至周之末世,大为亡道,以失天下。秦继其后,独不能改,又益甚之,重禁文学,不得挟书,弃捐礼谊而恶闻之,其心欲尽灭先圣之道,而颛为自恣苟简之治,故立为天子十四岁而国破亡矣。自古以来,未尝有以乱济乱,大败天下之民如秦者也。其遗毒余烈,至今未灭,使习俗薄恶,人民嚣顽,抵冒殊扞,孰烂如此之甚者也。孔子曰:"腐朽之木不可雕也,粪土之墙不可圬也。"今汉继秦之后,如朽木、粪墙矣,虽欲善治之,亡可奈何。法出而奸生,令下而诈起,如以汤止沸,抱薪救火,愈甚亡益也。窃譬之琴瑟不调,甚者必解而更张之,乃可鼓也;为政而不行,甚者必变而更化之,乃可理也。当更张而不更张,虽有良工不能善调也;当更化而不更化,虽有大贤不能善治也。故汉得天下以来,常欲善治而至今不可善治者,失之于当更化而不更化也。古人有言曰:"临渊羡鱼,不如退而结网。"今临政而愿治七十余岁矣,不如退而更化;更化则可善治,善治则灾害日去,福禄日来。《诗》云:"宜民宜人,受禄于人。"为政而宜于民者,固当受禄于天。夫仁、谊、礼、知、信五常之道,王者所当修饬也;五者修饬,故受天之祐,而享鬼神之灵,德施于方外,延及群生也。

【解读】

董仲舒在此回顾从周朝直至汉朝的治乱兴衰。周朝实行礼治,经过了五六百年而没有衰败。周朝末年,丢弃治道,失去天下。秦国接续其后,统一六国,但并未施行仁政,反而禁止文学,焚毁书籍,放弃礼仪,试图全部灭绝先王之道,自以为是地以自己苟且简陋的方法来治理国家[其心欲尽灭先圣之道,而颛(通专)为自恣苟简之治],十四年就败亡了。自古以来,从未有过像秦国那样以乱治乱,荼毒天下百姓的治理之道,它的遗毒祸害,至今未消。因此,习俗败坏,人民顽劣,实在是到了不能再坏的境地,就如同孔子所说的朽木、粪墙一样。如今要想实现善治,必须进行更张和更化(故汉得天下以来,常欲善治而至今不可善治者,失之于当更化而不更化也),更张和更化,也就是改变以往的做法,施行儒家的仁政。

自此,汉武帝罢黜百家,独尊儒术,西东两汉(公元前202—220),延续422年,西风残照,汉家陵阙,开启汉唐气象。中华文化延绵两千余年,儒家思想成为中国的基本治国思想,儒家文化成为中国人的文化基因。当然,儒家思想的缺陷,也需要其他思想加以弥补和消解;儒家文化的现代化,也需要当代学者来加以完善和重建。

第十四篇　盐铁论①

　　《盐铁论》,作者桓宽(生卒年不详),字次公,汉代汝南郡(今河南上蔡西南)人,汉宣帝时举为郎,后官至庐江太守丞。《盐铁论》是桓宽根据汉昭帝始元六年(公元前81)召开的盐铁会议的文件写成的政论性散文集。它生动记述了以御史大夫桑弘羊为代表的"杂儒"和从全国各地召集来的以"贤良""文学"为代表的"纯儒"之间的辩论,论题涵盖了如盐铁专营、酒类专卖、平准均输等当时最为重要的经济、政治、军事、文化等重大政策问题。以桑弘羊为代表的实际政策制定者,支持盐铁专营专卖、政府垄断的经济政策,而以贤良文学为代表的知识分子,则更加倾向于不受政府干预的自由市场经济。他们之间的辩论,对于当今的政府与市场之间关系的公共政策制定也具有重要的参考借鉴意义。

　　《盐铁论》全书共10卷,60篇。前41篇如本议第一、力耕第二、通有第三、错币第四、复古第六、非鞅第七、论儒第十一、忧边第十二、轻重第十四等是记录盐铁会议上的正式辩论,自第42篇至59篇是会后的余谈,如西域第四十六、刑德第五十五、申韩第五十六、周秦第五十七、大论第五十九,最后一篇杂论第六十是作者写的后序。前后联成一气,采用对话文体,以生动的语言真实反映当时的辩论情景。本书选择《本议》《力耕》《通有》《非鞅》四篇进行解读与评述。

---

① 陈桐生译注:《盐铁论》,中华书局2015年版。

本议第一

王者行仁政,无敌于天下,恶用费哉

【原文】

惟始元六年,有诏书使丞相、御史与所举贤良、文学语。问民间所疾苦。

文学对曰:窃闻治人之道,防淫佚之原,广道德之端,抑末利而开仁义,毋示以利,然后教化可兴,而风俗可移也。今郡国有盐、铁、酒榷、均输,与民争利。散敦厚之朴,成贪鄙之化。是以百姓就本者寡,趋末者众。夫文繁则质衰,末盛则本亏。末修则民淫,本修则民悫。民悫则财用足,民侈则饥寒生。愿罢盐铁、酒榷、均输,所以进本退末,广利农业,便也。

大夫曰:匈奴背叛不臣,数为寇暴于边鄙。备之则劳中国之士;不备则侵盗不止。先帝哀边人之久患,苦为虏所系获也,故修障塞,饬烽燧,屯戍以备之。边用度不足,故兴盐、铁,设酒榷,置均输,蓄货长财,以佐助边费。今议者欲罢之,内空府库之藏,外乏执备之用,使备塞乘城之士,饥寒于边,将何以赡之? 罢之,不便也。

文学曰:孔子曰:"有国有家者,不患寡而患不均,不患贫而患不安。"故天子不言多少,诸侯不言利害,大夫不言得丧。畜仁义以风之,广德行以怀之。是以近者亲附而远者悦服。故善克者不战,善战者不师,善师者不阵。修之于庙堂,而折冲还师。王者行仁政,无敌于天下,恶用费哉?

大夫曰:匈奴桀黠,擅恣入塞,犯厉中国,杀伐郡县朔方都尉,甚悖逆不轨,宜诛讨之日久矣。陛下垂大惠,哀元元之未赡,不忍暴士大夫于原野;纵难被坚执锐,有北面复匈奴之志,又欲罢盐、铁、均输,扰边用,损武略,无忧边之心,于其义未便也。

文学曰:古者贵以德而贱用兵。孔子曰:"远人不服,则修文德以来之。既来之,则安之。"今废道德而任兵革,兴师而伐之,屯戍而备之,暴兵露师以支久长,转输粮食无已,使边境之士饥寒于外,百姓劳苦于内。立盐、铁,始张利官以给之,非长策也。故以罢之为便也。

大夫曰:古之立国家者,开本末之途,通有无之用。市朝以一其求,致士民,聚万货,农商工师各得所欲,交易而退。《易》曰:"通其变,使民不倦。"故工不出,则农用乏;商不出,则宝货绝。农用乏,则谷不殖;宝货绝,则财用匮。故盐、铁、均输,所以通委财而调缓急。罢之,不便也。

文学曰:夫导民以德,则民归厚;示民以利,则民俗薄。俗薄则背义而趋利,趋利则百姓交于道而接于市。《老子》曰:"贫国若有余。"非多财也,嗜欲众而民躁也。是以王者崇本退末,以礼义防民欲,实菽粟货财。市,商不通无用之物,工不作无用之器。故商所以通郁滞,工所以备器械,非治国之本务也。

大夫曰:《管子》云:"国有沃野之饶而民不足于食者,器械不备也。有山海之货而民不足于财者,商工不备也。"陇、蜀之丹漆旄羽,荆、扬之皮革骨象,江南之楠梓竹箭,燕、齐之鱼盐旃裘,兖、豫之漆丝絺纻,养生送终之具也,待商而通,待工而成。故圣人作为舟楫之用,以通川谷,服牛驾马,以达陵陆;致远穷深,所以交庶物而便百姓。是以先帝建铁官以赡农用,开均输以足民财;盐、铁、均输,万民所戴仰而取给者,罢之,不便也。

文学曰:国有沃野之饶而民不足于食者,工商盛而本业荒也;有山海之货而民不足于财者,不务民用而淫巧众也。故川原不能实漏卮,山海不能赡溪壑。是以盘庚萃居,舜藏黄金,高帝禁商贾不得仕宦,所以遏贪鄙之俗而醇至诚之风也。排困市井,防塞利门,而民犹为非也,况上之为利乎?《传》曰:"诸侯好利则大夫鄙,大夫鄙则士贪,士贪则庶人盗。"是开利孔为民罪梯也。

大夫曰:往者郡国诸侯各以其方物贡输,往来烦杂,物多苦恶,或不偿其费。故郡国置输官以相给运,而便远方之贡,故曰均输。开委府于京师,以笼货物。贱即买,贵则卖。是以县官不失实,商贾无所贸利,故曰平准。平准则民不失职,均输则民齐劳逸。故平准、均输所以平万物而便百姓,非开孔利为民罪梯者也。

文学曰:古者之赋税于民也,因其所工,不求所拙。农人纳其获,女工效其功。今释其所有,责其所无。百姓贱卖货物,以便上求。间者,郡国或令民作布絮,吏恣留难,与之为市。吏之所入,非独齐、阿之缣,蜀、汉之布也,亦民间之所为耳。行奸卖平,农民重苦,女工再税,未见输之均也。县官猥发,阖门擅市,则万物并收。万物并收,则物腾跃。腾跃,则商贾牟利。自市,则吏容奸。豪吏富商积货储物以待其急,轻贾奸吏收贱以取贵,未见准之平也。盖古之均输,所以齐劳逸而便贡输,非以为利而贾万物也。

【解读】

文学与大夫之间的分歧与争论,不仅在汉武帝时期存在,在任何历史时期,乃至当今时代都同样存在。这种分歧与争论源于文学和大夫不同的地位、视角、信息、目的,均有他们的合理之处。如果秉着理性的精神,进行充分的沟通协商,他们的分歧可以在很大程度上得到消弭。

文学说,治理天下和人民的道理,在于防止骄奢淫逸,贬抑逐利之心,宣扬道德仁义(窃闻治人之道,防淫佚之原,广道德之端,抑末利而开仁义,毋示以利,然后教化可兴,而风俗可移也)。仁义为本,利益为末。如果由国家垄断盐、铁、酒榷、均输,这就是与民争利,就会养成人民的贪鄙习气,民众就会竞相逐利,忘却仁义。所以,应该抑制盐铁、酒榷、均输等工商业,重点发展农业(愿罢盐铁、酒榷、均输,所以进本退末,广利农业,便也)。

大夫说,匈奴不肯臣服,屡次骚扰边境。如果派兵防范,就不得不付出大量人力物力,如果不管,他们就侵盗不止。武帝正因为怜悯边境的人民,才整顿军备,加强国防,屯戍防卫。这就必须要有钱粮人马,所以才发展盐、铁、酒榷、均输。如果要抑制或者废除这些行业,那么如何进行国防战争呢?所以不能废止(今议者欲罢之,内空府库之藏,外乏执备之用,使备塞乘城之士,饥寒于边,将何以赡之?罢之,不便也)。

文学说,孔子曾经说过,治理国家的人,不患寡而患不均,不患贫而患不安。天子、诸侯、大夫都不应该看重利益,而要重视仁义。如果做到了,那么天下都会依附,王者只要施行仁政,就能称王,无敌于天下,还用花费钱财吗(王者行仁政,无敌于天下,恶用费哉)?

大夫说,匈奴狡猾凶狠,不断侵扰边界,屠杀人民和军士,我们必须要加以诛讨。武帝仁慈,不忍心让自己的百姓受到匈奴的屠戮。如果废除盐铁、均输,那么必然会影响用兵,绝对不能如此。

公正地看,盐铁论中的文学是一群理想主义者,他们秉持儒家思想,屡屡引用孔孟的言论,认为仁义高于实用,仁义就是最大的实用,仁者无敌(王者行仁政,无敌于天下,恶用费哉)。以桑弘羊为首的大夫则是实际政策的制定者和执行者,他们以管仲为榜样,坚持从实际出发,筹措粮饷,对匈奴用兵。在和平时期,在正常的社会状况下,仁义、教化对于社会的治理确实非常重要,但是在战争时期,在非常的社会状况下,战争和武力也是不得已而做出的选择。仁义可以减少社会丑恶,但无法完全根除。仁义与利益,这两者并非必然矛盾,以符合仁义的方式获取利益,也未尝不可,儒商就是仁义与利益的合理结合。农业与工商业,也并不矛盾。盐铁、酒榷、均输均为人民所需,但是,如果完全由政府垄断而获取暴利,则确实有与民争利之嫌。当然,必须回到当时具体的社会背景下,提供更多的实证证据与数据,才可以更加深刻地理解和评判文学和大夫的分歧。

力耕第二

圣贤治家非一宝,富国非一道

【原文】

大夫曰:王者塞天财,禁关市,执准守时,以轻重御民。丰年岁登,则储积以备乏绝;凶年恶岁,则行币物;流有余而调不足也。昔禹水汤旱,百姓匮乏,或相假以接衣食。禹以历山之金,汤以庄山之铜,铸币以赎其民,而天下称仁。往者财用不足,战士或不得禄,而山东被灾,齐、赵大饥,赖均输之畜,仓廪之积,战士以奉,饥民以赈。故均输之物,府库之财,非所以贾万民而专奉兵师之用,亦所以赈困乏而备水旱之灾也。

文学曰:古者,十一而税,泽梁以时入而无禁。黎民咸被南亩而不失其务。故三年耕而余一年之蓄,九年耕有三年之蓄。此禹、汤所以备水旱而安百姓也。草莱不辟,田畴不治,虽擅山海之财,通百末之利,犹不能赡也。是以古者尚力务本而种树繁,躬耕趣时而衣食足,虽累凶年而人不病也。故衣食者民之本,稼穑者民之务也,二者修,则国富而民安也。《诗》云:"百室盈止,妇子宁止"也。

大夫曰:<u>圣贤治家非一宝,富国非一道。</u>昔管仲以权谲霸,而纪氏以强本亡。使治家养生必于农,则舜不甄陶而伊尹不为庖。故善为国者,天下之下我高,天下之轻我重。以末易其本,以虚易其实。今山泽之财,均输之藏,所以御轻重而役诸侯也。汝、汉之金,纤微之贡,所以诱外国而钓胡、羌之宝也。夫中国一端之缦,得匈奴累金之物,而损敌国之用。是以骡驴馲驼,衔尾入塞,驒騱騵马,尽为我畜,鼲韶狐貉,采旃文罽,充于内府,而璧玉珊瑚琉璃,咸为国之宝。是则外国之物内流,而利不外泄也。异物内流则国用饶,利不外泄则民用给矣。《诗》曰:"百室盈止,妇子宁止。"

文学曰:古者,商通物而不豫,工致牢而不伪,故君子耕稼田鱼,其实一也。商则长诈,工则饰骂,内怀窥窬而心不怍,是以薄夫欺而敦夫厚。昔桀女乐充宫室,文绣衣裳,故伊尹高逝游薄,而女乐终废其国。今骡驴之用,不中牛马之功,鼲韶旃罽,不益绵绨之实。美玉珊瑚出于昆山,珠玑犀象出于桂林,此距汉万有余里。计耕桑之功,资财之费,是一物而售百倍其价一也,一揖而中万钟之粟也。夫上好珍怪,则淫服下流,贵远方之物,则财货外充。是以王者不珍无用以节其民,不爱奇货以富其国。故理民之道,在于节用尚本,分土井田而已。

大夫曰:自京师东西南北,历山川,经郡国,诸般富大都,无非街衢五通,商贾之所臻,万物之所殖者。故圣人因天时,智者因地财,上士取诸人,中士劳其形。长沮、桀溺,无百金之积,跖蹻之徒,无狗顿之富,宛、周、齐、鲁,商遍天下。故乃商贾之富,或累万金,追利乘羡之所致也。富国何必用本农,足民何必井田也?

文学曰:洪水滔天,而有禹之绩,河水泛滥,而有宣房之功。商纣暴虐,而有孟津之谋,天下烦扰,而有乘羡之富。夫上古至治,民朴而贵本,安愉而寡求。当此之时,道路罕行,市朝生草。故耕不强者无以充虚,织不强者无以掩形。虽有凑会之要,陶、宛之术,无所施其巧。自古及今,不施而得报,不劳而

301

有功者,未之有也。

【解读】

力耕,即大力推进农业和农耕,处理好农业农耕与以盐铁、酒榷、均输为主要内容的工商业之间的关系。本篇反映了大夫和文学对待政府如何管理经济的不同态度。

大夫认为,应该由政府通过有力的货币和价格政策(轻重)来主导经济的运行,发展商品经济,促进货物流通,发展仓储,在不同地区和不同时间调剂余缺,这不仅是为了战争的需要,也是赈济备灾的需要。文学认为,国家的税收应该效仿古代的十一税,反对多变的货币和价格政策,山川湖泊不应禁止人民渔猎,重点发展农业,衣食是国家的根本。他们之间的分歧,反映了在治国理政方面,看得见的手的政府主导与看不见的手的市场经济之间的争议。

大夫认为,不能用单一的方法来治理国家。各种各样的物资,都是财富的来源,都可以让国家富裕。外国的商品流入我国,同时禁止我国的财富流入国外,那么国家就可以富裕。文学认为,商人狡诈,工匠繁饰,如果君主和显贵都喜欢如女乐文绣、美玉珊瑚、珠玑犀象之类的物品,那就会耗费国家的资源,产生骄奢淫逸之风。

大夫和文学的观点都有其合理之处。从大夫的视角出发,政府确实可以也应该通过灵活的经济政策来调控经济的运行,财富是多元的,发展工商业,而不仅仅是农业,是国家富强的根源,治理天下的方法是多元的,治家非一宝,富国非一道。但与此同时,从文学的角度出发,保持简单、合理的税制,统治者控制自己的欲望,营造节俭的风气,大力发展农耕,也同样重要。仅仅强调某一个方面都不正确。以大夫为代表的政府可能会过于强调政府的作用,有可能滥用政府权力,对市场经济造成过度的干扰。以文学为代表的市场人士也可能过于强调民间的力量和农耕的作用,贬低和忽视工商业 [商则长诈,工则饰骂,内怀阒窬而心不作,是以薄夫欺而敦夫厚。窥窬(kuī yú),觊觎]。在实践中,治理者对这两者会形成自己的判断,应该在这两者之间保持适当的平衡。

通有第三

富在术数，不在劳身；利在势居，不在力耕也

【原文】

大夫曰：燕之涿、蓟，赵之邯郸，魏之温、轵，韩之荥阳，齐之临淄，楚之宛丘，郑之阳翟，三川之二周，富冠海内，皆为天下名都。非有助之耕其野而田其地者也，居五都之冲，跨街衢之路也。故物丰者民衍，宅近市者家富。<u>富在术数，不在劳身；利在势居，不在力耕也</u>。

文学曰：荆、扬南有桂林之饶，内有江湖之利，左陵阳之金，右蜀、汉之材，伐木而树谷，燔莱而播粟，火耕而水耨，地广而饶财；然民窳偷生，好衣甘食，虽白屋草庐，歌讴鼓琴，日给月单，朝歌暮戚。赵、中山带大河，纂四通神衢，当天下之蹊，商贾错于路，诸侯交于道；然民淫好末，侈靡而不务本，田畴不修，男女矜饰，家无斗筲，鸣琴在室。是以楚、赵之民，均贫而寡富。宋、卫、韩、梁好本稼穑，编户齐民，无不家衍人给。<u>故利在自惜，不在势居街衢；富在俭力趣时，不在岁司羽鸠也</u>。

大夫曰：五行，东方木，而丹、章有金铜之山；南方火，而交趾有大海之川；西方金，而蜀、陇有名材之林；北方水，而幽都有积沙之地。此天地所以均有无而通万物也。今吴、越之竹，隋、唐之材，不可胜用，而曹、卫、梁、宋，采棺转尸；江湖之鱼，莱、黄之鲐，不可胜食，而邹、鲁、周、韩，藜藿蔬食。天地之利无不赡，而山海之货无不富也；然百姓匮乏，财用不足，多寡不调，而天下财不散也。

文学曰：古者，采椽不斫，茅茨不翦，衣布褐，饭土硎，铸金为锄，埏埴为器，工不造奇巧，世不宝不可衣食之物。各安其居，乐其俗，甘其食，便其器。是以远方之物不交，而昆山之玉不至。今世俗坏而竞于淫靡，女极纤微，工极技巧，雕素朴而尚珍怪，钻山石而求金银，没深渊求珠玑，设机陷求犀象，张网罗求翡翠，求蛮貊之物以眩中国，徙邛、筰之货致之东海，交万里之财，旷日费功，无益于用。是以褐夫匹妇，劳疲力屈，而衣食不足也。故王者禁溢利，节漏费。溢

利禁则反本,漏费节则民用给。是以生无乏资,死无转尸也。

大夫曰:古者,宫室有度,舆服以庸;采椽茅茨,非先王之制也。君子节奢刺俭,俭则固。昔孙叔敖相楚,妻不衣帛,马不秣粟。孔子曰:"<u>不可,大俭极下</u>。"此《蟋蟀》所为作也。《管子》曰:"不饰宫室,则材木不可胜用,不充庖厨,则禽兽不损其寿。无末利,则本业无所出,无黼黻,则女工不施。"故工商梓匠,邦国之用,器械之备也。自古有之,非独于此。弦高贩牛于周,五羖赁车入秦,公输子以规矩,欧冶以熔铸。《语》曰:"百工居肆,以致其事。"农商交易,以利本末。山居泽处,蓬蒿墝埆,财物流通,有以均之。是以多者不独衍,少者不独馑。若各居其处,食其食,则是橘柚不鬻,朐卤之盐不出,旃罽不市,而吴、唐之材不用也。

文学曰:孟子云:"不违农时,谷不可胜食。蚕麻以时,布帛不可胜衣也。斧斤以时入,材木不可胜用。田渔地时,鱼肉不可胜食。"若则饰宫室,增台榭,梓匠斫巨为小,以圆为方,上成云气,下成山林,则材木不足用也。男子去本为末,虽雕文刻镂,以象禽兽,穷物穷变,则谷不足食也。妇女饰微治细,以成文章,极伎尽巧,则丝布不足衣也。庖宰烹杀胎卵,煎炙齐和,穷极五味,则鱼肉不足食也。当今世,非患禽兽不损,材木不胜,患僭侈之无穷也;非患无旃罽橘柚,患无狭庐糠糟也。

【解读】

通有,即市场交易中的互通有无,涉及均输政策。在本篇中,大夫认为,交通便捷地带,自身未必需要农耕,但并不妨碍它们成为富甲一方的名都(富在术数,不在劳身;利在势居,不在力耕也)。东西南北各地具有不同的产出,都可以满足人民的需要,但如果没有便捷的交通,不进行互通有无的互市,那么就会百姓匮乏,采用不足,多寡不调。大夫引用孔子的话证明,过度的节俭并不符合儒家的伦理要求(孔子曰:"不可,大俭极下")。相反,文学针锋相对地指出,即便是那些富甲一方的名都,那里的人民奢靡淫侈,而那些重视农耕的农业国,则公平自足,也未尝不好。富裕的根本,在于节俭自足,而不在于地理位置的优越。而且,如果过度发展工商业,追求各种奢靡的物品和生活,则会导致资源的浪费和社会风气的败坏。这两种观点都有可取之处。在社会经济水平落后,极度匮乏之时,发展农耕和工商业都很重要。然而,畸形的经济发展,尤其是工商业的发展,也确实会导致社会的奢靡腐化和不公平。其实,大夫和文学的分歧,也反映了他们对待两种价值——经济发展和经济公平——的取舍。不同的个人和决策者,对待不同价值有不同的态度,这是一种常态。但对于决策者和实践管理者而言,应当了解民众的态度、当时社会的背景,最终形成自己的态度、判断和政策,在多种价值之间进行适当的平衡。

非鞅第七

言之非难,行之为难

【原文】

大夫曰:昔商君相秦也,内立法度,严刑罚,饬政教,奸伪无所容。外设百倍之利,收山泽之税,国富民强,器械完饰,蓄积有余。是以征敌伐国,攘地斥境,不赋百姓而师以赡。故利用不竭而民不知,地尽西河而民不苦。盐铁之利,所以佐百姓之急,足军旅之费,务蓄积以备乏绝,所给甚众,有益于国,无害于人。百姓何苦尔,而文学何忧也?

文学曰:昔文帝之时,无盐、铁之利而民富;今有之而百姓困乏,未见利之所利也,而见其害也。且利不从天来,不从地出,一取之民间,谓之百倍,此计之失者也。无异于愚人反裘而负薪,爱其毛,不知其皮尽也。夫李梅实多者,来年为之衰,新谷熟者归谷为之亏。自天地不能两盈,而况于人事乎?故利于彼者必耗于此,犹阴阳之不并曜,昼夜之有长短也。商鞅峭法长利,秦人不聊生,相与哭孝公。吴起长兵攻取,楚人搔动,相与泣悼王。其后楚日以危,秦日以弱。故利蓄而怨积,地广而祸构,恶在利用不竭而民不知,地尽西河而民不苦也?今商鞅之册任于内,吴起之兵用于外,行者勤于路,居者匮于室,老母号泣,怨女叹息;文学虽欲无忧,其可得也?

大夫曰:秦任商君,国以富强,其后卒并六国而成帝业。及二世之时,邪臣擅断，公道不行，诸侯叛弛，宗庙隳亡。《春秋》曰："末言尔，祭仲亡也。"夫善歌者使人续其声，善作者使人绍其功。椎车之蝉攫，相土之教也。周道之成，周公之力也。虽有禅谌之草创，无子产之润色，有文、武之规矩，而无周、吕之凿枘，则功业不成。今以赵高之亡秦而非商鞅，犹以崇虎乱殷而非伊尹也。

文学曰：善凿者建周而不拔，善基者致高而不蹶。伊尹以尧、舜之道为殷国基，子孙绍位，百代不绝。商鞅以重刑峭法为秦国基，故二世而夺。刑既严峻矣，又作为相坐之法，造诽谤，增肉刑，百姓斋栗，不知所措手足也。赋敛既烦数矣，又外禁山泽之原，内设百倍之利，民无所开说容言。崇利而简义，高力而尚功，非不广壤进地也，然犹人之病水，益水而疾深。知其为秦开帝业，不知其为秦致亡道也。狐剌之凿，虽公输子不能善其枘。畚土之基，虽良匠不能成其高。譬若秋蓬被霜，遇风则零落，虽有十子产，如之何？故扁鹊不能肉白骨，微、箕不能存亡国也。

大夫曰：<u>言之非难，行之为难。</u>故贤者处实而效功，亦非徒陈空文而已。昔商君明于开塞之术，假当世之权，为秦致利成业，是以战胜攻取，并近灭远，乘燕、赵，陵齐、楚，诸侯敛衽，西面而向风。其后，蒙恬征胡，斥地千里，逾之河北，若坏朽折腐。何者？商君之遗谋，备饬素修也。故举而有利，动而有功。夫蓄积筹策，国家之所以强也。故弛废而归之民，未睹臣计而涉大道也。

文学曰：商鞅之开塞，非不行也；蒙恬却胡千里，非无功也；威震天下，非不强也；诸侯随风西面，非不从也；然而皆秦之所以亡也。<u>商鞅以权数亡秦国，蒙恬以得千里亡秦社稷。此二子者，知利而不知害，知进而不知退，故果身死而众败。</u>此所谓恋胸之智，而愚人之计也，夫何大道之有？故曰："小人先合而后忤，初虽乘马，卒必泣血。"此之谓也。

大夫曰：淑好之人，戚施之所妒也；贤知之士，阘茸之所恶也。是以上官大夫短屈原于顷襄，公伯寮愬子路于季孙。夫商君起布衣，自魏入秦，期年而相之，革法明教，而秦人大治。故兵动而地割，兵休而国富。孝公大说，封之於、商之地方五百里。功如丘山，名传后世。世人不能为，是以相与嫉其能而疵其功也。

文学曰：君子进必以道，退不失义，高而勿矜，劳而不伐，位尊而行恭，功大而理顺。故俗不疾其能,而世不妒其业。今商鞅弃道而用权,废德而任力,峭法盛刑,以虐戾为俗,欺旧交以为功,刑公族以立威,无恩于百姓,无信于诸侯,人与之为怨,家与之为仇,虽以获功见封,犹食毒肉愉饱而罹其咎也。苏秦合纵连横,统理六国,业非不大也。桀、纣与尧、舜并称,至今不亡,名非不长也。然非者不足贵。故事不苟多,名不苟传也。

大夫曰:缟素不能自分于缁墨,贤圣不能自理于乱世。是以箕子执囚,比干被刑。伍员相阖闾以霸,夫差不道,流而杀之。乐毅信功于燕昭,而见疑于惠王。人臣尽节以徇名,遭世主之不用。大夫种辅翼越王,为之深谋,卒擒强吴,据有东夷,终赐属镂而死。骄主背恩德,听流说,不计其功故也,岂身之罪哉?

文学曰:比干剖心,子胥鸱夷,非轻犯君以危身,强谏以干名也。惨怛之忠诚,心动于内,忘祸患之发于外,志在匡君救民,故身死而不怨。君子能行是不能御非,虽在刑戮之中,非其罪也。是以比干死而殷人怨,子胥死而吴人恨。今秦怨毒商鞅之法,甚于私仇,故孝公卒之日,举国而攻之,东西南北莫可奔走,仰天而叹曰:"嗟夫,为政之弊,至于斯极也!"卒车裂族夷,为天下笑。斯人自杀,非人杀之也。

【解读】

非鞅,非议商鞅,争议商鞅。商鞅在中国历史上是具有极大争议的人物。事实上,除了商鞅以外,对于任何历史人物和历史事件,人们对他们的评价都充满了分歧。这究竟是什么原因呢?科学研究的目的,就是要弄清事物的本来面目,这里的事物,既包括自然事物,也包括社会事物。自然科学家对自然事物的认识也会存在分歧,但是随着人们对自然界认识的加深,这种分歧会逐渐消弭,逐渐取得共识。然而,社会科学家对于历史人物和历史事件的认识,却更难达成共识。究其原因,一是因为对历史事实的掌握不够全面和准确,这一点可以随着历史学家对历史事实的挖掘而逐步改进;二是包括学者在内的每一个人都可能秉持不同的价值观,从自己的价值观出发,根据自己的需要去评价和解读历史人物和历史事件,这一点就需要我们去理解和感受不同的视角和价值观。

大夫作为政策实践者,给予商鞅高度的评价,认为他施行法制,严格政教,违法之人无藏身之地,收取山泽税,国富民强,进行征伐也不用向老百姓收取税赋,同时也借助商鞅对自己的盐铁、均输政策进行辩护(盐铁之利,所以佐百姓之急,足军旅之费,务蓄积以备乏绝,所给甚众,有益于国,无害于人。百姓何苦尔,而文学何忧也)。大夫则反驳说,汉文帝时没有盐铁政策但是国民富有,而当今的百姓生活困苦。商鞅的法制苛刻,秦人民不聊生,尽管得到了利益,但民怨沸腾,尽管得到了土地,但也埋下了祸根(昔文帝之时,无盐、铁之利而民富;今有之而百姓困乏,未见利之所利也,而见其害也)。

大夫认为,商鞅变法是导致秦国强大并统一六国的原因,而最终秦国败亡,不是源于商鞅,而是源于赵高等奸邪之臣(秦任商君,国以富强,其后卒并六国而成帝业。及二世之时,邪臣擅断,公道不行,诸侯叛弛,宗庙隳亡)。而文学则认为,商鞅的重刑峭法、重利简义、高力尚功才是秦国败亡的原因。而且,商鞅只知道为秦国开辟帝业,却不知道同时也将秦国引向覆亡的道路(知其为秦开帝业,不知其为秦致亡道也)。

大夫批评文学说,说起来容易,做起来难(言之非难,行之为难)。文学则在表面上肯定商鞅和蒙恬功业的同时,实际上还是严厉地批评他们:商鞅以权数亡秦国,蒙恬以得千里亡秦社稷,此二子者,知利而不知害,知进而不知退。但是,这种批评,还是过于简化,文学作为理想主义者的代表,没有设身处地地理解商鞅和蒙恬等政治实践者在复杂社会情形下的决策和行为。任何时代的政治实践者,要想得到所有民众以及政治对手的理解和支持,实属不易。一方面,这需要他们对自己的政策、理念和行动进行充分的说明和解释;另一方面,也不能无限地追求民众的理解和支持,还必须在充分了解反对者的观点和证据的同时,坚持自己的主张和理念。

第十五篇　谏太宗十思疏

　　《谏太宗十思疏》是魏征于贞观十一年（637）写给唐太宗的奏章，意在劝谏太宗居安思危，戒奢以俭，积其德义。魏征（580—643），字玄成，钜鹿郡（一说在今河北省巨鹿县，一说在今河北省馆陶县）人，唐朝政治家、思想家、文学家和史学家，因直言进谏，辅佐唐太宗共同创建"贞观之治"的大业，被后人尊为"一代名相"。著有《隋书》序论，《梁书》《陈书》《齐书》的总论等，其言论多见唐吴兢所编《贞观政要》。魏征最著名、并流传下来的谏文就是《谏太宗十思疏》。《旧唐书》赞扬魏征的奏疏"可为万代王者法"。对于魏征这篇奏疏，唐太宗非常重视，说它是"言穷切至"，使得自己"披览亡倦，每达宵分"。他还曾使用"载舟覆舟"的比喻来训戒太子。宋、明、清三代的一些君主，也经常拜读这篇奏疏，用以规诫自己，由此可见它在封建时代的重要意义。即使到了现代，文中"居安思危，戒奢以俭"的观点，也仍有值得借鉴的意义。

谏 太 宗 十 思 疏

载舟覆舟，所宜深慎

【原文】

　　臣闻：求木之长者，必固其根本；欲流之远者，必浚其泉源；思国之安者，必积其德义。源不深而望流之远，根不固而求木之长，德不厚而思国之治，臣虽下愚，知其不可，而况于明哲乎？人君当神器之重，居域中之大，将崇极天之

309

峻,永保无疆之休。不念居安思危,戒奢以俭,德不处其厚,情不胜其欲,斯亦伐根以求木茂,塞源而欲流长也。

凡百元首,承天景命,莫不殷忧而道著,功成而德衰,有善始者实繁,能克终者盖寡。岂其取之易守之难乎? 昔取之而有余,今守之而不足,何也? 夫在殷忧必竭诚以待下,既得志则纵情以傲物;竭诚则吴、越为一体,傲物则骨肉为行路。虽董之以严刑,震之以威怒,终苟免而不怀仁,貌恭而不心服。怨不在大,可畏惟人;载舟覆舟,所宜深慎。奔车朽索,其可忽乎?

君人者,诚能见可欲,则思知足以自戒;将有作,则思知止以安人;念高危,则思谦冲而自牧;惧满溢,则思江海下百川;乐盘游,则思三驱以为度;忧懈怠,则思慎始而敬终;虑壅蔽,则思虚心以纳下;惧谗邪,则思正身以黜恶;恩所加,则思无因喜以谬赏;罚所及,则思无以怒而滥刑。总此十思,宏兹九德,简能而任之,择善而从之,则智者尽其谋,勇者竭其力,仁者播其惠,信者效其忠;文武争驰,君臣无事,可以尽豫游之乐,可以养松乔之寿,鸣琴垂拱,不言而化。何必劳神苦思,代下司职,役聪明之耳目,亏无为之大道哉?

【解读】

疏,臣子向君主上书的一种文体。战国以前臣僚向君主进呈文字统称上书,秦统一六国后始称为奏,汉代臣僚上书有时也称上疏。疏是疏通的意思,引申为对问题的分析,即分析问题的奏章。唐宋以后上奏文书统称奏议,也称为奏疏。奏疏又有多种更加具体的文种名称,汉代有章、奏、表、议等,魏晋南北朝时期除沿用章、表、议等外,又增加了启;隋、唐、宋时期一般用表和状两种,宋代增加札子,是大臣上殿奏事前先期呈递的比较简便的文书,元代有奏、启和表章,明、清两代有题本、奏本、表、笺、启以及康熙朝后广泛使用的奏折等。

唐太宗为千古明君,有开创贞观之治的美誉,但他在取得巨大功业后,也逐渐骄傲自满、生活奢靡,因此,魏征上奏此疏,劝谏他居安思危,戒奢以俭。国君治国的根本,就是德义(思国之安者,必积其德义)。从古至今的明君圣主,也并非不知道这一点,但是,有善始者实繁,能克终者盖寡,取之易守之难。

原因在于,君主在忧患之时,必须以诚信对待下属,然而一旦成功得志,则放纵骄傲(夫在殷忧必竭诚以待下,既得志则纵情以傲物;竭诚则吴、越为一体,傲物则骨肉为行路。载舟覆舟,所宜深慎)。

第一思,人君见到自己喜好的东西,就要想到自我克制(君人者,诚能见可欲,则思知足以自戒)。第二思,想要兴建宫殿,就要想到知止,以安定百姓(将有作,则思知止以安人)。第三思,想到帝位高高在上,就要想到谦虚而自我约束(念高危,则思谦冲而自牧)。第四思,一旦骄傲自满,就要想到百川最终都要汇入江海(惧满溢,则思江海下百川)。第五思,喜欢狩猎,就要想到网开一面(乐盘游,则思三驱以为度)。第六思,一旦懈怠,就要想到慎始慎终(忧懈怠,则思慎始而敬终)。第七思,担心受到蒙蔽,就要考虑虚心接受下级的意见(虑壅蔽,则思虚心以纳下)。第八思,担心朝中出现谗言奸邪,就需要考虑端正自身并远离邪恶(惧谗邪,则思正身以黜恶)。第九思,在施恩赏赐时,要考虑公平,不能滥赏(恩所加,则思无因喜以谬赏)。第十思,在施加处罚时,就要考虑不要随意发怒滥施刑罚(罚所及,则思无以怒而滥刑)。如果能够做到这十思,就可以实现天下大治。

君主或者任何治国者,必须居安思危,戒奢以俭,这应该是政治和公共管理的一条铁律。如果不遵守这条铁律,就必然会受到惩罚。中国的传统治国思想,依靠君主的道德自律,如果能够做到这一点,相对于法治而言,也不失为一种交易成本更低的路径,并不能简单地轻视和否定这条路径。西方的治国思想,依靠媒体和民众的外部监督,从外部监督官员戒奢以俭,通常被认为是更好的路径。然而,这种外部监督也只能使官员和统治者被动地做到这一点。要真正实现居安思危,戒奢以俭,还需要治理者能够充分认识到治理的规律性,自觉加以遵守和实施。这样做,与国、与民、与己,都是更优的选择。人们为什么不能自觉地认识和遵守治理的规律呢。还是在于人性的弱点,所以需要不断地去磨砺和锻炼。

第十六篇 贞观政要[①]

　　《贞观政要》是一部政论性史书。这部书以记言为主,所记基本上是贞观年间唐太宗李世民与臣下魏征、王珪、房玄龄、杜如晦等大臣关于施政问题的对话,以及一些大臣的谏议和劝谏奏疏。作者吴兢(670—749),汴州浚仪(今河南开封)人,唐朝著名史学家,武周时入史馆、修国史,耿直敢于犯颜直谏,被誉为一代诤臣。当时在选用官员时,皇帝绕开吏部而在禁中直接做出决定。吴兢很反对这一做法,认为朝廷各个部门应各司其职,选官必须由吏部主之,要按既定法规行事,皇帝也不能例外,任意改变制度,"上自天子,至于卿士,守其职分,而不可辄有侵越也"。他的这一观点反映了儒家公天下的思想,即便在君主制时代,政府也并不完全是君主私人的政府,而应当是公共的政府,天下人的政府。

　　《贞观政要》共10卷,共40篇文章。第一卷有《论君道》《论政体》2篇,论述了我国封建社会政治和公共管理的根本问题,为全书之首。第二卷有《论任贤》《论求谏》《论纳谏》3篇,反映的是君王对臣下应有的态度,论证了君臣"共相切磋,以成治道"的观点。第三卷有《论君臣鉴戒》《论择官》《论封建》3篇,讨论君臣关系、选择官员、分封皇子的问题。第四卷有《论太子诸王定分》《论尊敬师傅》《论教诫太子诸王》《论规谏太子》4篇,关注的是皇朝继承人问题。第五卷有《论仁义》《论忠义》《论孝友》《论公平》《论诚信》5篇,讲的是伦理道德在国家治理中的作用问题。第六卷有《论俭约》《论谦让》《论

---

　　① 吴兢(编著),王贵(标点):《贞观政要》,岳麓书社1991年版。

仁恻》《慎所好》《慎言语》《杜谗邪》《论悔过》《论奢纵》《论贪鄙》9篇,揭示统治者的个人修养对于国家治理的影响。第七卷有《崇儒学》《论文史》《论礼乐》3篇,讲的是文化建设及礼乐教化问题。第八卷有《论务农》《论刑法》《论赦令》《论贡赋》《辩兴亡》5篇,反映的是经济、法制、国家兴亡等方面的重大问题。第九卷有《议征伐》《议安边》2篇,关注的是军事问题,也包括如何处理朝廷与周边少数民族政权的关系问题。第十卷有《论行幸》《论畋猎》《论灾祥》《论慎终》4篇,论述的是君主私生活最重要的两个方面——出行和畋猎,以及如何看待灾害祥瑞和晚年临终方面的问题。

显然,《贞观政要》所论述的这些问题,对于当今时代的公共管理者和统治者也具有重要的参考借鉴价值。本书选择《论君道》《论政体》《论公平》《论行幸》进行解读和评析。

论 君 道

君之所以明者,兼听也;其所以暗者,偏信也

【原文】

贞观初,太宗谓侍臣曰:"为君之道,必须先存百姓。若损百姓以奉其身,犹割股以啖腹,腹饱而身毙。若安天下,必须先正其身,未有身正而影曲,上治而下乱者。朕每思伤其身者不在外物,皆由嗜欲以成其祸。若耽嗜滋味,玩悦声色,所欲既多,所损亦大,既妨政事,又扰生民。且复出一非理之言,万姓为之解体,怨讟既作,离叛亦兴。朕每思此,不敢纵逸。"谏议大夫魏征对曰:"古者圣哲之主,皆亦近取诸身,故能远体诸物。昔楚聘詹何,问其治国之要,詹何对以修身之术。楚王又问治国何如,詹何曰:'未闻身治而国乱者。'陛下所明,实同古义。"

贞观二年,太宗问魏征曰:"何谓为明君暗君?"征曰:"君之所以明者,兼听也;其所以暗者,偏信也。《诗》云:'先民有言,询于刍荛。'昔唐、虞之理,辟四门,明四目,达四聪。是以圣无不照,故共、鲧之徒,不能塞也;靖言庸回,不

能惑也。秦二世则隐藏其身,捐隔疏贱而偏信赵高,及天下溃叛,不得闻也。梁武帝偏信朱异,而侯景举兵向阙,竟不得知也。隋炀帝偏信虞世基,而诸贼攻城剽邑,亦不得知也。是故人君兼听纳下,则贵臣不得壅蔽,而下情必得上通也。"太宗甚善其言。

(略)

贞观十五年,太宗谓侍臣曰:"守天下难易?"侍中魏征对曰:"甚难。"太宗曰:"任贤能,受谏诤,即可。何谓为难?"征曰:"观自古帝王,在于忧危之间,则任贤受谏。及至安乐,必怀宽怠,言事者惟令兢惧,日陵月替,以至危亡。圣人所以居安思危,正为此也。安而能惧,岂不为难?"

【解读】

君道,身为君主的道理和方法,也是君主治理天下的道理和方法,这种道理和方法和当今治理者治理天下的道理和方法并无根本的区别。

贞观初年,唐太宗对身边的大臣说:"为君之道,首先必须心存百姓。如果损害百姓让自己快乐(损百姓以奉其身),那么就仿佛是割自己大腿上的肉,来满足自己的口腹之欲,吃饱了,自己也死了。要安天下,就要先正其身,从来都不可能身正而影曲,上治而下乱(若安天下,必须先正其身,未有身正而影曲,上治而下乱者)。伤害自己身体的,不是外物,而是自己的欲望。欲望越多,损害越大(所欲既多,所损亦大,既妨政事,又扰生民)。"谏议大夫魏征回答说:"古代的圣哲之王,就是因为近能修身,远就能体察事物(古者圣哲之主,皆亦近取诸身,故能远体诸物)"。古代楚王延聘詹何,向他询问治国的要领,詹何以修身回答。后来楚王再次询问如何治国,詹何回答说:"从来都没有君主做到身修,但国家混乱的情况(未闻身治而国乱者)。"

贞观二年,太宗问魏征,什么是明君暗君?魏征说,"君之所以明,就是因为他兼听,之所以暗,就是因为他偏信"(君之所以明者,兼听也;其所以暗者,偏信也)。作为治理者,应该充分地获取各方面的信息,而不能因为自己的好恶而有所偏私。当然,任何人包括治理者都可能会受到自身性格、学识、经验、偏好等方面的限制,而有意或无意地对信息有所取舍。但是,一个优秀的治理者应该充分认识到自身的局限,尽可能全面地获取信息。

贞观十五年,太宗问身边的大臣说:"守天下困难还是简单?"魏征回答说:"非常难。"太宗说:"只要能够做到任用贤能,接受谏诤,就可以了,这有什么难的呢?"魏征说:"看看自古以来的帝王,当他处在忧患危险的境地时,可以做到任贤受谏,但当他处于安乐境地时,就会懈怠,进谏的人也会小心戒惧,这样日复一日,国家就处于危亡的边缘(观自古帝王,在于忧危之间,则任贤受谏。及至安乐,必怀宽怠,言事者惟令兢惧,日陵月替,以至危亡)。所以圣人才说居安思危。"

在此,魏征从四个方面论述了为君之道,心存百姓、修身戒欲、兼听则明、居安思危,这四个方面都不是制度建设,而是君主自身的个人修养,但这种个人修养可能比制度建设更加重要,是国家治理的根本。如果每一个君主都能够做到这几点,那么制度自然可以得到建设和完善,国家自然可以长治久安。如果君主没有这种个人修养,那么即便已经建立好的制度也会不断受到侵蚀。封建时代治乱循环的问题就是只有少数开国君主和守成君主能够养成相对良好的个人修养,绝大多数王朝后期的君主都被权力和享乐腐蚀,走向君道的反面。修身和修养,其实不仅仅是对古代君主的要求,而是对每一个人的要求。普通人没有好的修养,损害的就是个人及其家庭。君主和治理者没有好的修养,损害的就是整个国家和全体国民。

论 政 体

难违一官之小情,顿为万人之大弊

【原文】

贞观初,太宗谓萧瑀曰:"朕少好弓矢,自谓能尽其妙。近得良弓十数,以示弓工。乃曰:'皆非良材也。'朕问其故,工曰:'木心不正,则脉理皆邪,弓虽刚劲而遣箭不直,非良弓也。'朕始悟焉。朕以弧矢定四方,用弓多矣,而犹不得其理。况朕有天下之日浅,得为理之意,固未及于弓,弓犹失之,而况于理乎?"自是诏京官五品以上,更宿中书内省,每召见,皆赐坐与语,询访外事,务知百姓利害、政教得失焉。

贞观元年,太宗谓黄门侍郎王珪曰:"中书所出诏敕,颇有意见不同,或兼错失而相正以否。元置中书、门下,本拟相防过误。人之意见,每或不同,有所是非,本为公事。或有护己之短,忌闻其失,有是有非,衔以为怨。或有苟避私隙,相惜颜面,知非政事,遂即施行。难违一官之小情,顿为万人之大弊。此实亡国之政,卿辈特须在意防也。隋日内外庶官,政以依违,而致祸乱,人多不能深思此理。当时皆谓祸不及身,面从背言,不以为患。后至大乱一起,家国俱丧,虽有脱身之人,纵不遭刑戮,皆辛苦仅免,甚为时论所贬黜。卿等特须灭私徇公,坚守直道,庶事相启沃,勿上下雷同也。"

贞观二年,太宗问黄门侍郎王珪曰:"近代君臣治国,多劣于前古,何也?"对曰:"古之帝王为政,皆志尚清静,以百姓之心为心。近代则唯损百姓以适其欲,所任用大臣,复非经术之士。汉家宰相,无不精通一经,朝廷若有疑事,皆引经决定,由是人识礼教,治致太平。近代重武轻儒,或参以法律,儒行既亏,淳风大坏。"太宗深然其言。自此百官中有学业优长,兼识政体者,多进其阶品,累加迁擢焉。

贞观三年,太宗谓侍臣曰:"中书、门下,机要之司,擢才而居,委任实重。诏敕如有不稳便,皆须执论。比来惟觉阿旨顺情,唯唯苟过,遂无一言谏诤者,岂是道理?若惟署诏敕、行文书而已,人谁不堪?何烦简择,以相委付?自今诏敕疑有不稳便,必须执言,无得妄有畏惧,知而寝默。"

贞观四年,太宗问萧瑀曰:"隋文帝何如主也?"对曰:"克己复礼,勤劳思政,每一坐朝,或至日昃,五品以上,引坐论事,宿卫之士,传飧而食,虽性非仁明,亦是励精之主。"太宗曰:"公知其一,未知其二。此人性至察而心不明。夫心暗则照有不通,至察则多疑于物。又欺孤儿寡妇以得天下,恒恐群臣内怀不服,不肯信任百司,每事皆自决断,虽则劳神苦形,未能尽合于理。朝臣既知其意,亦不敢直言,宰相以下,惟即承顺而已。朕意则不然,以天下之广,四海之众,千端万绪,须合变通,皆委百司商量,宰相筹画,于事稳便,方可奏行。岂得以一日万机,独断一人之虑也。且日断十事,五条不中,中者信善,其如不中者何？以日继月，乃至累年，乖谬既多，不亡何待？岂如广任贤良，高居深视，法令严肃，谁敢为非？"因令诸司，若诏敕颁下有未稳便者，必须执奏，不得顺旨便即施行，务尽臣下之意。

贞观五年，太宗谓侍臣曰："治国与养病无异也。病人觉愈，弥须将护，若有触犯，必至殒命。治国亦然，天下稍安，尤须兢慎，若便骄逸，必至丧败。今天下安危，系之于朕，故日慎一日，虽休勿休。然耳目股肱，寄于卿辈，既义均一体。宜协力同心，事有不安，可极言无隐。傥君臣相疑，不能备尽肝膈，实为国之大害也。"

（略）。

【解读】

政体，政治的体制，相对于重视君主个人修养的《论君道》篇而言，《论政体》篇更加强调政治治理的体制和制度建设，该篇可以视为《论君道》的姊妹篇。

太宗自幼喜欢弓箭，曾经得到十几张良弓，给工匠看。但工匠说，这些都不是良弓。因为如果制弓之木的中心不正，那么它的脉理就是邪的，射出去的箭尽管有力但不直，所以不是良弓（木心不正，则脉理皆邪，弓虽刚劲而遣箭不直，非良弓也）。太宗于是有所领悟，他戎马一生，用弓多矣，但还没有明白良弓的道理。由此推之，治理天下也是如此。由此，五品以上的京官，每次召见，都要给他们赐座，询问他们国家管理的事务，以此了解百姓的疾苦、政教的得失。

太宗对中书、门下两省政令的相互监督与制衡也发表了一番评论。当初设置中书、门下两省的宗旨，就是为了相互制约监督以防止失误。人们意见不同本来是正常的，也是为了公事。但如果相互护短、相惜颜面，对一个官员进行护短，实际上是成千上万人的大弊（人之意见，每或不同，有所是非，本为公事。或有护己之短，忌闻其失，有是有非，衔以为怨。或有苟避私隙，相惜颜面，知非政事，遂即施行。难违一官之小情，顿为万人之大弊），这实在是亡国之政。

太宗询问黄门侍郎王珪，近代君臣治国，为什么不如古代呢？王珪回答说,古代帝王的政治,崇尚清静无为,以百姓的心为心(古之帝王为政,皆志尚清静,以百姓之心为心)。近代则损害百姓满足帝王自身的私欲,任用的大臣也不再是儒家学者。汉朝的宰相,都精通一经,所以朝廷有什么疑难,都可以引经据典,所以天下大治。近代则重武轻儒,杂以法律,所以世风大坏(近代重武轻儒,或参以法律,儒行既亏,淳风大坏)。事实上,当今的主流观点是法治比礼仪更加有效,然而,法治和礼治,其实并非孰重孰轻的关系,而是互为依托。如果没有礼仪,没有修养,法律和制度也就成为无本之源、无根之木。

作者借太宗之口,对中书、门下两省的关系进行了进一步阐释。中书省和门下省是国家机要部门,必须由德才兼备之人充任,国家的诏敕政令如有不妥,他们就必须秉公执论,如果只是逢迎圣旨,没有谏诤,那如何能行?如果中书门下制定政策、发布政令,只是抄写文书,那么谁都能做,还用费力选拔人才吗(中书、门下,机要之司,擢才而居,委任实重。诏敕如有不稳便,皆须执论。比来惟觉阿旨顺情,唯唯苟过,遂无一言谏诤者,岂是道理?若惟署诏敕、行文书而已,人谁不堪?何烦简择,以相委付)?今后如果怀疑诏敕有不妥之处,必须直言,不能畏惧害怕(自今诏敕疑有不稳便,必须执言,无得妄有畏惧,知而寝默)。

唐太宗问宰相萧瑀,隋文帝是一个怎样的君主?宰相萧瑀认为,隋文帝克己复礼、勤劳思政,还算是一个励精之主。但太宗认为,他性至察而心不明,至察就意味着多疑,不明就意味着有私。他从北周静帝孤儿寡母那里得到天下,担心群臣不服,所以不信任他们,自己亲自决断,但又不能事事正确,大臣又不敢直言,仅只顺承而已。太宗标榜他自己,政事都和群臣商议,宰相筹划,一个人怎么可能日理万机呢?如果每天处理十件事,五件做得好,五件没有做好,那么,对于做好的,人们自然会说好,但对于做坏的,人们又怎么说呢?所以,不如选拔贤良,让他们去管理国家,君主自己只要高居深视、法令严肃,谁又敢胡作非为呢?因此,各级官员,如果发现诏敕有不妥之处,不能阿意顺旨,而必须直言上奏,尽到臣子的本分。

太宗对大臣说,治国和养病有相似之处。病人刚刚好的时候,必须精心养护,否则就会丧命。治国也是一样,天下刚刚安顿,君主也必须兢慎,如果骄逸,就会败亡。所以,他自己也是日慎一日、虽休勿休。诸位大臣是自己的耳目股肱,同自己义均一体。一定要同心协力,极言无隐。如果君臣相疑,那么实在是国家的大害。

从吴兢的书中,我们看到,就文本而言,唐太宗确实是一代明君,对君道、政体都有着极高的感悟,在历史上也赢得了贞观之治的美誉。然而,他也有玄武门之变的难言之隐,在晚年也日渐骄奢。就治理而言,知道如何治理,并不意味着一定能够做到。明君或者治理者应该认识到,他可以尽量保证自己的聪明睿智,但无法保证他的继承者的聪明睿智,所以,从可持续的角度出发,应该创建一套可持续的制度,实现国家的长治久安。从现代的视角看,这套可持续的制度就是开放、透明、法治化的国家治理体制。同样,企业管理也遵循相似的原理,公司的创始人通常都非常睿智,但他并不能保证自己的子女也具有管理公司的能力和素质,所以,将公司交给子女经营就有可能导致公司的失败,这时的公司就成为封闭的、私人的家族企业。如果公司创始人试图将公司做成百年老店,就必须建立开放、透明、引入外部职业经理人的现代企业制度。

论公平

故知君人者,以天下为公,无私于物

【原文】

太宗初即位,中书令房玄龄奏言:“秦府旧左右未得官者,并怨前宫及齐府左右处分之先己。”太宗曰:“古称至公者,盖谓平恕无私。丹朱、商均,子也,而尧、舜废之。管叔、蔡叔,兄弟也,而周公诛之。故知君人者,以天下为公,无私于物。昔诸葛孔明,小国之相,犹曰‘吾心如称,不能为人作轻重’,况我今理大国乎?朕与公等衣食出于百姓,此则人力已奉于上,而上恩未被于下,今所以择贤才者,盖为求安百姓也。用人但问堪否,岂以新故异情?凡一面尚且相亲,况旧人而顿忘也!才若不堪,亦岂以旧人而先用?今不论其能不能,而直言其嗟怨,岂是至公之道耶?”

贞观元年,有上封事者,请秦府旧兵并授以武职,追入宿卫。太宗谓曰:"朕以天下为家,不能私于一物,惟有才行是任,岂以新旧为差?况古人云:'兵犹火也,弗戢将自焚。'汝之此意,非益政理。"

(略)

是时,朝廷大开选举,或有诈伪阶资者,太宗令其自首,不首,罪至于死。俄有诈伪者事泄,胄据法断流以奏之。太宗曰:"朕初下敕,不首者死,今断从法,是示天下以不信矣。"胄曰:"陛下当即杀之,非臣所及,既付所司,臣不敢亏法。"太宗曰:"卿自守法,而令朕失信耶?"胄曰:"法者,国家所以布大信于天下,言者,当时喜怒之所发耳。陛下发一朝之忿,而许杀之,既知不可,而置之以法,此乃忍小忿而存大信,臣窃为陛下惜之。"太宗曰:"朕法有所失,卿能正之,朕复何忧也!"

(略)

凡理狱之情,必本所犯之事以为主,不严讯,不旁求,不贵多端,以见聪明,故律正其举劾之法,参伍其辞,所以求实也,非所以饰实也,但当参伍明听之耳,不使狱吏锻炼饰理成辞于手。孔子曰:"古之听狱,求所以生之也;今之听狱,求所以杀之也。"故析言以破律,任案以成法,执左道以必加也。又《淮南子》曰:"沣水之深十仞,金铁在焉,则形见于外。非不深且清,而鱼鳖莫之归也。"故为上者以苛为察,以功为明,以刻下为忠,以讦多为功,譬犹广革,大则大矣,裂之道也。夫赏宜从重,罚宜从轻,君居其厚,百王通制。刑之轻重,恩之厚薄,见思与见疾,其可同日言哉!且法,国之权衡也,时之准绳也。权衡所以定轻重,准绳所以正曲直,今作法贵其宽平,罪人欲其严酷,喜怒肆志,高下在心,是则舍准绳以正曲直,弃权衡而定轻重者也,不亦惑哉?诸葛孔明,小国之相,犹曰:"吾心如秤,不能为人作轻重。"况万乘之主,当可封之日,而任心弃法,取怨于人乎!

(略)。

【解读】

公平,即便在当今社会,也是一个非常重要的概念。那么,吴兢和唐太宗等 1400 年前的国家治理者,是如何看待公平的呢?

唐太宗李世民通过玄武门兵变,击败并杀害了他的哥哥太子李建成和弟弟齐王李元吉,登上皇位。那么,如何对待他的旧臣以及他的哥哥和弟弟的部下呢? 中书令房玄龄上奏说,他的旧臣有所抱怨,认为太子和齐王的部下得到的官职比他们都要好。太宗说,古时所说的至公,就是平恕无私。丹朱和商均,分别是尧和舜的儿子,但是尧、舜也把他们废掉。管叔、蔡叔,是周武王的同胞兄弟,周公也诛杀了他们。因此,作为国君,以天下为公,没有任何私心(故知君人者,以天下为公,无私于物)。以前三国时的诸葛亮,作为小国的宰相,他就说“我的心就像秤一样,不能随便为别人做轻重”(吾心如称,不能为人作轻重)。你我现在的衣食都出自百姓,我们选拔人才,是为了百姓,所以用人,怎能以新旧来衡量呢?

当皇帝的命令和国家的法律发生冲突时,应该怎样应对呢? 当时,朝廷进行公开选拔,但据查有些选拔上的人伪造了个人的资料。太宗令这些人自首,如果不自首,查出后就要处死。后来,果然发现有人作伪,但未自首,时任宰相戴胄根据法律定罪,而没有根据太宗的命令处死。太宗说,我当初下令,不自首的人要处死,现在根据法律又没有处死,这样我不是失信于天下吗? 戴胄说,陛下如果当时杀掉他们,我也管不了,但现在既然交给有司议罪,那么我就不敢不按照法律处罚。太宗说:你遵守了法律处罚,但却让我失信了。戴胄说,法律,是国家向天下公布的大信,皇帝的话,是当时喜怒所发而已(法者,国家所以布大信于天下,言者,当时喜怒之所发耳)。您一时的愤怒,要杀掉他们,又发现不行,重新用法律来处置,这是忍小怒而存大信。太宗说,我的法律有过失,你能扶正它,我还有什么忧虑的呢。

审理案件时,要以犯罪事实为根据,不能严刑逼供,不能节外生枝,不追求案件牵涉人多,以此来显示办案人员的聪明。所以,要审慎地适用法律,辨别犯案人员的言辞,弄清事实,而不是掩盖事实,不能让狱吏营私舞弊的行为得逞(凡理狱之情,必本所犯之事以为主,不严讯,不旁求,不贵多端,以见聪明,故律正其举劾之法,参伍其辞,所以求实也,非所以饰实也,但当参伍明听之耳,不使狱吏锻炼饰理成辞于手)。孔子说,古人办案,是为被告人寻找生存的理由,今人办案,是要千方百计置人于死地(古之听狱,求所以生之也;今之听狱,求所以杀之也。)。因此,随心所欲地解释法律,任何案件都要定罪,施展各种手段强加罪名(故析言以破律,任案以成法,执左道以必加也),这些行为就不可避免地出现了。所以,主上如果把苛刻当做明察,把功多当做贤明,把臣子刻薄对待下属当做对自己的忠心,把臣子诽谤他人当做他的功劳,这样的人就仿佛是一张皮革,尽管大而有用,但终究会破裂(故为上者以苛为察,以功为明,以刻下为忠,以讦多为功,譬犹广革,大则大矣,裂之道也。)。法律,是国家的天平、时代的准绳。制定法律时重在宽厚公平,运用法律处罚时又特别严酷,由治理者根据自己的意志和喜好为标准,这不是又舍弃了天平和准绳了吗?(且法,国之权衡也,时之准绳也。权衡所以定轻重,准绳所以正曲直,今作法贵其宽平,罪人欲其严酷,喜怒肆志,高下在心,是则舍准绳以正曲直,弃权衡而定轻重者也,不亦惑哉?)

不能任人唯亲,要以事实为根据,以法律为准绳。这些都是我们今天耳熟能详的原理,是国家治理的规律。吴兢和李世民在1400多年前也深刻阐述了这些原则。但在现实中,由于人性的弱点,我们往往会忽视这些规律,甚至知法犯法,自然也就会受到规律的惩罚。

论行幸

上之所好,下必有甚,竞为无限,遂至灭亡

【原文】

贞观初,太宗谓侍臣曰:"隋炀帝广造宫室,以肆行幸。自西京至东都,离宫别馆,相望道次,乃至并州、涿郡,无不悉然。驰道皆广数百步,种树以饰其傍。人力不堪,相聚为贼。逮至末年,尺土一人,非复己有。以此观之,广宫室,好行幸,竟有何益?此皆朕耳所闻,目所见,深以自诫。故不敢轻用人力,惟令百姓安静,不有怨叛而已。"

贞观十一年,太宗幸洛阳宫,泛舟于积翠池,顾谓侍臣曰:"此宫观台沼并

炀帝所为,所谓驱役生民,穷此雕丽,复不能守此一都,以万民为虑。好行幸不息,民所不堪。昔诗人云:'何草不黄?何日不行?''小东大东,杼轴其空。'正谓此也。遂使天下怨叛,身死国灭,今其宫苑尽为我有。隋氏倾覆者,岂惟其君无道,亦由股肱无良。如宇文述、虞世基、裴蕴之徒,居高官,食厚禄,受人委任,惟行谄佞,蔽塞聪明,欲令其国无危,不可得也。"司空长孙无忌奏言:"隋氏之亡,其君则杜塞忠谠之言,臣则苟欲自全,左右有过,初不纠举,寇盗滋蔓,亦不实陈。据此,即不惟天道,实由君臣不相匡弼。"太宗曰:"朕与卿等承其余弊,惟须弘道移风,使万世永赖矣。"

贞观十三年,太宗谓魏征等曰:"隋炀帝承文帝余业,海内殷阜,若能常处关中,岂有倾败?遂不顾百姓,行幸无期,径往江都,不纳董纯、崔象等谏诤,身戮国灭,为天下笑。虽复帝祚长短,委以玄天,而福善祸淫,亦由人事。朕每思之,若欲君臣长久,国无危败,君有违失,臣须极言。朕闻卿等规谏,纵不能当时即从,再三思审,必择善而用之。"

贞观十二年,太宗东巡狩,将入洛,次于显仁宫,宫苑官司多被责罚。侍中魏征进言曰:"陛下今幸洛州,为是旧征行处,庶其安定,故欲加恩故老。城郭之民未蒙德惠,官司苑监多及罪辜,或以供奉之物不精,又以不为献食。此则不思止足,志在奢靡,既乖行幸本心,何以副百姓所望?隋主先命在下多作献食,献食不多,则有威罚。上之所好,下必有甚,竞为无限,遂至灭亡。此非载籍所闻,陛下目所亲见。为其无道,故天命陛下代之。当战战栗栗,每事省约,参踪前列,昭训子孙,奈何今日欲在人之下?陛下若以为足,今日不啻足矣;若以为不足,万倍于此,亦不足也。"太宗大惊曰:"非公,朕不闻此言。自今已后,庶几无如此事。"

【解读】

行幸,意指君主的出行、消费、宠幸妻妾等私人生活。在传统封建社会,尽管少数贤明的开国君主、大臣和儒家学者试图规范和限制君主的私人生活,将其同国家的公共生活区分开来,并加以制度化地约束。但这种努力从整体上看并不成功,更多地只能依靠君主的个人道德自律,一旦失去了这种自律,那么君主的个人欲望就很难得到遏制，国家也就逐渐滑向危险的边缘。

唐太宗看到隋炀帝修建的宫殿，能够认识到这些宫殿和君主奢侈的生活，都是建立在百姓辛苦的基础上，因此引以为戒，不敢轻用人力，唯令百姓安静，不有怨叛而已（以此观之，广宫室，好行幸，竟有何益？此皆朕耳所闻，目所见，深以自诫。故不敢轻用人力，惟令百姓安静，不有怨叛而已）。尽管有了这种认识，但君主受到欲望的诱惑，也往往会忘记以前的警戒。这就需要大臣犯颜直谏，君臣相匡。贞观十二年，太宗东巡，入住洛阳的显仁宫，可能是招待不周，宫里的侍卫数次被责罚。魏征因此进谏说，隋炀帝以前也是如此，上之所好，下必有甚，竞为无限，遂至灭亡。太宗有所警醒：不是你，我绝听不到这样的话。从今以后，再也不会有这样的事了。

政治的进步，其实就集中体现在对治理者、当政者的约束和规范上。这种约束和规范是公共治理规律性的要求，它一方面依赖于强有力的制度建设，让当政者的公共生活和职务消费全部展现在公众面前，受到民众的监督和约束；另一方面更要依赖当政者的道德自律，他们应该能够认识到自己职位和消费的公共属性，抑制自己内心深处的不当欲望，自觉遵守和践行这种约束。唯其如此，才能既让国家长治久安，也让自己青史留名。

第十七篇　上仁宗皇帝言事书^①

　　王安石(1021—1086),字介甫,号半山,汉族,临川(今江西抚州市临川区)人,北宋著名思想家、政治家、文学家、改革家。宋仁宗庆历二年(1042),王安石进士及第,历任扬州签判、鄞县知县、舒州通判等职,政绩显著。宋神宗熙宁二年(1069),任参知政事,次年拜相,主持变法。因守旧派反对,熙宁七年(1074)罢相。一年后,宋神宗再次起用,旋又罢相,退居江宁。宋哲宗元祐元年(1086),保守派得势,新法皆废,郁然病逝于钟山,追赠太傅。

　　王安石在儒学、文学和政治上都有极大成就。在儒学上,他精通经学,被誉为"通儒",创"荆公新学",促进宋代疑经变古学风的形成。在文学上,他的成就尤显,其散文论点鲜明、逻辑严密,有很强的说服力,充分发挥了古文的实际功用,文章简洁峻切、短小精悍,名列"唐宋八大家"。其诗"学杜得其瘦硬",擅长于说理与修辞,晚年诗风含蓄深沉、深婉不迫,以丰神远韵的风格在北宋诗坛自成一家,世称"王荆公体",有《王临川集》《临川集拾遗》等存世。

　　《上仁宗皇帝言事书》是王安石向宋仁宗的上书。选择这篇文章的目的,是让我们大致了解封建时代著名大臣的上奏方式、写作风格,以及王安石对当时国家治理的思考。文章作于宋仁宗嘉祐三年(1058),王安石从此前担任的江南东路提点刑狱公事官(相当于现在的省级司法主官)任上,奉调入京,担任三司度支判官(宋代,度支使与户部使、盐铁使,合称三司使,总领全国财赋。度支使下设有副使、判官)。他总结自己多年担任地方官员的经历,系统

---

　　①　王安石撰,魏晓虹解评:《王安石集》,山西古籍出版社2004年版。

提出变法主张。他指出,国家积弱积贫,经济困窘、社会风气败坏、国防安全堪忧,症结的根源在于为政者不懂得法度,解决的根本途径在于效法古圣先贤之道、改革制度,建议朝廷改革取士、重视人才。尽管宋仁宗并未采纳王安石的变法主张,但十年后,宋神宗拜王安石为相,他得以全面践行自己的政治主张。

上仁宗皇帝言事书

常恐天下之久不安。此其故何也? 患在不知法度故也

【原文】

臣愚不肖,蒙恩备使一路。今又蒙恩召还阙廷,有所任属,而当以使事归报陛下。不自知其无以称职,而敢缘使事之所及,冒言天下之事。伏惟陛下详思而择处其中,幸甚。

臣窃观陛下有恭俭之德,有聪明睿智之才,夙兴夜寐,无一日之懈,声色狗马,观游玩好之事,无纤介之蔽,而仁民爱物之意,孚于天下,而又公选天下之所愿以为辅相者,属之以事,而不贰于谗邪倾巧之臣,此虽二帝、三王之用心,不过如此而已,宜其家给人足,天下大治。而效不至于此,顾内则不能无以社稷为忧,外则不能无惧于夷狄,天下之财力日以困穷,而风俗日以衰坏,四方有志之士,愚愚然常恐天下之久不安。此其故何也? 患在不知法度故也。

【解读】

首先,出于礼仪,王安石表达了对仁宗皇帝信任自己的感谢,让自己担任一方主官(蒙恩备使一路)。路,北宋的行政区划,大致相当于现在的省。希望皇帝能够考虑自己的进言。随后对皇帝进行了一番必要的恭维,恭俭之德、聪明睿智之才、夙兴夜寐,不爱好声色狗马、仁民爱物,而又选贤任能,远离谗邪倾巧之臣,即便是二帝、三王也不过如此。照理说,应该天下大治啊。但是,国家还是面临很多问题,"顾内则不能无以社稷为忧,外则不能无惧于夷狄,天下之财力日以困穷,而风俗日以衰坏,四方有志之士,愚愚然常恐天下之久

不安"。造成这种状况的原因在于,治理者不知法度。

【原文】

今朝廷法严令具,无所不有,而臣以谓无法度者,何哉? 方今之法度,多不合乎先王之政故也。孟子曰:"有仁心仁闻,而泽不加于百姓者,为政不法于先王之道故也。"以孟子之说,观方今之失,正在于此而已。

夫以今之世,去先王之世远,所遭之变,所遇之势不一,而欲一二修先王之政,虽甚愚者,犹知其难也。然臣以谓今之失,患在不法先王之政者,以谓当法其意而已。夫二帝、三王,相去盖千有余载,一治一乱,其盛衰之时具矣。其所遭之变,所遇之势,亦各不同,其施设之方亦皆殊,而其为天下国家之意,本末先后,未尝不同也。臣故曰:当法其意而已。法其意,则吾所改易更革,不至乎倾骇天下之耳目,嚣天下之口,而固已合乎先王之政矣。

【解读】

尽管当今朝廷法严令具,但为何我又说没有法度呢? 原因在于当今的法度,不合于先王之法。王安石也意识到,先王之法距今已有千年,时代变化,形势不同,治国的方针政策也不一样,但是,治国的本末先后,并没有不同(其所遭之变,所遇之势,亦各不同,其施设之方亦皆殊,而其为天下国家之意,本末先后,未尝不同也)。因此,王安石并不是要照搬先王之法,而是要"法其意而已"(然臣以谓今之失,患在不法先王之政者,以谓当法其意而已)。王安石作为儒家学者,却又提出国家的问题在于缺乏法度。而法先王之意,其实是要施行仁政。这实际上意味着,法度和仁政可以并行不悖。

【原文】

虽然,以方今之势揆之,陛下虽欲改易更革天下之事,合于先王之意,其势必不能也。陛下有恭俭之德,有聪明睿智之才,有仁民爱物之意,诚加之意,则何为而不成,何欲而不得? 然而臣顾以谓陛下虽欲改易更革天下之事,合于先王之意,其势必不能者,何也? 以方今天下之才不足故也。

臣尝试窃观天下在位之人,未有乏于此时者也。夫人才乏于上,则有沈废伏匿在下,而不为当时所知者矣。臣又求之于闾巷草野之间,而亦未见其多焉。<u>岂非陶冶而成之者非其道而然乎?</u>臣以谓方今在位之人才不足者,以臣使事之所及,则可知矣。今以一路数千里之间,能推行朝廷之法令,知其所缓急,而一切能使民以修其职事者甚少,而不才苟简贪鄙之人,至不可胜数。其能讲先王之意以合当时之变者,盖阖郡之间,往往而绝也。朝廷每一令下,其意虽善,在位者犹不能推行,使膏泽加于民,而吏辄缘之为奸,以扰百姓。臣故曰:在位之人才不足,而草野闾巷之间,亦未见其多也。夫人才不足,则陛下虽欲改易更革天下之事,以合先王之意,大臣虽有能当陛下之意而欲领此者,九州之大,四海之远,孰能称陛下之指,以一二推行此,而人人蒙其施者乎?臣故曰:其势必未能也。孟子曰:"徒法不能以自行。"非此之谓乎?然则方今之急,在于人才而已。诚能使天下人才众多,然后在位之才可以择其人而取足焉。在位者得其才矣,然后稍视时势之可否,而因人情之患苦,变更天下之弊法,以趋先王之意,甚易也。今之天下,亦先王之天下,先王之时,人才尝众矣,何至于今而独不足乎?故曰:<u>陶冶而成之者,非其道故也。</u>

(略)。

【解读】

然而当今,即便皇帝想要法先王之法,重振法度,施行仁义,也势必不能。原因在于,没有人才(以方今天下之才不足故也)。古往今来,人才的缺乏,从来没有像当今这样严重。以往如果朝廷之上缺乏人才,那么人才一定潜藏在民间,只是没有被发现(夫人才乏于上,则有沈废伏匿在下,而不为当时所知者矣)。然而,我在闾巷草野之间寻访人才,也没有发现多少(臣又求之于闾巷草野之间,而亦未见其多焉)。我根据多年的工作经历,认为是现在培养人才的方法不对(岂非陶冶而成之者非其道而然乎)。在一路之间,能够良好推行朝廷法令,知道轻重缓急,并且能够合理使用百姓,履行自己职责的官员很少。那些贪污舞弊的官员倒是数不胜数(今以一路数千里之间,能推行朝廷之法令,知其所缓急,而一切能使民以修其职事者甚少,而不才苟简贪鄙之人,至不可胜数)。能以合乎先王之意的方式管理地方的官员则根本没有。朝廷法令的本意很好,但地方官员推行不力,甚至狼狈为奸、侵扰百姓(朝廷每一令下,其意虽善,在位者犹不能推行,使膏泽加于民,而吏辄缘之为奸,以扰百姓)。

孟子也说过:仅有善良是不能从政的,仅有法令是不能自然行使的(《孟子·离娄上》:"徒善不足以为政,徒法不能以自行")。法令是依靠人去推动的。因此,当今最为紧迫的,在于人才的缺乏。那么,为什么会缺乏人才呢,天下还是以前的那个天下,为什么独独在今天就缺乏人才呢? 原因在于,培养人才的方法不对(陶冶而成之者,非其道故也。)

王安石认为当时缺乏人才,但笔者认为,一个基本的假设应该是,任何时代都不乏人才,只不过人才没有被发现、没有被使用,或者人才与人才之间不能齐心协力,内耗严重。事实上,王安石(1021—1086)时代人才辈出,仅被世人熟知的就有范仲淹(989—1052)、富弼(1004—1083)、欧阳修(1007—1072)、韩琦(1008—1075)、司马光(1019—1086)、苏轼(1037—1101)等。尽管王安石拜相后获得了施展政治抱负、变法革新的机会,也起用了如吕惠卿、章敦、蔡确、曾布、吕嘉问、沈括、薛向等一干治世能臣,但由于神宗皇帝的反复,王安石自己的性格缺陷,司马光、苏轼、韩琦等大臣的反对,以及变法执行过程本身的问题等诸多方面的原因,导致王安石变法最终失败。因此,政治治理是一个系统性工程,影响治理绩效和政治成败的因素是多方面的,只有对这些因素进行通盘考虑,正确地进行排序并加以解决,再加上各种外部条件和机遇的配合,才能够实现政治变革和社会发展。

第十八篇　与王介甫书^①

司马光（1019—1086），字君实，号迂叟，汉族，陕州夏县（今山西夏县）涑水乡人，世称涑水先生。北宋政治家、史学家、文学家。宋仁宗宝元元年（1038），司马光登进士第，累进龙图阁直学士。宋神宗时，因与王安石政见不和，反对变法，离开朝廷十五年，期间主持编纂了中国历史上第一部编年体通史《资治通鉴》。历仕仁宗、英宗、神宗、哲宗四朝，卒赠太师、温国公，谥文正，为人温良谦恭、刚正不阿，做事用功刻苦、勤奋。以"日力不足，继之以夜"自诩，其人格堪称儒学教化下的典范，历来受人景仰。

《与王介甫书》是司马光反对变法的代表作，是他政治思想的集中展现，作于王安石变法的第二年（1070）。司马光与王安石，都具有博大精深的学识、光明磊落的人格、丰富的政治经验，但为什么他们在政治上又寸步不让，甚至发展成为势不两立的政敌？到底应该如何评价司马光和王安石变法？选择本篇的目的，正在于一窥两人的分歧。

与王介甫书

常人皆知其不可，而介甫独以为可

【原文】

光居尝无事，不敢涉两府之门，以是久不得通名于将命者。春暖，伏惟机

---

① 司马光：《温国文正司马公文集》，商务印书馆 2001 年版。

政余裕，台候万福。孔子曰："*益者三友，损者三友。*"光不材，不足以辱介甫为友，然自接待以来，十有余年，屡尝同僚，亦不可谓之无一日之雅也。虽愧多闻，至于直谅，不敢不勉，若乃便辟、善柔、便佞，则固不敢为也。孔子曰："*君子和而不同，小人同而不和。*"*君子之道，出处语默，安可同也？ 然其志则皆欲立身行道、辅世养民，此其所以和也。*

【解读】

　　两府三司为宋代最高的政府部门。掌管政务的中书、门下（政事堂、东府）和掌管军事的枢密院（西府）共同行使行政权，并称"两府"，为当时最高政务机关，中书和门下的长官即"同中书门下平章事"和"参知政事"，相当于正副宰相，行使宰相职权，枢密院的长官即枢密使，行使军事权，地位略低于宰相。盐铁、户部、度支为三司，其长官称"三司使"，掌管统筹国家财政之事。宋神宗熙宁二年（1069），宋神宗任命王安石为参知政事，始行变法。

　　司马光从朋友入手，拉近自己同王安石的距离，谦虚地说"不足以辱介甫为友"。"益者三友，损者三友。友直，友谅，友多闻，益矣。友便辟，友善柔，友便佞，损矣"，语出《论语·季氏》。正直、诚信、多闻，是好朋友的三种品质。便辟（走歪门邪道）、善柔（和颜悦色骗人）、便佞（佞 nìng，通佞，花言巧语），是坏朋友的三种品质。司马光自谦自己尽管做不到三益，但更谈不上三损。他和王安石是"君子和而不同，小人同而不和"，语出《论语·子路》。出处语默，《易·系辞上》："君子之道，或出或处，或默或语。"君子会面临各种不同的境遇，有不同的想法，但都是为了立身行道、辅世养民，这是君子的共同目标（君子之道，出处语默，安可同也？ 然其志则皆欲立身行道、辅世养民，此其所以和也）。

　　司马光和王安石曾多次并长期共事，宋仁宗至和元年（1054），两人曾在群牧司任群牧判官，主管马政，同为群牧使包拯的部属；嘉祐四年（1059）至五年，王安石任三司度支判官，司马光任度支员外郎判勾院，二人同官，并兼任馆职，王安石直集贤院，司马光直秘阁；嘉祐六年至七年，王安石任知制诰同管勾三班院，司马光任知制诰接着知谏院。在这段时间，两人没有太大的政见分歧,感情甚笃,加上同期在朝的韩维,吕公著,时人称嘉祐四友。

【原文】

　　曩者与介甫议论朝廷事,数相违戾,未知介甫之察不察? 然于光向慕之心,未始变移也。<u>窃见介甫独负天下大名三十余年,才高而学富,难进而易退,远近之士,识与不识,咸谓介甫不起而已,起则太平可立致,生民咸被其泽矣。</u>天子用此起介甫于不可起之中,引参大政,岂非亦欲望众人之所望于介甫邪? <u>今介甫从政始期年,而士大夫在朝廷及自四方来者,莫不非议介甫,如出一口,至闾阎细民小吏走卒,亦窃窃怨叹,人人归咎于介甫,不知介甫亦尝闻其言,而知其故乎?</u> 光窃意门下之士,方日誉盛德而赞功业,未始有一人敢以此闻达于左右者也。非门下之士,则皆曰彼方得君而专政,无为触之以取祸,不若坐而待之,不过二三年,彼将自败。若是者不唯不忠于介甫,亦不忠于朝廷,若介甫果信此志,推而行之,及二三年,则朝廷之患已深矣,安可救乎? 如光则不然,忝备交游之末,不敢苟避谴怒,不为介甫一一陈之。

【解读】

　　司马光对王安石试图以情动人,我与你议论朝政,经常观点不合,你知道吗? 但我对你的仰慕,却从来未变(曩者与介甫议论朝廷事,数相违戾,未知介甫之察不察? 然于光向慕之心,未始变移也)。你独负天下大名三十余年,才高而学富,难进而易退。不管认不认识你的人,都说你不被皇帝起用则已,只要起用,则可以实现天下太平,百姓都可以享受到你带来的恩泽(窃见介甫独负天下大名三十余年,才高而学富,难进而易退,远近之士,识与不识,咸谓介甫不起而已,起则太平可立致,生民咸被其泽矣)。然而,自变法以来,士大夫乃至闾阎细民小吏走卒,都在窃窃私语,抱怨你的新政,你知道吗? (今介甫从政始期年,而士大夫在朝廷及自四方来者,莫不非议介甫,如出一口,至闾阎细民小吏走卒,亦窃窃怨叹,人人归咎于介甫,不知介甫亦尝闻其言,而知其故乎?)你自己的下属,只会歌功颂德,不敢对你说实话。其他人,也说你只是暂时得到皇帝的信任,二三年就会自取其祸。这样的说法,不但不忠于你,也不忠于朝廷。你的新政照这样推行二三年,国家的祸患就更深了。只有我司马光作为你的诤友,不怕惹怒你,试着为你一一分析。

【原文】

今天下之人,恶介甫之甚者,其诋毁无所不至,光独知其不然。介甫固大贤,其失在于用心太过、自信太厚而已。何以言之?自古圣贤所以治国者,不过使百官各称其职,委任而责成功也;其所以养民者,不过轻租税、薄赋敛,已逋责也。介甫以为此皆腐儒之常谈,不足为思得古人所未尝为者而为之,于是财利不以委三司而自治之,更立制置三司条例司,聚文章之士及晓财利之人,使之讲利。孔子曰:"君子喻于义,小人喻于利。"樊须请学稼,孔子犹鄙之,以为不如礼义信,况讲商贾之末利乎?使彼诚君子邪,则固不能言利;彼诚小人邪,则惟民是虐,以饫上之欲,又可从乎?是知条例一司已不当置而置之,又于其中不次用人,往往暴得美官。于是言利之人,皆攘臂圜视,炫鬻争进,各斗智巧以变更祖宗旧法,大抵所利不能补其所伤,所得不能偿其所亡,徒欲别出新意,以自为功名耳,此其为害已甚矣。又置提举常平广惠仓使者四十余人,使行新法于四方。先散青苗钱,次欲使比户出助役钱,次又欲更搜求农田水利而行之。所遣者虽皆选择才俊,然其中亦有轻佻狂躁之人,陵轹州县,骚扰百姓者。于是士大夫不服,农商丧业,谤议沸腾,怨嗟盈路,迹其本原,咸以此也。《书》曰:"民不静,亦惟在王宫邦君室。"伊尹为阿衡,有一夫不获其所,若己推而内之沟中。孔子曰"君子求诸己",介甫亦当自思所以致其然者,不可专罪天下之人也。

【解读】

当今天下人对你的诋毁,无所不用其极。但我认为他们并不正确。我认为你的问题,在于用心太过、自信太厚(介甫固大贤,其失在于用心太过、自信太厚而已)。自古圣贤治国,就是让官员各负其职、委任问责,让百姓轻徭薄赋。但你认为这是腐儒的老生常谈,因此要做一些古人没有做过的事(介甫以为此皆腐儒之常谈,不足为思得古人所未尝为者而为之)。在财政问题上,你废除了三司,设立制置三司条例司,汇聚了一些文章之士及言利之人,鼓励他们追求利益（介甫以为此皆腐儒之常谈，不足为思得古人所未尝为者而为之，于是财利不以委三司而自治之，更立制置三司条例司，聚文章之士及晓财利之人，使之讲利）。孔子说，"君子喻于义，小人喻于利。"这是舍本逐末啊！其次，你用人不当，那些言利之人，变着法子变更祖宗旧法，以此作为自己的功绩。你又任命一些官员去地方上推行新法，收取青苗钱、助役钱、农田水利钱。尽管这些人大多都是才俊，但其中难免有轻佻狂躁之人，骚扰地方和百姓，导致民怨沸腾。你要反省一下自己，不能仅仅说天下人的不对（介甫亦当自思所以致其然者，不可专罪天下之人也）。

王安石变法的内容广泛。熙宁二年（1069）二月，宋神宗任命王安石为参知政事（副宰相）。为指导变法的实施，王安石设立制置三司条例司，统筹财政；同年四月，遣人察诸路农田、水利、赋役；七月，立淮浙江湖六路均输法；九月，立青苗法；十一月，颁农田水利条约。熙宁三年（1070），颁布募役法、保甲法。熙宁四年（1071），颁布方田均税法，改革科举制度；熙宁五年（1072）三月，颁行市易法。熙宁六年（1073）七月，颁行免行法。

这些变法的本意尽管良善，但推行过快，在执行过程中也遇到许多问题。大致而言，变法者固然要有变法的决心和勇气，也需要有对社会现实问题的准确判断和正确的实施方案，还需要考虑其他官员、政治对手和普通民众的接受程度，以及实施过程中可能遇到的各种意想不到的困难。这些复杂因素共同决定了变法的成败。王安石有变法的勇气和决心，但对其他诸多因素的考虑，尤其是中下级官员在对新法的实施过程中的细节问题，以及由此导致的民众的抵触和反对考虑不周。司马光对王安石的评价，用心太过、自信太厚，还是非常准确的。

【原文】

夫侵官乱政也，介甫更以为治术而先施之；贷息钱，鄙事也，介甫更以为王政而力行之；徭役自古皆从民出，介甫更欲敛民钱，雇市佣而使之。此三者，常人皆知其不可，而介甫独以为可，非介甫之智不及常人也，直欲求非常之功，而忽常人之所知耳。夫皇极之道，施之于天地，人皆不可须臾离，故孔子曰："道之不明也，我知之矣，知者过之，愚者不及也。道之不行也，我知之矣，贤者过之,不肖者不及也。"介甫之智与贤皆过人,及其失也,乃与不及之患均,此光所谓用心太过者也。

(略)。

【解读】

司马光认为,王安石变法的过失有三。过失一,侵官乱政,你为了达到目的,不顾各级官员的反对,强行实施(夫侵官乱政也,介甫更以为治术而先施之)。过失二,贷款收息,这是粗鄙之事,但你认为这是王政而强力推行(贷息钱,鄙事也,介甫更以为王政而力行之)。过失三,徭役自古都是由民众承担,你却要收取钱财,在市场上雇佣民夫(徭役自古皆从民出,介甫更欲敛民钱,雇市佣而使之)。这三点,正常人都认为不行,你偏偏认为行。不是你的智力不及常人,而是你要追求非常之功,就忽视了常人应具有的常识(此三者,常人皆知其不可,而介甫独以为可,非介甫之智不及常人也,直欲求非常之功,而忽常人之所知耳)。皇极之道,人一刻也离不开。所谓皇极之道,司马光并未解释,可能是指治理天下的大道。你的智慧与贤德都超过常人,但之所以有过失,就在于我所说的用心太过。

司马光的批评有其合理与不合理之处。合理之处在于,新政的推行,应该尽可能地得到官员和民众的理解和认同。没有这种认同而强行推行,也有可能获得成功,前提是官员和民众能够逐渐发现新政的好处,适应和习惯新政,否则新政就可能归于失败。因此,侵官乱政是存在的,但事实上,任何变革都是某种程度的侵官乱政。王安石确实过于着急,用心太过。司马光批评的不合理之处在于,贷款收息,钱财利益,不应被视为鄙事,义利并不矛盾。向希望免除劳役的人收取钱财,在市场上雇佣劳役,这是一种务实的做法、市场的做法、现代的做法、超前的做法,并不必然错误。皇极之道,治理天下的大道,其原则也许亘古不变,但它的具体做法却可以千差万别。

【原文】

介甫素刚直,每议事于人主前,如与朋友争辩于私室,不少降辞气,视斧钺

<u>鼎镬无如也</u>。及宾客僚属谒见论事，则唯希意迎合、曲从如流者，亲而礼之；或所见小异、微言新令之不便者，介甫则艴然如怒，或诟詈以辱之，或言于上而逐之，不待其辞之毕也。明主宽容如此，而介甫拒谏乃尔，无乃不足于恕乎？昔王子雍方于事上，而好下佞己，介甫不幸也近是乎？此光所谓自信太厚者也。

（略）。

【解读】

你的个性过于刚直。每当和其他大臣在皇帝面前讨论政事，你就像是和朋友在私下里辩论一样，没有一点点的婉转屈服，无视斧钺鼎镬（介甫素刚直，每议事于人主前，如与朋友争辩于私室，不少降辞气，视斧钺鼎镬无如也）。而当宾客下级拜见你讨论政事，只要迎合你，对你胃口，你就亲而礼之，一旦与你意见相左，你就勃然大怒，要么辱骂，要么罢官，根本不让对方讲完（及宾客僚属谒见论事，则唯希意迎合、曲从如流者，亲而礼之；或所见小异、微言新令之不便者，介甫则艴然如怒，或诟詈以辱之，或言于上而逐之，不待其辞之毕也）。贤明的皇帝都要宽容，你却如此拒谏，这是忠恕之道吗？这就是我说的你自信太厚啊！

历史学家考证，王安石的性格确实过于刚直，甚至可以说是刚愎自用，听不进下属或者同僚的不同意见。他智商过人，但情商也许堪忧。这既是一种优点，也是一种缺点。自古以来，成大事者，必须有一种执着乃至偏执的精神。如果其他条件具备，这种执着和偏执就可能导向成功，反之则是失败。然而，执着或者偏执，不等同于刚愎自用，刚愎自用意味着拒绝听取别人的意见，而执着和偏执，则是建立在对所有信息充分掌握基础上的自信和坚持。这种性格上的特点或者缺点，就可能导致自信太厚，没有看到或者拒绝承认新法的缺点，或者即使看到，也认为瑕不掩瑜。这是一种认知和判断上的不足。这种不足，存在于每一个人的身上。而作为公共管理者或者当政者，就最需要避免刚愎自用，兼听则明，偏听则暗。

第十九篇　答司马谏议书

《答司马谏议书》是王安石对司马光的《与王介甫书》的回信,作于王安石变法的第二年(1070)。针对司马光对变法导致的"侵官、生事、征利、拒谏、致怨"的指责,王安石进行了有理有据的解释和批驳,展现了王安石作为改革家的为国为民的高风亮节,以及为推行改革不计个人安危的决心和勇气。文章短小精焊,论点鲜明,逻辑严密,充分反映了王安石的个性和文风,是中国文学史和政治史上的名篇。

答司马谏议书

至于怨诽之多,则固前知其如此也

【原文】

某启:昨日蒙教,窃以为与君实游处相好之日久,而议事每不合,所操之术多异故也。虽欲强聒,终必不蒙见察,故略上报,不复一一自辨。重念蒙君实视遇厚,于反复不宜卤莽,故今具道所以,冀君实或见恕也。

盖儒者所争,尤在名实,名实已明,而天下之理得矣。今君实所以见教者,以为侵官、生事、征利、拒谏,以致天下怨谤也。某则以为受命于人主,议法度而修之于朝廷,以授之于有司,不为侵官;举先王之政,以兴利除弊,不为生事;为天下理财,不为征利;辟邪说,难壬人,不为拒谏。至于怨诽之多,则固前知其如此也。人习于苟且非一日,士大夫多以不恤国事、同俗自媚于众为善,上

337

乃欲变此,而某不量敌之众寡,欲出力助上以抗之,则众何为而不汹汹然? 盘庚之迁,胥怨者民也,非特朝廷士大夫而已。盘庚不为怨者故改其度,度义而后动,是而不见可悔故也。如君实责我以在位久,未能助上大有为,以膏泽斯民,则某知罪矣;如曰今日当一切不事事,守前所为而已,则非某之所敢知。

无由会晤,不任区区向往之至。

【解读】

中国是礼仪之邦,王安石、司马光均是时代之大家,书信自然以谦逊之言开始。我与您相交相知已经很久了,但是观点政见总是不一致,原因在于我们的理念方法不一样(昨日蒙教,窃以为与君实游处相好之日久,而议事每不合,所操之术多异故也)。与其反复说教,也不能被您所理解,所以就不反复申辩了。

我们儒家所争论的,就在于名实。明白了名实,就明白了天下的道理。您今天指责我的,是侵官、生事、征利、拒谏,以致天下怨谤。但是我认为,我受命于君,在朝堂上公开讨论政务,并交由政府执行,这不是侵官(受命于人主,议法度而修之于朝廷,以授之于有司,不为侵官)。我是重立先王的良政,兴利除弊,不是无事生事(举先王之政,以兴利除弊,不为生事)。我是为天下理财,也不是(为了私人)征利(为天下理财,不为征利)。我是排斥错误的言论,罢黜奸人,不是拒谏(辟邪说,难壬人,不为拒谏)。至于民间和朝堂上的埋怨和毁谤,我早已知道一定会如此的(至于怨诽之多,则固前知其如此也)。原因在于,普通人习惯于浑浑噩噩的苟且生活已经不是一天两天了,官员士大夫也不是为国为民,而是安于现状、苟且偷生(人习于苟且非一日,士大夫多以不恤国事、同俗自媚于众为善)。当今皇上想要改变这种状况,而我自不量力,想要以我一人对抗改变大众,大众怎么会不气势汹汹、怨谤于我呢(上乃欲变此,而某不量敌之众寡,欲出力助上以抗之,则众何为而不汹汹然)?当年盘庚迁都的时候,抱怨的人是民众,而不仅仅是朝廷上的士大夫。但盘庚并不为所动,还是坚持他的做法。如果您责怪我占在这个位置上,没有帮助皇上大有作为,为民谋利,那么我承认我做得不够。但如果您认为我不应该改革,而应该因循旧制,那么我就不敢认同了(如君实责我以在位久,未能助上大有为,以膏泽斯民,则某知罪矣;如日今日当一切不事事,守前所为而已,则非某之所敢知)。

毋庸置疑,王安石、司马光均不是专为一己私利的小人,他们之间的分歧,确属政见的分歧、理念的分歧(操之术多异故也),也是一种价值观的分歧。这种分歧,在日常生活和现代社会中也非常常见。相对于利益的纷争而言,这种价值观的矛盾更加难以消除。即所谓,道不同不相为谋。要消除这种分歧,需要双方进行充分的沟通、交流、对话、协商,使得双方都能够尊重和理解对方的立场和价值观。当然,如果能够提供更多的有关侵官、生事、征利、拒谏、致怨的证据,例如,对官员、民众进行的社会调查,那么也可以帮助双方理解对方的观点,减少矛盾和分歧。

王安石在此还谈到改革中的一个至关重要的问题:不能盲目顺应民意和官意。因为普通人甚至普通官员都安于现状,习惯苟且,改革者要改变这种状况,就是要改变天下人的习惯,就要和天下人作对,必然遭到民意的反对甚至毁谤(人习于苟且非一日,士大夫多以不恤国事、同俗自媚于众为善)。另一位改革家商鞅在《更法》篇中也说过:"常人安于故习,学者溺于所闻"。还有一位改革家张居正也说过:"夫天下之事,虑之贵详,行之贵力,谋在于众,断在于独"。在决断的时候,要独立(独裁)决断。这些观点,其实都反映了改革和民意之间的复杂关系。改革者通常处在时代的前沿,能够看到时代发展的方向,引领时代的变革,他们的观念和政策,在开始阶段往往难以得到民众和普通官员的支持。在改革的开始阶段,普通官员和民众往往不能感受到改革所带来的好处,如果改革者不能克服困难推进改革,那么改革就会失败。当然,在现代社会,这一方面要求改革者有高瞻远瞩的眼光,排除万难的决心和手段,更要求改革者和政府加强和民众的沟通,充分地向民众解释改革及其政策的目的、意义和效果,增进民众对改革和政策的认知、理解和支持。

第二十篇　陈六事疏①

　　《陈六事疏》,是明朝隆庆二年(1568),时任内阁大学士的张居正上书隆庆皇帝的一篇奏疏。文章针对正德、嘉靖两朝以来的官场积弊进行了系统地分析,并提出了自己的政策主张。本奏疏成为数年后张居正担任内阁首辅实施变法改革的施政蓝本,集中反映了张居正的政治理念。六事,指的是省议论、振纲纪、重诏令、核名实、固邦本、饬武备。其中,在省议论中,张居正写道:"臣闻天下之事,虑之贵详,行之贵力,谋在于众,断在于独",这一段话成为治道经典,具有深刻的思想内涵和现实意义。

　　张居正(1525—1582),字叔大,号太岳,幼名张白圭,湖广荆州卫(今湖北省荆州市)人,生于江陵县(今属荆州),故时人又称"张江陵"。明朝中后期政治家、改革家,万历时期的内阁首辅,辅佐明神宗万历皇帝朱翊钧(1563—1620)开创"万历新政",史称"张居正改革"。具体包括:财政上清仗田地,推行"一条鞭法",总括赋、役,皆以银缴,"太仓粟可支十年,周寺积金,至四百余万";军事上起用戚继光、李成梁等名将镇守北边,凌云翼、殷正茂等平定西南叛乱;吏治上采取"考成法",考核各级官吏,"虽万里外,朝下而夕奉行",政体为之肃然。但他在政治上打击异己,文化上禁毁民间书院,后期生活奢靡,引发朝野非议。万历十年(1582),张居正卒,享年58岁,赠勋上柱国,谥文忠。但去世后一年内即被神宗抄家清算,几遭开棺戮尸,家人或饿死或流放。天启二年(1622),熹宗为张居正复官复荫。著有《张太岳集》《书经直解》《帝鉴图说》等。

---

　　① 张居正:《张居正集》,张舜徽主编,荆楚书社1987年版。

陈 六 事 疏

天下之事,虑之贵详,行之贵力,谋在于众,断在于独

【原文】

　　闻帝王之治天下,有大本,有急务;正心修身,建极以为臣民之表率者,图治之大本也;审几度势,更化宜民者,救时之急务也。大本虽立,而不能更化以善治,譬之琴瑟不调,不解而更张之,不可鼓也。恭惟我皇上,践祚以来,正身修德,讲学勤政,惓惓以敬天法祖为心,以节财爱民为务:图治之大本,即以立矣。但近来风俗人情,积习生弊,有颓靡不振之渐,有积重难反之几,若不稍加改易,恐无以新天下之耳目,一天下之心志。臣不揣愚陋,日夜思惟,谨就今时之所宜者,条为六事,开款上请,用备圣明采择。臣又自惟,幸得以经术,遭逢圣主,备位辅弼,朝夕与同事诸臣,寅恭谐协,凡有所见,自可随事纳忠,似不必更有建白。但臣之愚昧,窃见皇上有必为之志,而渊衷静默,臣下莫能仰窥;天下有愿治之心,而旧习因仍,趋向未知所适。故敢不避形迹,披沥上陈,期于宣昭主德而齐一众志,非有他也。伏乞圣慈垂鉴,俯赐施行,天下幸甚,臣愚幸甚。计开:

【解读】

　　帝王治理天下,有重大根本的事务,也有需要随时处理的急务。正心修身,追求完美,以成为臣民的表率,这是治道的根本;审时度势,随机应变,变革政策,救助百姓,这是需要随时应对的急务(闻帝王之治天下,有大本,有急务;正心修身,建极以为臣民之表率者,图治之大本也;审几度势,更化宜民者,救时之急务也)。当今皇上,励精图治,正身修德,讲学勤政,大本已经树立,但是一些急务还需要改革完善,共有六事,希望皇帝考虑(臣不揣愚陋,日夜思惟,谨就今时之所宜者,条为六事,开款上请,用备圣明采择)。

　　张居正区分了治国理政的大本和急务,这两者都非常重要,但在具体的时

间和空间,它们的重要程度和应该采取的措施是不同的。大本,是治国理政的根本,是稳定的,不会随意变动,需要君臣长期坚持,不可能在一朝一夕就完成。急务,是一些具体的常规性政策措施,需要不断地调整完善。如果急务不能灵活调整,更化以善治,那么大本也会逐渐受到侵害。由此可见,张居正是一位务实的政治家。理想主义者往往只看到大本,而忽视急务,认为只要有了良善的大本,就可以自然实现善治。现实主义者则往往只看到急务,为了急务甚至可以牺牲大本,在无数的急务中逐渐背离大本,这同样违背了善治的精神。

【原文】

一、省议论

臣闻天下之事,虑之贵详,行之贵力,谋在于众,断在于独。汉臣申公云:"为治不在多言,顾力行如何耳。"臣窃见顷年以来,朝廷之间,议论太多,或一事而甲可乙否,或一人而朝由暮跖,或前后不觉背驰,或毁誉自为矛盾,是非淆于唇吻,用舍决于爱憎,政多分更,事无统纪。又每见督抚等官,初到地方,即例有条陈一疏,或漫言数事,或更置数官,文藻兢工,览者每为所眩,不曰"此人有才",即曰"此人任事"。其实莅位之始,地方利病,岂尽周之? 属官贤否,岂能洞察? 不过采听于众口耳。读其辞藻,虽若灿然,究其指归,芒未有效。此其久也,或并其自言者而忘之矣。即如昨年,皇上以虏贼内犯,特敕廷臣,集议防虏之策。当其时,众言盈庭,群策毕举,今又将一年矣,其所言者,果尽举行否乎? 其所行者,果有实效否乎? 又如蓟镇之事,初建议者曰"吾欲云云",当事者亦曰"吾欲云云",曾无几何,而将不相能,士哗于伍,异论繁兴,讹言踵至,于是议罢练兵者,又纷纷矣。

臣窃以为事无全利,亦无全害,人有所长,亦有所短,要在权利害之多寡,酌长短之所宜,委任责成,庶克有济。今始则计虑未详,既以人言而遽行,终则执守靡定,又以人言而遽止,加之爱恶交攻,意见横出,谗言微中,飞语流传,寻之莫究其端,听者不胜其眩,是以人怀疑贰,动见诪张,虚旷岁时,成功难睹。语曰,"多指乱视,多言乱听!"此最当今大患也。伏望皇上自今以后,励精治

理,主宰化机,扫无用之虚词,求躬行之实效。<u>欲为一事,须审之于初,务求停</u>
<u>当,及计虑已审,即断而行之,如唐宪宗之讨淮蔡,虽百方阻之,而终不为之摇。</u>
<u>欲用一人,须慎之于始,务求相应,既得其人,则信而任之,如魏文侯之用乐羊,</u>
<u>虽谤书盈箧,而终不为之动。</u>再乞天语,叮咛部院等衙门,今后各宜仰体朝廷
省事尚实之意,一切奏章,务从简切,是非可否,明白直陈,毋得彼此推诿,徒托
空言。其大小臣工,亦各宜秉公持正,以诚心直道相与,以勉修职业为务,反薄
归厚,尚质省文,庶治理可兴,而风俗可变也。伏乞圣裁。

(略)。

【解读】

天下的事情,考虑的时候贵在周详,行动的时候贵在力行,谋划的时候贵
在集思广益,决断的时候贵在独立自主(臣闻天下之事,虑之贵详,行之贵力,
谋在于众,断在于独)。近些年来,朝廷政事,议论太多,力行太少。一件事
情,甲说可以,乙说不可以;一个人物,早晨说他是许由,晚上说他是盗跖(或
一事而甲可乙否,或一人而朝由暮跖),前后背驰,毁誉矛盾,是非混淆,官员
起用与否取决于上级的爱憎,政出多门,事无统领(或前后不觉背驰,或毁誉
自为矛盾,是非淆于唇吻,用舍决于爱憎,政多分更,事无统纪)。督抚官员,
刚刚上任,按例就要上书条陈,要么随意谈论几件事情,要么调动几位官员,文
章的辞藻工整华丽,炫人眼目,上级要么说此官有才,要么说此官努力。其实
刚刚上任,地方的问题弊病,怎么可能一下就能明了解决,地方的下属官员,怎
么可能一下就能洞察贤能与否。不过就是道听途说而已。辞藻虽然华丽,终
归无用(其实莅位之始,地方利病,岂尽周之? 属官贤否,岂能洞察? 不过采
听于众口耳。读其辞藻,虽若灿然,究其指归,芒未有效)。

任何一件事情,既不可能全部都好,也不可能全部都坏;任何一个人,既有
所长,也有所短。重要的是,要去权衡计算利与害的多少,长与短的相宜,再明
确官员的任务和责任,才能够有所实效(臣窃以为事无全利,亦无全害,人有
所长,亦有所短,要在权利害之多寡,酌长短之所宜,委任责成,庶克有济)。
现在的问题是,一开始考虑不周,有人建言就骤然开始行动,但又不能坚定推

进,有人反对又骤然停止,赞同的意见、反对的意见交织,各种意见、流言、飞语满天,根本无法找到这些言论的根源,听者无不头晕目眩,很难见到成功。皇帝想要励精图治,就要乾纲独断,扫除无用的虚言,追求力行和实效(伏望皇上自今以后,励精治理,主宰化机,扫无用之虚词,求躬行之实效)。要做一件事情,开始时要仔细谋划,一旦决断,就要身体力行,即使面临各方阻挠,也不能为之动摇;要用一个人才,开始时要慎之又慎,全面考察,一旦决定任用,就必须信任他授权他,即使收到诽谤批评他的书信奏章有一箩筐,也不能为之所动(欲为一事,须审之于初,务求停当,及计虑已审,即断而行之,如唐宪宗之讨淮蔡,虽百方阻之,而终不为之摇。欲用一人,须慎之于始,务求相应,既得其人,则信而任之,如魏文侯之用乐羊,虽谤书盈箧,而终不为之动)。然后要求各部门衙门,让他们明白朝廷追求精简实效,大小臣工秉公持正,只有这样,才能够实现天下大治。

这一段论述清晰展示了张居正的性格特点和施政风格,论证了他的"天下之事,虑之贵详,行之贵力,谋在于众,断在于独"的观点,历代著名改革家如商鞅、王安石等都具有相似的特点和风格。任何改革或任何政策,都不可能得到全体民众和官员的一致支持,甚至有可能无法得到大多数人的支持,在这种情况下,改革者如果前期进行了充分的谋划(虑之贵详,谋在于众),充分考虑了改革的目的和后果,那么就应该坚定地推行(行之贵力),同时也应该清楚,这也将自己置于危险的境地。张居正禁毁民间书院,将自己置于天下读书人的对立面;推行考成法,将自己置于大多数官员的对立面,这正是他践行自己政治理念的做法。这充分说明,改革中的度,是非常难以把握的。海瑞评价张居正"工于谋国,拙于谋身",其实是对张居正的误解。张居正精于权谋,他的所作所为并非拙于谋身,而是忠于他自己的政治信仰,力行自己认为正确的事情,尽管他认为正确的事情未必真正正确。这也反映了成功的政治家应在虑之贵详、谋在于众,与行之贵力、断在于独之间保持平衡。

第二十一篇　传习录^①

　　《传习录》是明代哲学家王阳明的语录、论文、书信的简集,包含了王阳明心学的主要哲学思想。传习一词,源于论语中的"传不习乎"。心学,是先秦儒学在宋明时期的继承和延续,宋周敦颐、程颐、程颢、朱熹继承儒学传统,并将之发展成为程朱理学,亦称道学,朱熹是理学的集大成者。与朱熹同时代的陆九渊则开创心学,与朱熹就理的本质、来源、认知等问题展开辩论。南宋淳熙二年(1175),朱熹与陆九渊在信州(今江西上饶市铅山县鹅湖镇)鹅湖寺举行了一次著名的哲学辩论会,由吕祖谦邀集,意图调和朱熹和陆九渊两派争执,史称鹅湖之会,被誉为中国哲学史上一次堪称典范的学术讨论会。王阳明继承并发扬了陆九渊的心学传统,成为有明以来心学的集大成者。至此心学亦称陆王心学,或专称阳明心学,学派主旨"心即理""致良知""知行合一",学术思想传至日本、朝鲜半岛以及东南亚,弟子极众,世称姚江学派。近代诸多名人大家如毛泽东、蒋介石以及日本政治家西乡隆盛、海军大将东乡平八郎等均深受王阳明及其心学影响,东乡平八郎自称"一生伏首拜阳明"。蒋介石败退台湾后,亦将台北近郊的草山更名为"阳明山"。

　　王阳明(1472—1529),本名王守仁,汉族,幼名云,字伯安,别号阳明,浙江绍兴府余姚县(今属宁波余姚)人,因曾筑室于会稽山阳明洞,自号阳明子,时人称之为阳明先生,明代著名的思想家、文学家、哲学家和军事家,精通儒家、道家、佛家。明弘治十二年(1499)进士,历任刑部主事、贵州龙场驿丞、庐

---

① 王阳明著,张怀承注译:《传习录》,岳麓书社 2003 年版。

陵知县、右佥都御史、南赣巡抚、两广总督等职,晚年官至南京兵部尚书、都察院左都御史。因平定宸濠之乱而被封为新建伯,隆庆年间追赠新建侯。谥文成,故后人又称王文成公。王阳明(心学集大成者)与孔子(儒学创始人)、孟子(儒学集大成者)、朱熹(理学集大成者)并称为孔、孟、朱、王。

王阳明一生著述不多。隆庆六年(1572),浙江巡抚谢廷杰汇集其著作刊为《王文成公全书》三十八卷。第一至三卷为《传习录》,是王阳明在教习弟子时的语录,包括重要的学术书信往来,由弟子徐爱编撰整理。四卷之后,均为其书、序、记、说、杂著、奏疏等;第三十二至三十八卷为其弟子及时人所撰年谱等资料。

传习录

知是行的主意,行是知的功夫。知是行之始,行是知之成

【原文】

徐爱引言

先生于大学格物诸说,悉以旧本为正,盖先儒所谓误本者也。爱始闻而骇,既而疑,已而殚精竭思。参互错综,以质于先生,然后知先生之说,若水之寒,若火之热,断断乎百世以俟圣人而不惑者也。先生明睿天授,然和乐坦易,不事边幅。人见其少时豪迈不羁,又尝泛滥于词章,出入二氏之学。骤闻是说,皆目以为立异好奇,漫不省究。不知先生居夷三载,处困养静精一之功,固已超入圣域,粹然大中至正之归矣。爱朝夕炙门下,但见先生之道,即之若易,而仰之愈高。见之若粗,而探之愈精。就之若近,而造之愈益无穷。十余年来,竟未能窥其藩篱。世之君子,或与先生仅交一面,或犹未闻其馨欬,或先怀忽易愤激之心,而遽欲于立谈之间、传闻之说,臆断悬度。如之何其可得也?从游之士,闻先生之教,往往得一而遗二。见其牝牡骊黄,而弃其所谓千里者。故爱备录平日之所闻,私以示夫同志,相与考正之。庶无负先生之教云。门人徐爱书。

【解读】

徐爱(1487—1518),明代哲学家、官员,字曰仁,号横山,浙江省余姚马堰人,为王守仁最早的入室弟子之一,据说也是王守仁的妹夫(娶其妹王守让)。明朝正德三年(1508),进士及第。曾任祁州知州,南京兵部员外郎,南京工部郎中等职务。正德十一年(1516),回家乡省亲,正德十三年(1518)在家乡去世,终年31岁。徐爱生前期望为王阳明出《传习录》,后钱德洪完成其遗愿。徐爱为王阳明爱徒,曾与阳明说起他的梦境:在山间遇一和尚,和尚预言他"与颜回同德,亦与颜回同寿"。后果三十而亡。阳明闻其死讯,大呼:"天丧我! 天丧我!"徐爱是一个典型的内圣型人才,可以说是阳明的颜回。

在徐爱眼中,其师王阳明有着非凡魅力,天资聪明,平易近人,不修边幅(明睿天授,然和乐坦易,不事边幅)。他从年少时就豪迈不羁,曾经对诗词歌赋感兴趣,也对佛家和道家很有研究(人见其少时豪迈不羁,又尝泛滥于词章,出入二氏之学)。我徐爱朝夕在他的门下,感觉他的学说,初看很容易,但越深入,就越觉得高明、精微、无穷。跟着先生学了十余年,竟然没有窥其藩篱(爱朝夕炙门下,但见先生之道,即之若易,而仰之愈高。见之若粗,而探之愈精。就之若近,而造之愈益无穷。十余年来,竟未能窥其藩篱)。世间其他的君子,有的与先生仅有一面之缘,有的从未见过先生,所以对先生和他学说的了解都不准确。得其一,遗其二。因此我才将平常先生教导我们的东西记录下来,相互考证,不负先生对我们的教导。

【原文】

爱问:"'在亲民',朱子谓当作新民。后章'作新民'之文似亦有据。先生以为宜从旧本'作亲民',亦有所据否"? 先生曰:"'作新民'之'新',是自新之民,与'在新民'之'新'不同。此岂足为据?'作'字却与'亲'字相对,然非'亲'字义。下面治国平天下处,皆于'新'字无发明。如云'君子贤其贤而亲其亲。小人乐其乐而利其利'。'如保赤子'。'民之所好好之。民之所恶恶之。此之谓民之父母之类'。皆是'亲'字意。'亲民'犹孟子'亲亲仁民'之谓。*亲之即仁之也*。**百姓不亲**,*舜使契为司徒,敬敷五教,所以亲之也*。*尧典‘克明峻德’便是‘明明德’。‘以亲九族’,至‘平章协和’,便是‘亲民’,便是‘明明德于天下’。又如孔子言‘修己以安百姓’。‘修己’便是‘明明德’。‘安百姓’便是‘亲民’。说亲民便是兼教养意。说新民便觉偏了。*"

【解读】

在此,徐爱和王阳明对《大学》中"在新民"的"新",还是"亲",进行了讨论。

徐爱问,朱熹认为《大学》中的"在亲民",应该是"在新民",后文中的"作新民"的解释似乎也有根据。先生您认为应该遵从旧本"作亲民",是否有根据呢? 王阳明回答说,作新民的新,是自新之民,与在新民的新不同。"作"字与"亲"字放在一起时,不太好解释"亲"字的含义。下文中的治国平天下等处的表述,均不是"新"的含义。例如,"君子贤其贤而亲其亲,小人乐其乐而利其利"、"如保赤子"、"民之所好好之。民之所恶恶之、此之谓民之父母之类"等,均是"亲"的含义。亲是以仁的方式对待人民的含义(亲之即仁之也)。例如,百姓不亲,意思就是百姓得不到仁义,于是舜任命契为司徒,用五种方法教化他们,就是以仁义对待他们(百姓不亲,舜使契为司徒,敬敷五教,所以亲之也。"五教"指五常之教:父子有亲,君臣有义,夫妇有别,长幼有序,朋友有信)。尧典中的"克明俊德",就是明明德,"以亲九族",至"平章协和",也是亲民的意思,是明明德于天下的意思。又如孔子说的,"修己以安百姓",修己就是明明德,安百姓就是亲民。亲民的意思就是养育和教化。如果说新民,意思就偏颇了。

亲民,还是新民,含义略有差异。王阳明认为,应该是亲民,养育和教化百姓,这是政府和治理者的职责所在。朱熹则在《四书集注》中解读为新民,革新、自新、弃旧图新、去恶从善,也并不为错。这两个方面都很重要。当然,通过认真深入地考据,寻找文本的准确含义,也是一种科学的态度和方法。

【原文】

爱问："'知止而后有定'，朱子以为'事事物物皆有定理'，似与先生之说相戾"。先生曰："于事事物物上求至善，却是义外也。至善是心之本体。只是明明德到至精至一处便是。然亦未尝离却事物。本注所谓'尽夫天理之极，而无一毫人欲之私'者，得之。"

【解读】

徐爱问："对于'知止而后有定'一句，朱子的解释是：'事事物物皆有定理'，这一说法似乎与先生的说法不符。"王阳明回答说："如果到事事物物上去寻求至善，就已经见外了（于事事物物上求至善，却是义外也）。追求至善是心本身的本体，只需要做到明明德，做到至精至一，就自然能够达到至善（至善是心之本体。只是明明德到至精至一处便是）。但是，从心上追求至善，也没有抛开事物（然亦未尝离却事物）。朱子的注'尽夫天理之极，而无一毫人欲之私'，说的也对。"

唯物主义和唯心主义，是哲学的两大分支。唯物主义（materialism）认为物质为第一性，精神为第二性，物质决定意识，精神是物质的投影和反射。相反则是唯心主义（spiritualism），而且，通常似乎认为，唯物主义是正确的，唯心主义则是错误的。但现代量子力学的研究也在思考，意识究竟是怎样产生的？物质的组合为什么能够产生意识和生命？意识乃至生命的本质是什么？[①] 著名物理学家薛定谔也深入思考过意识和生命的问题。[②] 人类目前所掌握的科学知识对这些问题的认知还非常薄弱，但并非简单的物质决定意识。而且，如何定义决定？如何定义第一性、第二性？哲学的表述、语言和概念还是显得模糊。

朱熹的理学，通常被认为是客观唯心主义，王阳明的心学，则被认为是主

---

① 吉姆·艾尔·哈利利、约翰乔·麦克法登：《神秘的量子生命》，侯新智、祝锦杰译，浙江人民出版社 2016 年版。

② 薛定谔：《生命是什么》，吉宗祥译，世界图书出版广东公司 2016 年版。

观唯心主义。朱熹认为,各种客观事物中均有其道理,通过仔细地观察和思考(格物),就可以发现事物中的道理(致知)。这也是阳明格竹这一典故的由来。年轻的王阳明盯着竹子看了七天七夜,但也没有发现其中的理,反而生了一场大病。而且,如果能够穷尽事物的理,最终就没有一丝一毫的人欲之私(尽夫天理之极,而无一毫人欲之私)。之所以有私欲,就是因为对理的认知还不够充分和深刻。王阳明则认为,尽管理也许是客观而实在的,但如果没有被人心所认识和体悟,那么这种理对于人而言也没有任何意义。所以,心学强调心即理、知行合一,通过心去体悟理,通过实践去掌握理,在人生中践行理。就这一意义而言,理学和心学,并没有本质的区别,它们都承认理的存在性、意义和价值,分歧在于如何去认识和发现理。如果某种理论或观点否认理的存在,如怀疑论,否认真、善、美的存在,那么它们同理学和心学就存在本质的区别。

【原文】

爱问:"至善只求诸心。恐于天下事理,有不能尽。"先生曰:"心即理也。天下又有心外之事,心外之理乎?"爱曰:"如事父之孝,事君之忠,交友之信,治民之仁,其间有许多理在。恐亦不可不察。"先生叹曰:"此说之蔽久矣。岂一语所能悟? 今姑就所问者言之。且如事父,不成去父上求个孝的理。事君,不成去君上求个忠的理交友治民,不成去友上民上求个信与仁的理。<u>都只在此心。心即理也。此心无私欲之蔽,即是天理。不须外面添一分。以此纯乎天理之心,发之事父便是孝。发之事君便是忠。发之交友治民便是信与仁。</u>只在此心去人欲存天理上用功便是。"爱曰:"闻先生如此说,爱已觉有省悟处。但旧说缠于胸中,尚有未脱然者。如事父一事,其间温凊定省之类,有许多节目。不知亦须讲求否?"先生曰:"如何不讲求? 只是有个头脑。只是就此心去人欲存天理上讲求。就如求冬温,也只是要尽此心之孝,恐怕有一毫人欲间杂。讲求夏凊,也只是要尽此心之孝,恐怕有一毫人欲间杂。只是讲求得此心。<u>此心若无人欲,纯是天理,是个诚于孝亲的心,冬时自然思量父母的寒,便自要求个温的道理。夏时自然思量父母的热,便自要求个凊的道理。这</u>

都是那诚孝的心发出来的条件。却是须有这诚孝的心,然后有这条件发出来。譬之树木,这诚孝的心便是根。许多条件便枝叶。须先有根,然后有枝叶。不是先寻了枝叶,然后去种根。礼记言'孝子之有深爱者,必有和气。有和气者,必有愉色。有愉色者,必有婉容'。须是有个深爱做根,便自然如此。"

【解读】

理学强调"理",心学强调"心","心"与"理"的关系究竟如何? 徐爱对此问道:"如果只从心上寻找至善,天下的事情太多,理也太多,恐怕不能穷尽。"王阳明说:"心就是理。天下难道有心外之事,心外之理吗?(心即理也。天下又有心外之事,心外之理乎?)"徐爱认为,世间的事情如此之多,例如,以孝事父,以忠事君,交友时的信,治理国家和民众中的仁,这其中都有理,这些理这么多,难道都要从心上去寻找吗? 王阳明认为,理学的这种认为事情多,其中理也多的说法,并不正确。并不需要从每一件事情上去寻找一个针对那一件事情的理。所有的理,都在心中(都只在此心。心即理也)。如果心没有受到私欲的蒙蔽,它就能够认识天理,不需要从外面去寻找。用这样的心去对待父母,就是孝;对待君主,就是忠;对待朋友,就是信;对待民众,就是仁(此心无私欲之蔽,即是天理。不须外面添一分。以此纯乎天理之心,发之事父便是孝。发之事君便是忠。发之交友治民便是信与仁)。

程朱理学强调理的存在性、客观性,通过学习,来认识理,掌握理。阳明心学强调理的唯一性、主观性,通过实践,来体悟理,实践理。当人们未受教化时,根本就不知道理的存在,当人们遭遇困难挫折时,往往会对理丧失信心。而且,社会太复杂,理的形式千差万别,不容易认识和掌握。因此,即使如程朱理学认为的那样,理客观存在,但如果人们没有办法认识理,那么这种理对于人而言也没有意义。① 所以,王阳明通过他的坎坷经历,发现只有通过人的心,认识到理的存在和价值,才会信仰理,坚守理。而且,格物和学习(知),只

---

① 也许有哲学家认为,即使理无法被人类认知,它也有意义。这只是一种文字表述上的差异。

是认识理的一种方式;另一种方式,则是在实践中发现和认知理(行)。先知后行(学后干),先行后知(干后学),都不如知行合一(干中学,学中干)。知行合一正是人类掌握知识和真理的最优方法。

【原文】

爱因未会先生知行合一之训,与宗贤惟贤往复辩论,未能决。以问于先生。先生曰:"试举看"。爱曰:"如今人尽有知得父当孝,兄当弟者,却不能孝,不能弟。便是知与行分明是两件"。先生曰:"此已被私欲隔断,不是知行的本体了。未有知而不行者。知而不行,只是未知圣贤教人知行,正是要复那本体。不是着你只恁的便罢。故大学指个真知行与人看,说'如好好色','如恶恶臭'。见好色属知,好好色属行。只见那好色时,已自好了。不是见了后,又立个心去好。闻恶臭属知,恶恶臭属行。只闻那恶臭时,已自恶了。不是闻了后,别立个心去恶。如鼻塞人虽见恶臭在前,鼻中不曾闻得,便亦不甚恶。亦只是不曾知臭。就如称某人知孝,某人知弟。必是其人已曾行孝行弟,方可称他知孝知弟。不成只是晓得说些孝弟的话,便可称为知孝弟。又如知痛,必已自痛了,方知痛。知寒,必已自寒了。知饥,必已自饥了。知行如何分得开? 此便是知行的本体,不曾有私意隔断的。圣人教人,必要是如此,方可谓之知。不然,只是不曾知。此却是何等紧切着实的工夫。如今苦苦定要说知行做两个,是甚么意? 某要说做一个,是什么意? 若不知立言宗旨。只管说一个两个,亦有甚用?"

爱曰:"古人说知行做两个,亦是要人见个分晓一行做知的功夫,一行做行的功夫,即功夫始有下落。"先生曰:"此却失了古人宗旨也。某尝说知是行的主意,行是知的功夫。知是行之始,行是知之成。若会得时,只说一个知,已自有行在。只说一个行,已自有知在。古人所以既说一个知,又说一个行者,只为世间有一种人,懵懵懂懂的任意去做,全不解思惟省察。也只是个冥行妄作。所以必说个知,方才行得是。又有一种人,茫茫荡荡,悬空去思索。全不肯着实躬行。也只是个揣摩影响。所以必说一个行,方才知得真。此是古人不得已,补偏救弊的说话。若见得这个意时,即一言而足。今人却就将知行分作两件去做。以为必先知了，然后能行。我如今且去讲习讨论做知的工夫。待知得真了，方去做行的工夫。故遂终身不行，亦遂终身不知。此不是小病痛，其来已非一日矣。某今说个知行合一，正是对病的药。又不是某凿空杜撰。知行本体，原是如此。今若知得宗旨时，即说两个亦不妨。亦只是一个。若不会宗旨，便说一个，亦济得甚事？只是闲说话。"

（略）。

【解读】

徐爱困惑，究竟什么是知行合一？在现实中，我们看到的是，很多人都知道道理，都会讲大道理，但在实践中，则不讲道理。知行怎么合一呢？例如，知道孝悌，却无法做到孝悌，由此可见，知与行分明是两件不同的事（便是知与行分明是两件）。王阳明认为，之所以如此，是因为知与行中间被私欲隔断了，不是知行的本体了（此已被私欲隔断，不是知行的本体了）。没有知而不行的人。知而不行，只是因为他并未知晓圣贤真正的教导，我们就是要恢复他知行的本体（未有知而不行者。知而不行，只是未知圣贤教人知行，正是要复那本体）。例如孝悌，有人说知道孝悌，一定是他曾经实践过孝悌，才可以说知道孝悌，并不是知道说些孝悌的话，就可以声称知道孝悌了。

徐爱问："古人把知行说成是两件事，是想让人明白，一方面要做知的功夫，一方面要做行的功夫，这样功夫才有着落"（古人说知行做两个，亦是要人见个分晓一行做知的功夫，一行做行的功夫，即功夫始有下落）。王阳明说："这样理解就没有掌握古人真正的意思。我曾经说过，知是行的主意，行是知的功夫；知是行之始，行是知之成。如果真正理解了这句话，只需要说一个知，其中就包含有行，只需要说一个行，其中也包含有知（某尝说知是行的主意，行是知的功夫。知是行之始，行是知之成。若会得时，只说一个知，已自有行在）。古人之所以把这两者分开，一会说知，一会说行，是因为世间有一种人，莽撞地任意去做，但不知道反思省察，所以对他们而言，就需要强调知，才能够行得好（只为世间有一种人，懵懵懂懂的任意去做，全不解思惟省察。也只是个冥行妄作。所以必说个知，方才行得是）。还有另一种人，喜欢凭空乱想，但是不肯努力躬行,所以对他们而言,就需要强调行,才能够知得真(又有一种人,茫茫荡荡,悬空去思索。全不肯着实躬行。也只是个揣摩影响。所以必说一个行,方才知得真)。"

王阳明在此,清晰地论证了知与行的辩证统一关系,知与行密不可分,是人类活动的两个组成部分:知是行的主意,行是知的功夫;知是行之始,行是知之成。但在现实中,有的人只知道蛮干,不知道反思学习,这是莽夫。有的人只知道空想,不知道躬行实践,这是空想家。对于那些台上一套、台下一套、人前一套、人后一套的腐败分子、两面人,他们讲的比谁都漂亮,但背地里比谁都肮脏。原因在于,他们的心被私欲隔断,没有努力躬行,没有体会到为国为民的责任感和成就感。因此,王阳明的心学,不是坐而论道,而是强调人们在面对困难时的勇气和行动(行),以及对理想和信念的真正理解(知),所以,阳明心学对于古往今来的成大事者就具有强大的吸引力。

第二十二篇　明夷待访录①

　　黄宗羲(1610—1695)，字太冲，号梨洲，又号南雷，浙江余姚人，人称梨洲先生。明末清初经学家、史学家、思想家、地理学家、天文历算学家、教育家。其父为"东林七君子"之一的黄尊素。黄宗羲与顾炎武、王夫之并称"明末清初三大思想家"，与弟黄宗炎、黄宗会号称"浙东三黄"，与顾炎武、方以智、王夫之、朱舜水并称为"明末清初五大家"，有"中国思想启蒙之父"之誉。黄宗羲提出"天下为主，君为客"的民主思想，认为"天下之治乱，不在一姓之兴亡，而在万民之忧乐"，主张以"天下之法"取代皇帝的"一家之法"。黄宗羲的政治主张抨击君主专制制度，有其重要的历史和现实意义。黄宗羲学识广博，研究过天文、地理、算学、音乐、历史和哲学等，留下了许多著作，有《南雷文定》《南雷诗历》《明夷待访录》《明儒学案》《宋元学案》等。

　　《明夷待访录》是中国政治思想史上一部具有启蒙性质的批判君主专制的名著。"明夷"是《周易》中的一卦，其爻辞曰："明夷于飞垂其翼，君子于行三日不食"。所谓"明夷"，指处于患难处境的智慧之人，"待访"，指等待后人贤士采纳。《明夷待访录》反对君主专制，主张民权，对清末维新变法运动影响很大。梁启超在《清代学术概论》一文中说："梁启超、谭嗣同辈倡民权共和之说，则将其书节抄，印数万本，秘密散布，于晚清思想之骤变，极有力焉。"黄氏的民权和民主思想，一直影响到辛亥革命时期的孙中山、邹容和陈天华等爱国志士，对于当今时代，也具有启发意义。

---

　　① 黄宗羲著，赵轶峰注释，李振宏编：《明夷待访录》，河南大学出版社2016年版。

《明夷待访录》计有《原君》《原臣》《原法》《置相》《学校》《取士上》《取士下》《建都》《方镇》《田制一》《田制二》《田制三》《兵制一》《兵制二》《兵制三》《财计一》《财计二》《财计三》《胥吏》《奄宦上》《奄宦下》，共21篇。本书选择其中最有代表性的《原君》《原臣》《原法》《置相》《学校》五篇进行解读和评述。

原　君

远者数世，近者及身，其血肉之崩溃在其子孙矣

【原文】

有生之初，人各自私也，人各自利也；天下有公利而莫或兴之，有公害而莫或除之。有人者出，不以一己之利为利，而使天下受其利；不以一己之害为害，而使天下释其害；此其人之勤劳必千万于天下之人。夫以千万倍之勤劳，而己又不享其利，必非天下之人情所欲居也。故古之人君，量而不欲入者，许由、务光是也；入而又去之者，尧、舜是也；初不欲入而不得去者，禹是也。岂古之人有所异哉？好逸恶劳，亦犹夫人之情也。

后之为人君者不然。以为天下利害之权皆出于我，我以天下之利尽归于己，以天下之害尽归于人，亦无不可；使天下之人，不敢自私，不敢自利，以我之大私为天下之大公。始而惭焉，久而安焉。视天下为莫大之产业，传之子孙，受享无穷；汉高帝所谓"某业所就，孰与仲多"者，其逐利之情，不觉溢之于辞矣。此无他，古者以天下为主，君为客，凡君之所毕世而经营者，为天下也。今也以君为主，天下为客，凡天下之无地而得安宁者，为君也。是以其未得之也，荼毒天下之肝脑，离散天下之子女，以博我一人之产业，曾不惨然。曰："我固为子孙创业也。"其既得之也，敲剥天下之骨髓，离散天下之子女，以奉我一人之淫乐，视为当然。曰："此我产业之花息也。"然则，为天下之大害者，君而已矣。向使无君，人各得自私也，人各得自利也。呜呼！岂设君之道固如是乎？

古者天下之人爱戴其君，比之如父，拟之如天，诚不为过也。今也天下之

人怨恶其君,视之如寇仇,名之为独夫,固其所也。而小儒规规焉以君臣之义无所逃于天地之间,至桀、纣之暴,犹谓汤、武不当诛之,而妄传伯夷、叔齐无稽之事,乃兆人万姓崩溃之血肉,曾不异夫腐鼠。岂天地之大,于兆人万姓之中,独私其一人一姓乎!是故武王圣人也,孟子之言,圣人之言也;后世之君,欲以如父如天之空名,禁人之窥伺者,皆不便于其言,至废孟子而不立,非导源于小儒乎!

虽然,使后之为君者,果能保此产业,传之无穷,亦无怪乎其私之也。既以产业视之,人之欲得产业,谁不如我?摄缄縢,固扃鐍,一人之智力,不能胜天下欲得之者之众,远者数世,近者及身,其血肉之崩溃在其子孙矣。昔人愿世世无生帝王家,而毅宗之语公主,亦曰:"若何为生我家!"痛哉斯言!回思创业时,其欲得天下之心,有不废然摧沮者乎!

是故明乎为君之职分,则唐、虞之世,人人能让,许由、务光非绝尘也;不明乎为君之职分,则市井之间,人人可欲,许由、务光所以旷后世而不闻也。然君之职分难明,以俄顷淫乐不易无穷之悲,虽愚者亦明之矣。

【解读】

原,推原,推究。君,君主,引申为政府。原君,就是推究君主和政府的本原。《原君》一文,深刻而准确地揭示了君主或者政府的公共性本质。

开篇作者承认人的自私自利性,以及公共利益的存在(有生之初,人各自私也,人各自利也;天下有公利而莫或兴之,有公害而莫或除之)。如果某个人要去追求这种公利,那么就要付出超过普通人千百倍的努力。这样的事情,普通人谁会愿意去做呢(有人者出,不以一己之利为利,而使天下受其利;不以一己之害为害,而使天下释其害;此其人之勤劳必千万于天下之人)?古代的仁君,要么不愿意做,要么做了以后赶紧辞官而去。古往今来,每个人都是一样的,这就是所谓的人性(岂古之人有所异哉?好逸恶劳,亦犹夫人之情也)。而君主以及政府的本质,恰恰就是为了人民大众去兴公利,除公害。而他自己,却不能得到什么特殊的个人利益。这也就是君主和政府的难处。付出这么大的努力,自己在其中能够得到什么呢？

后来，君主和政府的性质逐渐发生了变化。君主将天下的好处全部都归为己有，将害处全部都抛给天下之人（后之为人君者不然。以为天下利害之权皆出于我，我以天下之利尽归于己，以天下之害尽归于人）。公共的君主和政府就演变为私人的君主和政府。让天下的人都不能自私自利，只能自己自私自利，将君主自己的自私变为天下人的大公（使天下之人，不敢自私，不敢自利，以我之大私为天下之大公）。他们开始还有一点不好意思，后来就心安理得。君主将天下视为自己的产业，传给他的子孙。汉高祖刘邦当上皇帝以后，得意扬扬地对他的父亲刘太公说："我现在的业绩，与我哥哥刘仲相比，谁的多啊？"（某业所就，孰与仲多）。这种将天下视为逐利的心态，溢于言表。上古三皇五帝时期，以天下为主，君为客，君主的事业，就是为了天下人。现在则是以君为主，天下为客，全天下的人的安宁，都是为了君主（古者以天下为主，君为客，凡君之所毕世而经营者，为天下也。今也以君为主，天下为客，凡天下之无地而得安宁者，为君也）。因此，创业打天下时，让全天下的人肝脑涂地、流离失所，都是为了君主一个人的产业（荼毒天下之肝脑，离散天下之子女，以博我一人之产业），美其名曰，这是我为子孙在创业（我固为子孙创业也）。打下天下之后，让天下的人敲骨吸髓、妻离子散，视为理所当然，说：这是我之前创业的利息（敲剥天下之骨髓，离散天下之子女，以奉我一人之淫乐，视为当然。曰："此我产业之花息也"）。天下人的公事变成了一家一姓的私事。天下的大害，就是君主（为天下之大害者，君而已矣）。如果没有这样的君主，那么每个人还可以追求自己的私利（向使无君，人各得自私也，人各得自利也）。这样的姓私的君主，还不如没有。难道君主之道原本就应该是这样吗（岂设君之道固如是乎）？

上古的时候，人民爱戴（公共的）君主，将他们视为父或者天（比之如父，拟之如天）。现在的（私人的）君主，人们就会仇恨他们，称他们为独夫（视之如寇仇，名之为独夫）。那些迂腐的小儒认为，君臣之义在天地之间是至高的不能违反的，甚至认为像桀纣这样的暴君，汤和武仍然不应该推翻并诛杀他们，谣传伯夷、叔齐愚忠于商的故事。亿万百姓的血肉，难道就像腐肉一样吗？

亿万百姓当中,难道就只承认君主一个人和他一家人的私欲吗?(而小儒规规焉以君臣之义无所逃于天地之间,至桀、纣之暴,犹谓汤、武不当诛之,而妄传伯夷、叔齐无稽之事,乃兆人万姓崩溃之血肉,曾不异夫腐鼠。岂天地之大,于兆人万姓之中,独私其一人一姓乎!)

　　退一步说,将天下视为私人的天下而代代相传,如果历代君主真能做到,那么也不用责怪他们将天下视为他们私人的天下(虽然,使后之为君者,果能保此产业,传之无穷,亦无怪乎其私之也)。然而,试问有谁能做到呢?既然将天下视为私人的产业,那么每个人尤其是那些有能力的人,都会去争夺这些产业。一个人的智力,怎么能胜过天下那么多想去争夺这一产业的人的智力呢?远一点的,可以把他们的王朝维持几十上百年,近一点的,自己和自己的子女就会遭殃(既以产业视之,人之欲得产业,谁不如我?摄缄縢,固扃鐍,一人之智力,不能胜天下欲得之者之众,远者数世,近者及身,其血肉之崩溃在其子孙矣)。历朝历代的君主,在最后王朝崩溃的时候,他们的后代所受的苦难,能否抵得过他们自己在位时的享乐呢?这就是为什么人们说,永远都不要出生在帝王家(昔人愿世世无生帝王家),当年明朝灭亡时,崇祯皇帝砍伤他的长公主时也说:"你为什么要出生在我家"(若何为生我家)。回想当初你们家的祖先朱元璋创业时的情景,他有没有想到过今天的你们呢(回思创业时,其欲得天下之心,有不废然摧沮者乎)?

　　所以,如果能够明白君主(政府)的本质,那么,每个人其实都可以毫不可惜地将君主的位置让出来(是故明乎为君之职分,则唐、虞之世,人人能让),如果不明白君主(政府)的本质,那么市井之中,每个人都会去争夺这个位子(不明乎为君之职分,则市井之间,人人可欲)。现实中的人们,都是多么的愚昧短视啊!为了片刻的淫乐,而不得不承担无穷无尽的烦恼(然君之职分难明,以俄顷淫乐不易无穷之悲),这又是为了什么呢?

　　因此,公共性是君主和政府的本质特征,是可持续政治制度的基石。回归君主和政府的本质,构造一种具有公共性质的政府,是每一个为君者或者当权者的最大职责。不论对他们自己,还是对全体国民,这都是最优的选择。

359

原 臣

我之出而仕也,为天下,非为君也;为万民,非为一姓也

【原文】

　　有人焉,视于无形,听于无声,以事其君,可谓之臣乎? 曰:否! 杀其身以事其君,可谓之臣乎? 曰:否。夫视于无形,听于无声,资于事父也;杀其身者,无私之极则也。而犹不足以当之,则臣道如何而后可? 曰:缘夫天下之大,非一人之所能治,而分治之以群工。故我之出而仕也,为天下,非为君也;为万民,非为一姓也。吾以天下万民起见,非其道,即君以形声强我,未之敢从也,况于无形无声乎! 非其道,即立身于其朝,未之敢许也,况于杀其身乎! 不然,而以君之一身一姓起见,君有无形无声之嗜欲,吾从而视之听之,此宦官宫妾之心也;君为己死而为己亡,吾从而死之亡之,此其私昵者之事也。是乃臣不臣之辨也。

　　世之为臣者昧于此义,以谓臣为君而设者也。君分吾以天下而后治之,君授吾以人民而后牧之,视天下人民为人君橐中之私物。今以四方之劳扰,民生之憔悴,足以危吾君也,不得不讲治之牧之之术。苟无系于社稷之存亡,则四方之劳扰,民生之憔悴,虽有诚臣,亦以为纤芥之疾也。夫古之为臣者,于此乎,于彼乎?

　　盖天下之治乱,不在一姓之兴亡,而在万民之忧乐。是故桀、纣之亡,乃所以为治也;秦政、蒙古之兴,乃所以为乱也;晋、宋、齐、梁之兴亡,无与于治乱者也。为臣者轻视斯民之水火,即能辅君而兴,从君而亡,其于臣道固未尝不背也。夫治天下犹曳大木然,前者唱邪,后者唱许。君与臣,共曳木之人也;若手不执绋,足不履地,曳木者唯娱笑于曳木者之前,从曳木者以为良,而曳木之职荒矣。

　　嗟乎! 后世骄君自恣,不以天下万民为事。其所求乎草野者,不过欲得奔走服役之人。乃使草野之应于上者,亦不出夫奔走服役,一时免于寒饿、遂感

<u>在上之知遇,不复计其礼之备与不备</u>,跻之仆妾之间而以为当然。万历初,神宗之待张居正,其礼稍优,此于古之师傅未能百一;当时论者骇然居正之受无人臣礼。夫居正之罪,正坐不能以师傅自待,听指使于仆妾,而责之反是,何也?是则耳目浸淫于流俗之所谓臣者以为鹄矣!又岂知臣之与君,名异而实同耶?

或曰:臣不与子并称乎?曰:非也。父子一气,子分父之身而为身。故孝子虽异身,而能日近其气,久之无不通矣;不孝之子,分身而后,日远日疏,久之而气不相似矣。君臣之名,从天下而有之者也。吾无天下之责,则吾在君为路人。出而仕于君也,不以天下为事,则君之仆妾也;以天下为事,则君之师友也。夫然,谓之臣,其名累变。夫父子固不可变者也。

【解读】

原臣,推原臣子的道理。臣,与君相对,在当今时代,也可以理解为下级、官员、公务员,尤其是那些辅佐最高治理者治理国家的高级公务员。《原君》一文是黄宗羲对于君主、政府或者最高治理者的公共性的理解,《原臣》一文,同样深刻地表达了黄宗羲对于臣子或者高级官员的公共性的理解。

在君主或上级还没有表露出他们的喜好的时候,作为臣子或下级就已经揣摩出他们的意图并以此侍奉他们,这是为臣之道吗?不是,这是侍奉父母的方法(有人焉,视于无形,听于无声,以事其君,可谓之臣乎?曰:否)。舍弃自己的生命以侍奉君主,这是一种最为无私的做法,这是为臣之道吗?同样不是(杀其身以事其君,可谓之臣乎?曰:否)。那么,什么才是为臣之道呢?正确的为臣之道是:因为天下很大,事情很多,一个人治理不过来,就需要有君主和大臣一起来治理。因此,臣子出仕做官,不是为了君主,而是为了天下万民百姓(缘夫天下之大,非一人之所能治,而分治之以群工。故我之出而仕也,为天下,非为君也;为万民,非为一姓也)。从天下万民的角度出发,如果君主做得不对(非其道),那么即使君主用各种方法强迫我,我也不能服从。如果君主做得不对,即使我立身于朝堂之上,也不能服从(吾以天下万民起见,非其道,即君以形声强我,未之敢从也,况于无形无声乎!非其道,即立身于其朝,未之敢许也,况于杀其身乎)。用尽心思揣摩君主的各种嗜欲,这是宦官、妻妾对待主子或者丈夫的方法,而不是为臣之道。君主对自己非常好,甚至因为自己而死,我也可以以死相报,这是两个人私下的情感,也并非为臣之道(而以君之一身一姓起见,君有无形无声之嗜欲,吾从而视之听之,此宦官宫妾之心也;君为己死而为己亡,吾从而死之亡之,此其私昵者之事也。是乃臣不臣之辨也)。

后来的大臣都忘记了这个为臣之道,以为臣子就是为了君主而设(世之为臣者昧于此义,以谓臣为君而设者也),君主把天下的一部分授予臣子,让臣子帮助自己去统治地方。君主把一部分人民授予臣子,让臣子帮助自己去统治人民。臣子也把人民看成是君主的私物(君分吾以天下而后治之,君授吾以人民而后牧之,视天下人民为人君橐中之私物)。如果这些人民及其事务纷扰了君主,臣子就要替君主分忧。如果这些人民及其事务无关国家社稷安危,那么即使他们在受苦受难,臣子也无所谓,而视他们为无关痛痒的小病(今以四方之劳扰,民生之憔悴,足以危吾君也,不得不讲治之牧之之术。苟无系于社稷之存亡,则四方之劳扰,民生之憔悴,虽有诚臣,亦以为纤芥之疾也),这难道就是古往今来为臣的道理吗?

天下的治乱,不在于某个君主一家一姓的兴亡,而在于全体人民的忧乐(盖天下之治乱,不在一姓之兴亡,而在万民之忧乐)。因此,桀、纣亡国,但如果人民生活安宁,也是天下大治。暴秦、蒙古兴盛,但如果人民受苦,也是天下大乱(是故桀、纣之亡,乃所以为治也;秦政、蒙古之兴,乃所以为乱也)。晋、宋、齐、梁,这些朝代的兴亡,也是如此。作为臣子,如果无视人民于水火之中,即使能够辅君而兴,从君而亡,也不能说是符合臣道的(为臣者轻视斯民之水火,即能辅君而兴,从君而亡,其于臣道固未尝不背也)。治理天下就仿佛是几个人一起拖大木头,前面的人喊一声号子,后面的人也要和一声号子,这样才能拖动木头。如果后面的拖木人只是想让前面的拖木人高兴,拖木这件事本身就荒废了(曳木者唯娱笑于曳木者之前,从曳木者以为良,而曳木之职荒矣)。

后代的君主骄傲自满,不是为了天下万民而是为了一家一姓,他们所追求的良臣,不过是些奔走服役之人(后世骄君自恣,不以天下万民为事。其所求乎草野者,不过欲得奔走服役之人)。草野之中确实也有这样的人,受到君主一时的礼遇而免于寒饿,甚至因此过上奢华的生活,他们也就不再顾忌为臣之道,将自己理所当然地视为君主的仆人或者侍妾(不复计其礼之备与不备,跻之仆妾之间而以为当然)。明万历年间,明神宗对待张居正的礼仪比较优厚,时人就有所议论,认为礼仪过于优厚,但实际上,这种礼仪比起古代的君主对于师傅的礼仪尚不足百一。张居正的错误,就在于没有真正将自己视为君主的师傅,而是像仆人侍妾一样听命于君主。我们耳濡目染于流俗之中,正确和错误完全搞反了(夫居正之罪,正坐不能以师傅自待,听指使于仆妾,而责之反是,何也? 是则耳目浸淫于流俗之所谓臣者以为鹄矣)。君与臣,名称不同,实质是一样的(又岂知臣之与君,名异而实同耶)。这种实质,就是公共性,都是为了天下万民,而不是一家一姓的私利。

也有人说,臣与子并称臣子,难道他们之间不一样吗? 答案是:不一样。父子一气相通,儿子从父亲那里分身而有了自己的身体。孝子虽然和父亲并不是同一个身体,但他们气质相近,时间长了也能相通。不孝之子则日久益疏,父子气质逐渐不通。君与臣,共同治理天下(君臣之名,从天下而有之者也)。如果我对天下没有责任,那么我就同君主没有关系。我如果为君主出仕,但不以治理天下作为自己的事业,那么我就是君主的奴仆或者侍妾。我如果以治理天下作为自己的事业,那么我就是君主的老师或者朋友,也可以称之为臣(吾无天下之责,则吾在君为路人。出而仕于君也,不以天下为事,则君之仆妾也;以天下为事,则君之师友也)。名称在不断变化,而父子的关系是不会变的。

黄宗羲在此详细论述了臣子的原理。与君主一样,臣子同样是为公而不是为私,他与君主是同事关系,而非奴仆或侍妾的关系。然而,在现实中,要实现这一点,既需要臣子有这种理念,更需要君主也有这种理念,还需要天下人都有这种理念,这时君主、臣子以及政府的公共性才能够得到保障和维系。如果君主没有这种公共性的理念,那么他就必然要将天下视为自己私人的天下,寻觅那些能够帮助自己维系私人统治的奴仆;如果只有少数人具有这种公共性的理念,他们也只能匍匐于王权之下,努力说服君主。因此,政府公共性的构建,需要每一个民众政治素养的提高,这是一个长期的、渐进的过程。当然,我国的传统社会,也不能被解释为纯粹的私人的天下、私人的政府。儒家思想自从创立之初,就强调君主和政府的公共性,强调"大道之行也,天下为公"(《礼记·礼运》),历代政府在儒家思想的指导下,也需要在一定程度上顺应天道,具有一定的公共性,只不过,这种公共性的程度,需要不断提高。

原　法

三代以上有法,三代以下无法

【原文】

三代以上有法,三代以下无法。何以言之? 二帝、三王知天下之不可无养也,为之授田以耕之;知天下之不可无衣也,为之授地以桑麻之;知天下之不可无教也,为之学校以兴之,为之婚姻之礼以防其淫,为之卒乘之赋以防其乱。此三代以上之法也,固未尝为一己而立也。后之人主既得天下,唯恐其祚命之不长也,子孙之不能保有也,思患于未然以为之法。然则其所谓法者,一家之法而非天下之法也。是故秦变封建而为郡县,以郡县得私于我也;汉建庶孽,以其可以藩屏于我也;宋解方镇之兵,以方镇之不利于我也。此其法何曾有一毫为天下之心哉! 而亦可谓之法乎?

三代之法,藏天下于天下者也:山泽之利不必其尽取,刑赏之权不疑其旁落;贵不在朝廷也,贱不在草莽也。在后世,方议其法之疏,而天下之人不见上之可欲,不见下之可恶。法愈疏而乱愈不作,所谓无法之法也。后世之法,藏天下于筐箧者也:利不欲其遗于下,福必欲其敛于上;用一人焉则疑其自私,而又用一人以制其私;行一事焉则虑其可欺,而又设一事以防其欺。天下之人共知其筐箧之所在,吾亦鳃鳃然,日唯筐箧之是虞,故其法不得不密。法愈密而天下之乱即生于法之中,所谓非法之法也。

论者谓一代有一代之法,子孙以法祖为孝。夫非法之法,前王不胜其利欲之私以创之,后王或不胜其利欲之私以坏之。坏之者固足以害天下,其创之者亦未始非富天下者也。乃必欲周旋于此胶彼漆之中,以博宪章之余名,此俗儒之剿说也。即论者谓天下之治乱不系于法之存亡。夫古今之变,至秦而一尽,至元而又一尽,经此二尽之后,古圣王之所恻隐爱人而经营者荡然无具,苟非为之远思深览,一一通变,以复井田、封建、学校、卒乘之旧,虽小小更革,生民之戚戚终无已时也。

即论者谓有治人无治法,吾以谓有治法而后有治人。自非法之法桎梏天下人之手足,即有能治之人,终不胜其牵挽嫌疑之顾盼,有所设施,亦就其分之所得,安于苟简,而不能有度外之功名。使先王之法而在,莫不有法外之意存乎其间。其人是也,则可以无不行之意;其人非也,亦不至深刻罗网,反害天下。故曰有治法而后有治人。

【解读】

原法,推究法律、法制的根源。同《原君》、《原臣》一脉相承,黄宗羲认为,法的本质也是为公而非为私。

尧、舜、禹三代以上有法,三代以下无法。原因何在? 三代以上的法是为了保障人民利益而创设的公法,三代以下的法是为了保障君主私人利益而创设的私法。[①] 尧、舜、禹三王知道,天下的人都要生存,因此教授他们种田的方法;天下的人都要穿衣,因此教授他们种植桑麻的方法;天下的人都要受到教化,因此创建学校教育他们;天下的人都要结婚繁衍,因此创建婚姻之礼(在此,黄宗羲将婚姻之礼也解释为一种法,礼法,都是约束人们行为的社会规范),以防止他们淫乱;天下的人都需要安全,因此创建军队来防止混乱。这就是三代以上的法,不是为了三王自己的私利而创设的(此三代以上之法也,

---

① 这里是从公共性角度而言的公法、私法,所谓公法,是为了保护全体公民的利益,而制定的法。所谓私法,是为了维护君主或者少数群体(甚至也可以是多数群体)的利益,而制定的法。这种公法和私法的含义,不同于现代法学理论中的公法和私法。现代法学理论中的公法,是指调整和规范公共部门和公民之间行为的法律规范,如刑法、行政法,私法是指调整和规范私人部门以及公民之间行为的法律规范,如民法。法学理论中的公法和私法,只要经过公民及其代表的充分的讨论磋商,都可以被归入公共管理中公法的范畴。

固未尝为一己而立也）。后来的人君得到了天下，唯恐他们的江山不能长久，子孙不能保有，因此也创建法律，但这种法，是君主一家的私法，而不是天下人的公法（然则其所谓法者，一家之法而非天下之法也）。秦代变封建为郡县，汉代建立的藩王制，宋代废除方镇，都是因为它们或有利于我，或不利于我，哪里有一点为天下人立法的心呢？这样的法也能被称之为法？（此其法何曾有一毫为天下之心哉！而亦可谓之法乎）

三代以上的法，把天下的利益归还于天下：山泽的利益不必全部拿走，刑赏的权力不必担心旁落，朝廷上的人未必尊贵，草莽中的人也不一定贫贱（三代之法，藏天下于天下者也：山泽之利不必其尽取，刑赏之权不疑其旁落；贵不在朝廷也，贱不在草莽也）。后世的人议论那时的法之疏松，君主没有什么私欲，下面的普通民众也不可恶。法律越是疏松，祸乱越少，这就是无法之法（在后世，方议其法之疏，而天下之人不见上之可欲，不见下之可恶。法愈疏而乱愈不作，所谓无法之法也）。三代以下的法，把天下藏在自己的箩筐里：任何一点利益都舍不得留给人民，任何一点利益都要聚敛于上。用一个人又疑心他自私，又不得不用另一个人去制约他的自私；做一件事又担心做事的人会欺瞒自己，又要用另一件事来防止他的欺瞒（后世之法，藏天下于筐箧者也：利不欲其遗于下，福必欲其敛于上；用一人焉则疑其自私，而又用一人以制其私；行一事焉则虑其可欺，而又设一事以防其欺）。天下的人都知道箩筐的所在，君主唯恐自己的箩筐会出现危险，法网不得不密，但法网越密，祸乱越多。这就是非法之法（天下之人共知其筐箧之所在，吾亦鳃鳃然，日唯筐箧之是虞，故其法不得不密。法愈密而天下之乱即生于法之中，所谓非法之法也）。

有人认为，一代有一代的法，（君主的）子孙只不过是出于孝道，继承了先王的法。然而，对于非法之法，前王创设的时候是因为个人私欲而创设，后王也许会因为自己的私欲而败坏前王的法。这种败坏也许会祸害天下，但前王在创设时的目的也未必就是造福天下（夫非法之法，前王不胜其利欲之私以创之，后王或不胜其利欲之私以坏之。坏之者固足以害天下，其创之者亦未始非富天下者也）。纠缠于前王的创设、后王的败坏这些乱麻般的关系，认为天下的治乱同有无法律没有关系(论者谓天下之治乱不系于法之存亡),这是小儒的短浅。古往今来,到秦是一个巨变,到元又是一个巨变,经过这两个巨变,古代贤王的恻隐爱人之心已经荡然无存(古圣王之所恻隐爱人而经营者荡然无具)。如果不能深思远虑,一点一点地改变,重新恢复井田、封建、学校、卒乘之旧,那么人民的贫苦日子,终究没有尽头(苟非为之远思深览,一一通变,以复井田、封建、学校、卒乘之旧,虽小小更革,生民之戚戚终无已时也)。

有人认为,创设法律的人比法律本身更重要,但我认为法律要比人更重要(即论者谓有治人无治法,吾以谓有治法而后有治人)。如果先有了桎梏天下人的非法之法,那么后来创设法律的人就不免受到这些非法之法的影响和限制,即便能够有所作为,也只是点滴的改进,无法获得大的成就。如果三代以上先王的法仍然存在,那么,那些为非作歹的法外之意就没有立足之地。这时的治理者如果是恰当的,就可以大有作为。即便所得非人,也不至于编织罗网,祸害天下。这就是为什么说先有治法而后有治人。

在此,黄宗羲深刻地指出法的公共性本质,这种公共性,就是为了全天下普罗大众的公共利益,是区分良法和恶法的标准。三代以上的法,黄宗羲认为是良法,是为了维护广大民众的公共生活而制定的社会规范。三代以下的法,黄宗羲认为是恶法,是为了维护君主、统治者和少数人的私人利益而制定的桎梏罗网。黄宗羲认为,要恢复法律的公共性,就要回到古代,以复井田、封建、学校、卒乘之旧,这也反映了他作为儒家学者的复古、简单和保守。从现今的角度看,法应该是公民及其代表通过协商制定的方便自身公共生活的规范,应该公告天下,在公民中得到充分的理解,得到全体公民一致的认同。

置　相

天下不能一人而治,则设官以治之

【原文】

有明之无善治,自高皇帝罢丞相始也。

原夫作君之意，所以治天下也。天下不能一人而治，则设官以治之；是官者，分身之君也。

孟子曰："天子一位，公一位，侯一位，伯一位，子男同一位，凡五等。君一位，卿一位，大夫一位，上士一坯，中士一位，下士一位，凡六等。"盖自外而言之，天子之去公，犹公、侯、伯、子、男之递相去；自内而言之，君之去卿，犹卿、大夫、士之递相去。非独至于天子遂截然无等级也。

昔者伊尹、周公之摄政，以宰相而摄天子，亦不殊于大夫之摄卿，士之摄大夫耳。后世君骄臣谄，天子之位始不列于卿、大夫、士之间，而小儒遂河汉其摄位之事，以至君崩子立，忘哭泣衰绖之哀，讲礼乐征伐之治，君臣之义未必全，父子之恩已先绝矣。不幸国无长君，委之母后，为宰相者方避嫌而处，宁使其决裂败坏，贻笑千古，无乃视天子之位过高所致乎？

古者君之待臣也，臣拜，君必答拜。秦、汉以后，废而不讲，然丞相进，天子御座为起，在舆为下。宰相既罢，天子更无与为礼者矣。遂谓百官之设，所以事我，能事我者我贤之，不能事我者我否之。设官之意既讹，尚能得作君之意乎？古者不传子而传贤，其视天子之位，去留犹夫宰相也。其后天子传子，宰相不传子。天子之子不皆贤，尚赖宰相传贤足相补救，则天子亦不失传贤之意。

宰相既罢，天子之子一不贤，更无与为贤者矣，不亦并传子之意而失者乎？或谓后之入阁办事，无宰相之名，有宰相之实也。曰：不然。入阁办事者，职在批答，犹开府之书记也。

其事既轻，而批答之意，又必自内授之而后拟之，可谓有其实乎？吾以谓有宰相之实者，今之宫奴也。盖大权不能无所寄，彼宫奴者，见宰相之政事坠地不收，从而设为科条，增其职掌，生杀予夺出自宰相者，次第而尽归焉。

有明之阁下，贤者贷其残膏剩馥，不贤者假其嬉笑怒骂，道路传之，国史书之，则以为其人之相业矣。故使宫奴有宰相之实者，则罢丞相之过也。阁下之贤者，尽其能事则曰法祖，亦非为祖宗之必足法也。其事位既轻，不得不假祖宗以压后王，以塞宫奴。祖宗之所行未必皆当，宫奴之黠者又复条举其疵行，亦曰法祖，而法祖之论荒矣。使宰相不罢，自得以古圣哲王之行摩切其主，其主亦有所畏而不敢不从也。

宰相一人，参知政事无常员。每日便殿议政，天子南面，宰相、六卿、谏官东西面以次坐。其执事皆用士人。凡章奏进呈，六科给事中主之，给事中以白宰相，宰相以白天子，同议可否。天子批红。天子不能尽，则宰相批之，下六部施行。更不用呈之御前，转发阁中票拟，阁中又缴之御前，而后下该衙门，如故事往返，使大权自宫奴出也。

宰相设政事堂，使新进士主之，或用待诏者。唐张说为相，列五房于政事堂之后：一曰吏房，二曰枢机房，三曰兵房，四曰户房，五曰刑礼房，分曹以主众务，此其例也。四方上书言利弊者及待诏之人皆集焉，凡事无不得达。

【解读】

置相，意为设置宰相。在本篇中，黄宗羲对君主与宰相的关系、为什么应该设置宰相进行了深入的分析。本篇可以视为对《原臣》篇的进一步扩展。

明朝自建立以来，国家就没有得到良好的治理，这种状况从明朝开国皇帝朱元璋废除宰相一职开始（有明之无善治，自高皇帝罢丞相始也）。原本而言，君主的职责，就是治理天下。但他一人的时间精力有限，无法单独治理天下，就必须要设置官职、进行分工，所以，官员也是君主的分身（原夫作君之意，所以治天下也。天下不能一人而治，则设官以治之；是官者，分身之君也）。

孟子说，天子在治理天下时，分成五个级别：天子、公、侯、伯、子男。国君治理一国，分成六个级别：君、卿、大夫、上士、中士、下士。天子与公的关系，就同公、侯、伯、子男依次往下的关系类似，君、卿、大夫、士之间也是这样的关系，并非天子就高高在上，其他人就完全没有等级（非独至于天子遂截然无等级也）。

在商周时期，伊尹、周公代替天子摄政，同大夫代替卿、士代替大夫摄政是相似的道理。到了后世，君主骄纵，臣子谄媚，天子的地位就不再与卿、大夫、士等并列，小儒也回避宰相摄政之事，国君驾崩，皇子继位，忘记哭泣哀号，强调礼乐征伐，君臣之义不全，父子之恩断绝。如果不幸国君没有皇子，只能由皇后摄政,宰相不得不避嫌,这才是歪曲了君臣的关系,贻笑千古,原因就在于把天子之位放得太高导致的(无乃视天子之位过高所致乎)。

在古代,国君对待大臣的方法是,大臣如果拜谢国君,国君必须回拜大臣。秦汉以后就不再这样。但是,如果宰相觐见,国君要站起,下阶相迎。罢免宰相后,天子就没有可以施礼的对象。这时设置的文武百官,都成了为国君服务,能让国君满意,就称他为贤能,否则就不贤。设立官职的本意扭曲了,君主的本质也就变质了(遂谓百官之设,所以事我,能事我者我贤之,不能事我者我否之。设官之意既讹,尚能得作君之意乎)。古代的君主,天子之位可以不传子而传贤,而且由宰相来决定(古者不传子而传贤,其视天子之位,去留犹夫宰相也)。后世,天子之位就必须传给皇子。皇子不一定贤能,就必须依赖宰相传位给贤能之人加以补救,这样也可以弥补天子的不贤(其后天子传子,宰相不传子。天子之子不皆贤,尚赖宰相传贤足相补救,则天子亦不失传贤之意)。

宰相被废除后,如果皇子不贤,就没有办法补救了,天子传位于皇子的本意就丧失了。也有人说,大臣入阁办事,无宰相之名,但有宰相之实。这是不对的,大臣入阁办事,其职责仅仅是批奏回复,类似于官府的书记,并没有实质的决策权(或谓后之入阁办事,无宰相之名,有宰相之实也。曰:不然。入阁办事者,职在批答,犹开府之书记也)。

入阁办事的大臣权限很小,他们代替国君进行的批奏回复,必须来自国君的授意,所谓宰相,其实就是宫奴(吾以谓有宰相之实者,今之宫奴也)。因为大权不能无所寄托,入阁办事的大臣看见政务被荒废,就设置了一些制度科条,增加了他们的权限,看起来生杀予夺都是出自宰相,其实还是出自国君。

明朝的内阁大臣,其中贤能的可以借宰相之名做一些好事,不贤能的则一事无成,普通路人口口相传,史书加以记载,后人就以为他们是真正的宰相,做出了宰相的功业。这些大臣,即使他们做了一些事情,但并没有宰相之实。他们声称自己是效法先祖,但由于他们的权力地位太轻,所以不得不假借法祖来对抗当时的君主,先祖的做法也未必都是恰当的,有些狡黠的内阁大臣又塞进了一些自己的不良之行,也称之为法祖。法祖这种说法也就不恰当了。如果宰相一职仍然保留,宰相就可以用古代圣王的行为来约束君主,君主也就有所畏惧而不敢为所欲为了(使宰相不罢,自得以古圣哲王之行摩切其主,其主亦有所畏而不敢不从也)。

宰相常设一人,另外设有参知政事若干人。他们每天都要讨论政务。天子向南而坐,宰相、六卿、谏官等分别面向东西而坐,负责政策执行的更低级别的官员(执事)都是士人。如果有奏章进呈,六科给事中收到后,呈给宰相,宰相呈给天子,大家共同商议决定。天子用红笔进行批注(批红),天子如果写的不够周全,宰相可以继续批注,再下发六部执行。根本不必呈给君主,转发内阁拟定意见(票拟),再呈给君主,下发执行。如果这样做,宰相就成了宫奴,大权就落入宫奴之手。

宰相设置政事堂,里面的办事人员都由新录用的士人充任。唐朝的张说担任宰相的时候,将政事堂又分为五个部门:吏房、枢机房、兵房、户房、刑礼房,分别管理不同的政务,各方上书讨论利弊的官员和等待政令的官员都在那里汇集,这样政事都可以得到传达。

黄宗羲认为,天子、宰相以及更低级别的官员,他们都是同事的关系,相互之间要就政务(即公共事务)进行讨论商议,共同处理公共事务(凡章奏进呈,六科给事中主之,给事中以白宰相,宰相以白天子,同议可否)。这是非常良好的制度设计。然而,明太祖朱元璋废除宰相一职后,皇帝成为高高在上的主宰,他和文武百官之间形成不可逾越的鸿沟。即使朱元璋本人睿智贤明,废除宰相,乾纲独断,但对于国家而言也是无法实现善治,因为他无法同大臣进行充分的、平等地讨论。宰相(内阁大臣)由皇帝的同事,变成为皇帝的宫奴,朝堂上的公议,也变成了皇帝的私事。票拟和批红的具体政务流程,也受到破坏。因此,政府、君主、宰相、大臣、百官的本质特点,在于他们的公共性。政治中的政,就是政务,也就是公共事务;政治中的治,就是良善地治理,合理地处理。政治的本质,就是公共性,就是对公共事务良善地合理地处理。只有维持并强化政府的公共性,国家才可能实现善治,才可能得到长治久安。

学　校

学校，所以养士也

【原文】

学校，所以养士也。

然古之圣王，其意不仅此也，必使治天下之具皆出于学校，而后设学校之意始备。非谓班朝，布令，养老，恤孤，讯馘，大师旅则会将士，大狱讼则期吏民，大祭祀则享始祖，行之自辟雍也。盖使朝廷之上，闾阎之细，渐摩濡染，莫不有诗书宽大之气，天子之所是未必是，天子之所非未必非，天子亦遂不敢自为非是，而公其非是于学校。

是故养士为学校之一事，而学校不仅为养士而设也。

三代以下，天下之是非一出于朝廷。天子荣之，则群趋以为是；天子辱之，则群擿以为非。簿书、期会、钱谷、戎狱，一切委之俗吏。时风众势之外，稍有人焉，便以为学校中无当于缓急之习气。而其所谓学校者，科举嚣争，富贵熏心，亦遂以朝廷之势利一变其本领，而士之有才能学术者，且往往自拔于草野之间，于学校初无与也，究竟养士一事亦失之矣。

于是学校变而为书院。有所非也，则朝廷必以为是而荣之；有所是也，则朝廷必以为非而辱之。伪学之禁，书院之毁，必欲以朝廷之权与之争胜。其不仕者有刑，曰："此率天下士大夫而背朝廷者也。"其始也，学校与朝廷无与；其继也，朝廷与学校相反。不特不能养士，且至于害士，犹然循其名而立之何与？

东汉太学三万人，危言深论，不隐豪强，公卿避其贬议。

（略）。

太学祭酒，推择当世大儒，其重与宰相等，或宰相退处为之。每朔日，天子临幸太学，宰相、六卿、谏议皆从之。祭酒南面讲学，天子亦就弟子之列。

政有缺失，祭酒直言无讳。

天子之子年至十五，则与大臣之子就学于太学，使知民之情伪，且使之稍习于劳苦，毋得闲置宫中，其所闻见不出宦官宫妾之外，妄自崇大也。

郡县朔望，大会一邑之缙绅士子。学官讲学，郡县官就弟子列，北面再拜。师弟子各以疑义相质难。其以簿书期会，不至者罚之。郡县官政事缺失，小则纠绳，大则伐鼓号于众。其或僻郡下县，学官不得骤得名儒，而郡县官之学行过之者，则朔望之会，郡县官南面讲学可也。

若郡县官少年无实学，妄自压老儒而上之者，则士子哗而退之。

择名儒以提督学政，然学官不隶属于提学，以其学行名辈相师友也。每三年，学官送其俊秀于提学而考之，补博士弟子；送博士弟子于提学而考之，以解礼部，更不别遣考试官。发榜所遗之士，有平日优于学行者，学官咨于提学补入之。其弟子之罢黜，学官以生平定之，而提学不与焉。

学历者能算气朔，即补博士弟子。其精者同入解额，使礼部考之，官于钦天监。学医者送提学考之，补博士弟子，方许行术。岁终，稽其生死效否之数，书之于册，分为三等：下等黜之；中等行术如故；上等解试礼部，入太医院而官之。

凡乡饮酒，合一郡一县之缙绅士子。士人年七十以上，生平无玷清议者，庶民年八十以上，无过犯者，皆以齿南面，学官、郡县官皆北面，宪老乞言。

凡乡贤名宦祠，毋得以势位及子弟为进退。功业气节则考之国史，文章则稽之传世，理学则定之言行。此外乡曲之小誉，时文之声名，讲章之经学，依附之事功，已经入祠者皆罢之。

凡郡邑书籍，不论行世藏家，博搜重购。每书钞印三册，一册上秘府，一册送太学，一册存本学。时人文集，古文非有师法，语录非有心得，奏议无裨实用，序事无补史学者，不许传刻。其时文、小说、词曲、应酬代笔，已刻者皆追板烧之。

士子选场屋之文及私试义策，蛊惑坊市者，弟子员黜革，见任官落职，致仕官夺告身。

民间吉凶，一依朱子《家礼》行事。庶民未必通谙，其丧服之制度，木主之尺寸，衣冠之式，宫室之制，在市肆工艺者，学官定而付之；离城聚落，蒙师相其礼以革习俗。

凡一邑之名迹及先贤陵墓祠宇,其修饰表章,皆学官之事。淫祠通行拆毁,但留土谷,设主祀之。故入其境,有违礼之祀,有非法之服,市悬无益之物,土留未掩之丧,优歌在耳,鄙语满街,则学官之职不修也。

【解读】

探究并还原事物的本来面目,是学者的本分与职责。在探究了君主、臣子、法律、宰相的本原之后,黄宗羲也进一步探讨了学校的本原。在他看来,学校不仅仅是一个学习的场所,更是一个培养士人的场所,也是一个士人评议朝政的场所,用今天的话说,就是进行公共讨论的场所和空间。

学校,是用来养士人的。所谓士人,不仅仅是读书之人,更是明理之人,是掌握事理(真理)之人。古代的圣王,他们设立学校的意图不仅仅是用来养士,而且要让治理天下的政策、方法都出自学校,这才是他们设立学校的本意(必使治天下之具皆出于学校,而后设学校之意始备)。包括班朝、布令、养老、恤孤、讯馘(guó,审讯俘虏)、大师旅、大狱讼、大祭祀等等,各种仪式都由皇帝从辟雍开始进行。[①] 经过长期的濡染,才会形成诗书宽大之气,也就是实现国家的大治。天子赞同的,学校未必赞同,天子否定的,学校未必否定,这样天子就不敢自以为是,而是由学校及其士人来决定事物的是非曲直(天子之所是未必是,天子之所非未必非,天子亦遂不敢自为非是,而公其非是于学校)。这句话非常重要,也非常精彩。真理,尤其是治理天下的真理,或者方法、政策,究竟掌握在谁的手中? 黄宗羲将其从君主或者上级的手中,转移到了学校及其士人那里。这是一种了不起的进步。当然这并不意味着君主或者上级永远都不能掌握真理,在现实中、在大多数情况下,他们往往掌握着更多的信息、资源乃至真理,但他们需要证明自己的正确,而不是依靠等级和地位

---

① 辟雍,原为周天子所设大学,校址圆形,围以水池,前门外有便桥。东汉以后,历代皆有辟雍,作为尊儒学、行典礼的场所。今北京国子监内辟雍,乾隆时造,为皇帝讲学之所。皇帝讲学,已违背中国学术传统,因为在黄宗羲看来,治天下之具,并非出自皇帝,而是出自学校。当然,如果不将皇帝视为治道的终极来源,而是也要遵从治道的传统,允许辩驳和讨论,那么皇帝讲学并无不可。

就天然具有正确性。

三代以下，天下的是非标准就全部由朝廷来定夺。天子认为好的，朝臣乃至天下人就不得不认为好；天子认为坏的，朝臣乃至天下人就不得不认为坏（天子荣之，则群趋以为是；天子辱之，则群擿以为非）。簿书、期会、钱谷、戎狱等一切朝政，都交给官员办理。所谓的学校，成了科举嚣争、争权夺利的工具，以依附迎合朝廷为自己的本领（而其所谓学校者，科举嚣争，富贵熏心，亦遂以朝廷之势利一变其本领）。那些真正有才能的士人，就不得不流落于草野之间，与学校无关了（而士之有才能学术者，且往往自拔于草野之间，于学校初无与也，究竟养士一事亦失之矣）。

（官方的）学校因此变成了（民间的）书院。书院认为错误，朝廷就认为正确；书院认为正确，朝廷就认为错误。书院试图与朝廷争权争胜，这就是朝廷为什么要禁毁伪学和书院（伪学之禁，书院之毁，必欲以朝廷之权与之争胜）。朝廷对于那些带头不出仕，并带头批评朝廷的士人处以刑罚，说他们是：率领天下士大夫背叛朝廷。一开始朝廷还是与学校各不相干，到后来朝廷成了学校的对立面（其始也，学校与朝廷无与；其继也，朝廷与学校相反）。朝廷不但不能养士，反而要害士，这与当初设立学校的宗旨是完全相悖的（不特不能养士，且至于害士，犹然循其名而立之何与）。

东汉的太学生有三万人，他们针砭时弊，毫不畏惧豪强，公卿大夫都害怕他们的批评（东汉太学三万人，危言深论，不隐豪强，公卿避其贬议）。

最高的学校是太学，太学的首席学官（校长）被称为祭酒，由当世大儒担任，他的地位与宰相相同，或者宰相退位后可以担任祭酒（太学祭酒，推择当世大儒，其重与宰相等，或宰相退处为之）。每月的第一天（朔日），天子要临幸太学，宰相、六卿、谏议等官员都要跟从，祭酒要对他们进行讲学，天子也要作为弟子听课（祭酒南面讲学，天子亦就弟子之列）。

政策有缺失，祭酒应当直言无讳（政有缺失，祭酒直言无讳）。

天子的孩子长到 15 岁，也要与大臣的孩子一起到太学读书，让他们知道民情、体会辛苦，不能把他们封闭在宫中，否则他们的见闻就局限于宦官宫妾，难免妄自尊大（使知民之情伪，且使之稍习于劳苦，毋得闭置宫中，其所闻见不出宦官宫妾之外,妄自崇大也)。

在郡县一级,也要设置学校和学官。学官也要讲学,郡县官员要作为弟子听讲。老师和弟子相互质疑辩难。郡县官员如果政策有过失,如果是小的过失,学官可以让他们纠正;大的过失,学官就可以在公众场所进行鼓号以告之。对于那些特别偏僻的郡县,学校没有办法延请到名儒,而郡县官员的学术水平如果足够,那么他们也可以进行讲学。如果郡县官员年轻又无实学,妄自压制年长的儒者,强行讲学,那么士子可以将他轰下台(若郡县官少年无实学,妄自压老儒而上之者,则士子哗而退之)。

黄宗羲将学校视为公共场所,近似于当今的议会,由学校中的士人评价政策的成败得失,将真理的主导权由君主转移到学校和士人,这些思想有着很强的先进性和超前性。但是,他也有着自己的历史局限性,即对真理的独断。真理不应该由某个固定的人或群体掌握,而是需要协商和讨论。君主未必掌握真理,但如果将决定权交给学校和士人,他们也有可能像君主或政府那样专断。例如,在上文的最后两段,黄宗羲写到,民间的生活,包括婚丧嫁娶、祭祀的牌位、衣冠、房屋、工匠的操作工艺等,全部要依据朱熹《家礼》中的要求来进行,不符合标准的,必须拆毁。如果地方上有违礼之祀、非法之服、市场上有无益之物,土地上有没有掩埋的丧尸,听到娼妓的优歌,满街都是鄙语,那么就是学官未尽职责。在今天看来,社会生活的一切行为,都应由学校或者政府运用礼治或法治来加以规范,但规范并不意味着全面禁止,这样的社会才是一个良性的社会。礼和法,应当各有其范围。学校以及读书人,可以对礼和法,乃至一切公共事务,进行研究、讨论、教化、培养,寻找在历史上、现实中以及未来的社会中,最为恰当的礼和法。政府,则对这些礼和法进行具体的规定和执行。这样的社会,就既具有稳定性和良善性,也具有变动性和灵活性,一方面传承历史,另一方面又接续未来。